生如夏花

大学生生命教育学概论

常素芳 李 明 ◎ 主编

卢慧勇 毛少华 师彦洁 雷 童 王琳琳 ◎ 编著

清华大学出版社

北 京

内容简介

本书共11章，分理论篇和实践篇两大部分，内容涉及大学生生命教育的方方面面。理论篇：生命概述、生命教育、大学生生命教育概述；实践篇：敬畏绚烂生命——大学生生命观、明确生命的归宿——大学生生命价值观、体验快乐情绪——大学生心理健康观、描绘生命的色彩——大学生情感观、探寻生命的意义——大学生幸福观、确立生命的信仰——大学生挫折观、创造生命的和谐——大学生应急意识、承担生命的责任——大学生生死观。每章都以学习目标和案例导入开始，引起学生学习兴趣。每章内容后面都设置了问题与讨论、实训练习和拓展阅读等环节，使大学生生命教育教学过程融知识性、趣味性、教育性、体验性于一体。

本书适合普通高等院校教学使用，也可以开展生命教育专题讲座的形式供学生自学，还是大学辅导员、班级导师展开生命教育的必备读本，同时也适合关心大学生生命成长的家长和其他生命教育工作者阅读。

本书封面贴有清华大学出版社防伪标签，无标签者不得销售。
版权所有，侵权必究。举报：010-62782989，beiqinquan@tup.tsinghua.edu.cn。

图书在版编目(CIP)数据

生如夏花：大学生生命教育学概论/常素芳，李明主编. —北京：清华大学出版社，2017(2024.8重印)
ISBN 978-7-302-44943-0

Ⅰ. ①生… Ⅱ. ①常… ②李… Ⅲ. ①生命哲学—教学研究—高等学校 Ⅳ. ①B083

中国版本图书馆CIP数据核字(2016)第208309号

责任编辑：孟毅新
封面设计：傅瑞学
责任校对：袁　芳
责任印制：刘　菲

出版发行：清华大学出版社
网　　址：https://www.tup.com.cn，https://www.wqxuetang.com
地　　址：北京清华大学学研大厦A座　　邮　编：100084
社 总 机：010-83470000　　邮　购：010-62786544
投稿与读者服务：010-62776969，c-service@tup.tsinghua.edu.cn
质量反馈：010-62772015，zhiliang@tup.tsinghua.edu.cn
课件下载：https://www.tup.com.cn，010-83470236

印 装 者：涿州市般润文化传播有限公司
经　　销：全国新华书店
开　　本：185mm×260mm　　印　张：17.25　　字　数：413千字
版　　次：2017年4月第1版　　印　次：2024年8月第2次印刷
定　　价：49.80元

产品编号：069791-02

前 言

泰戈尔说过："教育的目的应当是向人类传送生命的气息。"大学生是实现中华民族伟大复兴中国梦的主力军，是未来中国特色社会主义建设的主力军。对大学生进行生命教育是以生命影响生命、以生命成就生命的事业，是伴随大学生生存和发展的全过程需要关注的重要问题。做好大学生的生命教育，不仅可以推动教育的功利化转向注重对大学生人文精神的培育，也可以促进大学生身心健康水平和综合素质的提高。

本书针对当前在校大学生的智力成长与青春发育特点，为有目的、有计划地对大学生系统开展生命教育而组织编写。本书分理论篇和实践篇两大部分，从生命教育的概述和相关理论谈起，向读者介绍了生命意识、生命价值观、心理健康观、情感观、幸福观、挫折观、应急意识和生死观等专题，涉及大学生生命教育的方方面面，内容系统完整、教育性强，适合普通高等院校教学使用，也可以开展生命教育专题讲座的形式供学生自学，还是大学辅导员、班级导师展开生命教育的必备读本，同时也适合关心大学生生命成长的家长和其他生命教育工作者阅读。

本书共11章，由常素芳、卢慧勇统稿。其中，第4章、第6章由常素芳编写；第9章由李明、王琳琳编写；第5章、第8章由卢慧勇编写；第1章、第2章由毛少华编写；第7章、第11章由师彦洁编写；第3章、第10章由雷童编写。

本书在编写过程中，参阅了大量国内外关于大学生生命教育的文献资料，在此，对这些文献资料的作者致谢。由于编者水平有限，书中难免有不当之处，敬请读者指正！

编　者

2017年1月

目 录

理 论 篇

第1章 生命概述 3
- 1.1 生命的意蕴 4
  - 1.1.1 生命的阐释 4
  - 1.1.2 人的生命构成 4
- 1.2 生命的内涵及特征 9
  - 1.2.1 生命的内涵 9
  - 1.2.2 生命的特征 10
- 1.3 中西方文化中的生命意蕴 14
  - 1.3.1 中国传统文化中对生命的解读 14
  - 1.3.2 西方哲学中的生命 16
- 问题与讨论 22
- 实训练习 22
- 拓展阅读 22

第2章 生命教育 24
- 2.1 生命教育的背景及原因 25
- 2.2 我国生命教育的迫切性 32
  - 2.2.1 生命教育意识的缺失 32
  - 2.2.2 教育的本真使命被挤压 32
  - 2.2.3 生命教育活动的缺失 33
  - 2.2.4 开展生命教育的重要性 33
- 2.3 生命教育的意蕴 35
  - 2.3.1 生命教育的含义 35
  - 2.3.2 生命教育的内容的维度与层次 36
- 2.4 生命教育的价值取向与目标 40
  - 2.4.1 生命教育价值取向分类 41
  - 2.4.2 生命教育的目标 42
- 问题与讨论 44

  实训练习 …………………………………………………………………… 44
  拓展阅读 …………………………………………………………………… 44

第3章　大学生生命教育概述 …………………………………………………… 47

 3.1　大学生生命教育界说 ………………………………………………………… 48
  3.1.1　大学生生命教育的发展 ………………………………………………… 48
  3.1.2　大学生生命教育的内涵 ………………………………………………… 50
  3.1.3　大学生生命教育的特点 ………………………………………………… 53
  3.1.4　大学生生命教育的意义 ………………………………………………… 53
 3.2　大学生生命教育的目标 ……………………………………………………… 54
  3.2.1　认知目标 ………………………………………………………………… 54
  3.2.2　情感态度目标 …………………………………………………………… 55
  3.2.3　行为技能目标 …………………………………………………………… 57
 3.3　大学生生命教育的原则 ……………………………………………………… 57
  3.3.1　存在性原则 ……………………………………………………………… 58
  3.3.2　差异性原则 ……………………………………………………………… 58
  3.3.3　情感性原则 ……………………………………………………………… 58
  3.3.4　超越性原则 ……………………………………………………………… 59
  3.3.5　实践性原则 ……………………………………………………………… 59
 问题与讨论 ………………………………………………………………………… 59
 实训练习 …………………………………………………………………………… 59
 拓展阅读 …………………………………………………………………………… 64

实 践 篇

第4章　敬畏绚烂生命——大学生生命观 ……………………………………… 73

 4.1　大学生生命意识 ……………………………………………………………… 73
  4.1.1　生命意识的内涵 ………………………………………………………… 73
  4.1.2　大学生生命意识的内涵 ………………………………………………… 75
  4.1.3　大学生生命意识的表现 ………………………………………………… 75
  4.1.4　大学生生命意识的特点 ………………………………………………… 79
 4.2　大学生生命意识现状及存在的问题 ………………………………………… 80
  4.2.1　大学生生命意识的现状 ………………………………………………… 80
  4.2.2　大学生生命意识存在的问题 …………………………………………… 81
 4.3　大学生生命意识的影响因素 ………………………………………………… 83
  4.3.1　社会因素 ………………………………………………………………… 84
  4.3.2　学校因素 ………………………………………………………………… 84
  4.3.3　家庭因素 ………………………………………………………………… 84
  4.3.4　大学生个人的因素 ……………………………………………………… 85

  4.4 大学生生命意识的培养 ··· 86
    4.4.1 培养正确的思想观念和积极的情感体验 ··················· 86
    4.4.2 优化环境 ··· 92
  问题与讨论 ··· 95
  实训练习 ··· 95
  拓展阅读 ··· 97

第 5 章　明确生命的归宿——大学生生命价值观 ············· 103

  5.1 大学生生命价值观的内涵与本质 ····························· 103
    5.1.1 生命价值的诠释 ·· 103
    5.1.2 生命价值观教育 ·· 106
  5.2 大学生生命价值观现状 ·· 108
    5.2.1 大学生生命价值观的积极方面 ······························ 108
    5.2.2 大学生生命价值观的主要问题 ······························ 109
    5.2.3 影响大学生生命价值观的因素 ······························ 109
  5.3 大学生确立正确生命价值观的途径 ························· 114
    5.3.1 大学生生命价值观教育的基本原则 ························ 114
    5.3.2 大学生树立正确生命价值观的具体方法 ················· 117
  问题与讨论 ··· 120
  实训练习 ··· 120
  拓展阅读 ··· 121

第 6 章　体验快乐情绪——大学生心理健康观 ··············· 124

  6.1 大学生心理健康 ··· 124
    6.1.1 大学生心理健康的内涵 ·· 124
    6.1.2 大学生的心理发展特点与心理健康内涵 ················· 126
    6.1.3 大学生心理健康的表现 ·· 128
  6.2 大学生心理健康现状及存在的问题 ························· 130
    6.2.1 大学生心理健康的现状 ·· 130
    6.2.2 大学生心理健康存在的问题 ·································· 130
  6.3 大学生心理健康的影响因素 ··································· 135
    6.3.1 社会因素 ··· 135
    6.3.2 学校因素 ··· 136
    6.3.3 家庭因素 ··· 136
    6.3.4 自身因素 ··· 136
  6.4 大学生健康心理观的培养 ······································ 137
    6.4.1 积极的社会支持 ·· 137
    6.4.2 高校要积极开展大学生心理健康教育 ···················· 138
    6.4.3 大学生要自觉培养健康的心理 ······························ 140

问题与讨论 ··· 146
实训练习 ··· 146
拓展阅读 ··· 150

第7章 描绘生命的色彩——大学生情感观 ··································· 153

7.1 大学生情感观的内涵与本质 ··· 154
7.1.1 情感观含义 ··· 154
7.1.2 情感观本质 ··· 154
7.1.3 情感观内容 ··· 154

7.2 大学生情感观现状 ··· 159
7.2.1 亲情观现状 ··· 159
7.2.2 友情观现状 ··· 162
7.2.3 爱情观现状 ··· 164

7.3 大学生树立正确情感观的途径 ··· 168
7.3.1 大学生确立正确亲情观的途径 ·· 169
7.3.2 大学生确立正确友情观的途径 ·· 170
7.3.3 大学生树立正确爱情观的方法 ·· 171

问题与讨论 ··· 172
实训练习 ··· 173
拓展阅读 ··· 174

第8章 探寻生命的意义——大学生幸福观 ··································· 177

8.1 大学生幸福观的内涵与本质 ··· 177
8.1.1 幸福观的内涵 ·· 178
8.1.2 幸福观的本质 ·· 181
8.1.3 马克思主义幸福观的基本内容 ·· 182

8.2 大学生幸福观现状 ··· 184
8.2.1 大学生幸福观的现状调查 ·· 184
8.2.2 大学生幸福观存在的问题 ·· 185
8.2.3 大学生幸福观现状的原因 ·· 186
8.2.4 加强大学生幸福观教育的重要意义 ·· 188

8.3 大学生确立正确幸福观的途径 ··· 189
8.3.1 高校要加强幸福观教育 ·· 189
8.3.2 大学生应学会正确追求幸福 ·· 190

问题与讨论 ··· 191
实训练习 ··· 191
拓展阅读 ··· 194

第9章 确立生命的信仰——大学生挫折观 199

9.1 大学生挫折观的内涵与本质 200
- 9.1.1 挫折的含义 200
- 9.1.2 挫折的特点 200
- 9.1.3 挫折的内涵 201
- 9.1.4 挫折的反应 201
- 9.1.5 受挫后的心理防御机制 206

9.2 大学生挫折观的现状 211
- 9.2.1 大学生常见的挫折 211
- 9.2.2 大学生挫折观现状的特点 213
- 9.2.3 大学生挫折教育发展的现状 213

9.3 大学生确立正确挫折观的途径 214
- 9.3.1 正确认知挫折与自我、树立正确的挫折观 214
- 9.3.2 合理创设挫折情境、加强抗挫意志磨练 215
- 9.3.3 多渠道普及心理知识、帮助学生学会自我调适 215
- 9.3.4 多学科融合、丰富教育途径 215
- 9.3.5 注重教育示范、增强学生战胜挫折的信心 216
- 9.3.6 学校、家庭、社会三位一体形成良好的教育机制 216
- 9.3.7 构建专业型、综合性挫折教育模式 216

问题与讨论 216
实训练习 216
拓展阅读 217

第10章 创造生命的和谐——大学生应急意识 221

10.1 大学生应急意识 222
- 10.1.1 大学生应急意识的含义 222
- 10.1.2 大学生应急意识教育的意义 223
- 10.1.3 生命教育对于大学生应急意识发展的必要性 224

10.2 大学生应急意识的现状 224
- 10.2.1 大学生突发事件应急意识的现状分析 224
- 10.2.2 大学生应急意识缺乏的原因 226

10.3 大学生确立正确应急意识的途径 228
- 10.3.1 加强危机意识教育、培养大学生应急意识 228
- 10.3.2 提高抗压能力、完善大学生身心素质 228
- 10.3.3 融合实践训练、提高大学生应急能力 230

问题与讨论 230
实训练习 230
拓展阅读 234

第 11 章 承担生命的责任——大学生生死观 ... 242

11.1 大学生生死观 ... 242
- 11.1.1 生死的基本概念 ... 242
- 11.1.2 生死本质 ... 243
- 11.1.3 生死观概念及内容 ... 243
- 11.1.4 死亡心理 ... 244
- 11.1.5 生死智慧 ... 245
- 11.1.6 大学生生死观概述 ... 248

11.2 大学生生死观现状 ... 249
- 11.2.1 大学生生死观现状与特点 ... 249
- 11.2.2 大学生生死观特点 ... 250
- 11.2.3 大学生生死观偏差现状 ... 251
- 11.2.4 大学生生死观出现偏差的原因 ... 253

11.3 大学生确立正确生死观的途径 ... 254
- 11.3.1 大学生生死观的影响因素 ... 255
- 11.3.2 确立生死观的途径 ... 256

问题与讨论 ... 258
实训练习 ... 258
拓展阅读 ... 259

参考文献 ... 262

理 论 篇

第1章 生命概述
第2章 生命教育
第3章 大学生生命教育概述

正行學

第1章

生命概述

> 无数连环缀成的一个精致的长链,近旁的与天边的紧紧相连,眼睛读出它将何往的谶语,玫瑰说出了天地间全部的语言,一只小虫奋力生成为人,越过了自然的所有峰巅。
>
> ——爱默生

学习目标

(1) 了解生命的起源、意义与价值。
(2) 认识生命的特征及意义。
(3) 了解中西方文化中生命的含义。

案例导入

生命的价值
——不要让昨日的沮丧令明天的梦想黯然失色

在一次讨论会上,一位著名的演说家没讲一句开场白,手里却高举着一张20美元的钞票。

面对会议室里的200个人,他问:"谁要这20美元?"一只只手举了起来。他接着说:"我打算把这20美元送给你们中的一位,但在这之前,请允许我做一件事。"他说着将钞票揉成一团,然后问:"谁还要?"仍有人举起手来。他又说:"那么,假如我这样做又会怎么样呢?"他把钞票扔到地上,又踏上一只脚,并且用脚碾它。而后他拾起钞票,钞票已变得又脏又皱。"现在谁还要?"还是有人举起手来。

"朋友们,你们已经上了一堂很有意义的课。无论我如何对待那张钞票,你们还是想要它,因为它并没有贬值,它依旧值20美元。人生路上,我们会无数次被自己的决定或碰到的逆境击倒、欺凌甚至碾得粉身碎骨,我们觉得自己似乎一文不值。但无论发生什么,或将要发生什么,在上帝的眼中,你们永远不会丧失价值。在他看来,肮脏或洁净,衣着齐整或不齐整,你们依然是无价之宝。"

这个故事告诉我们:生命的价值不会因外力而改变,也不仰仗我们结交的人物,而是取决于我们本身!我们是独特的——永远不要忘记这一点!

1.1　生命的意蕴

1.1.1　生命的阐释

生命是一个奇迹,至今为止,人类探测的宇宙星球中只有地球有生命,生命是大自然的馈赠,生命是大自然不断演变进化的结果,人们对生命的认识经历了漫长的历史过程,古今中外不同学科对它的解释不尽相同。

从生物学的角度看,生命是由高分子的核酸蛋白体和其他物质组成的生物体所具有的特有现象,能利用外界的物质形成自己的身体和繁殖后代,按照遗传的特点生长、发育、运动,在环境变化时常表现出适应环境的能力。也可以定义为生命是生物体所表现出来的自身繁殖、生长发育、新陈代谢、遗传变异以及对刺激产生反应等的一种复合现象。

从生命哲学的角度看,生命是生物的组成部分,是生物具有的生存发展性质和能力,是生物的生长、繁殖、代谢、应激、进化、运动、行为表现出来的生存发展意识,是人类通过认识实践活动从生物中发现、界定、彰显、抽取出来的具体事物和抽象事物。恩格斯在《反杜林论》中指出:"生命是蛋白体的存在方式,这个存在方式的基本因素在于和它周围的外部自然界的不断的新陈代谢,而且这种新陈代谢一旦停止,生命就随之停止,结果便是蛋白体的分解。"无论从生命哲学角度还是生物学角度,生命的定义都在认同一点:"自我更新与发展"是生命的本质含义,任何生命在其存在的每一瞬间,都在不断地调节自身内部的各种机能状况,调整自身与外在环境的关系,以求得进步与发展。概括地说,广义的生命应包括自然界的一切生命,即人之生命和自然环境中一切动物、植物的生命。狭义的生命就是指人的生命。

人的生命是上天的恩赐,是大自然的赠品,我们的生命是父母给予的,但我们不是父母的私有财产,也不要绝对认为生命是自己的,我们也无权处理或者放弃自己的生命。你想过没有,我们父母的生命从哪儿来的,我们父母的父母的生命又是从哪儿来的,你们思考过吗?我们是谁?我们从哪里来?我们到哪里去?你们思考过吗?思考的意义在于敬畏生命、珍爱生命,生命如同四季,也有春夏秋冬的轮回,春天你播种理想和希望,只要不吝啬你的汗水和劳动,你的理想和希望就会在夏日里茁壮成长,你才会有一个沉甸甸的丰收的秋季,到了冬季,你才会坦然宁静拥抱自己人生的冬季,欣慰地回归到生命的来处。

1.1.2　人的生命构成

人的生命由三个因素构成,即物质因素、精神因素和社会性因素。历史唯物主义认为,人的生命具有多重属性,其中最主要的是自然属性和社会属性。社会属性是人最主要、最根本的属性,它是决定人之所以是人的最根本的东西。生命的自然活动主要包括新陈代谢、生长、发育、遗传、变异、感应、运动等。生命的社会活动包括感知社会、角色扮演、人际交往、求学择业、社会竞争等。

人的生命有以下几种形态。

(1) 生物性生命,即人首先是作为自然生理性的肉体生命而存在的,这是生命的基本属性。

（2）精神性生命。人之所以为人就在于人有高于动物的意识活动，有超越生物性生命的精神世界。人不但要思考如何活下来，还要思考如何更好地生活。只要人在世界上存在一天，大脑就不会停止思考，人类就要创造、超越，就要更好地认识世界、改造世界。

（3）价值性生命。每个人在一生中都要思考诸如"为何活着"的问题，这就是人对于生命意义发自内心的追问，是人对价值生命的一种诉求。人的价值性生命为人的生存夯实了根基，加足了动力，以至于可以好好地生存在这世界。

人的生命处于自然环境、自我世界和社会环境等复杂的系统之中，是一个由多种因素交织而构成的特殊存在物，因此我们将人的生命分为自然生命、精神生命和社会生命，从三个维度来剖析生命的结构。

1. 自然生命

自然生命也叫物质生命，它是一切生物得以存在的根本前提。人的生命作为一种生物体生存，是一种生命现象。生命个体通常都要经历出生、成长和死亡的过程。作为自然界的产物，人像自然界中的日月星辰、花鸟鱼兽、山川草木一样，是大自然的一个重要的组成部分。生命现象最本质的是新陈代谢。生殖和遗传也是重要的特征。从世代交替的长期历史来看，生命是不断进化的，从简单的原始生命发展到现代地球上几百万种不同形式的生命。科学证明，人是自然界经过四千多亿年的进化，从无机物中产生出有机物，再从原始的低级生命物质经过一系列变化，发展到高等动物，最后才产生出来的。

作为一种肉体生命的自然存在物，人和其他动物一样，也有生存的物质需求。例如，人们对衣、食、住、行等社会物质生活条件的需要，是人的肉体生命存在的一种自然必然性，是人最基本的生存需要。人的这些需要同其他动物的需要没有什么不同。但是，正是人的这种自然生命体的存在，才构成了人的一切活动的基础，同时也是最为基本的前提。马克思主义认为，人的生存和发展离不开物质生活和物质利益的满足，这是由他们的肉体组织所决定的。人们为了能够创造历史，必须能够生活。但是为了生活，首先就需要吃喝住穿以及其他一些东西。但与此同时，人又是一个特殊的自然存在物，人的自然生命不只是肉体的固定组成、自然的顺序发展和本能冲动的任意释放，而且他还能意识到自身生命的存在和发展，并且能够对于自身生命的存在和发展做出自主的选择。这就使人的自然生命与周围的环境之间有一种既相互依赖又相互对抗的特殊关系。唯有保持这二者之间的动态平衡，人的生命的发展才能拥有一个健康、完满发展的坚实基础。人的自然生命的存在是人的一切存在的基础和先决条件，是人的一切高级生命存在的物质前提。没有了这个基础和前提，人的精神生命无从谈起。从这个意义上来说，人应当首先关注和保全的是人的自然生命。只有健全、健康的物质生命，其他一切生命因素才有坚实的物质基础和依托。

2. 精神生命

精神生命是相对于物质生命而言的，是对物质生命的超越。人之所以为人，就在于人不仅仅是为了满足自己的物质生命而活着，而且还要追求超越于物质生命的精神生命。"人不满足于生命支配的本能生活，人的生活是经过理解的生活，人要规划自己的人生、创造自己的价值，这说明'人'作为已超越了'生命'的局限，要去追求高于生命、具有永恒意义的东西，已属'超物之物''超生命的生命体',这才所以称之为人。"①

人在满足自己的物质生命的基础上,还有超越于物质生命的精神追求。也就是说人除了吃穿住行用之外,还需要与其他人建立情感的联系或关系,希望受到别人的尊重、追求实现自己的能力或潜能,并使之完善化等一系列心理上的需要。人的这些心理上的需要就是精神需要。精神需要同物质需要一样,也是人的基本需要。人之所以要追求精神生命,主要在于精神生命对人的肉体生命的指导和提升。我们知道人的肉体生命所关注的是人的生理、物质欲望的满足,是形而下的肉体享受,是对于自身的物性、感性、有限性暂时的实现。而人在实现自己肉体生命的过程中,如果没有人的意识的萌生、精神的关注和价值的指导,那么,就不称其为人的生命,不如说是动物的生命。正是在人的精神生命的指导下,人的自然生命才摆脱了动物性;正是人的精神生命才使人的自然生命提升至理性、无限和永恒的高度。由此可见,正是由于有了精神生命,才使人的物质生命有了人文意义和价值;正是由于有了精神生命,才使人的自然生命有了理性的意蕴和诗性的光辉;正是由于有了精神生命,才使人的自然生命蕴含着道德的升华和价值的提升;正是由于有了精神生命,才使人的物质生命超越了有限,走向了永恒。可以说人的精神需要使人超越了人的物质生命,精神生命让人超越动物,也是人之所以为人的关键所在。

3. 社会生命

社会生命是指人生命的社会性。人的存在不是孤立的,而是在一定社会关系之中的,所以人是一个社会的存在。人的本质不是单个人所固有的抽象物,在其现实性上,它是一切社会关系的总和。

社会性是生物作为集体活动的个体,或作为社会的一员而活动时所表现出的有利于集体和社会发展的特性,是人的不能脱离社会而孤立生存的属性。人是社会动物,任何人都不能脱离社会存在。一个人是什么样的,即具有什么样的本质,不取决于他的生理机体的特性,而取决于他的社会关系,是各种社会关系的总和构成了一个人特定的本质。

人之生命的社会性具体表现在以下几点。首先,作为生活在一定社会之中的人必定会受到社会制度、伦理规范、价值取向、文化传统等因素的影响与制约。人在与他人和社会发生关系以及相互交往的过程中,就应该考虑一定的社会制度规范和价值取向,并依照一定的社会规范行事,只有这样个体才能得到社会的认同,社会也才会具有相对安定和谐的秩序。其次,人不能脱离社会共同体而孤立、单独地存在。正如人一出生就具有生物组织和自然属性一样,人一出生也一定处于特定的人群团体和社会中,并与其建立这样或那样的联系。人如果脱离了社会,脱离了社会化的存在,他就无法成为一个真正意义上的人。现代心理学、社会学和人类学都认识到,群体生活或社会生活对个体来说是一种内在需要,如果人的社会生活权利被剥夺,他的心理状态很容易发生扭曲,他的才能与智慧也很容易消逝。所以,人的生存和发展离不开社会。最后,作为一个社会生命,人与人之间的相互交往是个体发展和社会发展的必要条件。交往的存在既是社会关系的实现,也是人际关系的实现。人类是群居的社会动物,人类活动的显著特征就是交往性。人与人之间的交往,贯穿社会生活的各个领域,综观人类历史的全部过程,它渗透在人类的一切社会关系之中。人一生的成长过程就

---

① 刘恩允.大学生生命教育研究[M].北京:中国社会科学出版社,2012:5.

是与他人不断交往的过程,人一生的快乐、痛苦、喜悦、烦恼、爱与恨等情感都是在与他人交往的过程中发生的。可以说,人类就是在相互交往的过程中塑造自己的人性的。

人的社会性还表明:我们所讲的人不是想象中的抽象的人,而是生活于现实社会中的人,是从事实际活动的人。马克思曾提出,人的本质并不是一种内在的、无声的,把许多个人纯粹自然地联系起来的共同性,而是人的社会特质。因此,离开了人的社会性,脱离了人的社会联系,就没有真正人的存在,就没有现实的、具体的人。人类实现社会性之日,就是人类完全独立于自然界和彻底脱离动物界之时。人离开了社会,就不是真正意义上的人,将与动物无异。

人的生命是物质生命、精神生命和社会生命的统一体。在生命的三个方面中,人的自然生命是生命的基础和前提。生命的这三个部分并不是孤立的,而是紧密地联系在一起共存于一个生命体中,舍弃任何一个,人的生命都是不完整的,人就不能称得上完全意义上的人。

资料链接 1-1

生命的三个层次

钱 穆

每个人的生命发展过程都应该有三个层次,或者说三个阶段。

一、生活

第一阶段为生活。衣食住行的意义与价值是维持生命的存在。先讲讲食和衣。

所谓食前方丈,一丈见方的很多食品同颜渊的一箪食、一瓢饮,实质上没有什么区别。大布之衣,大帛之袍,同锦衣狐裘的作用也差不多。饮食为御饥渴,衣着为御寒冷。

同样,颜渊居陋巷,在贫民窟里;诸葛亮卧草庐,在一间茅草房里。从表面上看双方好像不一样,其实在生命的意义与价值上还是差不多的。

再讲到行。孔子出游一车两马,老子出函谷关只骑一头牛,普通人就只好徒步跋涉了。今天科学发达,物质文明日新月异,我们的衣食住行同古代的人绝不相同,但从生命的意义与价值的角度看,衣还是衣,食还是食,住还是住,行还是行,生活还只处于第一阶段。

动植物亦有它们的生活,有它们维持生命的手段,所以生命的第一层次即生活方面比较接近自然。可以说人同其他动植物的生活相差得不太远。孟子的"人之异于禽兽者几希"即是此意。

进一步说,我们是为了维持我们的生命才有生活。生活应该在外层,生命则在内部。生命是主,生活是从,生命是主人,生活是跟班,来帮主人的忙。

生命不是表现在生活上,应该另有作用。这就是我们要讲的生命发展过程中的第二阶段,即人的行为。换句话讲,人的生活价值应该体现在事业上。

二、事业

我们来到这个世界上,不是只为吃饭、穿衣、住房子、行路的,我们应该还有人生的行为和事业,这才是人生的主体。

今天不少人工作都是为了谋生。为了解决衣食住行问题才谋一个职业,拿工作来满足自我生活需要。工作当然也可以说是一种行为,实际上应该有另一种更高尚的行为,按照古人所讲,就是修身齐家治国平天下。

一个人只要肯有所不为——不讲我不想讲的话、不做我不想做的事,不论他是大总统、大统帅、大企业家,还是农民、工人,从行为上讲都是平等的。他们的区别只是生活质量,但做人的精神是平等的。讲平等要从这种地方讲,如只从生活质量上看,人与人怎能平等呢?整个世界的人都不平等!

有的事富贵的人可以做,贫贱的人却不能做;有的事贫贱的人能做,富贵的人却不能做。只有我们讲的修身,这种精神行为,才是平等的、自由的。可见古人所谓的修身,到今天仍旧有意义、有价值。再过上三百年、三千年,这种意义与价值还会继续存在。

然后是齐家。每个人都有一个家。父慈子孝,兄友弟恭,夫妇好合,这样的生活才有意义。

修身齐家不是个人主义,不能只讲自己。没有父母,你又是从哪里来的呢?修身齐家是一种行为道德,是公私兼顾的。尽自己的能力来修身齐家,这是你应该做的。我应该修身齐家,你也应该修身齐家,大家是平等的。

接着就是治国平天下。

个人、家庭、国家是一体相通的。古人对人生看得很通达、很透彻,才会有此想法。

一个人最多不过有一百多年的寿命,能活到八九十岁的就很少了。过了一百多年,一个家里的人就完全换了,正所谓人生无常。

世界上各大宗教,无论基督教、伊斯兰教,还是佛教都在讨论这个问题,唯有一般的中国人不喜欢讨论此问题,中国人习惯在人生无常的现实下安下心来。

三、德性

我们为什么要修身?为什么要齐家?为什么要杀身成仁舍生取义?现在讲到人生的第三个阶段了,这就是人生的归宿。

人生有开始,自然也该有个归宿。中国人讲归宿同宗教的讲法不同:宗教说人死了灵魂上天堂或者下地狱;中国人不说对,亦不说不对,把此问题搁置不论,中国人讲人生的归宿在人性。

每个生物都有自己的天性,老鼠有老鼠的天性,小白兔有小白兔的天性,那么人呢?人和动物不同的地方就在于人的天性高过其他动物,不容易发现。不仅别人不知道,自己或许也不知道。人的一切行为都应合乎自己的天性,正所谓各有所好。

如能令自我天性得到满足,自会将安乐二字放在人生的最后归宿上。吃要吃得安,穿要穿得安,安是人生中第一个重要的字,安了才会乐。看看社会上大富大贵之人,或许他不安不乐,而极其贫贱的,或许反而安乐。富贵贫贱只是人生的一种境遇,而我们要的是安与乐。只要我们的行为合乎我们的天性,完全可以不问境遇自得其乐。

譬如说喜欢,喜欢是人的天性,不需要外部条件。快乐亦是天性,不需要外部条件。哀伤也是,人遇到哀伤的事若不哀伤,便无法安乐。如父母死了,不哭你的心便不安,那还怎么安乐!怒也是人的天性,发怒得当,也会感觉内心安乐。

诸位看街上不识字的人多得很,或许他们的喜怒哀乐比我们更天真、更自然,发泄得更恰当、更圆满。人的最后归宿就要归在德性上,古人亦谓之性命,我们要圆满地发展它。

表现出恰当而圆满的喜怒哀乐,可做别人的榜样与标准的,我们称其为圣人或天人。与天,与上帝,与大自然合一。人生若能达到这个阶段,就可以死而无憾了。

做人第一要讲生活,这是物质文明。第二要讲行为与事业,修身齐家治国平天下,这是人文精神。最高的人生哲学讲的则是德性,德性是个人的,同时也是古今人类共同的,人生的归宿也应在此。

资料来源：钱穆. 人生十论[M]. 台北：东大图书公司，1999.

讨论：读了钱穆的《生命的三个层次》后你觉得应该如何提高生命的层次？

1.2 生命的内涵及特征

1.2.1 生命的内涵

1. 生命是有限与无限的统一

生命是自然的产物，它本身是有限的存在。生命有限性主要包括以下几方面。第一，人的寿命是有极限的。第二，人的生老病死具有不可预测性。疾病、天然与人为的灾难，各种偶然事件都可能使得个体生命变得更加有限。第三，人生的历程具有不可逆性。生命就如开弓没有回头箭一样，人的生命过程只有一次，没有重新开始。生命首先要面对生与死：生，我们无从选择；死，我们也不可逃避。人的自然生命是每个个体发展所依赖的基础，人类的先天遗传素质决定了人与人最初的不同以及人类自身所无法逾越的生理界限，我们只能在有限中生存。谈到死，更是人类的最大"公平"，无论是帝王将相还是平民百姓，都要走向死亡，人的寿命是有限的。同许多动物相比，人的"自然条件"是很差的，"从某种意义上说，人的诞生本质上是一个否定事件。他缺乏对自然的本能适应，缺乏体力，他生下来就是所有动物中最无能的，他比任何动物都需要更长时间的庇护。"[①]人的生命，特别是自然生命的有限性是任何人都无法摆脱的宿命。人是上帝最伟大的作品，但是人不是上帝，所以人无法预测将来，不知道明天是福还是祸，生命的来临如此偶然，生命的存在更是相当不易。人的生命是具有时间性的，时间是永恒的流逝，"子在川上曰：逝者如斯夫！"生命就似时间一去不返，只有在濒死的时候，一个人才能通观他的生命整体，但是生命已定，临死的感悟不可能使生命从头再来。意识到生命的可悲是可悲的，但是这种意识却是伟大的，有限的生命本是一件憾事，但是人的意识、精神却将这种憾事转变为对生命自身的超越与生成，在有限中追求无限。人的自然生命有限，所以，人发明创造、改造自然，通过对象化的活动将人的身体扩展到整个自然界，并在此基础上创造更为广阔的人的文化的世界、信仰的世界、科学的世界。生命是有限的、短暂的，但是人类整体生命的延续却是无限的、永恒的，生命通过对意义的发现，将生命的有限推向永恒的无限。人的生命的有限性是人的一切活动的起点。由于生命的有限，人才通过科学技术发明弥补人的身体的有限；由于生命的有限，人才追求精神、信仰的无限，用精神的无限来补足自然生命的有限；由于生命的有限，人才追求各种思想、文化弥补人的有限，通过文化的无限来代替人的肉体的有限。无限是生命意识到自身有限时对自身的超越，生命正是在无限和有限的交替中，不断螺旋上升。

2. 生命是物质与精神的统一

人的生命首先是一个肉体的自然存在，但是，从这个角度看，这时的"人"只是人形动物，还不是真正意义上的人。随着生命的成长，父母、学校教育给生命人性的陶冶，施以文化的

---

① 柳延延. 现代人的精神追求[J]. 上海师范大学学报(哲学社会科学版)，2001(3).

意蕴,让生命懂得是非美丑善恶,当人的精神生命形成的时候,这样的生命才算是人的生命,没有精神内涵,人永远是人形动物。但是,人的动物性并没有完全消失,他被人的精神生命制约着,就是我们常说的:"人一半是天使,一半是野兽。"人本身就是一个矛盾体,人总是在挣扎、斗争,总是在灵魂与肉体之间摇摆。肉体和精神是生命的两个层面。生命是肉体的存在。肉体是人的生命存在的物质载体,肉体的欲望是生命本能性的存在方式,人的生命存在表现为肉体物质欲望的满足,这是人的生命得以存在的前提。根据马斯洛的需求层次理论,人的自然欲望是生命最基层的需要,同时也是最强烈、最需优先满足的需要。"但人的肉体所具有的生物学意义上的自利性、受动性、有待性和有限性又的确限制了人的生命自由并成为人类内部'生存斗争'的一大起源。"①精神与身体相对,指人的灵魂或思想。身体是具体的、感性的、可见的,灵魂是抽象的、理性的、不可见的。人不仅是一种"饮食男女"的自然的生存,更是一种精神的追求,表现为人对理想、感情、道德、精神、信仰、价值的追求。精神相对于肉体是自由开放的,它不再受人的自然生命及环境的制约,而表现出自身的自为性。正因为精神的自为性、超越性,精神可以对肉体具有规范和指导作用,人正因为精神的指导才超越了"兽性",超越了"生命"的局限,去追求高于生命、具有永恒意义的东西。肉体与精神因此存在着矛盾,但在本质上却是统一的,它们统一在精神之中,精神统一着完整的生命,既不会抛弃精神存在的基础,也不会任由欲望泛滥。生命在肉体和精神两个层面上达到和谐。

3. 生命是理性与非理性的统一

理性和非理性是人的生命的两大属性和机能,人是唯一具有理性和非理性的存在物。非理性可以是人的感性认识及非逻辑的认识形式,如直觉、灵感、顿悟等,可以是人的无意识或潜意识,也可以是人的生命欲望、情感和意志。"一般来说,非理性具有原生性、自发性和随机性的特点。它是人生的原动力,是人的理性、道德、信念的基础,也是人类一切文明和伟大事业的源泉。"但是,因为非理性源于人的生命的本能,所以不可避免地具有一定的盲目性和冲动性。因此,不加规范与指导的非理性有时候会造成非常消极和破坏性的后果,这就需要人的理性的规范。理性主要指与感性相对的各种自觉认识,指人的自主自为、自成目的的能力及其价值。理性产生于人的抽象思维,是人冷静的、客观的认识或处事方式。理性是人的清醒剂,可以帮助人们走出蒙昧和迷信,所以说"知者不惑""知识就是力量",理性是人实践的最强有力的手段。正因为理性的这些特征使理性能够引导非理性。但是,理性同时也需要非理性的辅助。就像列宁所说的,没有人的情感,也就不会有对真理的追求。人类通过自身的理性和非理性共同创造了生活。罗素说过,"高尚的生活是受激励并由知识引导的生活","没有知识的爱与没有爱的知识,都不可能产生高尚的生活"。理性和非理性是人认识世界和改造世界的两种不同的方式,它们各有不同的特色,但是它们共存于生命之中,任何一方都不可能统治、替代对方,无论是突出哪一方,还是贬低哪一方,都不仅会造成人的异化或者堕落,还会消解社会文明。因此,生命必将是在理性与非理性的统一中发展。

1.2.2 生命的特征

1. 生命的动态生成性

人的生命不仅是有限的存在,同时还是无限的生成。动物的本质是先天规定、不可改变

---

① 张曙光. 生存哲学——走向本真的存在[M]. 昆明:云南人民出版社,2001:272.

的,它们作为一类生物出生,以自然的方式生存,狐狸过得只能像狐狸,永远不会成为老虎,顶多也不过在寓言中狐假虎威一次,它们的一切都已被确定,生命对它们来说只是有限的存在和无尽的重复。人类却并非如此,萨特说"存在先于本质",人的本质并不是先天规定的,而是后天自我不断生成和构建的,生命永远向未来开放,具有无限的可能性。人首先要生成自己,自然生命的诞生并不表示一个人的出世,婴儿还需要生成为真正的"人"。现实中具体的人是独特的,这是个人自我生成的结果,"生成来源于历史的积聚和自身不断重复努力,人的生成似乎是于不知不觉的无意识之中达到的,但这无意识曾是在困境中以清醒意识从事某事的结果。"① 个人的形成自然不可能脱离他所处的时代环境,但是更主要的还是个人努力的结果。人类依靠各自的意识以及意识支配的生命活动,通过后天不同的设计和选择,形成各自的个性。人的生命是未定型的,生命只要存在,明天就有无限的可能,生命的发展就不可能确定。

2. 生命的独特差异性

生命的本质不是给定的,而是后天不断生成的,处于不断生成中的人必定是独特的。人的遗传素质具有差异性,这种差异性表现在体态、感官及神经活动类型等生理因素上。遗传的差异决定了人先天具有的独特性及在后天发展中的优势结构,所以,不同的人会表现出不同的爱好、不同的特长。先天的遗传素质奠定了人独特性的基础,但是,人的独特性主要还是表现在人后天形成的不同个性上,表现在人思维、精神的独特性上。人比动物优越的地方就在于人有意识,人的行为具有自为性,一个人如何选择,他就如何生活,生命也就将是什么模样。在相同的环境中,在相同的条件下,动物会有相同的行为,而人不同,人有思维,面对相同的境况,不同的人会有不同的反应、不同的选择、不同的体验。不同的人会依据自身的特色,设计、创造自我的生命,逐步形成不同的行为方式、生存方式。人不仅是自然的存在,更是精神的存在,人的精神具有更大的自由性和自为性,更表现了人的自由的追求,也就更能表现人的独特性。人们会有不同的信仰、不同的追求,会赋予生命以不同的含义,因此,生命便呈现出不同的特色。也正因为人的个性的不同,人的存在才更有价值。

3. 生命的有限超越性

人的本质不是已定的,而是生成的,人的生成过程表现为生命的不断超越。人的超越性源于生命的有限性,正因为人的有限,所以才促使人超越有限,追求无限。人生来是一种有缺陷的生物,"正是由于要通过较高的能力来弥补现存的缺陷这种必要性,人成了'不断求新的生物',成了虽不完美,但因此而能不断使自己完美起来的生物。"② 而人的这种不断超越自我的"较高的能力"来自于人的精神,人的精神以思维、语言、文字为活动方式和表现形式,因此,精神可以在一定程度上超越现实,独立、自由地活动,这就决定了精神所指向对象的多种可能性和无限性。人能够意识到自我,并能反思自我,当人们意识到自己生命的有限性和当下生命的不完美性时,能够支配自己的生命活动,使生命从不完美导向完美,从有限引向无限。正因如此,人的生命才可以不断地、最大限度地自我发展、自我完善、自我实现。生命的超越性表现在生命主体的主观精神和表现主观精神的物质世界上,也就是说,最根本的超

---

① [德]雅斯贝尔斯. 什么是教育[M]. 邹进,译. 北京:生活·读书·新知三联书店,1991:14.
② [德]博尔诺夫. 教育人类学[M]. 李其龙,等,译. 上海:华东师范大学出版社,1999:37.

越方式,主要是在两个层面上发生的:一是内在超越;二是外在超越。外在超越就是人对现实环境的改造,表现在人创造出更多东西彰显人的生命,改造现实环境,不断扩大人的生存空间等。内在超越是对自我的超越,主要是人在意识、精神范围内实现的超越,这种超越正体现了人的理想性、幻想性和自由性。人的真正的超越主要表现在精神方面,体现在人超脱自然需要的更高的追求上,表现在人对道德、宗教、信仰的追求上。生命最无法逃避的就是自身的短暂,所以,人试图超越短暂的存在,超越现实的生活,寻求生命永恒的意义,并以此作为终极关怀,关照现实的有限的存在。人是意义的动物,生命就是一个超越自然、超越自我、追求意义的过程。

4. 生命的复杂整体性

人的生命是一个复杂、矛盾的有机体,它不仅包括自然生命还包括后天形成的精神生命,它是理性的同时又是感性的,它是生理、心理、社会的综合体。生命是复杂的整体,有各方面的需要、感觉、认知、情感、体验、意志等。但是,生命的各部分并不是分离地独自存在,相反,它们共存于一个生命体内,生命在进行活动时,以完整的生命形式共同活动,生命的各个部分相互影响、共同发展。人需要在活动中全面地占有自己的本质,人以一种全面的方式,也就是说,作为一个完整的人,把自己的全面的本质据为己有。德国哲学家雅斯贝尔斯认为:毋庸置疑,生命是完整的,它有着年龄、自我实现、成熟和生命可能性等形式,作为生命的自我存在也向往着完整,只有通过对生命来说是合适的内在联系,生命才能是完整的。可见,生命是完整的,是矛盾统一的。人作为一种高级的生命存在,表现了自身的复杂性,但是这种复杂是统一的复杂,它表现为各个部分的统一生长,任何单方面发展生命的做法,都只会导致整体生命的异化和对整体生命的伤害,最终抑制各个部分的发展。生命的完整性还表现在生命是一种"绵延"、一个过程。我们不可能说此时的生命、彼时的生命,生命是一个全程,而这一全程,必定是包含着昨天、今天和明天,生命的超越性使生命总是面向未来,而记忆与体验使生命总是挽留过去,生命就是在这些过去和未来中,真实地生活在现在。生命不可能单独地分离出它的昨天、今天和明天,它是一个整体的过程,是一种融合的前进。

作为生命个体对自己的生命却无法尽述,人类文化凝聚了几千年,对生命的探索性认识也发展了几千年。中国的传统文化中,生命被作为自然和人为的产物被接受,古人在尊重自然生命的基础上,更重视人之为人的精神生命,儒家强调生命的超越意义,而道家关注精神的宁静、恬淡。人的生命最初是被和谐地理解,直至宋明理学才彻底割裂了生命,开始了人的最初的异化。西方哲学浩瀚无边,展现了人的智慧的博大精深,对生命的认识是智慧海洋中凝聚的一颗灿烂的明珠。特别是近代的生命哲学、现代的现象学和存在主义更是将生命、生活、存在作为哲学的主题来研究,生命的非理性、超越性、自由性、生成性、整体性、当下性等特性开始进入人们的视野,对现代人的思维方式、生活方式产生了重大的影响。然而,千年的文化积淀仍未让人们认清自己。历史进入现代,对人的片面的认识,现实中对生命的异化,这一切都导致了现代人的生存危机,引起了现代人对生命的普遍关注。而在今天的中国大地上,个体生命得到从未有过的彰显,无论是社会还是个人都开始关注人的生命问题,关注生命的完整、价值、意义,这将成为一个时代的课题。当今时代必须面对这一课题,不可回避,因为时代在"直问"这一问题。我们的时代需要对人的生命有个清晰的认识,而不能只有只言片语的"随想"。生命是矛盾的,是有限与无限、理性与非理性、肉体与精神、表现与体验的并存,不可以以非此即彼的思维来对待这一现实,生命不可能只强调一面而忽略另一面;

相反,它要在这些相互矛盾的方面中整体、和谐地发展,这就是生命,人类复杂、统一的生命。人类的生命因此表现出它的无限性、独特性、超越性和体验性等特性。这是我们这个时代对生命的新的理解和认识,也是这个时代对人的生命的新理念,它们需要被吸纳到我们的教育中去,面对人的教育不可能不重视对人的理解。将当代对人的生命认识的新理念导入教育中,理解生命的本义,重视生命的特征,关注教育中的个体生命,这必将成为今后生命教育的基本理念,这是时代赋予教育的历史使命。

资料链接 1-2

人的高贵在于灵魂

周国平

  法国思想家帕斯卡有一句名言:"人是一支有思想的芦苇。"他的意思是说,人的生命像芦苇一样脆弱,宇宙间任何东西都能置人于死地。可是即使如此,人依然比宇宙间任何东西高贵得多,因为人有一个能思想的灵魂。我们当然不能也不该否认肉身生活的必要,但是,人的高贵却在于他有灵魂生活。作为肉身的人,并无高低贵贱之分。唯有作为灵魂的人,由于内心世界的巨大差异,才分出了高贵和平庸,乃至高贵和卑鄙。

  两千多年前,罗马军队攻进了希腊的一座城市,他们发现一个老人正蹲在沙地上专心研究一个图形,他就是古代最著名的物理学家阿基米德。他很快便死在了罗马军人的剑下,当剑朝他劈来时,他只说了一句话:"不要踩坏我的圆!"在他看来,他画在地上的那个图形是比他的生命更加宝贵的。更早的时候,征服了欧亚大陆的亚历山大大帝视察希腊的另一座城市,遇到正躺在地上晒太阳的哲学家第欧根尼,便问他:"我能替你做些什么?"得到的回答是:"不要挡住我的阳光!"在他看来,面对他在阳光下的沉思,亚历山大大帝的赫赫战功显得无足轻重。这两则传为千古美谈的小故事表明了古希腊优秀人物对于灵魂生活的珍爱,他们爱思想胜于爱一切包括自己的生命,把灵魂生活看得比任何外在的事物包括显赫的权势更加高贵。

  珍惜内在的精神财富甚于外在的物质财富,这是古往今来一切贤哲的共同特点。英国作家王尔德到美国旅行,入境时,海关官员问他有什么东西要报关,他回答:"除了我的才华,什么也没有。"他引以为豪的是,他没有什么值钱的东西,但他拥有不能用钱来估量的艺术才华。正是这位骄傲的作家在他的一部作品中告诉我们:"世间再没有比人的灵魂更宝贵的东西,任何东西都不能跟它相比。"

  其实,无须举这些名人的事例,我们不妨稍微留心观察周围。我常常发现,在平庸的背景下,哪怕是一点不起眼的灵魂生活的迹象,也会闪放出一种很动人的光彩。

  有一回,我乘车旅行。列车飞驰,车厢里闹哄哄的,旅客们在聊天、打牌、吃零食。一个少女躲在车厢的一角,全神贯注地读着一本书。她读得那么专心,还不时地往随身携带的一个小本子上记些什么,好像完全没有听见周围嘈杂的人声。望着她仿佛沐浴在一片光辉中的安静的侧影,我心中充满感动,想起了自己的少年时代。那时候我也和她一样,不管置身于多么混乱的环境,只要拿起一本好书,就会忘记一切。如今,我自己已经是一个作家,出过好几本书了,可是我却羡慕这个埋头读书的少女,无限缅怀已经渐渐远逝的有着同样纯正追求的我的青春岁月。

  若干年过去了,我还会常常不由自主地想起列车上的那个少女,揣摩她现在不知怎样了。据我观察,人在年轻时多半是富于理想的,随着年龄增长就容易变得越来越实际。由于生存竞争的压力和物质利益的诱惑,大家都把眼光和精力投向外部世界,不再关注自己的内心世界。其结果是灵魂日益萎缩和空虚,只剩下了一个在世界上忙碌不止的躯体。对于一个人来说,没有比这更可悲的事情了。我暗暗祝愿她仍然保持着纯正的追求,没有走上这条可悲的路。

资料来源:周国平. 人的高贵在于灵魂[J]. 中华活页文选,2004(3).

讨论:你认为该如何区别人的高低贵贱?

1.3　中西方文化中的生命意蕴

1.3.1　中国传统文化中对生命的解读

1. 儒家对生命的阐释

构成主导中国传统伦理文化的儒学,其自身观念的演化历程可大致划分为:作为文化奠基的"孔孟之学"→始为御用思想的"两汉经学"→三教互竞时期的多元互补→儒学发展的第二高峰的宋明理学及明清之际的内部批判。在这一漫长历史岁月中,儒家汗牛充栋的经典著述用于直接表述"生命"者并不多,但若我们深入其中就会发现,在儒学之士们诠释"天人合一""知天乐命""克己复礼""仁义礼智信"等儒家精神内涵的浩瀚书卷之后是饱蘸着成就生命、提升生命之墨的倾心之笔。在对儒家思想的逐步靠近的过程中,我越来越体悟到几乎可以称为有着道德洁癖的儒士们在使个体生命有可能活出境界、活出意义的问题上所做的不懈努力。"天地之大德曰生""生生之谓易""天何言哉,四时行焉,百物生焉,天何言哉"。儒家首先承认,万物之生生不息是天地间最大的德行,自然界中的一切事物都以生为意,以生为心,天生万物,人与天地万物一体。当回到存在于现实的个体生命,儒学视野中其存在的价值就在于"成人(仁)""立德"。儒士们将人之生命的完善过程定义为是个人自我的"成人"——人性实现的问题,肯定其在固有的人伦关系网络和社会情景中对自我中心的不断超越,即以主体化内在超越为根本又兼通内外("格物、致知、诚意、正心、修身、齐家、治国、平天下"),于是,生命的可能性就被修齐治平、忠义显贤、顺乎主心的伦理逻辑所取代。其人伦关系及社会实践的基本语境的设定,其探究人性之道和做人、为人、成人之目的的确立,使在儒家伦理中,人之生命的圆满首先是一个德行圆满的问题,其理想的生命状态就是"志于道、据于德、依于仁、游于艺",只要成就了道德人格,挺立了道德自我,以良知做主宰,人就能超越世间各种遭遇,超越本能欲望——"以出世的精神,提升入世的生命"。当然,当人之生命被首先作为道德载体时,儒士们对人之自然生命及维持自然生命的物质欲求给予了不同程度的置后、漠视甚至反对。对理与欲这一重大辩题,孔孟的基本立场是"义以为上""去利怀义"。随着后来儒学的日益经院化、正统化,孔孟的个人守道成德的义利之辩在汉朝大儒董仲舒那里便演化成了以政治化要求为最高价值选择的纯社会道义论趋向。到宋明理学,二程与朱熹则更是明确地把"天理"与"人欲"对立起来,要"存天理",就必须"灭人欲",从而完全将个体生命的价值与意义赋予精神生命的道德性与伦理性。儒家一向噤言生死,从孔老夫子的那声"未知生,焉知死"的喟叹中,我们似乎可以隐隐听到其对难以把握人之生死的躲避,正是由于他对死亡"疑而不问"的态度,使整个儒家学说都将个体生命的超越归趋于宗族大生命,用"成仁""立德"来逃遁不可违拗的自然死亡以达到不朽与永生。从整体看,儒家学说是"把个体生命的有限存在与人生事业的无限追求相互比附"[①],用无限的道德追求、对宗族的仁与义来构建另一个可以安顿人之生死的意义世界。可以说,儒家的生命文化的基本路径是从人的生物超越性中提升人之社会超越性和人之精神超越性,用儒家所特有的"日用伦理"和"实用理性"使人在日常生活中达到"内圣外王"之理想境地,最终完满人之自身生命。

2. 道家对生命的阐释

如果说儒家哲学的生命价值取向是隐含于对德义操行、忠孝之道的顺从之中,那么,道家则是中国传统经典文化谱系中直接以其独特而深厚的生命伦理观念而存在的重要一脉,涵涉着从个体生命到人类生存于其间的自然环境及天地间生命物类相处关系等诸方面,是一种从虚极静笃的生命根源中流淌出的一缕悲天悯物的生命哲学。在那个战乱频繁、人的生存如草芥般脆弱的春秋战国,老庄用他那敏感而独特的思想来体验和感受着芸芸众生、生老病死、自然宇宙:生命的短暂与无常让人自觉渺小且难以琢磨,白驹过隙,留不下些什么;即使偶露峥嵘,对于急剧变化的世间人事又有何补,于是在那时那地,生命的展开仿若成了人生的累赘。那么,如何才能寻到一个比人之生存更有力量、更为精妙的存在,促使千万生命个体在舒展过程中可以消闲自适、恬然安逸,便成为老庄哲学的主题。老庄认为,人之生命源于自然并统一于自然,从而也就必须在自然给予的条件下才能生存,必须遵循自然的法则才能生存。老子理出了这样一个头绪:"含德之厚,比于赤子""恒德不离,复归于婴儿"。婴儿是人的生命的开始,这即是生命的本源地,是生命活动得以展开的永恒始点。在老子的观念中,人的生命本性本如赤子,道德淳厚,仅仅因为后天世俗的各种欲望、人为机巧,才使得生命本性被搅乱。人的整个生命历程应该不断地朝着那一本源之地往复循环,摒弃人间外界对于生命的一切叨扰,不要轻易地以身役于物,只有这样才能超脱于人类的死生、强弱、胜败等烦扰之事,才能在稍纵即逝的无常变易中把握住生命的永恒与无限。从老庄对生命存在本质的平静抒发中,我们可以感受到其努力地在为人的生存过程寻找一个长久的基础,以期能够突破存在的有限局面,将人之生命的存在过程向着他的生命发源地推复、延伸,以期最终达到与自然、人类、天地、宇宙的精神合而为一——"天地与我共生,万物与我齐一"的生命境界。这也就是老庄之"道"产生、形成的动机与愿望。

应该说,老庄生命哲学所重视的实际上是个体存在的"肉身",他们的整个思想目的也就是在把人的生活态度、价值判断、精神追求用"道"来引导以满足"身"之种种需要,人为了保身养生,就必须与"道"同在、与天地合为一体(以无为而为),从"道"的角度来超越死生有限,使个人的精神、灵魂、情怀可以不受制于世俗繁杂的束缚,可以在与天地宇宙的沟通与感悟中,体验一己生命臻至人间至善的快乐。

3. 佛教对生命的阐释

滥觞于汉代的佛教经南北两朝至隋唐进入了全盛时期,形成并定型了七大宗派体系,其中以禅宗最具中国特色,影响也最为广泛与持久。禅宗是佛教的中国化和世俗化,遵循着佛教的"生死前定""因果报应"等基本教义,认为对于整个人生来说,人的生命历程只是一种既

---

① 张曙光. 生存哲学——走向本真的存在[M]. 昆明:云南人民出版社,2001:70.

定的轮回转换过程,人的生死皆逃脱不出这种命运法则。禅宗对佛教的进一步中国化与世俗化,其本质是把中国传统哲学中诸如孟轲、庄周的思想融入佛教:"以道家消极出世的达观主义甚至于儒家积极入世的乐观主义取代、消解了佛教极端厌世的悲观主义。"①此外,禅宗不但否认个体生命存在的真实性(无自),还要否认客观世界存在的真实性(无他),最终指向一个超越现实的真如世界(归真)。在禅宗的视野里,现实世界里的一切包括人的个体生命都是依存于"心",也就是"佛性"——具有一切现象的本体的意义。"心生,种种法生;心灭,种种法灭;一心不生,万法无咎。"②人的自然生命只是助人达到成佛之前的肉身,不足以论。另外,禅宗又吸取了儒家现世生命情怀,把人的日常生命活动都看作寻求解脱的"妙道",认为一切事物中都体现了"真如",所以有曰"青青翠竹,尽是禅心;郁郁黄花,无非般若""担水砍柴,无非妙道",其实质是希望从对日常生活的关注来浸透"佛性",来要求人们以有限的日常生活为无限的本体(心,佛性),最终可顿悟成佛。

概括而言,禅宗的生命观可看作为通过强调佛性在日常生活中的人人共有,而用顿悟成佛来作为人之生命的最终目的使外在生命物欲的一切执着都可以放下,使有限的生命进入无限。

1.3.2 西方哲学中的生命

西方哲学源于希腊,苏格拉底时期的哲学属于自然哲学,力图从繁多的自然现象中寻找万物统一的"本质"或"始基"。泰勒斯的"水"、阿那克西美尼的"气"、赫拉克利特的"火"、恩培多克勒的"四根"、毕达哥拉斯的"数"、德谟克利特的"原子"、巴门尼德的"存在"……这些不外乎水、火、气、土的自然现象被哲学家们作为万物本源或"始基元素""它们的活跃而流动的物象既体现了自然存在的自由性和变易性,更从深处体现人之生命的生存意志与自由律动,因而某种程度上我们完全可以把它们视为人的生动活泼而绵延不息的'生命'之隐喻"③。苏格拉底把哲学的视线从自然界拉回了人世间,他反对用那些自然物质的原因去解释人的生命,认为那样就是混淆了生命存在的条件与原因的关系。在他看来,物质因素只是形成生命的条件,生命得以有生机的真正原因在于心灵的目的,这一目的的最高形式即是"善"。在苏格拉底的那些充满智慧与狡黠的对话中,我们总能捕捉到他在力求把人对生活的美好追求与人性的闪光点提升到普遍乃至绝对的高度,从而使人类生命获得某种绝对的目的性与神圣性。他的得意门生柏拉图则又进一步把人的生命与生活中一切美好的属性,把从经验事物与主观感受中抽象出来的一般规定性,与人的感性存在分离开来,使其成为独立而绝对的理念。柏拉图将人的生命予以肉体与灵魂的划分,认为在"进入肉体之前灵魂就已经预先存在独立于肉体并具有理智",肉体所感知到的只是事物的影像,是理念的摹本,是虚幻的;而灵魂可感知所有的理念,只是在进入肉体时受到了玷污而全部遗失了,因此,人的生命对整个世界的认识创造历程就是回忆理念并用其来指导生命所有活动以趋向"善"的一个过程。于是,人之生命本来的统一性在柏拉图那里便有了"形而上"与"形而下"的分割。然而,柏拉图这一美好假设有着太多连他自己也难以自圆其说的缺陷,于是,被他誉为"学园

---

① 程广云. 生命人学论纲[J]. 江海学刊 1999(2).
② 萧楚文. 中国哲学史纲要[M]. 北京:外文出版社,2000:282.
③ 张曙光. 生存哲学——走向本真的存在[M]. 昆明:云南人民出版社,2001:70.

之精英"的弟子亚里士多德针对这些不足给予了批判性的继承。

古希腊哲学在经历了柏拉图、亚里士多德这些伟大的智慧高峰后开始逐渐衰落,晚期希腊哲学从总体上说只是以往哲学以不同形式加以结合而已,缺乏独创性和深邃性,这里略过不谈。这样旅行的下一站就是基督教哲学,基督教哲学用人人皆有的"原罪"来代表人的有限性,认为上帝创造了万物,其中也包括人的生命。人的肉体生命无法摆脱有限性,只有信仰上帝,把希望寄托在上帝复临和末日审判上,用对他人的爱和自身的修行来取得灵魂的最终解脱。于是,人的生命历程就成了一个"赎罪"以求来世"灵魂"解脱的过程。这种将人类生命的诞生与结束完全受主宰于上帝的哲学信仰曾经盛极一时,一直到14世纪开始的文艺复兴,人们开始对这种将人性完全受控于神性的基督教文化深感厌恶。于是,强调人、人的生命尊严和人生价值、肯定人的现世生活的人文主义悄然兴起,这股思潮并未完全否定上帝的至尊地位,其突破就在于将人们的视线从神转移到人,人与万物皆由上帝所创,而人与万物的区别就在于人能够体现人的生命尊严与优越的理性,并且肯定了人的个性自由,承认个人的生命具有成为一切的可能性,具有无限变化的创造能力。人可以凭自己的自由意志决定自己的生命形式,可以在一个无限的过程中不断创造新的东西,做自己命运的主人。这股古典哲学的复兴潮虽然仍处于上帝之光的笼罩下,但确实是让人作为人的生命尊严与价值得以前所未有的澎湃。

到近代哲学时期,主要是以培根、霍布斯、洛克、贝克莱和休谟为代表的关于人的感性经验和以笛卡儿、斯宾诺莎等为代表的关于人的理性思维之间的认识论方面的争论,尽管其争论对象也都是人的自身生命机能的不同活动,但并未切中个体生命之肯綮,故略论。接下来的德国古典哲学中,我们面对的是西方哲学史上的一位天才——康德。他对唯理论与经验论的争执作了某种程度的调和,并把哲学的根本归结到"人是什么"的问题上来。在康德的内心法则中,个体生命是自然性、文化性和道德性的统一,人的生命是自己行为的目的本身,而非供人任意使用的工具或手段。人的全部价值、意义和尊严都基于这一点。人不同于物,只有物才是人的手段,而人的生命就是目的。举例而言,说谎和自杀就不符合"人是目的"的规律,说谎实际上把他人当作手段,自杀则是把自己的生命当作手段。康德的后继者也都沿袭了"人是什么"这一主题,基于"自我意识"来描述人,肯定人的价值、尊严,这一点后面会详细介绍。

回顾一下会发现,从古希腊的"自然本原",到苏格拉底的"善"、柏拉图的"理念"、亚里士多德的"实体"、基督教的"原罪"、人文主义对人性的张扬,近代哲学"唯理"与"经验"之争……看上去人的生命问题似乎都只是这些诸如对世界本源的探讨、人性特点或某一功能的强调、神学的控制或人的认识机能的争执等问题中隐隐地透露着微弱的存在之光,生命哲学何时出现呢?

19世纪中期,非理性主义(人本主义)思潮和科学主义思潮及马克思主义的诞生成为西方哲学发展的一次重大转折。非理性主义者叔本华、尼采、柏格森首次在哲学史上将"生命、意志、感觉、情感、下意识和本能冲动"提高到空前的高度,将它们看作生命的根本。当然,我们首先需要澄清:从生命哲学角度解释叔本华和尼采并不意味着是对他们全部作品的结论,只是这两位哲人的观点确实对后来的生命哲学起到了不可抹杀的奠基作用。叔本华迈出的从理性到生命的第一步,便是提出了生命意志。他认为,理性与思维只是生命存在的工具,生命的本质原因是意志,是一种强大的、不可遏制的生存冲动,是一种神秘的生命力,它既存在于盲目的自然力之中,也表现在人的自觉的行为之中,意志就是最大限度地延续生命的愿望。在叔本华这里,人的生命历程便是意志产生、统治一切的过程,但这个过程是痛苦的,因为人不断地有着无穷的生存意志欲望产生,而这种单纯的生存意志,他认为受生命意志支配的人生是自私的、怯懦的、虚伪的、甚至有时是残酷的。因此,要想应付自己的痛苦和别人的痛苦,只有一条道路:抛弃欲求,否定生存意志,如果人能退让,那么自私的世界观就会对世人开放,人就会明白,并同每一个他人分享生命意志。可以说,叔本华通过这两次攀升使生命同理性一样成为哲学原则:引出生命意志一极端否定意志的"涅槃"。至于尼采,他在宇宙中找到了另一种不同于叔本华生存意志的生命力——一种强力意志。他认为生命的基础是一种粗暴的利己主义本能,即掠夺的利己主义和防御的利己主义,人的生命渴求优势、统治、权力、支配和占有。尼采认为,世界就是一个按照生命力的强弱组合的世界,那些大大小小的竞争,都是为了争优势、争发展、争强力,求强力的意志也就是尼采所言的生命意志。为实现强力意志,尼采创造了一个理想人格的超人,是克服一切劣根性的人,去主宰一切平庸之辈。概括而言,尼采的生命历程就是一个依靠强力意志征服一切,超越一切的过程。

  在了解柏格森的观点之前,需要先谈谈另一位哲人,他的生命哲学不仅对柏格森的学说有所借鉴,而且其理论在生命哲学的王国中也影响颇深,他就是狄尔泰。在狄尔泰的作品中,生命概念多次出现,可以将其归结为三个范畴:"第一是让有机主义适应环境,就像生理学所描述的那样'这所有的全部就是生命';第二是把意识状态与一个体验的统一体联系在一起;第三就是外部体验,只要这种外部体验不是来自于一个外部的立场,而是一个面对环境压力的主体所得到的经验,'这就是生命本身,它始终是它自己的证明'。"①从这些对其观点的概括中,可以看到生命对狄尔泰来说首先是在不同的层面上体验的过程。在这里引用狄尔泰早期的文章中一段对生命非常精彩和经典的描述,具体如下。

  狄尔泰试图唤醒读者记忆中生命的主要历程。"在生命中我的自我产生于所处的环境,自我对我来说是对我存在的一种感受,是一种态度和对周围的人和事物的立场。所有这些带给我压力或带给我力量的和生存的欢乐,它们对我提出要求并在我的生存中占有一个空间。这样,每一个物体和每一个人从我的生命的关联中吸取力量和受到影响。从生到死的有限性、受到现实压力生存的有限性在我内心唤起了一种要求持续的、没有变化的、不受事物压力的渴望,我抬头望见的星辰就成为一个永恒的、不可触及的世界的象征。在环绕我四周的事物中,我经历我已经得知的一切。我看见晚霞降临在我脚下安静的城市上空,那些逐渐亮起来的灯光对我来说表达了一个受到保护的、安宁的生存。生命的这种在我自己的存在中、在我的状态中、在我周围的人和事物中的分量构成了这些东西的生命价值,这些价值同他们的作用造成的价值是不同的。"狄尔泰对于生命不同层次体验,对一己、对周遭、对无限永恒的模糊憧憬和对具体生活状态的融合接受。狄尔泰从解释学的角度对每一个个体的生命体验进行着说明,从而能够让个体生命自己去掌握自我内部那"最大的现实"。接下来的柏格森对狄尔泰的思想作了系统的发挥,柏格森强调生命是一条奔流不息的意识之流;维持生命本质是一种绵延,其实就是时间。柏格森通过电路摄像机工作原理的比喻来强调静态或固态的概念概括不了生命,因为生命是一种时间的存在,它不是位置,而是变化;它不是数量,而是质量;它不仅仅是物质与运动的重新分布,而且是流动的、执着的创造,是绵延。

---

  ① 费迪南·费尔曼.生命哲学[M].李健鸣,译.北京:华夏出版社,2000:94.

而倾听生命之流在渗透与流动的方法即是依靠直觉,柏格森把生命流动和绵延的观点扩展到整个世界中,把万物都看成是绵延的外化。柏格森认为,人们可以在植物、动物和人等各种存在形式中窥探到生命进化的步伐,生命本身就是一种积极的、肯定的和向上的运动,但由于对惰性物质的阻力克服程度的不同,生命的进化就表现出三条路径:堕入植物甚至无机物那种物质般的麻木;进化路线中生命的精神和努力被凝固成一般动物的本能;只有在人身上,生命才取得了胜利,人的生命冲动沿着它自然的、未受阻碍的冲击,产生精神性的事物,生命终于寄托了它的利益和期望。有人这样评价柏格森和他的生命哲学:在他之前,个体是一部巨大的、死气沉沉的机器上的齿轮和螺丝钉;而现在,只要我们有这个愿望,就能帮助写出在创造之剧中个体应当扮演的角色。

在非理性主义盛行的同时诞生了马克思主义。马克思的生命观认为,整个人生就是一种生命在从"物化"到更高程度上的"人化"这一辩证过程中不断地扬弃与超越,并最终在这一过程中取得作为生命意义的"自我确证感"。生命用生存的自觉展开来表征其存在,人在与外界进行的对象性的生存实践活动中,当人把自己的生命注入到了作为对象的"物"中时,人也就实现了"生命"与"非生命"的互相转化,从而人被一定程度的"物化"甚至完全的"异化"将在所难免。"劳动者把自己的生命贯注到对象里去","归他的东西便越来越少","因此这个生命已不再属于他,而是属于对象了"[1]。然而,在马克思看来也正是通过这种"物化"或"异化",个体生命及其所处的物质世界就会在更高的程度上"人化",这是一个不断扬弃与超越的过程。他也指出,自觉推动人类解放的"共产主义是私有财产即人的自我异化的积极的扬弃"[2]。同时,马克思还强调通过生命每时每刻的对象性活动,人们用自己的生命力、创造力使对象世界发生合其目的性的变化,而在这种变化中个体生命确认了自己是有意识的存在体,"使包括人的精神和实践感觉在内的生命的'五官感觉'成为'属人的感觉'",而且使人"切实地体验到作为生成感、满足感和自由感的生存意义","'意义'就是人在与其本质力量相适应的对象中的自我确证感"[3],因此马克思的观点,是将个体生命放在与他物、社会的整体关系中进行的综合思考。

现象学与存在主义的重要人物,德国的舍勒认为,人的生命不能被定义为工具的创造者,这样的人之生命无非就是一个工匠的命运,使用工具往往是人的一种"病态",是人的生命力匮乏的表现。在他看来,人的生命历程应该是用直觉体验一切的过程,他的体验是自我参与到存在的本质和源泉中去,与存在融为一体。现象学的另一条重要的发展线索即以海德格尔和萨特为代表的"现象学本体论",也叫"存在主义"——对人之生命的在世分析。在存在主义者的视野里,人的存在是核心主题,并认为不存在什么人的生命的共同本质或普遍的人性,一般的和抽象的人只在概念思辨中才存在,这样的生命不是具体的、活生生的,而是僵死的。存在主义者所强调的人的存在是鲜活的个体生命的存在,是个体的存在和生存状态(在世)。存在主义大家海德格尔认为,人的生命总是散落飘零在他的世界之中(躯体、自然、社会、文化),从这些散落中收拢就需要一种自明性的冲击,即一种真正的感受性和瞬间。人的生命存在为"此在","此在"是世间存在的"澄明之所",不仅能领会自身,还可领会其他

---

[1] 马克思.1844年经济学哲学手稿[M].北京:人民出版社,1979:45.
[2] 马克思.1844年经济学哲学手稿[M].北京:人民出版社,1979:73.
[3] 张曙光.生存哲学——走向本真的存在[M].昆明:云南人民出版社,2001:160.

存在者存在的意义。"此在"在一个偶然的机会被抛入这个世界,从而便在与世界打交道的过程中开始产生了各种各样的"烦",而按海德格尔的理解,"烦"也就暗示着"此在"要超越过去的事实,向着未来,成为他想要的东西、"无烦"的东西,人的生命就是这样一个不断选择和筹划的过程,在选择中也许能获得自身从而成就生命的本真状态,也许反之则被异化为非本真状态。海德格尔这里提出了一个名词:"沉沦",是指"人陷入庸庸碌碌的日常公共生活中,忘掉了自己,而只为他人存在"[①]。"他人"在这里并非某个体,而是指人的集合体,是中性的东西,是平均状态,他称为"人们",生活在"人们"中,个体生命毫无个性与特色,人云亦云,即失去任何选择之自由,也没有负任何责任的麻烦。沉沦于"人们",似乎使人心安理得,从而令人们离生命本真状态越来越远。于是,海德格尔又提出了"向死而生",即将死亡作为一种无形的力量在威胁着人的"沉沦"之存在,当你意识到你有危险,特别是不可避免的死亡时,你的生命存在状态就处于"开展"之中,因为海德格尔认为生命是面向虚无的有限存在,只有在坦然接受死亡的体验中,才会得到英雄式的伟岸或终极的尊严,成为具有"本真状态"的人。

后现代主义中对人的生命本质的探讨、对人生意义的追寻显得很是"不屑一顾"。他们认为现代性建立了人对一切他者的"狂妄",人的生命已被社会、政治、经济及法律肢解并牢牢控制,于是后现代思想对此作了惊世骇俗的反省。例如,结构主义者福柯谈到"人之死",他认为"人"只不过是"一个新近的发明创造,一个还不到两个世纪的形象,是我们的知识中一个新的褶皱,一旦这种知识发现一种新的形式,他就消失"[②]。他认为所谓"我""主体",既不是自己的中心,也不是世界的中心,因为这样的中心根本不存在,人的生命只是作为构成结构的关系网络中的一个关系项,其本质没有独立性和能动性,只有当他完全融化于结构之中才被赋予全部意义。表面上福柯是在用结构概念取代个人存在概念,而实际上,他却是在洞察了个体生命在被现代性知识、权力、道德的挤压、抽离、扭曲的现实后,通过"人之死"来帮助人们去掉长久以来赋予自身的道德本体,及必须承担各种崇高伟大的职责的虚假设计来解放人之生命。应当说,福柯是在内心蕴含着对个体生命的无限深厚的爱与希望而喊出的"人之死"。

从生命角度对中外哲学进行了梳理,使我们可以感受到历史上的哲学家与思想家对人——这株能思考的芦苇——孱弱的自然躯体内蓬勃的生命意识、精神力量所给予的关注和肯定。在孔孟看来,人只有将自己的生命无怨无悔地投入到宗族与道义中才算是不枉此生;老庄则平静地规劝世人随性而行、顺应自然,以成就与天地合一的生命境界。而西方的哲人们则从另一个层面就生命的理性与非理性来探讨究竟什么样的生命更有价值或更为真实:苏格拉底、柏拉图、康德等对内心的理性准则给予绝对的肯定;叔本华、尼采、柏格森则是对人之自身存在的强烈的生命意志奉若神明。还有一派另辟蹊径从存在本身来言生命的价值与意义:存在主义、人本主义强调无所谓理性与非理性,人的生命"在世"本身是最值得关注的存在。总之,无论是从伦理与社会角度,还是从个体自我的理性或非理性角度,这些先哲们对生命的意义与本质所做的各个方向的探索,为我们今天理解生命、完善生命搭建了可做参考的探讨空间,同时也为生命教育的展开奠定了理论基础。孔孟的"以德为生"让我们的教育在当今"大儒家"的视野下给生命以人世的关照;老庄的淡定闲达、与天地的神形兼

[①] 张曙光.生存哲学——走向本真的存在[M].昆明:云南人民出版社,2001:461.
[②] 田海平.哲学的追问:从爱智慧到弃绝智慧[M].南京:江苏人民出版社,2000:280.

合在今天提示着教育对生命内涵给予更全面深入的理解,树立"大生命观";人本主义的视野与教育元初理念的吻合对教育现实中的偏狭予以批判的理论依据;现代哲学向日常生活的转向为忽视生命、生活本身的当今教育提供反省实践时的参照标准;当然,尤其要提及那些大哲们,其思想对教育理念所及的启迪无愧于他们在哲学的天空中至为璀璨的地位:马克思对人之本质的精辟阐述一直都作为教育理念的圭臬;海德格尔的"向死而生"填补教育中对死亡与生命之关联的忽视……

哲人对生命本质的不同声音与层层探析让人们在思想领域体验到"认识自己"的魅力与诱惑;而教育,则于现实中通过一系列人性化的行为在耳提面命或潜移默化中完成对人之生命内涵的赋予和意义的提升,使每一个个体生命能够脱离"兽格"与"物格",构建完善的"人格",从而真正地站立起来。美国思想家爱默生说"世界上最光辉最宏伟的事业就是使人站立起来",教育中的实践操作便在充实生命的同时也成就了自己的那份辉煌与伟大。

资料链接 1-3

生命的意义是什么

生命的意义是什么?不知道有多少人思考过这个问题,也不知道有多少人找到了属于自己的答案。这恐怕是人类的一个亘古不变的命题。我们到底为了什么活着,生命的价值又是什么?在我看来,生命的意义恐怕既没有泰山之重,也不是鸿毛之轻,生命的意义就是生命本身,活着或许就是生命的全部意义。

生命的意义是什么?生命的意义在于不断地寻找自我,寻找真我。是生命造就了我,还是我体现了生命?有生命才有我,有我生命才有意义。但生命和我却又是分离的,可能我们终此一生也未能找到真正的自我。每当以自我为中心的时候,却又往往忽略了生命的存在,甚至于有时狂妄地认为我可以主宰一切,包括生命。但生命总是在适当的时候,给我们以最深刻的警醒,当我们不以生命为意的时候,生命会以它玩世不恭的方式,提示我们它的意义。每当此时,我们才会真的战战兢兢,才会真正体会生命的意义。生命与我永远是同一体,永远无法分离和割舍。

生命的意义是什么?生命的意义是梦牵魂绕的情愫,亲情、爱情、友情……爱、恨、情、仇、喜、怒、哀、乐,每一样情愫都是生命的灿烂光环。没有情愫的生命就像是无根之木,无源之水,总有一天会枯萎。每一种情愫都会让生命多姿多彩,多变多幻。当一个人舍下所有情愫的时候,生命也会变得没有任何意义。为了让生命更加有意义,请珍惜身边的每一份情愫,让每一份情愫都是温暖的、恬淡的、从容的与平静的。或许生命的意义就是你每一次微笑、每一次烦恼、每一次伤心、每一次快乐,生命的意义就是你的每一次,仅此而已。

生命的意义是什么?过去是历史,未来是不可知,生命的意义就是活在当下,就是把握现在。"花开堪折直须折,莫待无花空折枝",不恐惧未来,不后悔过去,珍惜当下的每一分、每一秒,享受当下的每一次灿烂,体会当下的每一次痛苦。活好当下,是对生命的最高礼赞,是对生命的崇高敬意,也只有当下,才能真切地体会到生命的存在、生命的价值和生命的意义。过去的时间,不是生命,未来的是梦境,也不是生命,只有当下才是生命的起点和归宿,是生命的本源,是真真切切的生命。

生命的意义是什么?"未知生,焉知死",生命的意义就是活着。为了什么活着,为了生命而活着,为了活着而活着,没有什么理由。鲜活的生命,没有绝望,没有放弃,只有生存,只有活下去的信念和勇气。活着是生命的终极意义,也是生命的本质特征,不论你想要什么样的人生,你必须要先活着,否则一切都没有意义。如果你想探寻生命的意义,请善待自己,善待生命,活下去,好好活下去。

资料来源:佚名.生命的意义是什么[OL].新浪杂谈,http://club.history.sina.com.cn,2010-3-20.

讨论:你认为生命的意义是什么?

问题与讨论

1. 谈谈你对生命怎么理解的?
2. 谈谈你对生命层次的理解。
3. 列出中西方文化中对生命理解的差异。

实训练习

本章学习了有关生命的知识,生命是一个奇迹,生命是大自然的恩赐,是父母把我们带到这世界,我们应该懂得敬畏生命、珍惜生命。生命的构成是复杂的,是多层次的,有物质生命、精神生命、社会生命和审美的生命。生命有许多特点,如开放性、独特性、有限性、超越性、非理性等,根据所学的生命知识召开一次班会。

珍爱生命教育主题班会

活动时间:

活动地点:

参加对象:全体学生及辅导员。

班会目的:学会珍爱生命,追求生命的意义和价值。

活动形式:在辅导老师的带领下,分成若干个小组,协作完成活动。

活动准备:

(1) 充分利用媒体搜集有关生命教育的资料。

(2) 每位同学谈一谈自己的生命价值观,面对挫折时的心态并和小组成员分享身边发生的生命小故事。

班会效果:通过班会让学生真正地感受到生命的美好,懂得生命的珍贵,更加善待生命,珍爱生命,做一个身心健康,有所追求的人。并且让学生学会如何调整不良心态,形成健康的心理。

拓展阅读

最后的歌声

佚 名

清晨的公园里,一个患有癌症的男孩在轻声歌唱,他歌唱生命。尽管他剩下的时间不多了,但他不自卑,他不相信世上存在着永恒。他认为没有一样东西是永恒的,生命,也是一样的。"人总是要死的!"他常常自我安慰。

公园的那头,有一个女孩在跳着优美的舞姿,如身后桃花的飘落——翩翩飞舞。

这天,男孩无聊地闲逛。忽然他闻到一阵喷鼻的花香,这花香吸引着他来到了一棵桃花树下,也看到了那女孩——她正在跳舞。男孩没有打断她,一直在旁边静静地等她跳完。"你跳得真好,如你身后的桃花。""谢谢!"女孩羞答答地抬起头说道。这时,男孩看清了她的脸:一张美丽的面孔上镶着两颗无神的眼珠。男孩大吃一惊:"你是盲女?"这句话一出口,男孩就后悔了,他知道他说了一句不该说的话。"哦……对不起,我不是有意的。""没事。"女孩似乎很轻松……

就这样,他们认识了。

他们相约黄昏时来到这儿,男孩歌唱,女孩伴舞……

像这样过了很久,直到那一天。

"桃花真美,像你一样。"男孩无意中说道。"可惜我看不到。"女孩说着低下了头。"对不起。"男孩的心如一阵刀绞的痛,他知道他又一次刺痛了女孩的心,尽管她不在意。一种强烈的欲望从男孩心中升起。

过了几天,女孩兴奋地告诉男孩,有人愿意献出眼珠了,她将看见光明,看见这美丽的花花世界了。男孩由衷地笑了。女孩哪里知道,那一对眼珠是男孩献出来的。

这一天的黄昏似乎更早到来,男孩对女孩说了很多:"曾经我不相信永恒,但我现在明白世上存在永恒,那便是友情。我要走了,永远都不回来了,我将永远珍藏我们的友谊。"女孩哭了。说完男孩唱起了生命里的最后一支歌,女孩依旧为他伴舞,但是带着一串泪珠……

他还是走了,走得那么轻松,没有遗憾,他把他生命里的最后一支歌献给了她,他无悔。女孩的手术很成功,她看见了万物,也知道了真相。她来到了公园,奇怪的是今年的桃花没有开。

女孩的眼眶模糊了,一滴泪从她的脸颊落下,夕阳中,她似乎听见了男孩唱起的那一支歌……

认识自我的潜能

佚 名

一个农民看到儿子开的那辆轻型卡车突然间翻倒在水沟里。他大为惊慌,急忙跑到出事地点。他看到水沟里有水,儿子被压在车下面,只有头露出水面,他毫不犹豫地跳进水沟,双手伸到车下,把车抬了起来。另一位跑来救助的工人帮他把失去知觉的儿子从下面拽了出来。当地医生很快赶来了,经检查,发现农民的儿子只划破一点皮,没有其他损伤。此时,这个农民觉得奇怪了。刚才抬车时根本没想自己是否能抬得动,由于好奇,他又去试了一下,这次却根本抬不动那辆车了。

生命能够承受多大的重量,生命有着怎样的韧性,我们想过吗?

生命是坚强的,它坚强地能够在死神面前毫无惧色,依然灿烂;但它又是脆弱的,脆弱得在一瞬间就消失了。生命或者说命运,对每个人都是公平的,关键看你如何面对。善待别人,善待自己,珍爱所拥有的一切——这或许就是我们对逝去的人最好的哀思。

珍爱我们的生命,生命是脆弱的,而生命又是顽强的。这脆弱与顽强取决于我们心中的生命意识。遵守社会规则,紧握宝贵的生命之花,让短暂的生命绽放光彩。

第 2 章

生命教育

漠视生命的教育是对教育初衷的背叛。

——编者

学习目标

(1) 了解生命教育的背景。
(2) 掌握生命教育的内涵。
(3) 了解生命教育的意义与价值。

案例导入

敬畏生命

佚 名

在暴风雨后的一个早晨,一个男人来到海边散步。他一边沿海边走着,一边注意到,在沙滩的浅水洼里,有许多被昨夜的暴风雨卷上岸来的小鱼。它们被困在浅水洼里,回不了大海了,虽然近在咫尺。被困的小鱼,也许有几百条,甚至几千条。用不了多久,浅水洼里的水就会被沙粒吸干,被太阳蒸干,这些小鱼都会干死的。

男人继续朝前走着。他忽然看见前面有一个小男孩,走得很慢,而且不停地在每一个水洼旁弯下腰去,他捡起水洼里的小鱼,并且用力把它们扔回大海。这个男人停下来,注视着这个小男孩,看他拯救着小鱼们的生命。

终于,这个男人忍不住走过去:"孩子,这水洼里有几百几千条小鱼,你救不过来的。"

"我知道。"小男孩头也不抬地回答。

"哦？你为什么还在扔？谁在乎呢？"

"这条小鱼在乎!"男孩儿一边回答,一边拾起一条鱼扔进大海。"这条在乎,这条也在乎! 还有这一条、这一条、这一条……"

这个故事告诉我们:如何敬畏生命、热爱生命,如何去关爱生命、拯救生命。虽然我们救不了所有不幸的人们,但是,我们只要尽力,总可以救一些人,可以减轻他们的痛苦。因为我们的存在,他们的生活从此有所不同。我们可以使他们的生活变得更加美好,这是我们能够并且一定会做得到的。

敬畏生命,从我做起,永远不要放弃! 记住:"这条小鱼在乎! 这条小鱼在乎! 还有这一条、这一条、这一条……"

2.1 生命教育的背景及原因

生命教育最早于1968年正式提出并实践,然后由大洋洲、欧洲再扩展至世界各地。中国港台地区于20世纪90年代引入生命教育,在理论研究和课程实践上都取得了显著成绩。在介绍港台地区经验的基础上,经由部分学者的诊释、呼吁,教育工作者、民间团体的实践,以及政府部门的支持和发动,我国生命教育一步步发展,已成为国家战略和社会普遍关注的议题。近半个世纪来,国外不少国家开展了不同形式、不同内容的生命教育实践,虽然开始时间、发展过程以及课程设置、价值取向不尽相同,但都为公民教育、人格培养发挥了重要作用。

1. 生命教育的提出及其社会根源

目前学界普遍认为是美国杰·唐纳·华特士(J. Donald Walters)最早提出的"生命教育"(Education for Life)。1968年,华特士在加州北部内华达山脚下创建"阿南达智慧生活学校"(Ananda Living Wisdom School),在这里,人们的生活就是学习,生命是一种体验,人人都致力于探索蕴涵在生命教育中的原则,并遵循这些原则生活。1986年,华特士出版《生命教育:与孩子一同迎向人生挑战》一书,拓展了学校教育的内涵,认为教育是融书本学习和人生体验于一体的过程,应该让身、心、灵兼备的生命态度成为未来教育的新元素。孩子们所学习的是如何生活在这个世界上,而不只是如何找到一份工作、一种职业;他们必须懂得如何明智、快乐而且成功地生活,而不违背自己内在深层的需求;当然,更不会执着于金钱和权力。

1964年,日本学者谷口雅春出版的《生命的实相》一书已经涉及生命教育的重要性,不过,她没有明确提出生命教育的概念。如果再往前溯,生命教育还可追溯到1903年法国生物学家 Eli Metchnikoff 提出的 Thanatology(死亡学)概念和1928年起在美国开始的"死亡教育"研究。1928年,John C. Gebhart 发表一篇对美国丧礼及殡仪馆进行评价的文章,开死亡教育研究之先声;1940年,Sylvia Anthony 著书探讨儿童的死亡概念;20世纪50年代,美国出现"死亡觉醒运动"。此后,Herman Feifel 于1959年出版第一部死亡教育著作《死亡的意义》,"死亡教育"逐渐演变成为一门教育学分支学科,后来进一步发展为"生死教育"。从华特士提出生命教育的时间来看,正好处于美国死亡教育走向兴盛的时段。美国学者为什么对死亡问题这么感兴趣呢?这必然有其特定的社会背景。第二次世界大战以后,人们开始对残酷的战争给人类带来的灾难进行反思,同时,环境污染、自然灾害、能源紧缺、粮食危机等诸多威胁人类生存的问题也受到更多关注。20世纪20年代开始或者更早,美国社会的自杀、他杀现象频出,尤其是大学生的自杀现象日益严重,且呈低龄化发展趋势;吸毒、堕胎、性危机、安乐死等医学伦理问题日益突出;大学生和艾滋病、癌症等重病患者及其家属的心理问题愈发普遍,更不用说大学生对人生的困顿与迷茫了。因此肖川认为,"生命教育"一词原本是在美国20世纪60年代作为社会中的吸毒、自杀、他杀、性危机等危害生命的现象的对策而出现的,起初是死亡教育的形式。

我国江西师范大学生命教育专家郑晓江教授也持类似观点。可见,生命教育是在美国社会出现的种种负面现象的现实背景下,在死亡教育不断拓展和深入的基础上出现的,美国社会种种反生命和消解生命的现象,正是生命教育提出和发展的社会根源。

2. 生命教育在国外的发展概况

生命教育在美国起源并向世界其他国家和地区辐射发展的过程,是一个借鉴、转换和继承、创新的过程。在美国,生命教育最突出特点就是与"死亡教育"融为一体。Herman Feifel 发表《死亡的意义》之后,1963 年 Robert Fulton 在明尼苏达州开设大学第一门正规死亡教育课程;1970 年,第一次死亡教育研讨会在明尼苏达州的哈姆莱恩大学举行;1976 年美国成立了死亡教育与谘商协会,还进行"死亡教育师"和"悲伤谘商师"认证。1977 年,美国《死亡教育》杂志创刊,Leviton 在首期刊文将死亡教育定义为"向社会大众传达适当的死亡相关知识,并因此造成人们在态度和行为上有所转变的一种持续的过程"。从实践来看,美国生命教育方式灵活,如通过互联网及电子传媒推动,还有 Life Skill Ministry 等专门训练大学生生活技能的机构。20 世纪 90 年代,美国中小学生命教育已基本普及。目前美国生命教育大致分为人格教育、迎接生命挑战的教育、情绪教育三类,对于孩子提出的死亡问题,家长会直截了当地回答。孩子们还在家长或老师的带领下,到郊外专为绝症患者提供善终服务的宁养院,把花瓣轻轻撒向临终者的床榻,微笑着目送患者告别人世。

日本的生命教育可以追溯到 1964 年谷口雅春出版《生命的实相》。1989 年日本新版《教学大纲》明确提出以尊重人的精神和对生命的敬畏之观念来定位道德教育的目标。日本教育界还提出"余裕教育"理念,试图将学生从应试教育中彻底解放出来,以寓教于乐的方式恢复孩子天真烂漫的本性,让他们学会如何做人。"余裕教育"的口号是"热爱生命,选择坚强",旨在让大学生认识生命的美好和重要,能面对并承受挫折,更加热爱生命、珍惜生命。他们认为,热爱生命的主要内容之一,是要求人与自然和谐相处,并热爱其他生命。为此,他们鼓励学生经常到牧场体验生活,甚至建议把中小学体验农村生活变为"必修课"。

澳大利亚的生命教育主要缘起于反毒品。1974 年,针对当时大学生吸毒并致死这一社会问题,牧师 Rev. Ted Noffs 正式提出"生命教育"(Life Education)的概念,并于 1979 年在悉尼成立"生命教育中心",协助学校进行反毒品教育。该中心后来发展成一个国际性机构,成为联合国的"非政府组织"(NGO)中的一员。该中心认为,对大学生开展"生命教育",培养他们积极、健康、向上的人生观,创设一个健康的生活环境,是防患于未然之道。如今,澳大利亚中小学普遍设有生命教育中心,有详细的生命教育目标。

新西兰的生命教育也是从非政府组织开始的。1988 年,新西兰成立非营利性机构"生命教育(计划)",次年得到时任总理 David Lange 的签署认可,并在全国范围内推广。该组织致力于"教会学生认识到世界、个人与其他人的奇妙之处,指引他们充分认识和发挥自己的潜能"。经过多年教育实践,该组织已经探索出一套较为成熟的课程模式,涵盖五个方面:自尊、社会交往、人体构造、食物及其营养以及物质认识。新西兰还有专门的生命教育基金会,服务对象是 5~12 岁的学生,课程包括校内和家庭功课,重点是如何"照顾身体"。

英国的生命教育直接源自澳洲。1986 年威尔士王子访问澳洲之后,在英联邦 14 个地方都建立了沿袭澳洲生命教育中心的慈善性机构。不过早在此前,英国的 PSHCE 计划已经开始实践生命教育理念,主要是在幼儿园和小学阶段进行健康、药物(包括毒品防治)和生活选择等方面的教育。英国生命教育是一种全人培养与全人关怀的教育,以学生灵性、道德、社会和文化的发展为目标,它和公民教育虽然名称有异,但在教育理念、内涵外延和追求的目标等许多方面一致,是围绕并伴随公民教育一起产生和发展起来的。因此有人认为其历史可以追溯到 1765 年 Joseph Priestly 发表《论一种旨在文明而积极生活的自由教育课程》,至今大致经历了三个阶段,即萌芽阶段、跨领域课程阶段和正式课程阶段。

德国对生命教育的理解是"死亡的准备教育"和"善良教育"。"死亡的准备教育"重在引导人们以坦然、明智的态度面对死神的挑战;"善良教育"重视对学生善良品质的培养,主要内容有"爱护动物""同情弱者""宽容待人"和"唾弃暴力"。在实现途径上,德国生命教育以课堂教学为主渠道,通过学科渗透的方式,辅之以社会实践活动,在不同学科和不同形式的教学中体现。

瑞典常引以为豪地认为他们的生命教育有百年历史,因为在一百年前,瑞典著名女教育家爱伦·凯出版了《儿童的世纪》一书,弘扬以儿童为幸福、以儿童为本位的教育观念。这似乎与现代生命教育是吻合的。的确,瑞典生命教育向来以态度开明著称。孩子在很小的时候,老师就会让孩子们摸着孕妇的肚子,然后给他们讲人是怎么出生的,让孩子懂得什么是生命。此外,瑞典小学生还被允许到太平间与遗体接触,同时被告知一个人死亡对自己、对亲人意味着什么。

俄罗斯的生命教育是与安全教育紧密联系在一起的,其特点主要体现在政府重视、法律保障、目标明确、内容丰富、形式多样、理论联系实际、各方有效合作等方面。1991年俄罗斯联邦教育部颁发《253号决议》规定自1991年9月1日起在普通教育机构的2、3、6、7、10和11年级开设生命安全基础知识课程。1994年,俄罗斯教育部建议在普通教育机构1~11年级全部开设生命安全基础知识课程;2003年,新修订的《俄罗斯普通教育国家标准》把生命安全基础知识课程作为必修课程。

印度伟大诗人泰戈尔说:"教育的目的是应当向人类传送生命的气息。"印度佛教很好地体现了这一实质。耐人寻味的是,华特士曾在印度学习,他创办的生命教育学校即以其导师名字命名。学诚法师曾以《佛教是一种系统完整的生命教育》为题开示,认为:"佛教的本质是要教育、教导、教化众生,使众生从迷的世界逐步进入悟的世界,因此佛教是一种系统的、完整的生命教育,释迦牟尼佛是这个系统、完整生命教育的创始人。"印度的佛教提倡尊重生命,这里的生命就是指一切生物界的生命。在这方面,佛教提出无情有性、一切众生皆有佛性、慈悲三个理念。

此外,加拿大成立了生命教育协会,从2010年就开始资助西南民族大学家庭经济困难学生,2014年2月正式在该校设立"大学生助学助人关爱项目",2011年曾在四川大学附小清水河分校开展生命教育交流活动。

非洲成立了阿弥陀佛关怀中心,为慧礼法师创立,主要致力于人道关怀、慈善救济、孤儿助养及生命教育,举办各类生命教育体验营。拉丁美洲的高等教育特别注重人文和社会意义,如拉丁美洲和加勒比地区国际高等教育协会明确指出:"高等教育不是用来培养未来的技术型人才,而是为了培养捍卫人权、崇尚民主、有道德感和和平观的社会公民。"

3. 生命教育在中国香港、台湾地区的实践

中国港台地区在20世纪90年代引入生命教育并开展实践,取得了显著成绩。中国香港地区1994年成立了"生活教育活动计划"慈善组织,目的是为学生提供正面的、有系统的药物教育课程,协助预防药物滥用。这可以说是香港地区生命教育的萌芽。从教育系统的实践来看,1996年天水围十八乡乡事委员会公益社中学开设"生命教育"课程,标志着生命教育正式进入学校;1999年,香港地区"天主教教育委员会"推出"爱与生命教育系列",除了为家庭生活教育提供素材与方法之外,也鼓励教师将这些内容融入相关科目的教学;

2002年,香港教育学院公民教育中心明确提出以生命教育整合公民教育及价值教育,并在多所学校推广生命教育课程。中国香港生命教育涵盖人的情绪、情感和身心灵的发展,拓展生命的深度和广度,培养学生成为有智慧、会感动并追求卓越的全人。事实上,中国香港的公民教育多选择与生命题材相关的话题,以生命为主线,以爱为核心,使学生认识自我,肯定自我,实现自我。

中国台湾学者郑崇珍认为:中国台湾生命教育主要缘由在于大学生呈现一种不健康的行为取向——不知爱惜自己、颓废、消极,常有践踏生命的偏差行为。另一位中国台湾学者张振成总结了中国台湾生命教育实践的四大社会根源:大学生问题严重、功利主义弥漫、脱序现象恶化、亲职功能不彰。在这样的社会背景下,陈英豪于1997年率先提出"生命教育"的概念与愿景;1997年年底,中国台湾启动"生命教育实施计划",并委托台中市晓明女中设计"生命教育"课程,推动办理研习、训练师资等;1998年,"生命教育"在中国台湾地区的中学全面展开;2000年,中国台湾教育当局成立"生命教育推动委员会",并将2001年定为"生命教育年"。中国台湾生命教育计划以高中及"国中"学生为优先对象,逐年推广到小学及大学。此外,许多高等院校和教育研究机构也主动参与,进行理论与实践研究,对推进中国台湾地区生命教育的发展起到了重要的引领和提升作用。中国台湾教育当局十分重视生命教育,规定中小学成立"生命教育中心",负责研究生命教育的内容、途径与方法,研制生命教育教材。

4. 生命教育在我国内地的发展进程

20世纪90年代开始,生命教育逐渐成为我国内地教育界、哲学界和社会学界共同关注的热点议题,大致经历了4个相对区分的阶段。

(1) 教育忧思与本土探索阶段

基于对教育问题的忧虑和反思,叶澜于20世纪90年代开始关注"生命"及其与教育的内在关系并进行解读,主张"从更高的层次——生命的层次,用动态生成的观念,重新全面地认识课堂教学,构建新的课堂教学观",并发出"让课堂焕发出生命的活力"的号召。黄克剑、张文质等于1993年提出"生命化教育"理念并开展实践,与国外的"生命教育"有异曲同工之妙。冯建军总结道:"生命化的教育,在起点上,直面人的生命;在过程中,通过人的生命,遵循生命的本性;在结果上,润泽灵魂,追寻生命的意义和价值,提高生命的质量。直面生命是前提,循于生命是保证,完善生命是目的。教育只有三者协调一致,才能实现其生命的本质,才是完整的生命化教育的内涵。"多年来,他们编辑《明日教育论坛》系列辑刊,出版《生命化教育的责任与梦想》等学术著作、教材等,并在福建、广东、海南等地开展课题实验,引起了较大反响。与此同时,部分高校学者开始关注国外已经流行的死亡哲学研究,并陆续开设相关课程。如段德智在武汉大学开设"死亡哲学"课;郑晓江1994年起在南昌大学开设"中国死亡智慧"课后调整为"生死哲学"课;2006年起,郑晓江与几位老师合作,在江西师范大学开设全校公共选修课"生死哲学与生命教育"。这在一定程度上催生了人们对生死和生命问题的理解和关注。不过,严格地讲,这一时期还没有形成真正的生命教育,而只是一种对教育问题的反思和对生命意蕴之于教育的重要性的觉识,笔者称之为一种"教育忧思"。"生命化教育"的理论研究与教学实践,可以认为是由这种"教育忧思"引发的一种本土探索,虽不能等同于生命教育,但其意义是不言自明的。

(2) 学术阐释与学科界定阶段

2000年,郑晓江发表《国外死亡教育简介》和《台湾中小学的生命教育课》两篇文章。前者从介绍国外死亡学研究和"死亡教育"实践出发,解读了生命教育的前身——死亡教育的兴起缘由和所关注的议题。后者主要介绍台湾的生命教育课堂实践,首次把台湾的生命教育介绍到大陆。同年,刘济良等发表《论香港的生命教育》,从价值取向、课程设置、教育方法三个方面介绍了香港的生命教育。此后,哲学界和教育界对生命教育的理论阐释和课程探究一发而不可收。2002年,《上海教育科研》转载了郑崇珍、张振成两位学者的文章,分别介绍台湾生命教育的目标与策略、本质与实施,进一步推介台湾生命教育的成功经验。冯建军发表了多篇探讨生命与教育关系、生命化教育和生命教育的文章。总结起来,哲学界研究生死哲学、生命哲学、人生哲学、价值哲学、伦理学的学者,主要从"生命教育"的哲学意蕴、教育对生命本体的深切关怀的角度进行探讨;教育界的学者主要从教育的基本原理、价值取向、现实落点及德育和思想政治教育的视角出发,强调教育应该关注"生命"。当然二者也有交融互动。这时期,医学界也有一件事值得注意:2001年年底,天津医科大学"医学伦理学教育基地"落成。这个用来展出遗体捐献者遗书的简陋甚至破旧的房间,引起了医学学生们的强烈震撼,学校教职工和其他社会人士也纷纷前来参观。学校创始人朱宪彝教授的内脏标本被摆在房间的正中间。2006年春天,该基地迁到新址,更名为"生命意义展室",其影响也越来越大。时任世界医学法学协会主席阿芒·卡米在参观完这个展室之后说:"将医学教育和人文教育融为一体的想法是伟大的,值得全世界所有医学院效仿"。可见,在探讨生命意义和践行生命教育上,医学界(包括殡葬与临终关怀行业)也是不可忽视的阵营。在哲学界、教育界和医学界共同关注下,我国大陆掀起了一个生命教育学术传播的小高潮。学术界主要从介绍港台生命教育开始,对生命教育的基本理论和课程实践进行学术阐释和价值宣扬、教育界和医学界(包括殡葬与临终关怀行业)的一线工作者则从现实出发,直面生命本身,拷问生命意义,为这一时期的特点。

(3) 理论热兴与实践探求阶段

自2004年,伴随着《中共中央国务院关于进一步加强和改进未成年人思想道德建设的若干意见》(中发〔2004〕8号)文件的颁布,伴随着辽宁和上海两地教育部门首开风气之先,还有诸如中国宋庆龄基金会、"关爱生命万里行"志愿组织等社会团体的推波助澜,生命教育在我国大陆迎来了繁荣的发展期。这个时期理论界与实践界相互支持、相互促进。一方面大量学术文章、著作和教学教材竞相发表和出版,各类年会、论坛相继举行,争芳斗艳;另一方面实践推广和课程开发也如火如荼地进行。

六类代表性的事件如下。

①《中共中央国务院关于进一步加强和改进未成年人思想道德建设的若干意见》(以下简称《意见》)颁布。《意见》虽然没有直接提出"生命教育"的概念,但已蕴含相关内容,在很大程度上促进了社会对生命教育的关注。在贯彻落实《意见》的过程中,一些教育部门、学校等开始倡导并实践生命教育。后来,全国妇联等七部委联合发布《全国家庭教育指导大纲》,明确提出"家庭教育指导应尊重儿童身心发展规律,将生命教育纳入生活实践之中"。

②《辽宁省中小学生命教育专项工作方案》《上海市中小学生命教育指导纲要》《湖南省中小学生命与健康教育指导纲要(试行)》等文件的出台。这些省市区和江苏省、重庆市、湖北省、黑龙江省、云南省、陕西省等多个省市区陆续开展生命教育实践。

③ 湖南醴陵一群学生发起"关爱生命万里行"活动,得到时任国务院总理温家宝的关注并批示。该活动连续几年促成全国人大代表在全国人大会议上提出有关预防自杀、生命教育的议案或建议。

④ 全国性甚至国际性生命教育年会、论坛、研讨会的持续开展。如中国宋庆龄基金会连续举办多届"中华青少年生育教育论坛"、浙江传媒学院主办的"海峡两岸大学生生命教育高峰论坛"、中国生命教育协会主办的"全国大学生生命教育高峰论坛"、北京师范大学生命教育研究中心主办的"全国生命教育年会"等。

⑤ 各类生命教育研究机构和实践基地的成立。如天津永安生命教育与殡葬文化研究所、北京青少年生命教育基地、北京师范大学"生命教育研究中心"、浙江传媒学院"生命学与生命教育研究所"和"大学生心理健康与生命教育中心"等。

⑥ 各类著作、教材相继出版和相关课程的开设,如《生命教育大学生读本》《生命教育》《生命教育引论》等。2009年前后,很多大、中、小学开始尝试开设生命教育类课程。

(4) 国家战略与全新发展阶段

2010年7月29日,国务院发布了《国家中长期教育改革和发展规划纲要(2010—2020年)》(以下简称《纲要》)。《纲要》第一部分"总体战略"中第二章"战略目标和战略主题"明确指出:"重视安全教育、生命教育、国防教育、可持续发展教育。促进德育、智育、体育、美育有机融合,提高学生综合素质,使学生成为德智体美全面发展的社会主义建设者和接班人。"这标志着生命教育正式上升为国家教育发展战略。值得一提的是,《纲要》把"生命教育"与"安全教育"并列在一起,说明生命教育并非包含在安全教育之内,可纠正基础教育阶段把生命教育等同于安全教育的认识。4年来,大陆生命教育理论研究不断拓展和深入,实践探索亦遍地开花,逐渐呈现蓬勃发展的态势。2010年8月,中国人生科学学会全国生命教育工作委员会与中国宋庆龄基金会联合举办了"全国生命教育论坛",大力推动两岸三地生命教育领域的交流与合作;2011年11月,中国人生科学学会全国生命教育工作委员会主办、云南教育厅承办的"2011年全国生命教育大会"在云南昆明召开;2012年8月,首届国际生命发展论坛暨全球志工领袖峰会在香港召开,发布了《香港宣言》,宣布成立世界生命主题组织,致力于现代人心理和社会支持,提升人类的生命质量和幸福感,并倡导面向世界、走向世界的中国价值观;2013年12月,在第九届中华青少年生命教育论坛的开幕式上,中国陶行知研究会生命教育专业委员会正式宣布成立。综观生命教育在世界各地特别是在中国的历史发展,其探索不得不令人深思,其成就值得人们欣慰。世界各国学术界、教育和医学实践界、社会团体组织以及政府教育部门不断互动,以生命为本,阐释生命意义,追问生命价值,探求教育本质,寻找教育支撑,共同推动了生命教育的持续发展。不过,尽管生命教育已有多年研究和实践,也取得了较大成绩,但总体来看,关于生命教育的本质、含义、目标、内容、途径、课程体系以及实践方式等,至今仍未形成统一意见,这有待广大学者和教育工作者继续努力。台湾学者纽则诚提出"从台湾生命教育到华人生命教育",主张"后科学、非宗教、安生死",倡导发展以中国人生哲学与生死哲学为中心价值的生命学问。我们甚至可以构想全人类的"大生命教育",让世界各国人民共同践行,一起关注生命、尊重生命、热爱生命、善待生命、成全生命。在这里,"生命"一词是广义的,包括自然界一切有生命体征的物种,"大"既指全世界人们,亦指人与自然的整体生命关怀。丝毫不用怀疑,未来生命教育完全可以回应时代呼声,助力人格培养,提升公民素质,促进人与自然和谐相处,进而造福整个人类社会。

资料链接 2-1

考证不及格自杀折射生命教育缺失

日前,武汉某高校一名大三男生跳楼身亡。家属表示,死者小谈当天下午查询了会计从业资格考试成绩,三门中有一门没过,离及格线差 6 分,这已经是他第四次考会计从业资格证了。小谈的遗书就写在这次考试的准考证上,交代了他的财产,向父母道歉。

从公开报道看,可以肯定小谈是自杀,而死因则指向了"会计从业资格考试不及格"。对此,恐怕很多人感觉不可思议,毕竟只是一个小小的证书,即便是屡考不过,又何至于自杀呢?这样的追问,恐怕再正常不过。就算不是因为考证不及格而跳楼,在"生命最大"等类似的人生信条已经深入多数人的内心时,一个年轻的生命就这么轻易地消逝,都令人扼腕叹息。

然而,揆诸现实,我们发现这样的案例虽然极端,却也并非孤例,甚至数量还不小。比如,有研究生因为毕业论文没通过而自杀的,也有高三学生因为高考太压抑而自杀的,还有大学生因不能顺利就业而自杀的……把这些所谓的"极端个案"联系在一起会发现,包括学生在内的青少年自杀,俨然已经成为一种现象,亟须我们去正视和干预。那么,到底是因为什么,导致他们如此轻生呢?

说实话,对于这些自杀的个体,他们或许有太多的理由,学业、工作、感情……这其中的任何一项都可能和他们纠缠在一起,只要不能达到理想的预期,就会令他们陷入一种极端的困境。就像新闻中这个学生,从遗书的内容来看,我们也看得出他是一个有上进心、孝顺的孩子,但当他把考证这件事看得太重,以至于和自己的前途与命运绑到一起的时候,希望的落空就会让他觉得生无可恋。

作为旁观者,我们会觉得自杀者的原因太荒诞,因为我们难以体会他们的心境,那种陷入绝境的绝望和无助。毕竟,豁达与乐观,并不是每个人都有的生活态度。

悲剧的发生是一种警醒,需要我们去反思。青少年自杀事件现象的出现反映出,当下教育中生命教育、死亡教育严重缺失。要看到,生活中总有人遇事悲观,面对挫折的承受能力脆弱。教育能做的,是让青少年重视生命,不轻言放弃。

现实中的尴尬在于,在应试教育的裹挟之下,分数成了学校、学生和家长共同追求的目标,而生命教育反倒是近乎空白,以至于前两天广州某中学开展"死亡教育",还在舆论场中引起了轩然大波。更可怕的是,当这些学生走进大学再接受生命教育的话,又会被包括大学生在内的很多人感到滑稽,毕竟都是成年人了,再把"生命""死亡"这些东西拿到台面上谈,会让人觉得是"小儿科"。

于是乎,我们看到了一个个年轻生命的消逝,看到了一次次警醒,听到了一声声感叹,但生命教育却还是没人重视,并没有实际有效的干预措施。如此一来,则又是消逝——警醒——教训,循环往复,不知终点在何处。

文章告诉我们:生命教育该受到重视了,让学生们知道生命至上,没有了生命便没有了一切。

资料来源:张松超. 考证不及格自杀折射生命教育缺失[N].京华时报,2015-12-17(003).

讨论:谈谈你对"生命至上"的理解。

2.2 我国生命教育的迫切性

生命是教育的起点、核心和最终目的。生命教育是教育的应有之义,那么为什么要进行生命教育呢?随着部分大学生物质追求的迷失、社会道德的衰落、身心发展的扭曲、有限岁月的虚度,这些年大学生自杀、他杀等校园杀戮案件层出不穷。最典型的有:马加爵残杀室友案,药家鑫交通杀人案,林森浩投毒室友案等,大学校园自杀案例也是逐年攀升。他们面临着太大的压力:心理障碍、生理疾患、学习和就业压力、情感挫折、经济压力、家庭变故以及周边生活环境等诸多因素,教育片面追求成绩而忽视学生实际生活能力和独立自主的能力,理想太丰满,现实太骨感,信仰主义不如信仰"玛丽",心理脆弱是现代大学生的写照,他们大多是独生子女,多以自我为中心,养成自私、极端自我,一些大学生缺乏生命至上意识,没有生命意识,不懂得生命的敬畏和尊重,不懂得人生就是一次履行责任的旅行,生命需要爱与被爱,他们太孤独了,都会让学生因为厌世而舍弃生命。他们既不懂真正爱是什么,只知道占有、拥有、得到。扭曲了人性,灭绝了灵性,堕落了灵魂。人们必须反思:今天的大学生怎么了?今天的社会怎么了?人们需要怎样的一种生活态度和人生追求,才能避免自身的毁灭和群体的悲哀?因此,我国推行生命教育变得刻不容缓。

"生命教育"是教导个体去了解、体会和实践"爱惜自己、尊重他人"的一种价值性活动。所以实施生命教育,在积极方面,可以尊重生命、肯定生命的价值与意义,并达成自我实现及关怀人类之目标。在消极方面可以避免自我伤害或自杀行为的发生。生命教育的重要性,可以从我们当今社会所浮现的问题中窥知。

2.2.1 生命教育意识的缺失

教育以强化生命健康发展、全面发展为根本。对生命的敬畏和体验、对生命意义的追寻并借以安身立命应该成为生命教育的重心。赫舍尔认为:"人的存在从来就不是纯粹的存在,他总是牵涉到意义……人甚至在尚未意识到意义之前就同意义有牵连。"[①]

然而,受应试教育影响,当下大学教育中生命教育意识和理念严重匮乏,坚守传授更多知识为目标,过多强调专业素质和社会竞争能力,常常忽略大学生生存观教育的形成和个体意志、性格、情感的多样性,致使工具理性与价值理性分裂。科学与人文是人类教育的永恒主题。

所谓生命,有两层含义:①它是活的东西;②它是有灵魂的东西。所谓教育要切入科学与人文的生命,也有两层含义:①教育要切入活生生的科学与人文文化;②教育要切入科学与人文的灵魂。正因为当今教育过多重视科学与人文形而下的"体"而忽略其形而上的"魂",使学生成为没有生命、没有个性的知识"容器"或教育的客体。这种教育理念和模式培养出的人才只能是社会的附庸和工具。

2.2.2 教育的本真使命被挤压

爱因斯坦说:"学校的目标始终应当是:青年人离开学校时,是作为一个和谐的人,而不

---

① 赫舍尔. 人是谁[M]. 贵阳:贵州人民出版社,1994:46.

是作为一个专家。"他们都强调了哲学、教育对人的生命完善的特殊意义。诚如前面所言,教育的实质是对个体生命的尊重和呵护,生命教育因符合教育的真义而得到普遍接受。这寓意着高等学府不只是培养专才的地方,更是培养人格和谐、精神健全的场所。在这一过程中,课程教育一直被视为是实现生命教育这一目的的有效途径和办法。早在20世纪60年代美国便开始将生命教育列为学校教育科目。在我国,由于追求成才教育理念而非"成人"教育目标,时至今日开设生命教育课的高校少之又少,生命教育似乎还只能成为一项教育目标。生命教育课程的门类设置、教学计划、教材建设、师资配备等一系列内容没有形成体系,明显滞后。此外,生命教育内容仅仅穿插在伦理学、哲学、思想政治、心理教育或者大学语文等课程之中,严重地被弱化或边缘化。

2.2.3　生命教育活动的缺失

从某种意义上说,生命教育是一种体验活动。生命教育如果不同具体的现实体验、实践活动相结合,就很难取得预期的效果。人就其本质而言并非个人所固有的抽象物。回归现实,它是一切社会关系的总和。人的生命是自然过程和社会过程的统一,显然离不开具体的实践体验。然而,当前的高校生命教育背离了实践的土壤,失去了存在的根基,作为关照人的生命活动的教育成了空中楼阁,飘逝浮萍。例如,高校校园文化活动本应是生命教育课程的有效载体,但总体而言,校园文化(无论是精神文化、制度文化还是环境文化)仍然奉行技术理性,漠视生命的存在。一直以来,我国高校校园文化实践活动极少突出生命教育的相关主题,模式化地将思想、政治、道德、技能以及文化素质等教育主题纳入其中。在这些活动中,一切都是预设的,活动的广度和深度十分有限,活动的过程往往被简化为道德的授受和服从规范的过程,生命和教育处于游离状态。因此开设生命教育课至关重要。

2.2.4　开展生命教育的重要性

1. 开展生命教育是整体提升国民素质的基本要求

青少年是社会主义事业未来的建设者和接班人,青少年的生命质量决定着国家和民族的前途与命运。在中小学大力开展生命教育,有利于提高广大青少年的生存技能和生命质量,激发他们树立为祖国的繁荣富强而努力学习、奋发成才的志向;有利于将中华民族坚韧不拔的意志熔铸在青少年的精神中,培养他们勇敢、自信、坚强的品格;有利于提高广大青少年的国际竞争意识,增强他们在国际化开放性环境中的应对能力。

2. 开展生命教育是社会环境发展变化的迫切要求

经济全球化和文化多元化的发展趋势,现代科技和信息技术的飞速发展,为不同民族、不同文化的交流与合作提供了有利条件,为广大青少年获取信息、开阔视野、培养技能提供了宽广的平台,但随之而来的消极因素也在一定程度上影响了青少年的道德观念和行为习惯,享乐主义、拜金主义、极端个人主义等的负面影响,导致部分青少年道德观念模糊与道德自律能力下降。此外,校园伤害、意外事故等威胁青少年人身安全的各种因素,也一定程度上影响了青少年的身心健康。因此,迫切需要培养青少年形成科学的生命观,进而为青少年树立正确的世界观、人生观和价值观奠定基础。

3. 开展生命教育是促进青少年身心健康成长的必要条件

现代社会物质生活的日益丰富和社会环境的纷繁复杂,使青少年的生理成熟期明显提前,极易产生生理、心理和道德发展不平衡的现象。长期以来,由于生理发展过程中出现的困惑常常得不到及时指导,对无法预料且时有发生的隐性伤害往往难以应对,导致一些青少年产生心理脆弱、思想困惑、行为失控等现象。因此,需要积极引导青少年科学理解生理、心理发展的规律,正确认识生命现象和生命的意义。

4. 开展生命教育是家庭教育的重要职责

家庭教育是生命教育必不可少的环节和重要组成部分。当前,现代化进程的迅速推进,使家庭教育面临着新的挑战,家庭教育还存在和青少年成长需要不相适应的方面,相当一部分家长不了解青少年身心发展的规律,忽视青少年渴望得到理解与尊重的需求,缺乏科学的家庭教育理念和方法,对孩子或者期望值过高,或者漠不关心,或者过分包揽,或者放任自流,加剧了部分青少年心理问题的出现,如厌学、离家出走、自杀等,有的甚至走上违法犯罪的道路。因此,迫切需要引导家庭开展科学、正确的生命教育。

5. 开展生命教育是现代学校教育发展的必然要求

学校现有课程教材中的生命教育内容比较单一,对青少年身心发展的针对性、指导性尚不明确;对青少年生存能力的培养,缺乏有效的操作性指导;部分教师受传统观念影响,对青少年性生理、性心理、性道德发展的理解和指导存在观念上的误区;对校内外丰富的生命教育资源缺乏系统有机的整合。因此,必须加快学校教育的改革,从生理、心理和伦理等方面对青少年进行全面、系统、科学的生命教育,引导青少年善待生命,帮助青少年完善人格、健康成长。

资料链接 2-2

预防自杀日谈强化"生命教育"的迫切性

佚 名

记得那是 2003 年 9 月 10 日,世界卫生组织和国际自杀预防协会共同确定了全球第一个"预防自杀日"。

众所周知,自杀虽然是具有个人色彩的事,但近年来更多的事实却是演变为一种公共事件。大家都知道,在我们的都市里,经常会有消防战士、公安民警为营救自杀者而兴师动众,而记者的报道更是一次次将自杀事件呈现在受众面前。

据有关数据表明,自杀已成为我国人群第 5 位死因,是 15~34 岁的人群的第一大死因。据北京心理危机研究与干预中心统计,我国每年有 28.7 万人自杀,200 万人自杀未遂。每两分钟就有一人自杀,8 人自杀未遂。

从全球范围来看,自杀在众多死因排序中高居第 13 位。据 WHO 的统计数字,2000 年全球约 100 万人自杀死亡,自杀未遂者则为此数字的 10~20 倍。这意味着平均每 40 秒就有一人自杀身亡、每 3 秒就有一人企图自杀。自杀,已从个人行为演变成威胁人类发展的一大隐患。其中,男性自杀率最高的国家有:立陶宛、俄罗斯联邦、拉脱维亚和爱沙尼亚等(标准:年自杀率>60/10 万);女性自杀率最高的国家为:斯里兰卡、中国、匈牙利和爱沙尼亚等(标准:年自杀率>14/10 万);部分非洲和拉丁美洲国家自杀率却非常低:年自杀率<1/10 万,如秘鲁、埃及等。

按照世界卫生组织制定的国际标准,每年自杀发生率每 10 万人中少于 10 人的,为低自杀率国家,每10万人中高于20人的,为高自杀率国家。李振涛说,在1993年以前的统计中,中国属于低自杀率国家。1993年,世界卫生组织和中国卫生部在北京联合召开了"高层精神卫生研讨会"。在这次会议上,世界卫生组织公布的报告,中国的自杀率为每10万人中22.2人,中国已经成为高自杀率国家。

生命的权利只有一次,是什么原因导致施行自杀者选择如此极端的方式对待生命?答案是复杂的,但有一点可以肯定:让所有生者懂得珍惜生命,是让自杀者悬崖勒马的一剂良方。

笔者认为,死亡教育和生命教育的意义已经远远超出了预防自杀的层面,但预防和减少自杀始终是死亡教育最直接、最现实的出发点。而生命教育最直接有效的课堂就是学校。所谓生命教育,就是要培养每一个人成为一个积极、乐观、主动、自信、友善的个体,就是要让人更好地理解生命的意义、生命的质量和生命尊严的意识,让每个人都能珍惜生命,都能拥有一个美好的人生。要教育学生都懂得这样一个道理:一个人的生命不但属于自己,也属于家庭,属于国家,如果不珍惜生命就是对家庭不负责,对国家不负责。

综观世界,在瑞典,生命教育历史已经长达百年;在美国及一些西方国家,从20世纪80年代起规定中小学开始实施生命教育。在日本、新加坡从小学开始就接受生命教育;在台湾地区晓明女中在各年级开展"生命教育"课,共有四个生命教育目标:让学生体会生命的无常,珍惜自己,关怀别人;让学生阐扬生命的光辉,乐于助人,形成良好人际关系;让学生了解生命的意义,感恩惜福,爱护大自然;让学生珍惜生命的价值,乐观进取,树立正确人生观。

故此,在我们的学校普及设置生命教育课程是大势所趋,是社会发展的必然。生命教育学家林格认为:生命教育作为大教育,应该成为特色课程出现在所有学校,而这是每所学校都能有所为的地方。幼儿园、小学、初中、高中四个阶段中,生命教育的主题和关键点各不一样,这就为分年级分年龄设置板块课程提供了依据。如果能够早一些在各中小学开展生命教育课,那么多学生坠楼的事故就可能不会发生。

笔者呼吁,目前的教育体制必须进一步改革,而学生的家长们,请你们不要再一味地要求孩子考高分,进名校了,多花点时间了解孩子的内心需求吧;请各位老师,平时多关心一下学生的心理,积极健康地引导学生的学习和生活;也请各位学生,遇到纠结、挫折或困难时,一定要及时和家长或老师沟通,寻求他们的帮助。千万要记住,生命对我们每个人都只有一次,珍惜生命是我们做人的崇高责任。

讨论:针对高校大学生生命现状,谈谈生命教育的迫切性。

2.3 生命教育的意蕴

2.3.1 生命教育的含义

生命教育是直面人的生命和人的生死问题的教育,其目标在于让人们认识了解生命,懂得敬畏生命、尊重生命、热爱生命、珍惜生命,理解生命的意义价值以及生命与天人物我之间的关系,学会积极的生存、健康的生活与独立的发展,并通过彼此间对生命的交流、沟通、呵护、关爱、感恩和分享,由此获得身心灵的和谐,事业成功,生活幸福,从而实现自我生命的最大价值。

生命教育既是一切教育的前提,同时还是教育的最高追求。因此,生命教育应该成为指向人的终极关怀的重要教育理念,是在充分关照人的生命本质基础上提出来的,符合人性要求,它是一种全面关照生命多层次需求的人本教育。生命教育不仅只是教会青少年珍爱生命,更要启发青少年完整理解生命的意义,积极创造生命的价值;生命教育不仅只是告诉青少年关注自身生命,更要帮助青少年关注、尊重、热爱他人的生命和大自然的一切生命;生命教育不仅只是惠泽人类的教育,还应该让青少年明白让生命的其他物种和谐地同在一片蓝天下;生命教育不仅只是关心今日生命之享用,还应该关怀明日生命之发展。

生命教育有广义与狭义两种:狭义的生命教育指的是对人生命本身的关注,包括个人与他人的生命,进而扩展到一切自然生命的教育;广义的生命教育是一种全人类的教育,它不仅包括对生命的关注,而且包括对生存能力的培养和生命价值的提升。生命教育就是让学生感悟到生命的有限性、唯一性,学会敬畏生命、珍惜生命、从而思考个体生命的存在价值,并在人生实践中实现其生命价值。生命教育是要教会学生接受与认识生命的意义、尊重与珍惜生命的价值、热爱与发展每个人独特的生命,并将自己的生命融入社会之中,使学生树立起积极、健康、正确的生命观。只有这样青少年才能培养起坚定的信念,才能以博大的胸怀和坚韧的毅力去实现个体的生命价值,为社会谋幸福。

生命教育是指"引导学生正确认识人的生命价值,理解生活的真正意义,培养学生的人文精神,激发学生对终极信仰的追求,滋养学生的关爱情怀。"[①] 生命教育的目的在于引导人们,特别是孩子正确认识人的生命,培养珍惜、尊重、热爱生命的态度,增强对生活的信心和社会责任感,树立正确的生命观,促使其善待生命、完善人格、健康成长。

2.3.2 生命教育的内容的维度与层次

1. 生命教育的内容维度

(1) 人与自我关系的教育

认识自我生命的意义和价值,珍爱自己的生命,能够进行自我心理和情绪的调控,规划人生的发展,开发生命的潜能,不断地超越自我,实现自我。

(2) 人与他人关系的教育

理解"人是一个共在体的存在"以及他人的存在对自己生命的意义和价值,学会尊重他人、关怀他人,具有宽容的意识,尊重人与人之间的差异,创造一个和谐的人际环境。

(3) 人与社会关系的教育

作为一个社会性的存在,个体生命首先要社会化,适应社会的要求,学会处理个人与社群、集体的关系,既要维护个人的正当权益、权利、自由,又要维护公共的道德和集体的利益,树立社会关怀和正义感。

(4) 人与自然关系的教育

大自然是人赖以生存的环境,自然界的其他物种都是与人类息息相关的"朋友"。因此要具有一种民胞物与的情怀,尊重生物的多样性,珍惜周遭的自然环境,保持自然生态平衡,追求可持续发展,创造一种天人合一的境界。

---

① 张云飞.呼唤生命教育[J].社会,2003(3).

(5) 人与宇宙关系的教育

从终极意义上说,生命以死亡为终点。但人正因为有死亡,短暂的人生才要活出意义,所以生命教育教人思考死亡的意义,探索人类存在的价值,确立自己的人生信仰,努力创造自己灿烂的人生。同时,要认识国家、世界的伦理,关心人类的危机,树立地球村的观念。

2. 生命教育的内涵

(1) 生命教育的层次

① 保存生命的教育,即生存教育,它的主要任务在于帮助学生认识生命,教会学生基本的生存技能,满足生命生存的需求。

② 发展生命的教育,即生命价值教育。人的生命的意义在于谋求发展,因此,发展是生命意义的标志。生命价值教育就是要让学生充分认识到生命的价值及其对自身的重要意义,从而珍惜和敬畏生命,实现自我的生命价值。

③ 死亡教育。"死亡教育是生命教育的重要内容,它的目的在于介绍死亡知识,让学生了解死亡是怎么一回事以及死亡对亲人、朋友的伤害,使学生对各种与死亡相关的打击、挫折、损失有所准备,从而更加珍惜生命。"[①]

(2) 生命教育是教育的价值追求

开展生命教育,不仅有利于培养学生的生命情怀,而且有助于解决学生的生命问题,提高学生的生命质量,提升学生的生命境界。

(3) 生命教育的方式

生命教育课重视生命体验,通过创设情境,让学生参与其中。生命教育倡导的是生命主体从生活中学习,在生活中体悟,在生活中成长。没有哪个生命能代替另一个生命去生活,教育不在于传授学生多少生活的道理,而在于引导学生自己去经历和体悟真实的生活。

(4) 死亡教育是生命教育不可或缺的内容

死亡教育是生命教育的应有之义。死亡教育是社会文明发展的需要,它既是一门课程,也是一种体验。死亡教育一方面帮助人们树立正确的生命观,热爱生命、珍惜生命,明白生命的短暂与脆弱,所以要好好活着,让短暂的生命更有价值;另一方面消除死亡的神秘感与恐惧感,教育人们坦然对待死亡,同时正确理解发生在身边的不幸事件,养成豁达乐观、积极向上的人生态度。德国哲学家海德格尔认为,人只有理解了死,才能看清人生的有限性,也才能更好地理解和把握生的存在,由死亡反观生命,是一种由"死"出发而执着于"生"的教育。

死亡教育对青少年尤为重要。中华传统文化缺少死亡教育的基因,孩子们通过网络、电视等暴力影视中接收和获得的"死亡教育",注定是不全面的、偏激的,甚至是畸形的。针对青少年屡见不鲜的轻视生命、曲解死亡和恐惧死亡的现实,死亡教育的实施有着重要的现实意义。

死亡教育是生命教育不可或缺的部分,从某种意义上说死亡教育也是生命教育,生命教育也是死亡教育。

作为生命最终极可能性的死亡,规定了人的"向死而生"的本真的生存方式——先行到

---

① 张云飞. 呼唤生命教育[J]. 社会,2003(3).

死,在生与死的"和谐"与对抗的悖论中追求生,向无限的可能性开放自身,是"不满足于当下而努力去追求无限可能性的生活方式"。①

死亡教育旨在引导青少年对死亡作生存论上"悬临"的理解,领悟"向死而生"正是人的本真生存,从而勇敢地、积极地直面死亡、承担死亡,以"畏"死的勇气获得在死亡面前的自由,更获得生命的自由与尊严。

正是基于对人的生命、死亡特性的理解,以及有关生死关系的意识和观念的把握,死亡教育自觉地将引导青少年去认识死亡、接纳死亡、超越死亡,以达到将生命价值的实现的终极目标纳入自身的体系,自觉地肩负起培养青少年形成正确的死亡观、生命观的重任。可见,死亡教育就是生命教育题中应有之义,是从另一维度对生命的关照,二者有着不可分割的有机联系。

目前我国死亡教育。现在,在中国的复旦大学、香港中文大学都有开设死亡课程的老师在讲述"死亡的意义",以帮助学生正视死亡。但是,这仅是少数且影响极为有限。在殡仪相关专业都遭到社会非议的当下,对死亡的忌讳是拦在中国普及死亡教育前的无形的墙。如何推倒这面墙,或许是值得许多高校深思的问题。

中国文化缺失死亡教育。在中国,死亡是一个极为沉重的话题。中国文化传统普遍避讳与害怕死亡,更不愿意触及与死亡有关的一切,将死亡视为不吉利。从小到大,家庭教育中死亡是避之不及的话题,许多时候在不适宜的时刻提到"死",以至于在中国,与"死"谐音的"四"都是一个不吉利的数字,从电话号码、车牌号、微信号、楼层号,大家都不愿意要有"四"的号码,人们都想躲避瘟神回避它。只要谁说到死都会遭到身边人的责怪。我们的教育更是不能触及死,"死亡教育"在我们看来是多余,更多的是不吉利,人们不愿意接受,也不曾公开谈论,因此,导致中国人心里根本就没有关于死亡的意识,在面对突如其来的死亡时,自然容易茫然失措。

生死相依,有生必然有死,死是大自然的规律之一,没人能够抗拒,只有正视死亡,才能拥有死亡意识,才能用心去学习和掌握死亡知识,才能更加珍惜生的可贵。许多国外学校开设正式的死亡教育课程,作为生命教育的重要一环,帮助人们正确地认识和面对生死。让学生到戒备森严的监狱,与谋杀犯聊天;查看陈尸室的尸体,了解死因;亲临临终关怀所,与将死的病患互动和交流;参观火葬场和殡仪馆,在那里要给自己选出棺材;写出自己的遗愿、遗嘱,甚至为自己撰写悼词……这样做十分恐怖,但上完此课程的人将学会一项人生的重要技能:直面死亡的能力。

不包括死亡教育的生命教育是不完整的。死亡是生命过程的一部分,对死亡的认识才能让我们更加珍惜和热爱生命。理解生与死是人类自然生命历程的必然组成部分,死亡教育可以帮助人们正确地面对自死亡,从而树立科学、合理、健康的死亡观;可以消除人们对死亡的恐惧、焦虑等心理现象,教育人们坦然面对死亡;使人们思索各种死亡问题,学习和探讨死亡的心理过程以及死亡对人们的心理影响;可以教育人们坦然面对死亡,使人们思索各种死亡问题,学习和探讨死亡的心理过程以及死亡对人们的心理影响,为处理自我之死、亲人之死做好心理上的准备;可以勇敢地正视生老病死的问题,加深人们对死亡的深刻认识,并将这种认识转化为珍惜生命、珍爱健康的强大动力,进而提高自己的生命和生活质量;使更

---

① 张云飞. 呼唤生命教育[J]. 社会,2003(3).

多的人认识到人生包括优生、优活、优死三大阶段,以便使人们能客观地面对死亡,有意识地提高生命质量。

(5) 生命教育更要关注人的精神生命

生命教育关注的内容的新变化。生命是复杂的,生命的构成是多层次的,生命的需求是多样的,随着社会政治、经济、文化等条件的变化,生命教育关注的问题有了新的变化,有目共睹,人们的社会物质财富大大丰富了,可是人们的精神却日渐贫乏,人们的压力大了,人们的焦虑严重了,整个社会风气和道德水准下滑了,原有的吸毒、预防艾滋病、自杀、暴力等问题没有解决,新的问题——精神空虚、唯利是图、贪图享乐等问题又出现了,社会上利用网络犯罪、诈骗、买卖毒品更猖獗了,校园里的自杀、同学相残、学生杀师等恶劣事件频发等,生命的问题越来越严重。

因此,有远见的专家学者主张生命教育更要关注人的精神生命。其中以河南大学刘济良教授提倡的生命教育最为突出,其生命教育理念重点在探索生命的意义和价值,提升生命的境界。生命教育就是要依据生命的特征,遵循生命发展的原则,以学生自身潜在的生命基质为基础,通过选择优良的教育方式,唤醒生命意识,启迪精神世界,开发生命潜能,提升生命质量,关注生命的整体发展,使学生成为充满生命活力、具有健全人格和鲜明个性、掌握创造智慧又有崇高精神境界的人。另有研究者认为,生命教育就是尊重生命主体,为其创设生动活泼、充实丰富的环境和条件,以促进生命主体全面、和谐、主动、健康发展的教育。在价值取向上,它强调人的精神生命的主动发展;在教育过程中,它关注人际交往中精神能量的转换;在保障机制上,它注重生命主体自主能动的投入与合作。

生命教育的内涵是有生命自身特点和生命的困境与现状等条件决定的。以上这些理解,是立足于生命对教育的一种重新解释,实际上界定的是教育的内涵,就像叶澜教授所指出的,教育是直面人的生命、通过人的生命和为了人的生命的实践活动,是最体现人文关怀的事业。相对于以往社会本位视野中教育对个体生命的漠视,这种教育更关注生命,有学者就把它称为"生命教育"。生命教育最鲜明的特点:生命是出发点、是目的、是核心和归宿;生命教育内容应包含生命所有需求。笔者以为:当前形势和条件下,生命教育的内涵主要是教人认识生命、保护生命、珍爱生命、欣赏生命,探索生命的意义,实现生命价值的活动,或者说在个体从出生到死亡的整个过程中,通过有目的、有计划、有组织地进行生命意识熏陶、生存能力培养和生命价值升华,最终使其生命价值充分展现的活动过程,其核心是珍惜生命、注重生命质量、凸显生命价值。

资料链接 2-3

死亡教育让生命教育更鲜活

让风华正茂的大学生写遗嘱,不要以为这样另类的情节只会在电影、小说中出现,湖北文华学院一位辅导员就把这一幕"搬进"现实,她要求校内110名大一学生每人写一份遗嘱和墓志铭,以此来反思人生,切实规划大学生活。

在我国,人们通常很忌讳谈论死亡这一"不吉利"的话题,年纪轻轻就立遗嘱、撰写墓志铭的做法,很容易被视为荒诞之举。文华学院这种别具一格的教育方式一经曝光,立刻引起了沸沸扬扬的争论。其实,让学生写遗嘱和墓志铭,并非文华学院首创,此前成都石室中学、广东药学院等均曾开展过"墓志铭教育"。尽管这种教育方式独特且有所成效,但依然引发不少非议和指责。

　　写遗嘱和墓志铭，是发达国家和地区流行的"死亡教育"形式，旨在引导人们珍惜生命、珍爱生活。泰戈尔说过，"教育的目的是应当向人类传送生命的气息。"以"死亡教育"来传递热爱生命的理念，这种强烈的对比，能让生命教育显得更鲜活。在西方，美国是"死亡教育"的发源地，"死亡教育"在美国校园的发展程度已达到"与艾滋病教育并列，同为最受学生欢迎的课程"。在英国，"死亡和悲哀"等学习项目，帮助学生们学会在各种"非常情况下把握住对情绪的控制力度"。德国院校实施"死的准备教育"，引导人们以坦然的态度面对死神的挑战。相比之下，时至今日，我国学校的"死亡教育"依然处在比较空白的状态。笔者以为，文华学院此次的大胆之举，是在给长期缺失的生命教育"补课"，是值得尊重的教育新尝试。让大学生写遗嘱和墓志铭，关键不在于如何看待死，而是明白如何生，从而激发学生发现生命的真谛、生活的美好，有助于学生重新审视自身的人生规划，确立发展目标。

　　不可否认，"死亡教育"有其重要价值。但是，在具体实施中也要审慎进行，一方面要让学生知晓相关知识，解除其神秘性；另一方面则要赋予生命神圣性，教导学生不能草率对待人生。科学的"死亡教育"必然是理论与实践相结合，讲究"点到为止"的策略，在润物细无声中让学生体会到生命存在的价值。尤其需要强调的是，开展"死亡教育"应区分不同群体的接受能力和心理成熟度，既要考虑儿童、青少年和成年人的区别，也要考虑同一群体内部个体的差异。唯有如此，才能加深人们对生命与死亡的认知，并将这种认知转化为珍视生活和学习的动力。

　　资料来源：郭立场.死亡教育让生命教育更鲜活[OL].中国教育新闻网—中国教育报，2014-12-12.

　　讨论：你认为对青年人进行死亡教育有必要吗？

2.4　生命教育的价值取向与目标

　　同为生命教育，但不同的国家和地区会出现不同取向。社会发展阶段不同、社会环境不同、生命处境不同，生命教育的价值取向就不同，生命教育的价值取向反映了生命教育的不同侧重点。更重要的是当时社会背景下生命现状和困境有关。例如1979年，在澳大利亚的悉尼成立了第一个"生命教育中心"，该中心的生命教育重点为"药物滥用、暴力与艾滋病"的防治。美国生命教育的实施也以辅导儿童向毒品说"不"为主，对象从小学一年级开始到八年级甚至更高的年级。英国的生命教育中心创始于1986年，主旨也在于防治药物滥用，经由受过专业训练的教育工作者通过流动教室来倡导，主要是以小区为基础的自愿团体或法定组织来分配及管理。总的看来，西方国家强调的生理健康的生命教育，与西方社会的吸毒、艾滋病泛滥有关。台湾地区生命教育的背景则不同，它针对的是科技发达、物质富裕时代"人生观的虚浅与道德的沉沦"，人们"对于生命的价值、人生的意义、人我关系、人与大自然的关系，以及生死问题，常无法真正了解，而衍生出许多不尊重他人生命与自我伤害的事件"。台湾地区的生命教育虽然源于学生自杀事件，但是生命教育的推广却未因此而偏重于"自杀防治"的主题，而是以匡正社会风气、提升全民生活品质与社会价值重建为目标，偏重于伦理道德教育。当然，一个国家或地区面临的问题可能不是单一的，生命教育的取向也不再单一化，而走向多种取向的综合。例如台湾地区学者就指出，生命教育就是要将伦理教育、生死教育、宗教教育三种取向融会贯通。

我国的生命教育持什么取向,这与当前为什么提出生命教育有关。我国提出生命教育主要是针对我国应试教育背景下,教育忘掉自己的初衷,教育太功利、太势力、太目光短浅了,教育只盯着分数、成绩、好大学、好工作,却缺少对学生精神生命的关注,忽略对生命情感的关注,培养的人是片面的、畸形的,因此,出现很多问题。比如享乐主义、拜金主义、极端个人主义、理想信仰的缺失,人性的失落,道德的沦丧,意志脆弱、情绪失控等心理问题,自杀、他杀校园伤害、意外事故等。因此,迫切需要生命教育引导学生正确认识生命现象和生命的意义,培养学生形成科学的生命观,进而树立正确的世界观、人生观和价值观奠定基础。所以,它是伦理教育、社会教育、心理健康教育的综合体,涉及生命与健康、生命与安全、生命与成长、生命与价值、生命与关怀等教育主题。

2.4.1 生命教育价值取向分类

1. 身心健康取向的生命教育

这是目前西方生命教育的主流,重视了解人体生理结构,给人以生命的孕育、发展的知识,教人以增进健康、疾病预防、面对危机的技能以及保护环境的相关知识。比如美国的生命教育系列教材就叫作 *Health & Wellness*,其包括五大单元,分别是:心理、情感、家庭和社会的健康;成长与营养;个人的健康和安全;药物和疾病预防;社区和环境的健康。

2. 生死取向的生命教育

生命教育最早源于西方兴起的死亡学(Thanatology)和之后发展起来的死亡教育(Death Education)。死亡教育主要目的在于让学生体会死亡的意义、本质,以及学习如何充实地生活与有尊严地死亡。在美国、英国,死亡教育和"临终关怀与谘商"(Dying Care and Counseling)、"哀伤谘商"(Grief Counseling)已愈见繁荣。美国从幼稚园到大学都逐步开设了这门课程,医院和社会服务机构也有相关座谈会、研习会。英国小学课堂上,殡葬业人员或护士会教授人死时发生的事,并让学生轮流通过角色替换的方式模拟一旦遇到如父母因车祸身亡等情形时的应对方式,体验一下突然成为孤儿的感觉。

3. 伦理取向的生命教育

伦理取向的生命教育在台湾地区表现得比较明显。台湾地区的生命教育是通过伦理教育转化而来的。这种取向充分反映在台湾地区的生命教育课程之中。2004年台湾地区颁布了普通高中生命教育的课程纲要,除了"生命教育概论"外,其中的"哲学与人生""宗教与人生""生死关怀""道德思考与抉择""性爱与婚姻伦理""生命与科技伦理""人格统整与灵性发展"都属于伦理教育。

4. 宗教取向的生命教育

宗教取向的生命教育重视让人相信神的存在,感受神的恩泽,并能根据教义了解人的生、老、病、死,遵循神的旨意去做,从而使人获得神的接纳,并能最终回归神的国度,以求灵魂的安顿,起到净化人心、引人为善的作用。

5. 社会取向的生命教育

台湾地区学者也称为生活取向的生命教育。在生活中,学会人与人的相处,是生活最起码的要求。社会取向的生命教育,把人作为一个社会人,关注人的社会性发展,重视人我关系、人际相处、社会能力培养、自我生活的料理、生活习惯的培养、生活的调适以及品格的培养,使个体能成为德行与学问兼备的人。

6. 生命价值意义取向的生命教育

目前我国的生命教育在心理健康取向的生命教育基础上,生命教育价值取向直指人的精神生命,即对人的生命价值和意义的探求,特别是河南大学刘济良教授提倡的生命教育最为典型,符合我国现阶段学校学生的生命现状和需求。极端功利的应试教育培养的人有知识,无德行;讲实际,无理想;冷酷有余,情感缺失。生命意识淡薄,缺少对生命应有的敬畏和尊重,已导致许多问题,许多人在物质追求中迷失自己,道德底线的沦丧、身心发展的龃龉、有限岁月的虚度,生命价值意义感缺失。因此,提倡一种旨在探索生命意义和价值的生命教育。

2.4.2 生命教育的目标

1. 认识和了解生命的特性

帮助学生认识生命的唯一性、独特性、有限性和超越性,认识生命的平等和尊严。懂得敬畏和尊重生命,体会生命的无常,珍惜自己,关怀别人;让学生阐扬生命的光辉,乐于助人,形成良好人际关系;让学生了解生命的意义,感恩惜福,爱护大自然;让学生珍惜生命的价值,乐观进取,树立正确人生观。

2. 引导学生"为何而生"

帮助学生发现和创造生命的意义也就成为生命教育的本质规定。由此,教育要唤醒生命之爱,引导学生在现实生活中积极展现,赋予生命以意义;提升自我意识,引导学生在审查自我中发现生命的意义;涵化生命情感,引导学生在良好的文化熏陶中体验生命的意义;培养坚强意志,引导学生在挑战痛苦中实现生命的意义;激发责任感,引导学生在创造性劳动实践中开创生命的意义。

3. 正确看待死亡

树立正确的死亡观,更加珍惜当下的生命,是作为预防自杀的教育被提出来的,面对当前我国青少年自杀率不断上升的这一残酷现实开始的,通过死亡教育,让学生认识生命的一次性,不可重复性,同时认识生命的有限性和超越性,珍爱生命、珍惜当下,利用有限的时间使生命价值最大化的理念。人生命的全部不仅仅是生物的躯体,自然的生命仅仅是人生命存在的前提和物质载体,真正让人和动物区别开的是人类有丰富的精神生活。因此要教育学生珍爱生命,还要帮助他们认识生命的本质、理解生命的意义、创造生命的价值。

4. 唤醒生命之爱

引导学生在现实生活中积极展现,赋予生命以意义。生活总是有生命的生活,生活意义总是有生命的生活的意义。生命是生活之本,对生命之爱是生活意义的根源。在人的实际生活中,生命,即使再觉得它是个负担时,实际上也深受珍爱,也具有崇高的价值,也被人接受。人的存在的真理是热爱生命。生命展现于生活,生活是生命的形式,热爱生命就是积极去生活,当生命在生活中挥洒、展现,而非在空无中被虚掷,生活本身即被赋予了意义。不管人是否意识到,生命总在流逝,每一刻都转瞬即逝。热爱生命,意味着要抓住现时,努力将生命展现于现时,极力在生活中表现自己,从而获得现时生活的充盈。雅斯贝尔斯强调:"我们既不能落入过去,也不能转向未来,而是完完全全存在于现在之中……假如过去和未来并没有加强现在的话,那么它们就毁灭了现在。"[①]因此,教育不能让过去成为人"背负着的一个惰性的未消化的异物",也不应让人一心一意去为未来作准备,教育要引导人们把握当下,珍爱生活,唯此才能处处享受到生活的欢乐,深切体悟生命的意义。

资料链接 2-4

弑师事件:凸显"生命教育"缺失

刚上网,就在 QQ 群上看到一则令人痛心的信息。解放网-新闻晨报 11 月 21 日报道:昨日,湖南澧县 37 岁的老师曾庆岩被学校已开除的一名初中生用匕首刺死。曾庆岩并没有教过该学生,该学生杀师的动机仅仅是因为曾庆岩两年前说了一句"冒犯"他的话。

湖南澧县学生杀老师事件并非独立的个案。这并非第一次学生向老师举起屠刀。

仅在一个月前,中国政法大学法学院教授程春明便死于学生刀刃之下,联系到之前的山西、浙江学生杀死老师的命案,血淋淋的事实引发了笔者对老师这一个群体的生存状况的担忧。

自今年 10 月以来,有全国影响的杀师事件就发生了三起。

10 月 4 日,山西朔州一学生在课堂上突然拿刀捅向郝旭东老师。

10 月 21 日,缙云县盘溪中学女教师潘伟仙在家访途中被学生掐死。

10 月 28 日,中国政法大学教授程春明在课堂上被冲进来的一名大四男生砍死。

究竟是什么原因,让我们的老师变成了被杀的对象?这让我们不得不重新审视当前老师的生存状态和紧张的师生关系。

笔者认为,这些弑师的恶性事件凸显"生命教育"缺失。

近年来,校园暴力现象日益突出。在暴力现象的背后,除反映了学生的心理不健康和社会适应不良外,折射的是学生生命意识的淡薄和学校、家庭、社会对学生进行生命教育的缺失。

印度伟大诗人泰戈尔曾说过:"教育的目的是应当向人类传送生命的气息。"

而 20 世纪伟大的德国哲学家、医生史怀泽在他的著名论著《敬畏生命》一书里曾写道,"人越是敬畏自然的生命,也就越敬畏精神生命。"他还说:"人连对动物、植物的生命都要敬畏,难道能不敬畏人的生命吗?"

这些话也可以这样理解:一个从小就不懂得敬畏生命的人,他长大后也就不会敬畏人的生命。

正基于此,我们就不难理解上述杀死老师的凶手为何对老师的生命如此的漠视,那是他们从小就没有受到过"珍爱生命"的教育。

学生对老师下手已无所顾忌,这是非常危险的!

生命都被冷漠,我们哪里还有安全可言?

生命都被冷漠,我们哪里能享受和谐发展?

世界是人与所有生命的世界,而人的行为又直接影响着这个世界。人需要的是对生命

---

① 张云飞. 呼唤生命教育[J]. 社会,2003(3).

的博爱,就像植物需要阳光雨露一样。

如果一个人只知道"恨",那他心里装的就只有"自私"和"狭隘"了。

对自己和他人的生命抱珍惜和尊重的态度,我们在人格上才能获得全面发展。

让我们记住伟大的文学家冰心老人曾说过的话:"爱在左,同情在右,走在生命的两旁,随时撒种,随时开花。"

在弑师事件的背后,是生命教育的缺失!

还有频频发生的校园自杀事件,也是生命教育的缺失!

对青少年进行生命教育,使其在人格上获得健全发展,养成尊重生命、爱护生命、敬畏生命的意识,对自己和他人的生命抱珍惜和尊重的态度。

让生命的悲剧不再重演,已迫在眉睫。

资料来源:曾子.弑师事件:凸显"生命教育"缺失[OL]. http://blog.sina.com.cn,2008-11-22.

问题与讨论

1. 生命教育的目的和归宿是什么?
2. 死亡教育有必要吗?
3. 生命教育如何实施?

实训练习

在目前应试教育和技能教育备受青睐的教育背景下,校园和社会出现很多自杀、他杀等残害生命、无视生命的现象。因此,在全社会、教育领域提倡生命教育的呼声越来越高,作为大学生,你认为生命教育重要吗?生命教育有必要吗?生命教育应包括哪些内容?

根据上述三个问题,自己设计一份调查问卷,在自己所在的学校进行问卷调查,根据调查情况,写出调查报告。

拓展阅读

教育应唤醒善良之心

大学生、鸟、十年半有期徒刑,三者乍看起来风马牛不相及,但从大学生小闫将手伸向鸟窝的那一刻起,三者之间却形成了直接的因果关系。"因犯非法收购、猎捕珍贵、濒危野生动物罪",河南郑州某高校大学生小闫被判刑十年半。重不重?冤不冤?一时成为教育舆论场乃至全社会热议的话题。

据媒体报道,河南当地法院日前已正式对此案启动申诉审查程序。有网友说,如果再给小闫一次重来的机会,相信他绝不会上树掏那个鸟窝。此案经媒体曝光后,为小闫"鸣冤叫屈"的人不在少数,其中很具代表性的一个说法是,很多农村孩子都有过上树掏鸟、下河捞鱼的经历,长大后回想起来感觉都是一段美好的回忆,怎么还犯法了?对此,笔者想问一句:那些鸟后来怎样了?笔者年少时虽没有亲手掏过鸟,但也目睹过小伙伴们掏鸟、养鸟、玩鸟的全过程,不出几天,除了极少数能幸运逃脱,绝大多数鸟儿都会悲惨死去。

英国学者麦克莱有句法律格言：善良的心是最好的法律。这句话在司法界广为人知。试想，当时大学生倘若怀有一颗善良之心，就不会去掏鸟窝，更不会把濒危珍稀鸟类的雏鸟拿去贩卖。他有没有想过等待那些雏鸟的会是怎样的命运？抛开量刑是否过重不谈，大学生掏鸟、卖鸟毫无疑问是一种"恶行"。为当事大学生辩护的人，背后往往有一个基本立足点：掏鸟不是什么大事。从法律的角度来看，这说明保护野生动物作为一种法治观念尚未深入人心；从教育的角度来看，则说明"善良的心"作为教育的一项重要目标，没有被充分认知。

中国古人有教子名言：勿以恶小而为之，勿以善小而不为。放眼世界各国，教人为善是普遍的价值取向。这里有必要提到一个重要的教育理念：善良教育。在欧美一些教育发达国家，善良教育是基础教育的重要内容。比如，德国人普遍认为，一个人如果小时候连动物都不知道爱护，长大了心地也不会很善良。以饲养小动物为载体的"善良教育"已经成为德国教育体系的有机组成部分。反观国内，一些教师、家长乃至整个社会，对善良教育的认知尚嫌不足。

相比于大学生掏鸟案引发的争议，湖南邵东日前再现弑师案，更让人震惊莫名。据媒体报道，当地有关部门证实，12月4日上午，湖南邵东某学校一名高三学生在教师办公室，持刀杀害了自己的班主任。而就在今年10月18日，邵东县曾出现3名中小学生入室抢劫后杀害教师的恶性事件。一个地方，短短一个多月连发两起弑师案，叠加效应之下产生的舆论冲击波之强，不难想象。

弑师案发生后，人们问得最多的是，到底是什么深仇大恨，让学生对自己的老师起了杀意？据媒体报道，学校工作人员证实，由于犯罪嫌疑人龙某月考成绩不太理想，事发时被害老师在办公室对他做思想工作。从媒体报道的情形看，涉案学生更像是出于一念之恶，犯下了罪行。

有人说，善恶常在一念之间。笔者认为，善与恶更是一种长期养成的结果，二者共存于人的灵魂之中，相互对立，此消彼长。如若善良之心萎靡，恶的种子就会发芽、滋长、爆发，就像湖南邵东这两起弑师案，就像湖北丹江口初中生教室内猛打同学24棍……著名学者周国平认为，教育的真正目标，是让孩子成为一个善良、丰富、高贵的人。这与善良教育的理念不谋而合。善良教育更像是一种修行，对于教育工作者和家长们而言，需要时时戒惕，处处留意，及时引导，躬亲垂范。

12月4日是第二个国家宪法日，也是第二个教育系统宪法学习日，教育部举行了全国中小学宪法晨读活动。专家指出，培养法治意识要从娃娃抓起。有道是"善良的心是最好的法律"，培养孩子"善良的心"也应当成为教育工作者和家长们的共识，我们甚至不妨说"善良的心是最好的教育"。有了"善良的心"这股清风，弥漫在教育界的很多"雾霾"，都可以吹散。

资料来源：杨国营.教育应唤醒善良之心[OL].中国教育新闻网—中国教育报，2015-12-07(2).

林森浩已死，反思不该停

备受社会关注的"复旦大学医学院学生投毒案"的罪犯林森浩11日被依法执行死刑。2013年4月，复旦大学医学院发生一起投毒案件，致在校研究生黄洋死亡，经侦查确认投毒者系黄洋同寝室同学林森浩。本案因发生于大学校园等原因而引起社会各界的高度关注。(12月11日新华网)

林森浩一死，本案顺利结束。没法统计社会上支持林森浩被执行死刑的比例有多大，反正我身边有不少人在感叹，可惜了！万万想不到复旦大学的高才生会走上故意杀人，凄凄而亡的下场。在我看来，核准死刑是依法而定，也符合社会上"杀人偿命"的共识，我也站在支持的一方。然而，这无疑是一个悲剧，是黄洋家庭的悲剧，是林森浩家庭的悲剧，是复旦大学的悲剧，是我国家庭教育的悲剧，是我国学校教育的悲剧，也是我国舆论的悲剧，更是整个社会的悲剧。林森浩已死，反思不该结束。

12月7日，林森浩在执行死刑前接受采访时称，对他来说死刑是一种偿债，请求黄洋的父母能够放下怨恨，希望双方的父母都要积极生活下去。如今，两个家庭都失去了唯一的儿子，积极的生活谈何容易，剩下的若干年必定也是种种煎熬。

不知道黄洋的父母得知林森浩被执行死刑后是否放下了怨恨，是否以"积极"的态度去迎接接下来没有儿子，也没有仇人的日子。不知道他们"报仇雪恨"以后会不会坐下来反思，到底自己的儿子对林森浩"真的"做了什么引来杀身之祸。

也不知道林森浩的父亲回去以后会不会羞愧抑郁直至终老，更不知道他会不会平下心来想想，为何自己培养出来了一个复旦研究生却同时也培养出来了一个视人命为草芥，无情，冷血的杀人犯。

其实答案很简单，这是我国家庭教育出现了问题……这个问题全社会都知道，却都不敢承认，更不愿意改正。

暂不论林森浩的品行有多么的低劣，笔者想说，黄洋也应该绝非"善类"，作为复旦大学的研究生，智力，学习能力非平民所及，不可能会因为一些琐事招来杀身之祸。所谓的因琐生怨，积怨成恨，因恨成祸，其实是我们对自己生活细节的放纵，缺少常识，缺少换位思考，缺少同情心，缺少善意，甚至缺少教养！这是我们"自私教育"的必然结果。

同样的，以林森浩的医学知识也必定知道服用剧毒化合物的后果，黄洋中毒转入重症监护室后还存在侥幸心理，希望不被发现是他干的。不得不说，这也是整个社会的通病，对某人某事不满或说为了达到自己的目的，往往不会采取协调商榷说理的途径，而是存侥幸心理，使用不正手段，甚至不择手段。我们不是缺少辨别对错的能力，我们也不缺少承担错误的实力，我们缺少的是面对错误的理智，承担错误的勇气。

自复旦投毒案后，复旦大学的负担大了。人们纷纷把矛头指向复旦大学的教育理念，指责复旦大学能够教育出伟大的经济学家、政治家、思想家，却教不出与人为善，能够处理人际关系，懂得人情世故的真人。这是我们大学教育的缺失。

更有甚者，我们广大的网民在看待这件事情的时候，置身事外，像是在看一部长达两年的电影一样，有些人在抠剧情，有些人在猜结局，12月11日已过，想必很多人想说，看！我猜对了，结局是这样的！没错，结局是这样的，也必须是这样的。我们把自己当成了看这部"悲剧"的观众，其实，我们也是剧中人。

资料来源：新浪新闻中心，2015年12月13日.

第3章

大学生生命教育概述

教育的目的是应当向人类传送生命的气息。

——泰戈尔

学习目标

(1) 认识大学生生命教育的内涵及意义。
(2) 了解大学生生命教育的特点和目标。
(3) 把握和理解大学生生命教育的原则。

案例导入

傻子的价值

他16岁那年,升入了高中二年级,虽然他刻苦努力地学习着,但因为他的智商偏低,成绩和同学们越拉越大。校方婉转地示意他退学。那是一个连太阳都暗淡的日子,他辍学了。因为没有文凭,又没有经验,一直没有什么地方肯用他这个"傻子"。父母开始无奈地叹息起来。他开始觉得自己是父母的一个累赘,陷入了痛苦的深渊中。

这天,他来到家附近的一个公园,坐在一个角落,凄凉地想着心事。不知道过了多久,一位老人走过来和他搭话,他注意到老人装着一条假腿,少了一只胳膊,并且瞎了一只眼睛,一种同病相怜的感觉让他将自己的所有痛苦愁绪都说给了对方,他问老人:"我什么都做不了,我是一个傻子,一个累赘,我该怎么办?"老人看了看他,笑了,没有说什么,开始吹起了口哨。随着老人的口哨声,他注意到,不断有鸟儿飞来,落在他和老人附近的树上,欢快地鸣叫着……良久,老人停了下来,对他说道:"每个人都有一样是别人比不了的,你也有。"

他记住了老人的话,他激励着自己:"我一定有一样是比别人强的。"

大约半年后,他终于得到了一份替人整建园圃、修建花草的活儿。虽然这是一个忙碌劳累的工作,但他异常珍惜这个机会,因为他发现他是那样地喜欢和花草交谈。他非常勤勉用心地做着。不久,人们发现,凡经他修剪的花草无不出奇的繁茂美丽。他也开始经常替人出主意,帮助人们把门前的那点有限的空隙因地制宜精心装点,经他布设的花圃无不令人赏心悦目。

一天,他路过市政府,注意到有一块污泥浊水、满是垃圾的场地,觉得和周围的美丽非常的不和谐,他主动向有关部门申请要免费整治这块空地。当天下午,他拿了几样工具,带上种子、肥料来到目的地。一位热心的朋友给他送来一些树苗,一些相熟的雇主请他到自己的花圃剪用花枝,一家家具厂表示愿意免费承做公园里的条椅……不久,这块泥泞的污秽场地就变成了一个美丽的公园,绿茸茸的草坪,曲幽幽的小径,人们在条椅上坐下来还能听到鸟儿在歌唱……

一年一年,时光流逝着,他一直没有学会外语,微积分对他更是个未知数,但他对色彩和园艺却异常敏感,他不断地为人们设计着花圃园林,他工作到哪里,就把美带到哪里,他的名字也开始蜚声世界,他就是加拿大风景园艺家琼尼·马汶。

故事哲理:正确地看待生命,认识自己的独一无二,永远不要看低自己。因为,哪怕是一个"傻子",也总有一样比别人强,也能够实现自己的生命价值。

资料来源:雅琴.小故事大智慧[M].北京:新世界出版社,2005:6.

3.1 大学生生命教育界说

　　大学时期应该是生命的转折时期,人们普遍认为,大学生应该是充满信心和活力的、积极向上的,文化、道德素质较高,经历了千军万马的高考,有较强的心理承受能力的群体。可近年来,关于大学生、研究生、甚至博士生的自杀和他杀等恶性事件的报道层出不穷,此类事件的频繁发生,反映了大学生在遇到问题时容易选择逃避、走极端,对生命的认识极为浅薄,把对自己和他人生命的伤害作为唯一解决问题的办法。也正因为如此,开展大学生生命教育课程,教会学生关注生命、关爱他人,在现阶段的大学生学习和生活中起到了至关重要的作用,同时也是社会、学校和个人身心成长的迫切需求。

3.1.1 大学生生命教育的发展

1. 大学生生命教育的现状

　　国外在生命教育的研究中起步较早,20世纪60年代美国学者杰·唐纳·华特士最早提出了生命教育的思想。随后在欧洲、日本等也相继成立了生命教育中心,但外国的学校生命教育的重点放在了反对暴力和滥用药物,以及艾滋病预防等方面。而中国所谈及的生命教育并非如此。在国内,最早开展生命教育课程的是台湾地区和香港地区。1996年前后,台湾地区先后发生了几起校园暴力事件,引起了当地教管部门的高度重视,随即在学校开设了生命教育的课程,并宣布2001年为"生命教育年"。起初港台地区对于生命教育的开展还只局限于中小学生,对于大学生生命教育的关注度不够,后来也在多所大学成立研究中心,将"生命教育"课程定为大学生的必修课,引导大学生正确认知生命,感悟生命,珍惜生命。

　　中国大陆在生命教育上起步较晚,对大学生生命教育不够重视,认为生命教育无须开设专门课程,结合思想品德教育和心理健康教育等课程的相关内容进行普及即可,还认为生命教育多用于理论课题研究,而并未涉及实践。但从2002年起,"马加爵"事件、"药家鑫"事件,还有上海、南京等高校大学生跳楼自缢等大学生伤害自己和他人案件的一再发生,才引起了社会各界的关注和认识,也把大学生生命教育推到了风口浪尖的重要位置,大学生的生命教育已刻不容缓。北京开设了第一个生命教育课程,接着在上海、武汉等地也先后开展了关于生命教育的选修课、专题讲座,有些地区的医科大学还联系社会实践,让大学生更加直接地面对死亡,尊重生命。

资料链接 3-1

(1) 2015 年 5 月,天津师范大学大一女生因义务献血血液未通过筛查,查出自己是乙肝病毒携带者,于是学校给她安排了单独寝室,在独居寝室生活 34 天后,她选择了烧炭自杀。

(2) 2014 年 4 月 16 日,广东中山大学一名风华正茂的硕士研究生在宿舍内自尽,该研究生自杀前留有遗书,说明了他选择自杀的原因是,在父母期望、学习和工作上的压力下压得喘不过气,于是走上了不归路。

(3) 2014 年 3 月 7 日,厦门南洋学院一名 17 岁女生从女生宿舍楼 7 楼坠亡,调查发现该女生轻生的原因是舍友抢了她的男朋友,可谓日防夜防、家贼难防。

(4) 2013 年 3 月 31 日,上海复旦大学发生"投毒案",引起了社会的广泛关注。28 岁的医学硕士黄洋,饮用了已被舍友注入有毒化学药品饮水机内的水,中毒身亡。

(5) 2010 年 10 月 20 日深夜,西安音乐学院大三的学生——药家鑫在陕西省西安市西部大学城学府大道上驾车撞到被害人张妙,下车后发现张妙在记自己的车牌号,药家鑫拿出刀子,连捅张妙 8 刀,致其死亡,后驾车逃跑,行至郭杜南村村口再次撞伤行人,被周围目击者们发现堵截并报警。此事经媒体报道后,引起了中国公安部的高度关注。

(6) 2007 年 5 月,清华大学、中国人民大学、北京师范大学、北京农业大学在一周之内接连发生数起轻生事件,这一周被北京成为"自杀周"。

讨论:根据上述案例谈谈你对生命的思考。

2. 大学生生命教育的必要性

生命教育在大学生中并未引起足够的重视,但是为了提高大学生的综合素质,提升大学生对于生命价值和人生目标的正确认识,对大学生的生命发展提供有针对性的教育与指导,就必须在大学生的日常课程中加入专门的生命教育,培养学生的生命意识,珍惜自己和他人的生命,因此,生命教育的开展具有必要性。

(1) 大学生生命教育是高校教育发展的必然要求

我国高校中,一般开设的与生命教育相关的课程多依附于思想政治教育课或是心理健康教育课中,而没有较为系统、专门的生命教育课堂。大学生对于生命的认识薄弱,不能正确地对待自己和他人的生命,不理解且无法寻找生命的价值所在,往往因为如此,产生对生命的认知偏向。现在高校所开设的课程中,应该加强大学生生命教育的体验性和实践性,结合高校发展的新趋势和新热点,注重对于大学生生命意识的培养和感知,教会学生尊重自己和他人的生命,要能够珍惜和保护生命,这才能真正达到高校生命教育的要求。

(2) 大学生生命教育是适应社会变化发展的迫切需要

大学生作为推动社会发展的主力军,同时也被社会变化发展所影响。我国经济的迅猛发展,一方面改善了生存环境和生活质量;另一方面转变了大学生的价值观念,冲击了传统的文化意识。大学生中很多想法较为现实,认为只有金钱才能带来好的生活、好的未来,如果得不到金钱,活着也就没有了意义。扭曲了对生命所存在的认识,甚至无视自己和他人的生命,这反映出了学生对于生命认识的匮乏,对生命的无知和漠视使他们错误对待生命。生命教育的开展,就是要加强大学生了解生命、认识生命,引导学生正确思考生命的价值与意义,结合社会环境的变化,寻找自己的目标和定位,培养学生建立生命责任感,以积极的心态来适应社会发展。

(3) 大学生生命教育是促进大学生身心健康发展的必要途径

大学生的身心能否健康发展,一直以来是教育者们关注的焦点。不仅要保证大学生们拥有健康的身体,还要对其心理健康进行重点把握,达到身心都能够健康发展。大学生中存在的心理问题主要与他们的学习、生活息息相关,包括学业问题、环境适应问题、人际交往问题、考试压力问题、恋爱情绪问题、择业就业问题等。这些都有可能引起大学生心理异常,情绪波动。一些大学生对于生命认识淡薄,在遇到挫折问题时,一味地选择逃避,只会采用极端的消极的方式来解决,而没有面对困难的勇气。当心理问题异常严重时,就有可能选择伤害自己或他人生命的方式来解决。生命教育能够促进大学生的身心健康,培养大学生正确认识自我、认识生命、合理的控制和调节情绪,从而教会大学生处理自己与他人、社会的关系,以积极的心态来面对挫折和困难,领悟生命的真谛和意义。

3. 大学生生命教育的发展及途径

了解了大学生生命教育的现状及对于自身、学校和社会的必要性,那么,如何在大学生中开展生命教育呢?针对大学生课程的要求和教学特点,主要从以下途径展开大学生生命教育。

首先,要转变思想,把生命教育提到日常教育教学中去。开设专门的生命教育课程,学校要重视对于生命知识的教育,而不能仍是把应试考试成绩作为唯一标准,在关注学生专业知识学习的同时,更要注重生命教育,让学生能够系统的认识生命、了解生命的价值,从而尊重生命、珍惜生命。

其次,把生命教育的课堂搬到实际生活中。让大学生在实践中体会生命的意义,寻找生命的价值。大学中有很多的社团活动、主题班会,我们要把生命教育与社团、班会等活动相结合,从理论和实践两方面共同入手,普及对生命的认识和理解,教会学生处理挫折和压力的方法,增强对于生命的保护意识。

最后,要建立心理咨询室,促进大学生的心理健康成长。完善和建立学校的心理咨询体系,采取预防和干预相结合,对学生的心理问题进行帮助,为生命教育提供良好的环境。并通过形式多样的心理咨询、沙盘游戏、拓展训练等活动,来减轻学生的心理负担,把心理问题解决在萌芽阶段。

3.1.2 大学生生命教育的内涵

大学生生命教育主要以大学生这一群体为教育对象,通过科学系统的教育方式,引导大学生认知生命,珍爱生命。在大学生中进行"生命、生存、生活"的"三生"教育,使其学会正确处理与自己、他人、学校、社会、家庭等之间的关系,培养大学生树立正确的生命观。

1. 认识生命的真谛

"生命"的概念很广阔,它不仅包括人类的生命,也包括自然界中各种有生命的动植物。但是,动物之间的生命认识是低级的,是种本能认识;而人类对于生命要有更深层次的认识。生命,对于每一个人来说都是相同的,有且仅有一次。生命,是无法掌控和预知的。就如同每一朵花,只能开一次,只能享受一个季节的热烈的或者温柔的生命。大学生的生命教育,就是要让大学生正确认识生命,了解生命的短暂和脆弱,珍惜宝贵生命,尊重生命——尊重他人也尊重自己的生命。

资料链接 3-2

热爱生命

——汪国真

我不去想是否能够成功
既然选择了远方
便只顾风雨兼程

我不去想能否赢得爱情
既然钟情于玫瑰
就勇敢地吐露真诚

我不去想身后会不会袭来寒风冷雨
既然目标是地平线
留给世界的只能是背影

我不去想未来是平坦还是泥泞
只要热爱生命
一切,都在意料之中

2. 学习生存的技能

自古至今,人类的生命能够一直繁衍发展,绝不只是"活着"这么简单,生命的存在和发展是与学习各项生存技能紧密相连的,只有掌握了生存技能才能使生命朝着更好的方面发展。而大学生的生命教育也要对其进行关于生存技能的学习教育,主要包括适应教育、人际关系教育、安全意识教育、感恩情感教育、压力挫折教育、自我应激教育等等。生存技能教育的任务就是要让大学生学会生存,在遇到问题时能够积极面对,培养乐观的生活态度和健全的人格,提高大学生的抗压抗挫能力,增强大学生的自我防范意识和应激意识,能够在危急情况下进行自救和救助他人。

3. 了解生命的价值

对于大学生生命价值的教育,是生命教育最重要的内涵。生命的价值,在于人为什么而活着。因此,生命教育就是要让大学生认识到人和人是平等的,每个人都有自己的价值,大学生们要学会尊重自己、尊重他人。只有正确地认识生命,掌握了必要的生存技能,才能更好地创造生命的价值。由于社会的多元性,每个人所创造的价值也不尽相同,生命价值教育不单单是生存的价值,更重要的是要培养学生树立明确的目标,要有远大的理想和抱负,如此才能实现自我生命价值。就如同马斯洛所建立的需要层次理论,其中最高层次的需要就是自我实现的需要,只有不断地努力才能使生命的价值得以实现,这也丰富了生命的内涵。

资料链接 3-3
马斯洛的需要层次理论

亚伯拉罕·马斯洛(Abraham Harold Maslow,1908—1970)出生于纽约市布鲁克林区。美国社会心理学家、人格理论家和比较心理学家,人本主义心理学的主要发起者和理论家,心理学第三势力的领导人。马斯洛对人的动机持整体的看法,他的动机理论被称为"需要层次论"。

在马斯洛看来,人类价值体系存在两类不同的需要,一类是沿生物谱系上升方向逐渐变弱的本能或冲动,称为低级需要和生理需要;另一类是随生物进化而逐渐显现的潜能或需要,称为高级需要。

低层次的需要基本得到满足以后,它的激励作用就会降低,其优势地位将不再保持下去被其他需要取而代之。高层次的需要比低层次的需要具有更大的价值,人的最高需要即自我实现就是以最有效和最完整的方式表现他自己的潜力,唯此才能使人得到价值体验。

马斯洛理论把需要分成生理需要、安全需要、归属与爱的需要、尊重需要和自我实现需要五类,依次由较低层次到较高层次。各层次需要的基本含义如下。

(1) 生理需要

生理需要是人类维持自身生存的最基本要求,包括饥、渴、衣、住、行的方面的要求。如果这些需要得不到满足,人类的生存就成了问题。

(2) 安全需要

安全需要是人类要求保障自身安全、摆脱事业和丧失财产威胁、避免职业病的侵袭、接触严酷的监督等方面的需要。

(3) 归属与爱的需要

归属与爱的需要包括两个方面的内容。一是友爱的需要,即人人都需要伙伴之间、同事之间的关系融洽或保持友谊和忠诚;人人都希望得到爱情,希望爱别人,也渴望接受别人的爱。二是归属的需要,即人都有一种归属于一个群体的感情,希望成为群体中的一员,并相互关心和照顾。感情上的需要比生理上的需要来的细致,它和一个人的生理特性、经历、教育、宗教信仰都有关系。

(4) 尊重需要

人人都希望自己有稳定的社会地位,要求个人的能力和成就得到社会的承认。尊重的需要又可分为内部尊重和外部尊重。内部尊重是指一个人希望在各种不同情境中有实力、能胜任、充满信心、能独立自主。总之,内部尊重就是人的自尊。外部尊重是指一个人希望有地位、有威信,受到别人的尊重、信赖和高度评价。

(5) 自我实现需要

自我实现需要是最高层次的需要,它是指实现个人理想、抱负,发挥个人的能力到最大程度,完成与自己的能力相称的一切事情的需要。马斯洛提出,为满足自我实现需要所采取的途径是因人而异的。自我实现的需要是在努力实现自己的潜力,使自己越来越成为自己所期望的人物。

资料来源:彭聃龄.普通心理学[M].北京:北京师范大学出版社,2004.

4. 实现人生的意义

在认识了生命,学习了生存技能,了解了生命的价值之后,个体要怎样去实现人生的意义呢？生命对于每一个人来说都是不同的，是独一无二的。每一个大学生都要明白，自己是这世界上独一无二的个体，在脾气、秉性、兴趣、爱好等方面，不可能有另外一个人与我完全一样，同样，每个人也都有着自己独特的生命价值。大学生的生命教育，不仅要让大学生认识到要努力实现自己的人生意义，而且能够正确看待他人的人生价值，要学会尊重他人。

3.1.3 大学生生命教育的特点

1. 教育对象的特殊性

大学生生命教育的对象是大学生群体，当代大学生正处于青年早期。正因为如此，从生理层面来看，大学生此时已基本具有成年人的各种生理机能，并逐渐走向成熟，而从心理方面来说，还不够成熟，易产生波动和矛盾冲突。较高中时期相比，想法上是较为成熟，大多数学生第一次离开家到外地上大学，各种生活、交往上的问题都要靠自己独立解决，也在一定程度上锻炼了学生的独立生活和人际交往的能力。但这一时期的大学生多表现为自我中心感较强，不懂得尊重他人，缺乏集体团结协作意识；个性较为突出，承受挫折和困难的能力差，社会阅历浅薄；他们对生命的认识、对生命意义和价值的思考都很迷茫。同时，与同龄人相比，大学生的文化素质较高，对于社会和自我的认识也较合理，对于自我能力要求也较高。所以，在进行生命教育时，需要结合大学生这一对象的特点，既要有符合这一群体的需要，也要考虑到不同个体等差异下的生命教育，只有认清了大学生群体的特殊性，才能更好地把生命教育做好做实。

2. 教育内容的广阔性

万物都以生命为载体存活在世界上，它们的生命构成都不相同，正是由于各方面的不同，所以在生命的认识和理解上存在差异，从而对于生命教育内涵就存在多角度的解读。大学阶段也是大学生对各科各类知识从了解到深入研究的阶段，通过生命教育，大学生能够从更多层面学习到与实际生活联系紧密的知识，提高自我生命意识。也正是由于大学生群体，生命教育的内容就更加要贴近大学生的日常生活和学习，不仅要以思想政治教育和心理健康教育为基础，也要加入社会生活中最前沿、最紧迫、最需要的问题，做到与时俱进，才能在教育过程中满足大学生对认知的需求，也就体现出了生命教育的广阔性。

3. 教育形式的多样性

大学生这一群体具有思维活跃，表现欲强，个性突出，对于新事物有较强的理解和适应能力，创造能力较强。这就一定要创设好生命教育的环境，展开多种多样的教育形式，将生命教育与学校教育、家庭教育、社会教育相结合，家庭教育作为学校教育的补充。不仅要在课堂上讲述生命教育的理论知识，更要将知识与社会实践相结合，从大学生关注的事件出发，通过多样的教育形式，不可完全局限于课堂环境下，还应带大学生深入各种社会实践中去，让学生对于生命及其意义有更高层次的理解，加强责任意识教育，真正学会尊重生命，珍爱生命，创造生命的价值，实现人生意义。

3.1.4 大学生生命教育的意义

大学生的生命教育是大学生的身心健康成长的有效保障，也为大学生成长成才奠定了理论和实践基础，让学生在学会认知生命教育后，实现自我人生价值和意义，体现了大学生生命教育的意义。

1. 理论意义

生命教育对于教育本身的发展起到了导向性和规范性的作用,大学生的生命教育课程应该受到极大的关注。因为教育对象是大学生,大学生能否正确、积极地认知生命、学习生存技能、创造生命价值,是大学时期关注的重点。那么,怎样才能保证大学生在大学阶段中能够更好地认识自己、尊重他人、适应社会,从而获得身心的全面健康发展呢?这也就是开展生命教育课程的意义所在,引导学生探索生命的源头,认识生命和尊重生命,只有对于生命认知有了系统的把握,才能去思考生命的内涵和意义。对于生命的理解不单单包括生理方面,更重要的是心理适应性方面的认识,只有全方位的理解生命,才能更好地尊重自己和他人的生命。生命教育也是生存技能、生命质量的教育,要教育和引导学生认识到生命可贵与美好,让他们懂得珍爱生命,积极生活。所以,大学生生命教育对于生命的认知,对于生存能力增强,对于生活质量的提升,对于自我价值的实现奠定了理论基础。

2. 实践意义

生命教育课程在大学中的开展,在一定程度上补偿了知识理论教育无法达到的对于学生思想品行、人文艺术、心理健康等方面的认识,它是思想道德教育和心理健康教育的一个重要补充和完善。大学生的生命教育激发了学生对于生命问题的思考,培养学生树立正确理性的生命意识。在解决大学生藐视生命,对生命不珍惜,缓解学生的心理压力等方面,为教育大学生用所学到的知识技能指导和帮助更好的生活,健全大学生的人格,树立正确的生命价值观,尊重自己和他人的生命,珍爱生命方面生命教育课程起到了至关重要的作用。

3.2 大学生生命教育的目标

要开展大学生生命教育,就要确立对于大学生这一群体的生命教育的目标。有了大学生生命教育的目标,此课程的发展也就有了指导方向。结合大学生的身心发展特点与生命教育的现状,对大学生开展针对性较强的教育内容,不仅要在学生中普及遇到危险情况下的自救、防止学生自杀和伤害他人等知识,更要全方面加强生命教育的深度,将认识生命、尊重生命、珍爱生命铭记在心,才能实现个体人生的价值和社会的可持续发展。

3.2.1 认知目标

在高校中开展生命教育,就是要让大学生对生命问题有一定的思考,加强学生对生命知识的了解和掌握,学习生存技能,理解生命的意义,从而更好地创造生命的价值。为了实现生命教育的认知目标,最基本也是最关键的就是大学生要能正确认识生命、了解生命。只有对生命有了正确的认识,才能理解生命的脆弱和短暂,才能尊重生命、珍惜生命。不仅要珍惜和尊重自己的生命,也要尊重他人的生命。学会珍爱生命,才能更好地生活,创造人生价值。但大多数高校学生还未经受过"生死"教育,不少大学生对于生命的理解存在偏颇,轻视生命,由于缺乏对生命的认识导致了恶性后果,所以大学生生命教育的认知目标是相当重要的。

1. 要让大学生了解和认识生命

引导大学生认识生命的起源和归宿,了解生命的诞生、成长、死亡等,体会生命的规律和本质。教导学生认知生命的内涵,努力去寻求生命的价值,思考"生命是什么""我为什么而活""怎样活"这些人生问题,还需要了解关于生命的生理哲学方面的知识,提高大学生对于生命认识的深度,领悟生命的真谛。而那些不懂得如何生活的大学生,他们对于人生意义的理解相对浅薄,没有真正去思考自己到底想要怎样的生活,生命教育的目标就是要培养大学生树立正确的生命价值观。

2. 要让大学生掌握身心健康知识

大学生不仅要掌握生理健康知识,更应该学习和掌握关于心理健康方面的知识。现今社会中,心理健康对于学生成长成才的重要性已毋庸置疑,虽然大学生已具备较为成熟的心智,但对于学习、人际关系、适应能力、情感、挫折等方面压力问题的思考仍存在很大的不足,有的人认为自己付出的多,但得到的却很少,由此就引发了各种各样的心理矛盾的产生,造成了心理障碍。若未能及时得到帮助与疏导,就有可能造成自杀、他杀等严重结果,所以大学生的心理健康问题被推到了风口浪尖的重要位置,必须引起学校以及社会各界的关注。

3. 要让大学生追求人生的价值

大学生生命教育可以帮助大学生提升对生命、对自我的认知,学习和掌握必要的生存技能,不断探索生命的意义,创造生命的价值,树立正确的人生目标和理想。大学时期的教育,不能仅仅只是知识的灌输,脱离了社会和实践,理论知识只能是纸上谈兵。只有将理论与实践相结合起来,思考所生活的状态,不满足庸庸碌碌的生活,才能不断地去追寻人生的价值,对自己的人生有一个准确的定位,坚定信念,努力实现和升华自我的人生价值。提升生命的价值是在自我价值实现的基础上,更好地创造社会价值,人活在这个社会中不是单独的个体,不能只为自己着想,更多的是要为他人,为社会考虑,这就要求大学生应该具有奉献精神,用自己的才能来为社会创造更多的价值,实现生命的意义。

3.2.2 情感态度目标

大学生生命教育的情感态度目标就是要在大学生认知生命的基础上,培养学生尊重生命,珍惜生命。生命对于每个人来说,都只有一次,是不可复得的,同时人的生命又是渺小的,它短暂而脆弱。一直以来在大学生身上发生的各种自杀、他杀等的悲惨事件,体现出了大学生们对生命独特性的不理解、不珍惜,生命教育的目的就是要让学生学会敬畏生命、珍爱生命。

1. 珍惜自我生命,关爱他人生命

每个人都生命都是宝贵的,也是短暂的,从来到这个世界上开始,生命中的每分每秒都是宝贵的,它是人存在于这世上的唯一凭证,而珍惜自己的生命是活着最基本的条件。生命也不是只属于自己,它是父母和社会所共同养育的,不仅父母对子女生命的成长投入了几乎全部的心血,还有社会和国家在各方面的帮助。作为当代大学生,珍惜生命不仅是对自己负责任,也是对家庭、对国家负责任。没有任何理由可以用来轻率地结束自己的生命。同时,大学生在与同学的沟通交往中也要懂得尊重和关爱他人的生命,也就是在尊重自己,能够做到与他人和谐相处,要有热爱生命,珍爱生命的意识和情感。

2. 提高大学生合理调控情绪的能力

大学生中不断出现的恶性事件,很多都是由于不能认识和控制自己的情绪而造成的。大学生活的方方面面都有可能产生消极情绪,如学习压力大、考试挂科、与男(女)朋友分手、和同学吵架、不能适应大学生活等。每个人都有可能出现或多或少的情绪反应,但很多同学不认为自己的这些情绪有什么不妥的,甚至到最后事件发生了也不会认为是由于情绪问题造成的严重后果。所以对于大学生们来说,如何识别自己和他人的情绪,怎样合理调整自己的不良情绪,是非常重要的。生命教育就是要让学生学会管理自己的情绪,学会调节自己的过激情绪,保持良好的心态。只有能够了解和控制自己情绪的人,才能够在社会上有更大的发展。

资料链接 3-4

如何控制自己的情绪?

在我们工作和生活当中,很多人都控制不了自己的情绪,遇到工作或生活不顺心的时候,经常喜欢对下属或者对家人发脾气,这就是我们常说的情绪管理问题。

下面来看一个很有哲理的小故事,看看这位父亲是如何教导他的孩子控制自己的情绪的。

有一个男孩有着很坏的脾气,于是他的父亲就给了他一袋钉子;并且告诉他,每当他发脾气的时候就钉一根钉子在后院的围篱上。

第一天,这个男孩钉下了 37 根钉子。慢慢地每天钉下的数量减少了。

他发现控制自己的脾气要比钉下那些钉子来得容易些。

终于有一天这个男孩再也不会失去耐性乱发脾气,他告诉他的父亲这件事,父亲告诉他,现在开始每当他能控制自己的脾气的时候,就拔出一根钉子。

一天天地过去了,最后男孩告诉他的父亲,他终于把所有钉子都拔出来了。

父亲握着他的手来到后院说:你做得很好,我的好孩子。但是看看那些围篱上的洞,这些围篱将永远不能恢复成从前。你生气的时候说的话将像这些钉子一样留下疤痕。如果你拿刀子捅别人一刀,不管你说了多少次对不起,那个伤口将永远存在。话语的伤痛就像真实的伤痛一样令人无法承受。

人生哲理感悟:发脾气,一些小情绪反反复复,这些负面的情绪阻碍了我们的发展。大学生也是一样,想要很好的发展,想要成功,更应该控制好自己的情绪。人与人之间常常因为一些彼此无法释怀的坚持,而造成永远的伤害。如果我们都能从自己做起,开始宽容地看待他人,相信一定能收到许多意想不到的结果,尊重他人也就是尊重自己。

情绪管理秘诀:

(1)别低估任何人。(收敛自己的脾气,偶尔要刻意沉默,因为冲动会做下让自己无法挽回的事情。)

(2)你没那么多观众,别那么累。(做一个简单的人,踏实而务实。不沉溺幻想,更不庸人自扰。)

(3)温和对人对事。不要随意发脾气,谁都不欠你的,这个世界没有"应该"二字。(学会思考,头脑清晰,明白自己的渺小,切忌自我陶醉。)

(4)现在很痛苦,等过阵子回头看看,会发现其实那都不算事。学会放下、拽的越紧,痛苦的是自己,低调,取舍间,必有得失,慎言,独立,学会感恩的同时,也要坚持自己最基本的原则。(每个人都是独立的个体,真的没有谁离开谁就活不下去,不要太高估自己在集体中的力量,因为当你选择离开时,就会发现即使没有你,太阳照常升起!)

(5) 学会宽恕伤害自己的人,因为他们很可怜,各人都有自己的难处,大家都不容易。(别人光鲜的背后或者有着太多不为人知的痛苦。)

资料来源:80后励志网,http://www.201980.com/lzgushi/zhihui/1277.html,2013-05-07.

讨论:当对生命感到困惑时,人们应该如何管理自己的情绪?

3.2.3 行为技能目标

生命教育的开展是为了让大学生能够对于所思考的生命问题采取的一定的行动,学习和掌握适应社会生存和发展的行为技能也是一项重要目标。生命的发展是通过不断地学习和掌握各项技能来实现的,生命教育促进了大学生的生命发展,让他们认清自己的社会角色,增强责任意识,在奋斗中完善自我能力,才能在激烈的竞争中站住脚,创造自己的生命价值。

1. 增强大学生安全防范意识

增强大学生安全防范意识是生命教育中最为基本,也是最为重要的生命技能。生命的存在是一切发展完善的前提,没有了生命,生命的价值就无从体现。大学生要有最基本的安全防范意识,要能够在危险的情况下进行自救,如在野外、地震、风暴等恶劣情况下如何寻求帮助,想办法生存下来,这也是大学生生命教育的重要内容。同时,生命教育要帮助学生认识到自杀或犯罪不仅是对自己或他人生命的亵渎,也是对家庭和社会的伤害,这种不负责任的做法是必须杜绝的;还要帮助那些对生命丧失信心的学生和存在心理障碍和疾病的学生,带领他们认识美好的生活,疏导心理压力和问题,让他们积极面对生活,珍爱生命。

2. 提高大学生承受挫折的能力

当今的大学生,对于父母家庭有很强的依赖性,缺乏独立思考和解决问题的能力,一旦遇到压力或是挫折,就会感觉不知所措,无法面对生活,容易产生逃避和不负责任的想法。针对当代大学生的特点,生命教育就要教会学生怎样做人、怎样做事、怎样处理与人与事的关系。提升大学生对困难挫折的认识,那就要做到能够正视挫折,从而积极地想办法去面对。挫折也是提升人生存能力的机会,换一个角度让学生认识到即便是挫折,也有它的积极意义,从而提高挫折的承受力,培养大学生顽强的意志和百折不挠的精神。

3. 提升大学生的综合竞争能力

大学生的学习能力、人际交往能力、承受挫折能力、适应能力等都属于综合竞争力。在大学时期的教育中,不仅要提高学生的学习能力,更重要的是要加强大学生的综合素质,培养大学生的创新能力,以适应社会发展需要。

3.3 大学生生命教育的原则

大学生生命教育的原则是在结合大学生的发展特点前提下,为了实现生命教育目标的基础上,建立起来的生命教育的依据和准则,体现出了生命教育的本质。

3.3.1 存在性原则[①]

"生命"是人存在于这一世界的唯一体现,而生命存在本身也是不断发展和成长的过程。存在性原则在生命教育中是处在前提和基础的地位的。生命的存在不仅仅是活着这么简单,一个人能够生存下来,首先就要维持生命的存在,学习各种生存技能,满足最基本的需要。在生命存在的基础上,人们就会考虑如何去享受这种生命的存在,将自己的生命与社会相结合起来,享受所创造的共有成果。人的生命存在是一个不断发展和变化的过程,是创造性的存在,人在生存和发展中创造了自我的价值,实现了人生的意义。所以说大学生生命教育,就是要引导学生认识生命的存在,让学生掌握生存的知识和技能,努力实现生命的存在价值,寻求生命的目标和意义,尊重自己和他人的生命,为生命的存在负责。

生命是珍贵的,任何人都没有权利伤害、毁灭自己或是他人的生命。大学生生命教育的出发点是要帮助学生正确的认知生命,了解生命的短暂与脆弱,从而尊重生命,珍惜爱护自己和他人的生命,肯定自我的生命价值,实现自我生命存在的意义,也能够理性地去理解他人的生命存在。每一个大学生都应该有对于生命存在的主体意识,要形成对于生命和社会的责任感。每一个存在的生命都是一份责任,大学生要能够明白生命的责任所在,要能够做到对自己、对他人、对家庭、对社会负责。

3.3.2 差异性原则

我国的生命教育是西方国家的"舶来品",虽说已经实行有一段时间了,但是很多系统的模式还没有形成,而对于大学生的生命教育,因为其面对的教育对象上的特殊性和多样性,有本科院校、专科院校以及高职院校等,这些大学生在知识学习、技能实验和职业规划上都存在着很大的不同,这就要求生命教育在遵循总的框架结构的前提下,针对不同类型的高校,开展差异性的生命教育课程,这就是差异性原则的体现。大学时期的生命教育的开展,不能只是简单知识的传授,要选择与大学生日常生活、学习、发展等联系密切的内容。不同地区由于经济发展的快慢在教育方面也存在一定的差异,各地也要根据这些差异来制定生命教育的课程,这样才能够做到对于学生的生命教育更有针对性。再有就是生命教育也要体现出对于学生个体差异的理解和教育,充分展现出生命教育课程的针对性。

3.3.3 情感性原则

生命教育的情感性原则是生命教育在情感方面的具体体现。苏霍姆林斯基说过,"情感是强大无比的教育者。"生命教育所面对的是生命存在的个体,不仅要关注生命外在的显现,更要关注大学生的情感需求,教育和引导学生情感的宣泄与发展,教育一定要渗透情感,没有感情的教育是无法想象的,也达不到想要的教育效果。生命教育所开展的教育活动,要能够让学生体会到与教师的情感交流,要向学生传递情感的讯息,让学生了解和体会到教师对于他们的热爱与期望,用温情而不是考试来加强与学生之间的关系,用情感和关怀来激励每一个学生,不论是生活苦难、还是遇到挫折挑战,要让学生明白教师是理解他们的,是能够在他们困难的时候给予帮助的。大学生生命教育的情感性原则,就是要培养学生丰富的生命

[①] 燕国材. 生命教育的原则[J]. 基础教育, 2000(10).

情感，树立正确的情感观，更好地享受生活的美好。生命教育中可以通过活动的形式反映出大学生所经历的情感问题，结合具体事件教给学生应对情感问题的方法和技巧，使学生在遇到类似情感问题时，能够积极地解决，从而获得情感体验，养成健康的情感意识。

3.3.4 超越性原则

人的超越性表现在内心深处对于自身有限性和未完成性的超越欲望，是自身现实与理想状态之间存在的差距与努力方向。也正是由于存在超越性，人们才不断地去思考生命存在的意义，不断地为实现生命的价值而追寻。生命教育的超越性原则就是指在生命教育中，要唤醒大学生的超越性的意识，引导学生追求生命的价值，实现自我的超越，提升生命的意义。大学生要能够认识自己的存在，认识生命是不断变化发展的，要想让自己的存在和生命的发展相结合，就要有自我意识的超越，能够对于自己的生存发展有一个好的追求，来实现自我的价值。而对于生命意义的追寻本身也是超越性的表现，在现今社会，如果只是看到金钱、物质的诱惑，而忽视了最为重要的东西，对生命意义追求的缺失，会使生活变得索然无味，不知道生命存在的价值。大学生生命教育就是要引导大学生在日常生活中积极思考，不断反思自己的不足，明确自己的人生目标和未来的方向，从中体会自己存在的价值与意义，实现超越自己，创造生命价值。

3.3.5 实践性原则

生命教育的实践性原则体现在，要将生命教育与专业学科的内容相互结合，把生命教育融入整个校园文化中去，通过形式多样的实践活动，让大学生从实际生活中体验生命，珍惜生命，实现价值。生命教育只有在实践性的活动中，才能得到更好的实施，大学生想要创造生命的价值，实现人生的超越，就必须在实践中不断地磨练。生命教育在大学的开展，不仅要从知识理论方面深入教导，还要多开展与生命教育有关系的主题活动，让生命教育渗透到校园中的每个角落，如板报、讲座、社会实践活动等，鼓励大学生在实践中领悟生命的真谛，掌握生存的技能，培养大学生对于生命的体验能力，帮助他们正确认知生命，在实践活动中，升华大学生对于生命价值的体会，加强自我完善能力，促进大学生的健康成长。

问题与讨论

1. 作为一名大学生，谈谈你对生命教育的思考。
2. 依据生命教育的原则，你将从哪些方面来提升自己对于生命的认识，创造生命价值？

实 训 练 习

1. 当代大学生生命观与生命教育状况调查问卷

亲爱的同学：

您好！首先感谢您在百忙之中参与本次调查！本问卷的目的在于调查了解大学生对于生命的看法以及生命教育的现状，以便对大学生的生命教育起到借鉴作用，确保大学生生命教育能够顺利开展。本问卷采取不记名方式，请您根据问卷中的题目和要求按照实际情况回答,谢谢您的配合!

填答说明:请将符合你的观点的答案填在"( )"里,未注明多项选择的问题只选择一个答案。

基本情况:

(1) 你的性别( )。

  A. 男   B. 女

(2) 你是否是独生子女?( )

  A. 是   B. 不是

(3) 你的年级是( )。

  A. 本科一年级   B. 本科二年级   C. 本科三年级   D. 本科四年级

  E. 硕士研究生   F. 博士研究生

(4) 你的专业类别是( )。

  A. 文科   B. 理科   C. 艺术   D. 工科

  E. 医科   F. 农学   G. 体育   H. 其他

(5) 你来自( )。

  A. 城市   B. 农村

(6) 你父母的文化程度,父亲( )母亲( )。

  A. 博士   B. 硕士   C. 大学   D. 高中

  E. 初中及以下

(7) 你认为在家庭中父母对你的教养模式是( )。

  A. 民主型   B. 放任型   C. 专制型

(8) 你的成长家庭环境是( )。

  A. 在父亲的陪伴下   B. 在母亲的陪伴下

  C. 在双亲的陪伴下   D. 无双亲的陪伴下

问卷调查:

(1) 你认为你的生命是( )。

  A. 来之不易,非常神圣,要珍惜   B. 一次偶然,来了就好好过

  C. 无所谓

(2) 你( )对人的生命及生命意义进行深入思考。

  A. 经常   B. 偶尔   C. 没有

(3) 对于校园里的流浪猫、流浪狗,你会( )。

  A. 觉得它们很可怜,有机会就去喂喂它们

  B. 偶尔看看,没啥感觉

  C. 很讨厌,保安应该把它们弄走

(4) 对于校园门口的黑车,你的态度是( )。

  A. 为了生命安全,坚决不搭乘   B. 在等不到其他正规车时,偶尔搭乘

  C. 很方便,经常搭乘

(5) 你认为死亡是( )。

  A. 死亡是生命的自然过程

B. 死亡是对生命的解脱

C. 人生有来生和转世,死亡是生命的暂停

D. 其他,如 _____

(6) 你觉得活着是否很有意义?(　　)

  A. 很有意义　　　　　　　　B. 没有太大意义

  C. 没有意义　　　　　　　　D. 没想过

(7) 你对大学生活的感受是(　　)。

  A. 非富多彩,充满希望　　　　B. 生活平淡,内心空虚

  C. 生活迷茫,前景暗淡　　　　D. 时好时坏,说不清楚

(8) 你平时(　　)参加体育锻炼(体育课除外)。

  A. 经常　　　　B. 偶尔　　　　C. 从不

(9) 遇到挫折时,你总是可以很快使自己振奋起来。(　　)

  A. 经常　　　　B. 偶尔　　　　C. 从不

(10) 你觉得你的生活有目标吗?(　　)

  A. 有,很明确　　B. 没有　　　　C. 不知道

(11) 你上大学的目的是(　　)(可多选)。

  A. 为了父母的希望,为父母争光

  B. 为了找到好的工作

  C. 为了学更多的知识,充实自己,做一个对社会有用的人

  D. 其他

(12) 你是否认为认识生命的意义对人生很重要?(　　)

  A. 是　　　　　B. 不是　　　　C. 说不清楚

(13) 你知道人生苦短,可是行动起来使人生更充实却相当困难。(　　)

  A. 是　　　　　B. 不是　　　　C. 说不清楚

(14) 你是否不断提高自己的奋斗目标?(　　)

  A. 是　　　　　B. 不是　　　　C. 说不清楚

(15) 你认为活着就应该(　　)。

  A. 好好为自己而活　　　　　B. 在自己过得好的前提下在考虑社会

  C. 奉献自己为社会做出贡献

(16) 你看到电视里的舍己为人的英雄时会觉得(　　)。

  A. 不切实际　　　　　　　　B. 有些可以效仿

  C. 很佩服,要效仿

(17) 如果有机会,你会选择去支教吗?(　　)

  A. 会　　　　　B. 不会　　　　C. 不知道

(18) 你认为生命的意义和价值是什么?(可多选)(　　)

  A. 人生的价值在于奉献　　　　B. 挑战自我、超越自我

  C. 吃喝玩乐,享受人生　　　　D. 平坦从容地生活

  E. 有较高地位和一定经济实力　F. 受到社会的认可和他人的尊重

  G. 追求自己的信仰　　　　　　H. 其他

(19) 在个人和社会、他人的地位上,你认为(　　)。
　　　　A. 个人高于社会　　　　　　　B. 社会及他人地位高于个人
　　　　C. 三者是平等的
(20) 你认为你现在的幸福状况是(　　)。
　　　　A. 非常不幸福　　　　　　　　B. 非常幸福
(21) 你现在觉得什么最幸福？(单选)(　　)
　　　　A. 出色的学习成绩　　　　　　B. 美好的爱情
　　　　C. 真诚的朋友　　　　　　　　D. 尽情玩乐
　　　　E. 为人生而努力　　　　　　　F. 其他
(22) 你认为人生最大的幸福是什么？(单选)(　　)
　　　　A. 物质财富　　B. 成功事业　　C. 美满家庭　　D. 实现自己的价值
　　　　E. 其他　　　　F. 困惑思考中
(23) 你对自己未来的人生是幸福的有信心吗？(　　)
　　　　A. 有　　　　B. 没有　　　　C. 不确定
(24) 对于生命短暂,人生无常,你会有什么想法？(　　)
　　　　A. 整天忧心忡忡　　　　　　　B. 有时会担忧
　　　　C. 一点也不担忧　　　　　　　D. 不关心此问题
(25) 在有压力的时候,你能在很短时间内进行自我调节吗？(　　)
　　　　A. 能　　　　B. 不能　　　　C. 视情况而定
(26) 你认为发生在校园内的自杀事件是(　　)。
　　　　A. 懦弱的表现,是对现实的逃避　　B. 是一种绝地的反抗形式
　　　　C. 可以理解　　D. 没有关心　　E. 是对生命的不尊重
(27) 当遇到某种强大压力或严重挫折时,你是否有过自杀的念头？(　　)
　　　　A. 经常有　　　B. 偶尔有　　　C. 没有
(28) 你认为大学生如何才能有效地避免自己走上自杀绝路？(　　)(　　)(　　)(选三并排序)
　　　　A. 经常帮助别人,树立奉献型的人生价值观
　　　　B. 多读有益的书籍,开阔自己的视野
　　　　C. 多交朋友,开放自己的心灵
　　　　D. 多跟父母联系,以仁孝为立人之本
　　　　E. 培养自己的兴趣爱好,陶冶自己的情操
　　　　F. 提高心理素质,学会自我心理调适
　　　　G. 及时向心理咨询部门或他人求救
(29) 近年来,校园内大学生伤人杀人事件频发,你对这些事件的看法是(　　)。
　　　　A. 坚决谴责　　　　　　　　　B. 可以理解,估计他们有自己的苦衷
　　　　C. 没有关注
(30) 你认为是引发大学生自杀事件的主因是(　　)。
　　　　A. 社会因素　　B. 家庭因素　　C. 教育因素　　D. 大学生自身因素
(31) 你认为在高校进行大学生生命教育是否有必要？(　　)

　　　　A. 非常有必要　　　　　　B. 有必要
　　　　C. 可有可无　　　　　　　D. 没有必要
　　　　E. 非常没有必要
(32) 你所在高校是否对大学生进行了生命教育？（　　　）
　　　　A. 一直有　　B. 经常有　　C. 偶尔有　　D. 从没有过
(33) 在你个人成长中，生命观教育主要来自（　　　）。
　　　　A. 课堂　　　　B. 家庭　　　　C. 电视、广播、报刊
　　　　D. 同学、朋友　　E. 无
(34) 你所在高校对大学生进行了哪些内容的生命教育？（可多选）（　　　）
　　　　A. 心理健康　　B. 青春期教育　　C. 毒品预防　　D. 法制
　　　　E. 安全　　　　F. 公共卫生　　　G. 艾滋病预防　H. 环境保护
　　　　I. 性教育　　　J. 死亡教育　　　K. 其他
(35) 你会参加学校举行的心理健康活动吗？（　　　）
　　　　A. 一直积极参加　　　　B. 偶尔参加　　　C. 不参加
(36) 你认为现在生命教育体系是否有影响或改善学生的心理状况？（　　　）
　　　　A. 根本没有　　B. 见效甚微　　C. 起到一定作用
　　　　D. 能够改善学生的心理状况
(37) 你觉得你们学校生命教育主要需要加强哪些方面？（多选）（　　　）
　　　　A. 生理卫生教育　　　　B. 交通安全教育
　　　　C. 消防安全教育　　　　D. 游泳安全教育
　　　　E. 用电安全教育　　　　F. 逃生教育
　　　　G. 突发性伤害教育　　　H. 心理教育　　　I. 其他
(38) 你认为生命教育以下列哪种途径开展更有效？（　　　）
　　　　A. 开设专门的生命教育课程　　B. 开展专题讲座
　　　　C. 通过学科间进行渗透教学　　D. 开展主题活动
　　　　E. 其他
(39) 在你的家庭教育或者学校教育中"死亡观"经常提到吗？（　　　）
　　　　A. 经常会讨论到　　　　B. 有时会谈论到
　　　　C. 很少会提到　　　　　D. 从来不会谈起
(40) 你是否了解各种基本生存常识、处理方法和逃生技能？（　　　）
　　　　A. 了解　　　B. 一般了解但不深入　　　C. 一点不了解

2. 当代大学生生命观与生命教育状况访谈提纲

(1) 你思考过人生的意义或人为什么要活着的问题吗？
(2) 你怎么看待自己的生命？
(3) 你害怕死亡吗？你怎么理解死亡？有没有人跟你谈起过死亡这个话题？
(4) 经常引起你情绪变化的因素是什么（外在的变化还是内在的感受）？
(5) 你觉得父母最关注你什么？老师最关注你什么？
(6) 你觉得自己幸福吗？为什么？
(7) 你认为事业成功的标准是什么？

(8) 对待生命,你的座右铭是什么?
(9) 你知道生命教育吗?
(10) 你觉得有必要开展大学生生命教育吗?为什么?

资料来源:褚慧萍.当代大学生生命教育研究[D].南京师范大学,2014.

拓 展 阅 读

没有挫折教育,每个大学生都可能"宅"死

古洪庆

3月12日,湖北十堰郧县杨溪铺镇一名不愿工作的男子被发现饿死在家中。他是村中第一个大学生,大学毕业后放弃工作独自"宅"在家中14年,其母亲因争吵被其打成骨折后失望住到女儿家。他像野人一样生存,不在厨房做饭,冬季只吃生蔬菜。(3月18日《长江商报》)

一个大学毕业生,竟然沦落到饿死在家中的地步,实在是悲哀!从成长经历看,他悟性很高,成绩一直很好,从一年级到六年级一直当班长,年年被评为三好学生;一步步走来,最终成为村里的第一个大学生。大学毕业后,他被分配到郧县一所中专教书,由于不满学校的安排,没多久,他就不干了。回家后,整日在村里闲逛。由于懒惰,过着野人般的生活,最终饿死在家中。

或许正因此,很多人将此归结为大学教育的悲哀,甚至再次拿来佐证,为"读书无用论"推波助澜。这是不完全正确的。教育,能将一个无知的小孩培养成大学生,并成为人民教师,这本来就是一种成功,试想,有多少没读过书的人,能走上讲台的?如此,又如何注脚为"读书无用"?

综观整个事件,有几个细节不容忽略。一方面,求学的路上,他一直被包围在鲜花和掌声中,走得一帆风顺。另一方面,在大学期间,姐姐为他早早辍学,父亲去世后很长一段时间家人都瞒着不敢告诉他;走上工作岗位后,由于不满学校的安排,就选择了不干。两相比较可以看出,在人生道路上,他心理封闭、压力过大,各种挫折累积压倒了他,并将他送上了不归路。换言之,挫折教育的缺失,是导致他不会自我调适,最终饿死家中的根本原因。

的确,大学毕业后饿死家中过于极端,但这些年围绕着生命教育缺失的话题却一直没有间断过。检视我们的教育,成绩高于一切,似乎成绩代表了学生的全部,学习好,一切都好。不少学习好的孩子,在光环效应心理的驱使下,自尊极强,会偏执地认为自己的一切都是无可挑剔的,别人的不认同会让学生不由自主地产生强烈的排斥心理,反复的挫败感则会推其走向极端。可见,问题的实质在于,无论是家庭教育、学校教育,都忽视学生的情感、价值观的培养,造就了考试高分、心理脆弱的"玻璃人"。

其实,我们也知道,真正要改变这些,需要彻底地改变考核学校和老师的评价体系,不把升学率作为唯一的考核办法,不为"分数教育"推波助澜,学校老师才能更多地关注学生情感、价值观、良好心理素质的培养,还给学生真正成长的空间。看似简单的问题,这又何其困难!

赘问一句:在他14年野人般的生活里,当地的救助体系发挥了哪些作用?这是他一个人的悲剧,但也是围绕着他的社会环境的一个缩影。(中国科技网)

马加爵事件回放

案情回顾

2004年2月23日,云南省昆明市云南大学6幢317号宿舍发现4具男性尸体,经查死者是该校生化学院生物技术专业2000级的4名学生,唐学礼、杨开红、邵瑞杰和龚博。云南省公安厅和昆明市公安局在之后的现场勘查和调查访问后认定,4人的同学马加爵有重大作案嫌疑。而此时马加爵已失踪数天。

马加爵1981年5月4日出生,今年不到23岁,杀人手段却极其残忍。警方发现尸体死亡原因都为脑部钝器击打所致。

2月24日,公安部发出A级通缉令,3月1日又向社会公开发布了通缉令,悬赏20万元,查缉马加爵。此后,曾有10来个"疑似"马加爵,经指纹指认或DNA测试后被否定。

据介绍,马加爵平时爱踢足球和打篮球。四个死者中,除龚博住在另一幢楼外,马加爵和唐学礼、杨开红同住第6宿舍楼317房间,邵瑞杰则住在隔壁的316室。五个人同级,常在一起打球。据同学说,马加爵生性比较粗暴。平时打球,只要有人踢不好或无意间踢到他身上,他便会动怒,有时甚至翻脸骂人。马加爵有几个广西老乡以前常来找他玩,后来渐渐不来了。还有同学回忆,马加爵以前经过316室,只要听到里面的音乐声大一点就会破口大骂。有一次同宿舍的一位同学动了马的东西,马发现后便一直记恨在心,从此不再理睬该同学。同学都说他性格孤僻,不太好处。

广西当地媒体记者案发后曾到马加爵的家中——广西宾阳县宾州镇马二村一队12号。马加爵的父亲马建夫年已六旬,母亲则因病重卧床多日。自从马加爵涉嫌云南大学4人被杀案后,其家人一直心神不宁。该媒体记者在马加爵母亲做衣服的桌子上发现了一叠近期的报纸,或许是翻阅过多的缘故,报纸已经破旧。马加爵的母亲提起儿子,只说了句:"我现在只想对儿子说一句话,就是希望他能早日自首。"

4名被害学生多为贫苦农村家庭的孩子,事发后,家人悲痛欲绝。在警方和校方安排下,4人的家属到云南大学处理后事。4名学生尸体已于3月12日在昆明火化,死者家属陆续返回家乡时,有关单位先后共送去了8万元慰问金。

采访马加爵同学

马加爵凶案的发生在全国引起了极大的震动,同时,在甘肃省高校中也引起了极大的反响。几乎所有的师生都在议论着马加爵。到底马加爵为人如何,本报记者陆续采访了在甘高校中马加爵同乡、同学。

记者在采访中了解到,在甘肃省高校中上学的广西宾阳县学生大约30名,他们其中不乏认识马加爵的人,更有马加爵中学时期的校友和同班同学。几天来,兰州市警方与他们都进行了接触,一方面说明案情、了解情况;另一方面要求他们与自己的同学随时联系,进行反查,一旦发现线索及时报案。

经记者多方联系,终于在一高校查到了马加爵中学时的一位同级学生张明(化名)。记者了解到,公安部门几天来与张明等人进行了频繁的接触,使得个别人感觉有很大的压力。5日晚,几经周折记者与其进行了短暂的通话。

记者:听说你上午被警方找去了?

张明:是的,因为我们曾是中学同学,所以警方找我了解情况。

记者：听语气，你的压力似乎很大？
张明：现在学校的一些同学看我都怪怪的。
记者：你很熟悉马加爵吗？
张明：没有深交，他不容易接触。
记者：如果他在兰州，会来找你吗？
张明：应该不会，我们不熟。
记者：如果看见他你会怎么办？
张明：那就报警。

马加爵父亲给儿子的信

记者在马加爵母亲做衣服的桌子上，发现了一沓近期广西区内的报纸，或许是因为常常被翻阅的缘故，报纸显得很破旧。据了解，马加爵的母亲因病重已卧床多日。提起儿子，她说了句："我现在只想对儿子说一句话，就是希望他能早日自首！"

马建夫给儿子的信全文如下。

亲爱的儿子马加爵：

现在我在呼唤你，你现（在）究竟藏（在）什么地方，请你告诉我。你平时都说长大了要报答父母恩，从你失踪以后，我们每天都放声大哭。你母亲已经病得很重了，她好想看见你啊！她每天都在呼唤着你的名字，儿子啊！回来吧！如果你已经犯了什么错，只要你改了就好了，我们会帮助（你）的，如果你遇到了什么很大的困难，可以找当地的人民政府帮忙，或者找公安说清情况，你都会得到很大的帮助的。

儿子，你从小就是一个孝敬父母的好孩子，我们相信，你不会让我们永远去承受这种痛苦的。

你的爸爸马建夫

马加爵"绝命书"

十四叔、十四婶：

你们好，本来这封信我在3月10号的时候就想写了。但是一直没有机会，今天是3月16号了，我是在海南省三亚市看守所写的。发生这种事情，肯定给整个大家庭带来了很坏的影响，但是对不起的话我再也讲不出来了。

收到这封信后我希望你们立即向我的父亲母亲转达我的意愿——劝我的父亲母亲不要再理我的事了，我真的不想再见到他们二人。因为我已经不是从前的我了，我知道在父母的心中，无论我长得有多高、有多大，我始终是小时候的"十二"。但是我真的变了很多很多，一个人从思想上变坏是不可救药的了。我真的希望父母不要再理我的事了，至于尸体、后事之类的，就由政府处理得了，总之，越省事越好，骨灰之类千万不要办，我这个人是从来不迷信的。

十四叔、十四婶，我真的是有很多话想跟你们讲，我对你们家对我家的帮助从来就是很感激的，在我的心中从来就没有忘记过，只不过我这个人动情的话历来就讲不出口，连信都很少写给你们，讲起你们对我家的帮忙，我可以回想起许多，比较大的事情很多，小的事情就数不清了。要知道生活看似平常，其实生活中可以发生很多小事，比如你家和我家的日常生活中就有很密切的联系，一些小恩小惠，过后就很容易忘记，但是我知道，很多事情看起来小事一桩，但是如果没有你们家的帮忙，我们家做起来就会有困难，甚至行不通，对于这么多的帮忙,我不想细举,但我不会忘记,我哥更不可以忘记。虽然讲同个大家庭,亲兄弟之间相互帮助是应该的,但是能做到也不容易。看看我们村其他家庭的情况就知道了。

我想起了我读大一的时候十哥给我的一封信,写的是对我的鼓励,对我的安抚,信中他对我的称呼是"弟",我真的是热泪盈眶,那一刻我想起了许多的往事。我想起了和十哥一起去原来陆村附近的果苗园找果苗,我找到了一棵桃树苗。回到家后,我父亲不让我种树在家里,十哥就说"给我吧",但是我把果苗折断了,我记得当时是在我家楼顶上,当时隔壁"坏六"家还没有起楼,我们都还小,十哥可能早就不记得了,但是有一次我跟十哥打架,他鼻出血,我把他推倒在十六叔家门前的一堆沙上。我还记得我和十哥、十三等好几个小孩去住在赵村的萍姑家玩。萍姑很疼我们,让我们各选一个玩具回来。我跟十哥同抢一个玩具车,最后还是归我了。这些都是小时候的事,以十哥开朗的性格早就不记得了。后来十哥去钟乃逸姑丈那里读书,很长一段时间不能在一起了,长大后十哥有他在宾高附近的好几个哥们,但是他还是很关心我。有一次十哥拿了他的几件八成新的衣服要送给我,但是我拒绝了他的诚意。有一次十哥邀请我去他房间一起玩飞镖,我去了,但很拘束。其实很多时候我跟十哥在一起都很拘束,不能放开自己。事后想起来,我真的感受到了十哥的那份厚厚的友情。我跟十哥的年龄很接近,他一直想跟我做好兄弟好朋友,但想必十哥一直很无奈。对一些事情你只能是无奈,别无他想。我想我跟十哥之所以不能做一对真挚的知心朋友,是因为我太自怜。直到上大学之后,一个农村小穷人见世面了,长见识了,也就开朗多了。才有了深深的悔意。"人穷志不穷"这句话从小就读过,但我一直没有将它引进到我的信念里。

八妹很懂事,对我家的感情是很好的,经常过来玩。没嫌弃过什么(我说这句话是显得见外了)。记得七姐以前是经常到八妹那里睡的,我家来人的话就更不用说了。一到晒谷的时候,那谷往往是放到八妹的房间,人睡在里面肯定是蛮难受的。但八妹从来都没说过什么,晒谷时如果遇到下雨,八妹、十四婶、十哥都会急忙赶来,扫谷、装谷、张口袋口等事做完后,皮肤都会很不舒服,连我都会经常偷懒,但八妹即使下雨也会来帮忙。当然,这些事情说大不大,说小不小,但想起来总会有一股暖意。我上大学以后八妹给我写了好一些信,但我都没有好好地回信,真的很对不住她,不知她会怎么想。想起七姐在家住的那几年,我觉得就不得不感谢八妹,是她给七姐排遣了很多寂寞,真的多谢她了。

九哥对我家也很不错,有了什么事也是会热情帮忙的。想起2000年的时候,九哥陪我去南宁,对我真的很好。那时我什么都不懂,真的多亏了九哥。有一个假期,我回去后得知九哥在学修摩托车,我真的好为他高兴。因为我想象中干这一行是很赚钱的,而九哥有什么学不会的呢?!

我 的 五 样

老师出了题目——写下"你生命中最宝贵的五样东西",我拿着笔,面对一张白纸,周围一下静寂无声。万物好似压缩成超市货架上的物品,平铺直叙摆在那里,等待你的手挑选。货筐是那样小而致密,世上的林林总总,只有五样可以塞入。

也许是当过医生的缘故,在片刻的斟酌之后,我本能地挥笔写下:空气、水、太阳……

这当然是不错的。你不可能设想在一个没有空气和水的星球上,滋长出如此斑斓多彩的生命。但我很快发现自己陷入了困境——如果继续按照医学的逻辑推下去,马上就该写下心脏和气管,它们对于生命之泵也是绝不可缺的零件。

结果呢,我的小筐子立马就装满了,五项指标支出一净。想想那答案的雏形将是:我生命中最宝贵的东西——空气、水、阳光、气管、心脏……哈!充满了严谨的科学意味,飘着药品的味道。

可这样写下去,毛病大啦。测验的功能,是辅导我们分辨出什么是自己生命中最重要的因子,以致当我们面临人生的选择和丧失时,会比较镇定从容,妥帖地排出轻重缓急,而我的答案,抽象粗大而化之,缺乏甄别和实用性。

于是我决定在水、空气、阳光三种生命要素之后,写下对我个人更为独特和生死攸关的症结。

第四样,我写下了——鲜花。

真有些不好意思啊。挂着露滴的鲜花,是那样娇弱纤巧,我似乎和庄严的题目开了一个玩笑。但我真实如此地挚爱它们,觉得它们不可或缺。绚烂的有刺的鲜花,象征着生活的美好和短暂的艰难,我愿有一束美丽的玫瑰,陪伴我到天涯。写下鲜花之后,仅剩一样挑选的余地了,刹那间,无数声音充斥耳鼓,申述着自己的不可替代性,想在最后一分钟,挤进我的小筐。

我偷着觑了一眼同学们的答案,不禁有些惶然。

有的人写的是:"父母"。我顿时感到自己的不孝,是啊,对于我的生命来说,父母难道不是极为宝贵的因素吗?且不说没有他们哪来的我,就是一想到他们可能先我而去,等待我们的是生离死别,永无相见,心就极快地冰冷成坨。

有的人写的是"孩子"。一看之下,我忐忑不安,甚至觉得自己负罪在身。那个幼小的生命,与我血脉相承,我怎能在关键的时刻,将他遗漏?

有的人写的是"爱人"。我便更惭愧了。说真的,在刚才的抉择过程中,几乎将他忘了。或许因为潜意识里,认为在未曾相识得他之前,我的生命就已经存在许久。我们也曾有约,无论谁先走,剩下的那人都要一如既往地好好活着。既然当初不是同月同日生,将来也难得同月同日死,彼此已商定不是生命的必需,排名在外,也有几分理由吧?

正不知将手中的孤球,抛向何出,老师一句话救了我。她说,这生命中最宝贵的东西,不必从逻辑上思索推敲是否成立,只需是你情感上的真爱即可。凝神再想。略一顿挫之后,拟写"电脑"。因为基本上已不用笔写作,电脑便成了我密不可分的工作伴侣。落笔之际我发觉,电脑在此处,并不只是单纯的工具,当是一种象征,代表我挚爱的劳动和神圣的职责。很快联想到电脑所受制约较多,比如停电或是病毒入侵,都会让我无所依傍。唯有朴素的笔,虽原始简陋,却可朝夕相伴风雨兼程。

于是,洁白的纸上,留下了我生命中最宝贵的五样东西——水、阳光、空气、鲜花和笔(未按笔画为序,排名不分先后)。

同学们嘻嘻笑着,彼此交换答案。一看之后,却都不作声了。我吃惊地发现,每个人留在纸上的物件,万千气象,绝不雷同,有些简直让人瞠目结舌。比如某男士的"足球",某女士的"巧克力",在我就大不以为然。但老师再三揭示,不要以自己的观点去衡量他人,于是不作声。

接下来,老师说,好吧,每个人在你写下的五样当中,划去相对不那么重要的一样,只剩下四样。

权衡之后,我在五样中的"鲜花"一栏旁边,打了个小小的叉,表示在无奈的选择当中,将最先放弃清丽绝伦的花朵。

老师走过来看到了,说,不能只是在一旁做个小记号,放弃就意味着彻底的割舍,你必得要用笔把它全部删除。

依法办了,将笔尖重重刺下。当鲜花被墨笔腰斩的那一刻,顿觉四周惨失颜色,犹如20世纪初叶的黑白默片,我拢拢头发咬咬牙,对自己说,与剩下的四样相比,带有奢侈和浪漫情调的鲜花,在重要性上毕竟逊了一筹,舍就舍了吧。虽然花香不再,所幸生命大致完整。

请将剩下的四样当中,再划去一样,剩下三样。老师的声音很平和,却带有一种不容商榷的断然压力。

我面对自己的纸,犯了难。阳光、水、空气和笔……删掉哪一样是好?思忖片刻,我提笔把"水"划去了。从医学知识上讲,没有了空气,人只能苟延残喘几分钟,没有了水,在若干小时尚可坚持。两害相权取其轻吧。

也许女人真是水做的骨肉,"水"一被勾销,立觉喉咙苦涩,舌头肿痛,心也随之焦枯成灰,人好似成了金字塔里风干的长老。我已经约略猜到了老师的程序,便有隐隐的痛楚弥漫开来。不断丧失的恐惧,化作乌云大兵压境。痛苦的抉择似一条苦难的巷道,弯弯曲曲伸向远方。

果然,老师说,继续划去一样,只剩两样。这时教师内变得很寂静,好似荒凉的墓冢。每个人都在冥思苦想举棋不定,我已顾不得探查他人的答案,面对着自己人生的白纸,愁肠百结。

笔、阳光、空气……何去何从?闭起眼睛一跺脚,我把"空气"划去了。刹那间好像有一双阴冷的鹰爪,丝丝入扣地扼住我的咽喉,顿觉手指发麻眼冒金星,心搏如鼓气息摒室……

我曾在海拔五千多米的冰山上攀援绝壁,被缺氧的滋味吓破了胆。隔绝了空气,生命便飘然而逝,成为一种哲学意义上的讨论。

好了,现在再划去一样,只剩下最后一样。老师的音调很温和,但执着坚定充满决绝。对已是万般无奈之中的我们,此语不啻惊雷。

教室内已经有轻轻的哭泣声。人啊,面临丧失,多么软弱苦楚。即使只是一种模拟,已使人肝肠寸断。

笔和阳光。它们在纸上势不两立地注视着我,陷我于深深的两难。

留下阳光吧——心灵深处在反复呼唤。妩媚温暖明亮洁净,天地一派光明。玫瑰花会重新开放,空气和水将濡养而出,百禽鸣唱,欢歌笑语。曾经失去的一切,都会在不知不觉中悄然归来。纵使除了阳光什么也没有,也可以在沙滩上直直地晒太阳哇。

想到这里,心的每一个犄角,都金光灿灿起来。只是,我在哪里?在干什么?我扬起头来问天。

我看到自己孤独的身影,在海边寂寞地拉长缩短,百无聊赖,看日出日落,听潮涨潮落。那生命的存在,于我还有怎样的意义!

自问至此,水落石出。我慢而稳定地拿起笔,将纸上的"太阳"划掉了。

偌大一张纸,在反复勾勒的斑驳墨迹中,只残存下来一个字——"笔"。

这种充满痛苦和抉择的测验,像一个渐渐缩窄的闸孔,将激越的水流聚成最后的能量,冲刷着我们纷繁的取向。当那通道变得一夫当关,万夫莫开之时,生命的重中之重,就简洁而挺拔地凸现了。

感谢这一过程,让我清晰地得知什么是我生命中的真爱——就是我手中的这支笔啊。它噗噗跳动着,击打着我的掌心,犹如我的另一颗心脏,推动我的四肢百骸。

我安静下来,突然发现周围此时也很安静。人们在清醒地选择之后,明白了自己意志的支点,便像婴儿一般,单纯而明朗了。我细心收起自己的那张白纸,一如收起一张既定的船票。知道了航向和终点,剩下的就是帆起桨落战胜风暴的努力了。

资料来源:毕淑敏.愿你与这世界温暖相拥[M].南京:江苏文艺出版社,2013.

实 践 篇

第4章　敬畏绚烂生命——大学生生命观
第5章　明确生命的归宿——大学生生命价值观
第6章　体验快乐情绪——大学生心理健康观
第7章　描绘生命的色彩——大学生情感观
第8章　探寻生命的意义——大学生幸福观
第9章　确立生命的信仰——大学生挫折观
第10章　创造生命的和谐——大学生应急意识
第11章　承担生命的责任——大学生生死观

第 4 章

敬畏绚烂生命——大学生生命观

尊重生命、尊重他人,也尊重自己的生命,是生命进程中的伴随物,也是心理健康的一个条件。

——弗洛姆

学习目标

(1) 认识和了解大学生的生命意识的内涵和特点。
(2) 认识和了解大学生的生命意识的现状、影响因素。
(3) 了解大学生的生命意识培养的途径。

案例导入

珍惜生命,不惧挫折

有个叫阿巴格的人生活在内蒙古草原上。有一次,年少的阿巴格和他爸爸在草原上迷了路,阿巴格又累又怕,到最后快走不动了。爸爸就从兜里掏出 5 枚金币,把一枚埋在草地里,把其余 4 枚放在阿巴格的手上,说:"人生有 5 枚金币,童年、少年、青年、中年、老年各有一枚,你现在才用了一枚,就是埋在草地里的那一枚,你不能把 5 枚都扔在草原里,你要一点点地用,每一次都用出不同来,这样才不枉人生一世。今天我们一定要走出草原,你将来也一定要走出草原。世界很大,人活着,就要多走些地方,多看看,不要让你的金币没有用就扔掉。"在父亲的鼓励下,那天阿巴格走出了草原。长大后,阿巴格离开了家乡,成了一名优秀的船长。

珍惜生命,就能走出挫折的沼泽地。

4.1　大学生生命意识

4.1.1　生命意识的内涵

生命意识是个人对生命的理解与态度。它是人的生命为了适应自身生存和发展的需要,依据先天的基因,加上后天的教化而形成的对于生存和生存价值的体验和感悟。生命意识包括浅层次的生存意识和深层次的生命价值意识。

资料链接 4-1

热爱生命

郭路生

也许我瘦弱的身躯像攀附的葛藤,
把握不住自己命运的前程,
那请在凄风苦雨中听我的声音,
仍在反复地低语:热爱生命。
也许经过人生激烈的搏斗后,
我死得比那湖水还要平静。
那请去墓地寻找我的碑文,
上面仍刻着:热爱生命。
我下决心:用痛苦来做砝码,
我有信心:以人生去做天秤。
我要称出一个人生命的价值,
要后代以我为榜样:热爱生命。
的确,我十分珍爱属于我的
那条曲曲弯弯的荒草野径,
正是通过这条曲折的小路,
我才认识到如此艰辛的人生。
我流浪儿般地赤着双脚走来,
深感到途程上顽石棱角的坚硬,
再加上那一丛丛拦路的荆棘
使我每一步都留下一道血痕。
我乞丐似地光着脊背走去,
深知道冬天风雪中的饥饿寒冷,
和夏天毒日头烈火一般的灼热,
这使我百倍地珍惜每一丝温情。
但我有着向旧势力挑战的个性,
虽是历经挫败,我绝不轻从。
我能顽强地活着,活到现在,
就在于:相信未来,热爱生命。

资料来源:郭路生.食指诗选[M].北京:人民文学出版社,2009.

生存意识即人的生存意志,是个体维护生命存在和延续的欲望。生存意识是作为主体生命的人意识到的主客体存在,意识到生命存在所需要的一切,从而珍惜生命,热爱生活和生命。生存意识的强烈与否,是与个体的成长小环境及当时的社会大环境紧密相连的。

生命价值意识是指个人对有关生命及生命的价值、生命的意义、人生理想、人生信仰等的根本看法和态度。它是由个体自我意识和个体生命的社会价值两方面来决定的。自我意识是生命价值意识形成的基础。自我意识的确立,其标志是个体意识的分化,即原来完整的自我分化成理想的自我和现实的自我,前者体现个体的主观愿望和设计,它所关注的是"我是谁""我做什么""我应该是怎样的"。后者表明个体的实际状态或"别人是怎样看待我的""给我什么"等。个体生命的社会价值是生命价值意识形成的决定性因素。一方面,个体生命价值意识的形成与社会现实存在着密切的联系,因为生命价值意识属于人的社会意识,是对人的社会现实存在的能动反映。尤其是一定的生产方式、政治与文化环境、时代特点,对个体的生命价值观具有极大的影响作用。因而在不同的社会历史条件下,个体会有不同的生命价值意识;另一方面,个体生命的社会价值大小决定着个体生命价值意识的形成,这是因为个体生命价值意识的形成,从根本上说就是个体总在不停地追问自己,生命的存在究竟有何意义,活着是否值得,是否有所得。这些思考积淀升华便形成个体的生命价值意识。因此,个体生命的社会价值影响着个体生命价值意识的形成,并最终决定个体生命价值意识的取向。

4.1.2 大学生生命意识的内涵

大学生的生命意识,就是大学生对生命所持有的基本观念、看法和态度,以及他们对生命所持有的基本的价值判断。大学生的生命意识与大学生的现实状况是紧密联系在一起的。大学生的年龄不同、性别不同、专业不同、生源地不同、家庭经济状况不同、性格不同、个人经历不同,其生命价值观就有可能不同。虽然他们所处的时代大背景是相同的,但是小环境是有差异的。大学生的生命观,反映了大学生的生活方式、成长经历等不同的社会存在。它在大学生的生命价值活动中发挥着目标选择、情感激发、评价标准和行为导向的作用,即指导着他们在日常生活、学习中的有关生命的行为和选择。

4.1.3 大学生生命意识的表现

大学生生命意识的表现,就是大学生对生命所持有的基本观念、看法和态度,以及他们对生命所做出的基本判断,主要包括以下几个方面。

1. 对时间的认知

时间,组成了我们每个人的生命历程。我国魏晋时代诗人陶渊明诗中也曾写到"盛年不重来,一日难再晨"。时间是单向的,是一去不复返的。如果说生命是一条奔流的大河,那么时间就是组成这河流的无数水珠。从"时间就是生命"这个角度来说,如何对待时间是大学生的生命意识表现之一。如果大学生珍惜时间、惜时如金,他们会充分尊重并有效利用每一分钟,在有限的时间中做他们认为应该做的事情。如果他们无视时间的宝贵,那么他们就会虚掷光阴、蹉跎岁月、虚度年华。如果他们明白时间的转瞬即逝、一去不返,就会充分地利用时间。如果认为时间会用之不竭,就不会对时间倍加珍惜。可以说,大学生是否将时间视为生命的组成、生命的衡量维度以及他们对待时间的态度在一定程度上反映了他们的生命意识。

资料链接 4-2

至少再活六天

人有幸来到这个世界上,获得了这独一无二属于自己只有一次的生命,是立足于"养"它,还是立足于"用"它?

对于这个问题,法国伟大作家巴尔扎克的一生给出了最好的回答。一次,巴尔扎克心脏病大发作,问医生说:"我能活半年吗?"医生摇摇头,"至少我还可以活六天吧?我还可以写个提纲,还可以把已经出版的50卷书校订一下。"医生回答的是:"你还是马上写遗嘱!"

面对无情的病魔,巴尔扎克每天工作12~14小时,他把医生认为连六天都没有的弥留期延长了20多年,他曾在自己的手杖上刻了这样一句话:"我粉碎了每一个障碍!"当他离开人世时,留下由96部中长篇小说组成的雄伟史诗《人间喜剧》,我们从巴尔扎克身上看到了人的生命潜力的巨大,也看到了用好生命的价值和意义。

胡适在20世纪40年代曾写过一首诗:"不做无益事,一日当三日,人活五十岁,我活百五十。"胡适的诗脱胎于明代的徐文长,徐诗云:"无事此游戏,一日当三日,我活七十岁,便是二百一。"徐文长的诗又源自宋代苏东坡的诗,苏诗云:"无事此静坐,一日如两日,人活七十岁,我活百四十。"

三位文豪都是重视生命质量的高手,他们或工作,或游戏,或静坐,都力争积极用好生命,因而他们都著作等身,青史留名,哲人说得好:"生命是一篇小说,不在长,而在精。"

资料来源:孙洪军.意林体作文素材大全[M].长春:吉林出版集团,2014(4):21

讨论:巴尔扎克的案例给了我们什么启示?

2. 对生命的把握

生命对于每个人来说都只有一次,虽说这人人都知道,但并非每一个人对这一点都了然于心。大学生能否意识到,或者是能在多大程度上意识到生命的宝贵,需要加以珍惜,就反映了其对生命的看法。

首先,大学生对生命的把握主要体现在大学生是否真正认识到自己生命的宝贵、真正尊重自己的生命。同时,大学生对生命的把握还体现在他们是否能够尊重他人的生命。很难想象,不珍惜热爱尊重自己生命的大学生,怎么会真正珍惜热爱尊重别人的生命,因为许多事情都是推己及人的。许多大学生生命意识的扭曲不只是表现在对自己生命的无视或者是伤害上,还表现在对他人或其他生物生命的漠视上。马加爵杀人案、北京大学生的硫酸泼熊案即是大学生没有认识生命宝贵的明证。

其次,大学生对生命的把握还体现在是否将生命视为历程,是否能够对生命有科学的规划。从宏观的角度出发,对生命有一个整体的把握、客观的认识,就容易对生命做出较为科学的判断。在具体的行为中,做出正确的人生选择,积极地面对人生、充分地利用时间、过充实的生活,而不是片面地看待生命、肆意地挥霍生命、漫无目标地过生活。从个体上看,生命有产生有灭亡,从生到死便是生命的过程,经历着生命的周期。既然生命是一个过程,那么,大学生就应该根据生命周期的特点对生命做出较为合理的安排,进行科学的规划。

资料链接 4-3

在行进中享受精彩

所谓成功,不是站在终点赢得喝彩,而是漫步人生旅途中,欣赏沿途的精彩风景。如果我们太在意结果,就会忽略行进中的点滴感悟。

作家史铁生十分仰慕美国著名运动员卡尔·刘易斯,刘易斯对史铁生说:"其实,跑的过程才是最大的享受,那比破世界纪录更重要。"这两个看似没有交集的人却对人生有着共同的理解,刘易斯在奔跑中享受着人生,史铁生何尝不是在与病痛的拉锯战中写出力透纸背的文字?史铁生的人生马拉松无疑是痛苦的,可他用一个个文字传递着真情,他的人生之旅是壮美的。

诚然,生活是实际的,太多的努力需要成功告慰,太多的故事需要一个完美的结局,可这些并不是人生的真正价值。行进的真谛在于,人们每走一步,便会调整心态,看清这路上的荆棘与花草,用行进中获得的感悟丰富自我。

非洲戈壁上有一种名为依米的小花,它用六年时间扎根汲水,在一夕之间绽放,美得令人惊艳,之后在一夕之间枯萎。它用耐力度过酷暑烈日,最终在这生命的禁区奏响绝唱。我们感叹的,已不再是它花开时的芬芳与美丽,而是多年来它无声的成长。

没有最成功的人,却有更丰富的人;没有最后的终点,却有更新的旅途;没有最完美的结局,却有更生动的故事。在行进中享受精彩,人生之旅会更加丰富。

资料来源:齐天宇.在行进中享受精彩[J].思维与智慧,2012(6).

3. 对感恩的见解

许多人将自己的存在、所享有的一切看作是理所当然的。阳光、空气、水、亲人的关爱、师长的指点、朋友的关怀等,大学生对这些是怀有感恩之情还是安之若素,从一个侧面也反映出了大学生秉持着怎样的生命意识。感恩,就是对有助于自己生存、发展的人或物的一种感激之心、报答之行。人的生存和发展离不开阳光、空气、土地、水和其他生命的存在,个体要感恩自然社会为之提供了生存、发展的机会和条件,应当感恩社会。接受了他人的帮助,也要知道感恩,正所谓"滴水之恩,涌泉相报"。感恩思想不仅是人的一种基本修养,更是社会文明的重要标志。感恩会使大学生心胸恬淡,胸怀宽容广博。感恩能使大学生处于友爱温馨的社会环境中,增加同学与同学之间的团结、信任、理解和宽容,促进和谐人际关系的建立,有助于大学生个人精神生命的完善,进而有助于未来个人事业的成功。所以,如果大学生能够怀有一颗感恩的心去面对世界、面对生活,那么,他们同样会以积极乐观的心态来看待生命、好好生活。

4. 对自我的认同

自我评价是指一个人在社会化过程中逐步形成和发展起来的,关于自我及其周围环境关系的多方面、多层次的认知和评价,是个体对自我所有的思想、情感和态度的总和。自我的概念本身就言明了人是不同于物和其他生命存在的,人是可以对自己加以审视和评断的,人是有独立的意识和尊严感的。现代心理学意义上的"认同"是指个人与他人、群体或模仿人物在情感上、心理上趋同的过程,是个体与他人有情感联系的最初表现形式。如果个体不能建立并保持自我认同感,则会出现自我认同危机,即不能确定自己是谁,不能确定自己的价值和生活方向。如果大学生能够有较高程度的自我认同的话,他们就能够理智地看待并且接受自己以及外界,能够热爱生活,充满尊严感和自豪感,而不会被负罪感和耻辱感所困扰,也不会整日沉浸在否定、怨恨、遗憾、悔恨等负面情绪之中不能自拔,而是会奋发向上,积极而独立地面对生活、注视生命。这些就足以表明他们拥有较为积极的生命观。相反,如果他们的自我认同程度偏低的话,情况就会大不相同。可以想象,如果一个人不能接受自己,比如年龄、相貌、身材、声音、脾气等,那么他能够积极乐观生活的可能性也就微乎其微了。不能接受自己,就不能认可自己,进而就会疏离周围的人,逃避或者是抵触社会。

资料链接 4-4

我是最好的

有一个叫黄美廉的女子,从小就患上了脑性麻痹症。这种病的症状十分惊人,因为肢体失去平衡感,手足会时常乱动,口里也会经常念叨着模糊不清的词语,模样十分怪异。医生根据她的情况,判定她活不过6岁。在常人看来,她已失去了语言表达能力与正常的生活条件,更别谈什么前途与幸福。但她却坚强地活了下来,而且靠顽强的意志和毅力,考上了美国著名的加州大学,并获得了艺术博士学位。她靠手中的画笔,还有很好的听力,抒发着自己的情感。在一次讲演会上,一位学生贸然地这样提问:"黄博士,你从小就长成这个样子,请问你怎么看你自己?你有过怨恨吗?"在场的人都暗暗责怪这个学生的不敬,但黄美廉却没有半点不高兴,她十分坦然地在黑板上写下了这么几行字。

一、我好可爱!
二、我的腿很长很美!
三、爸爸妈妈那么爱我!
四、我会画画,我会写稿!
五、我有一只可爱的猫……

最后,她以一句话作结论:我只看我所有的,不看我所没有的!

5. 对生命价值的定位

生命的价值、意义,都是人赋予生命的。这样,不同的人由于其所处的历史时期不同、社会背景不同、家庭背景不同,拥有的知识水平不同、社会经验不同、个人经历不同,他们的生命价值定位就会产生很大的不同。甚至于,同一个人在不同的生命阶段或者是经历过不同的事情之后,其生命价值定位都会产生很大的变化。大学生的生命价值定位,直接影响着其生命价值观的确立。人们的生命价值定位多种多样,大学生也是如此,或为温饱,或为名利,或为学问,或为德行,或为事功,或为玩乐,或为享受,或为儒家所提倡的"格物致知诚意正心,修身齐家治国平天下",或为道家"至虚极,守静笃"的清净自然、长生久视以及"天地与我并生,万物与我为一"的博大包容,或为佛家的"大彻大悟"。大学生的生命价值定位,直接影响着其生命价值观的确立。因为一旦生命价值定位确定以后,人们就会在现实生活中自觉、不自觉地朝着那个方向努力。

6. 对死亡的理解

海德格尔曾说,死亡是人的最本己的可能性。所以,从一定意义上说生命的终极深意是需要借助死亡的意义来彰显的。我们对死亡越了解,对生命的看法就越积极,进而能够创造并实现生命的意义,大学生也是如此。正确认识死,是为了能够更好地生。周国平曾说:"没有死,就没有爱和激情,没有冒险和悲剧,没有欢乐和痛苦,没有生命的魅力。总之,没有死,就没有了生的意义。"死亡就像一面镜子,从死亡的镜中看到生命的有限性、生命的历程性和生命的美好性。以死观生,人更能充分地领悟和把握人生的价值,更加珍惜生命的价值,促使自己在有限的一生中创造尽可能多的价值,让自己创造的价值滋润生命的每一段时间。如何看待死亡,将直接影响着我们如何看待生命。对死亡的看法、态度将直接影响到大学生对生命本身的看法、态度,进而也会影响到他们具体的、现实的生。比如说,他们如何对待时间、如何对待困难、如何对待挫折、如何对待压力、如何对待幸福、如何对待机遇、如何对待自己以及周遭的一切。大学生需要知道生命是宝贵的,对于我们每一个人来说都只有一次。然而,大多数人都把生命看成是理所当然的,正如海伦·凯勒在《假如给我三天光明》中写道,"我们知道有一天我们必将面对死亡,但总认为那一天还在遥远的将来。当我们身体强健之时,死亡简直不可想象,我们很少考虑到它。日子多得好像没有尽头。因此我们一味忙于琐事,几乎意识不到我们对待生活的冷漠态度"。死亡是每个活着的人都逃脱不了的或者说回避不了的归宿,但多数情况下死亡又是遥遥无期的,至少是在人们可预见的未来不会发生的,那么,如果人们总是被这种生命是无尽的感觉麻痹的话,就很有可能无视生命的珍贵很有可能过无意识的生活。大学生也是如此。如果大学生能够对死亡有科学的认识的话,那么他们的生命观一般也会是科学积极的。

资料链接 4-5

热 爱 生 命

　　清明放假了,儿子不用上学,他站在鱼缸前仔细地观察那些游动的精灵。突然大声地呼喊:"妈妈,有个金鱼不游了!"我走过去,一条红白相间的金鱼附着在水草上,昨天还是好好的,生命是多么莫测也是多么脆弱呀。我拿网捞上来,准备丢到垃圾篓里倒掉。

　　儿子却不肯,号啕大哭着,用手抓住我的胳膊。万般无奈,我只好用透明的小塑料袋把小鱼装起来,他拿着,轻轻抚慰试图唤醒睡着的金鱼,无果后继续他的哭泣。

　　我一时不知道,该怎样让他明白,生老病死,是一条自然规律,小至一条金鱼,一个细胞,大到一个动物,一个人,都逃不过这样的宿命,乃至自然界的一片叶子,一朵小花,都有它的枯荣和花期。

　　我们是这世上的主人,同样也是这世界的过客。

　　生命是个单程的旅行,从生到死,这看似漫长的时间,其实只不过是沧海一粟。如果岁月是一条无限延长的射线,而我们只是上面有限的一段,那么在这有限的时光里,在这仓促的一瞬里,我们怎样才能无怨每一个花开花落,怎样才能坦然每一个云卷云舒?!

　　曾看到这样一句话,热爱生命吧,因为活着很短,死亡很长。那一刻,那里仿佛有什么重重地威压着内心,忽而对生命生出一种热切的渴望,热爱生命,只有乐于生的人才能真正地不会为死而苦恼,只有珍爱光阴,活在当下的人才能不为生活中的困难所牵绊,从而感受到生活缤纷独到的乐趣。

　　讨论:在对死亡的理解中,上述案例给了我们什么启示?

4.1.4 大学生生命意识的特点

随着大学生从年少无知、少不更事的青涩幼稚到视野上的逐渐开阔、心态上的渐趋成熟。生命意识也呈现出两面性、可塑性和动态性的特点。

1. 对于生命的认知具有两面性

大学生朝气蓬勃,勇往直前。但有时无所顾忌,无事生非。他们主动积极,勇于创新但有时脱离实际,片面论断,强词夺理。对生活充满了美好憧憬但挫折后易悲观失望、冲动蛮干。他们情绪强烈,情感丰富但情绪不稳,激情盲目。他们一方面就如同早上八九点钟的太阳,充满了生机,充满了活力,总是能够在不同的方面展现出勃勃的生机、旺盛的生命力和非凡的创造力。但另一方面,他们也面临着这样那样的问题、选择,面临着自我意识的觉醒,面临着青春期的萌动,面临着自我定位、自我规划的确立等问题。与之经常伴随而生的,就是对生命的困惑、迷茫,甚至有时就是莫名的不安和焦虑。

2. 对于生命的认知具有可塑性

任何人的生命价值观都不是先天固有的,而是后天在一定的社会环境、社会活动中逐步形成的。大学生的生命意识更是如此,之前肯定有对生命朴素的认识和理解,但是其最终的确立应该是和心智成熟同步的。在这一时期,他们如果能够受到外界的积极影响、科学引导,那么他们就很容易形成积极、科学的生命观。相反,如果他们不能够得到积极的引导,那么他们的生命观就很容易产生偏差。就好比是,蓬生麻中,不扶则直;白沙在涅,与之俱黑。环境对大学生生命观的形成有非常大的影响作用,可说在很大程度上是近朱者赤,近墨者黑。当然,大学生本身个人的因素也是不应也不能被忽视的。如果大学生本身能够意识到生命的重要性而在诸多方面采取行动积极努力的话,那么他们也是能够树立起科学、积极的生命意识的。因为,他们已经具备了一定的自我引导、自我教育的能力。

认识自己,要明确自己的特质、自己的性格、自己的能力、自己的目标,还要看到自己的潜力和自己心中真实的想法。所以,大学生要尝试着认识自己,明晰自己是谁,自己将要是谁,明确自己要做一个怎样的自己。

3. 对于生命的认知具有动态性

大学生通过家庭获得的对于生命的认知建立了大学生最初也是最基本的生命认知,而进入大学后的生命认知在此基础上获得重塑,这种过程伴随的冲突导致了个人生命认知的动态变化。因为,大学生从家庭到大学,拥有了更大的活动空间,对于外界的认知经验也迅速增多并具有多样化的特征,也面对着已有认知与新认知可能产生的多种冲突。在大学进行学习和生活,相对于以往,学生面对的学业压力更小,而离开家长也就意味着他们的许多决策都要由自己做出,这种自由使他们获得了与他人更多的交流,也会在这一过程中通过了解他人对生命的看法,不断影响其对自我生命的认知,这使得大学生对于生命的认知呈现出鲜明的动态性。如果这种认知是繁杂而模糊的,大学生是很难获得清晰而正确的生命感知的。

4.2 大学生生命意识现状及存在的问题

4.2.1 大学生生命意识的现状

当代大学生中自杀自毁、校园暴力、浪费生命的现象时有发生。对生命意识和生命本质理解的淡薄使很多生活在象牙塔之中的天之骄子以极端的方式对待生命。总体来说,当前大学生生命意识具有以下特征。

1. 缺乏目标追求,生存动力不足

在现实生活中,人有追求的目标就会产生生存的动力。然而,一些大学生人生目标模糊或没有生存目标,导致生存动力不足。由于大部分学生从小到大学习的目的就是考大学,兴趣和爱好很早就受到抑制,当大学生带着良好的自我感觉进入校园之后,突然发现自己只不

过是大学生中的普通一员,心理的落差使大学生丧失了奋斗的目标。因此,他们很难体会出人生的价值和意义,自然缺乏生存的动力,自毁的可能性就非常大。

2. 成长压力大,挫折耐受力弱

大学生们面临着许多特殊的问题,如对新的学习环境与任务的适应、人际关系的处理与学习、恋爱中的矛盾以及对未来职业选择的困惑等。有的学生能顶住压力,继续学习和工作,有的学生则可能陷入不可自拔的心理痛苦之中。缺乏锻炼和磨难的成长经历让一些大学生缺乏应对挫折的基本能力,一旦感到压力巨大而梦想遥遥无期,他们就会放弃对未来生活的追求。当今大学生成长压力的巨大以及抗挫折能力的缺乏容易使大学生以极端的方式对待生命。例如,某高校一名 18 岁的大一学生,在学校宿舍楼跳楼自杀,其原因竟是父母没有给其购买电脑。该生出生在北方的一个农村家庭,父母年事已高在家务农,几亩薄田就是全家的生活来源,考上大学时是通过学校的绿色通道进入学校。而该同学平时比较好强,活泼好动,和其他同学也相处融洽,在做心理测试时,一切正常。事情发生的当天,该同学给家里去过电话,内容大概是如果不买电脑就跳楼给你们看,其父也是在气愤之余回了一句那你就跳吧。该同学就这样结束了年仅 18 岁的生命。有关部门了解情况后得知该同学在跳下楼后,倒在地上还在求救,也就是说如果生命可以重新来过,他不会做出这样愚蠢的选择。可是,生命只有一次。

3. 心理问题增多,轻视生命现象普遍

随着大学生年龄的增长和各方面的压力不断增大,大学生的心理问题日渐增多,暴力行为便是其中较为突出的问题之一。校园暴力的主要形式是自我施暴,即自残或自杀;另外是施暴于他人。如果心理问题没有及时得到疏导,很可能会通过自我施暴或施暴于他人的方式来缓解内心的压力。大学校园中发生的暴力现象多与青少年的心理冲突外溢化存在着因果联系。各种学校暴力事件,轻视生命现象所透露的大学生心理障碍问题,应引起社会各界的高度关注。

4. 人际关系适应不良,漠视生命的现象增加

进入大学,远离原来熟悉的生活与学习环境,面对新的人际群体,部分学生感到不适应,很难处理好大学的师生关系、同学关系和异性关系。这样就出现了打架斗殴、谩骂侮辱同学的事件,甚至出现对残疾病人和心理疾病患者的歧视,这都一定程度上反映了大学生对生命权利和尊严的轻视和践踏,不利于大学生的健康成长。因此,人际关系的僵化致使某些学生性格孤僻、漠视生命,从而引发各种校园问题。

4.2.2 大学生生命意识存在的问题

从总体上看,大学生的生命观主流上是积极向上的,但是不容忽视的是,大学生在对生命及生命意义、人生价值定位、自我认同、感恩意识以及对死亡的态度等方面也存在着一定的问题。

1. 生命认识方面存在的偏差

在对待生命的态度上,大部分的大学生是认同"人的生命是宝贵的"这一判断的,是应该珍惜。然而仍有的大学生不认同"生命是宝贵的,应该珍惜生命"的判断。一项在全国各地十五所大学开展的题名为"大学生生命意识调查"的网上调查中,也有相当一部分学生认为,不管生命是否只属于自己,都有权利决定自己的生死。可见,还是有相当一部分的学生对生命的认识存在一定偏差,没有认同生命宝贵、认为自己有权利结束自己的生命。作为新一代的大学生对生命认识存在这种偏差,这必须引起我们的注意。因为这样的偏差不仅会导致大学生对自己生命的轻视,也会造成他们对其他人生命的轻视,以及对其他生命形式的漠视。

2. 生活意义与压力认知方面存在的偏差

大部分的大学生的生活还是充实的,认为他们的生活是有意义的。但是,仍然有将近四成的大学生感到空虚、无聊、郁闷或是直接认为生活没什么意义。青年人是祖国的未来,大学生在一定意义上又是青年中的优秀分子,如果如此多的大学生都没有找到生命的意义,那么,他们前进的方向、奋斗的动力就无从谈起。更严重的是,生命意义感的缺失对大学生的心理健康会产生一定的不利影响,容易引发心理和行为问题。此外,只要我们能够认识到生命的宝贵,就会自觉不自觉地希望在有限的生命历程中做一些事情。还应看到,有一定比例的大学生的心理经常处于有压力的情况之下,在当今这个竞争激烈的社会中,有压力并不是一件坏事,有压力才有动力,关键是让学生知道如何化解压力、如何将压力转换为动力。俗语有"困难像弹簧,你强它就弱,你弱它就强"之说,所以大学生必须有坚强的意志,坚韧的品格。另外,提高自己化解心理压力的能力,因为如果心理压力不能够得到及时有效的化解,那么长此以往必定会带来非常不好的影响。

3. 人生价值定位方面存在的偏差

在针对大学生所做的"你认为人的价值取决于什么"的调查中,有的大学生认为取决于金钱,有的大学生认为取决于权力大小,有的大学生认为取决于社会地位高低,有的大学生认为取决于生活得是否舒服、潇洒,有的大学生则认为取决于个人对社会贡献大小,有的大学生认为取决于是否干出了一番轰轰烈烈的事业。半数以上的大学生把自己的人生价值定位于贡献、德行和事业,这是可喜的。但是仍有一些大学生将金钱、权力、享受和社会地位作为自己的人生价值定位,这是值得关注的。当然,如果是从积极的角度看,金钱可以直接或间接地满足人们的需要,权力也可以使个人的能量得以放大,如果他有愿望也有能力做有益于人类的事情,那么权力的合理有效使用无疑会对他的能量发挥起到助燃的作用。谋求个人社会地位的提高也是无可厚非的,因为无数个个体的这一努力,客观上会起到推动社会进步、促进社会发展的作用。从以人为本的角度说,每个个体生活得舒适、生活得潇洒,在一定意义上也是社会发展的最终目标。所以,对这些目标的追求不能说是一无是处的。但是,前提是,大学生要把这些价值诉求把握在一定的度之内。单纯地将生命价值定位于金钱、权力,这无疑是舍本逐末的做法。同样,如果大学生把自己人生的价值定位仅仅局限于金钱、权力、享受和社会地位的话,那么就很难同时拥有科学的生命观了。而对高尚人格的追求,则是表明了这一部分大学生对自己内在修为的高标准要求。爱因斯坦在《我的世界观》中曾讲,"要追究一个人自己或一切生物生存的意义或目的,从客观的观点看来,我总觉得是愚蠢可笑的。可是每个人都有一些理想,这些理想决定着他的努力和判断的方向。就在这个意义上,我从来不把安逸和享乐看作生活目的本身,照亮我道路的,是善、美和真。"

4. 自我认同度方面存在的偏差

在自我认同度上,大多数的大学生能够接受自己、认同自己,但有一部分大学生表示不喜欢自己,这就非常值得思考。如果大学生自己都不能接受自己的话,那么就很难想象他们会相信自己能真正地被他人被社会所接受。同理,也很难想象他们能够真正地接受其他人。《羊皮卷》的作者奥格·曼狄诺曾经这样高呼:"我是自然界最伟大的奇迹,没有一个人和我一样,我的头脑、心灵、眼睛、耳朵、双手、头发、嘴唇都是与众不同的。言谈举止和我完全一样的人以前没有,现在没有,以后也不会有。虽然四海之内皆兄弟,然而人人各异。我是独一无二的造化。我特行独立,因而身价百倍。"每个人都是不同的,各自有各自的特点,如果可以善加利用,就可以让生命焕发出夺目的光彩。如果可以拥抱自己,生命就会熠熠生辉。

5. 感恩意识方面存在的偏差

大多数的大学生怀有正确的感恩意识。但是有一部分大学生在感恩意识上存在着偏差。中国心理协会第六届研讨会公布的调查数据显示,在受调查的大学生中,有的学生认为"生活给予我们的远远超出我们所能回报的",有的学生表示"面对父母我常有一种歉疚感",有的学生表示"同学有困难我会主动帮忙"。这说明大部分大学生都具有感恩意识,这是有助于他们健康成长和树立积极科学生命观的。但同时,仍有同学认为"社会对我不公平"。另外,还有调查数据显示,较多的大学生与父母的联系方式是电话,主要动机是要钱,少数大学生保留了和父母通信的习惯,记得父母的生日。如果对父母没有感恩之心,也就很难有回馈之行。如果没有感恩之心,也不利于大学生自己保有平静的心和明晰的头脑。

6. 死亡认知方面存在的偏差

大学生在对待死亡的态度上,大多数是认为人终有一死,所以要珍惜生命,这是值得肯定的。但是,很多相关调查的数据显示,大学生中仍有部分人害怕死亡,有表示不敢去想的心态。更多的大学生没有对死亡的清晰认识。其实,害怕死亡本无可厚非,因为死亡代表着个体生命的终结,代表着未知,而恐惧往往来源于无知。但是,因为害怕而不敢想,就不应是当代大学生所为了。因为真正的勇士并不是毫无畏惧,而是虽然心怀畏惧,却依然能够勇敢前行。如果一遇到困难、痛苦就轻易想到死亡的话,说明人格还不是很健全,或者是在保持健康心理方面的能力还比较欠缺。有部分被调查的大学生在感到烦恼的时候想到用死的方式解决或者逃避,这不应是当代大学生应有的思维方式和行为方式。这从一个侧面反映出了一部分大学生心理上的脆弱、人格上的软弱和生命观的扭曲,这需要社会、学校、家庭、大学生个人等多方面共同努力加以改变。当前大学生确实是面临着各种各样的压力,需要得到及时疏导。生命在成就自身价值的同时,也必须履行相应的道德义务,完成自己对家庭和社会的责任。生命是神圣的,没有一种事物的价值能够超过生命的价值,也没有一种事物的光辉能够盖过生命的光辉。大学生正值青春年华,应该远离自杀,充分展现自我,实现生命的价值。当他们在社会中通过实践活动不断释放生命能量、实现生命价值的时候,他们就会惊喜地发现,生命因为被超越、被实现而变得更加美丽和灿烂。大学生,作为朝气勃发的青年一代,更应该将自己的人生过得饱满而充实。

4.3 大学生生命意识的影响因素

影响大学生生命意识的因素有很多种,既有社会方面的,也有学校和大学生个人等方面的因素。

4.3.1 社会因素

当前大学生所处的时代是急剧变化的时代,机遇与挑战并存,随着西方思想的涌入和网络时代的到来,各种新事物、新思想迅速出现,给原有的传统价值体系带来了巨大的冲击,文化的多元性也导致传统的核心价值信仰发生了危机,社会的巨大变革也带来了权钱交易、权色交易、道德败坏等各种丑恶现象的沉渣泛起,抢劫、杀人、盗窃等违法犯罪现象屡见不鲜。这些折射到高校,便出现了拜金主义、享乐主义、个人至上等现象。身处校园中的大学生在面对这些时也易变得迷茫和彷徨。面对日趋激烈的竞争,他们显得异常忙碌。一方面拼命获取各种证书为自己充电;另一方面在面对失败时又感叹无法把握自己的命运,更无法体会人生的意义,深谙人生的价值,不安、焦虑、茫然、困惑等负面情绪时刻困扰着大学生。此外,在市场经济的巨大冲击中,传统的社会伦理价值体系正遭受着信仰危机。不少大学生对传统的社会价值标准的认同度下降。如在谈到判断人生价值的标准时,不少学生选择社会地位的高低和金钱的多少,更有不少同学说不清标准是什么。而对正确衡量人生价值标准的认同遭到削弱,这不能不让我们警醒。信仰危机也导致反社会行为的兴起——打架斗殴屡见不鲜。最后,现代社会快速的生活节奏和多姿的生活方式也使得不少大学生失去人生的目标和动力,抱着得过且过的态度消极地生活。而一旦大学生没有明确的生活目标和价值信仰,就容易怨天尤人、自暴自弃,甚至会无视自己和他人的生命而上演一幕幕人生悲剧。

4.3.2 学校因素

在学校,传统的人生教育,主要通过对人性、人的本质、人的理想、人生价值和人生准则等方面来阐述,试图通过这些抽象的理论使大学生从日常生活的小我达到一个崇高的大我境界。这种人生观教育缺少有针对性的危机意识教育,缺少从生活的实际、从生命的本体出发来探讨个体生命,从而使学生对生命认识产生了一定的偏差。"我是谁?我能做什么?我应该怎么去做?"这三个问题看起来是如此简单,却是现在的大学生最想搞明白的,但这些问题的答案却很难从我们的教育中获得。另外,不同特点的大学生心理上也或多或少地存在这样那样的压力,而心理压力的加大就会放大其生命观上所存在的认识偏差,进而导致比较严重的后果。而学校在关怀大学生心理这方面的工作也是比较欠缺的。很多高校过多关注学生专业知识的学习和技能的培养而忽视学生精神需求的满足。这些都使不少大学生深感人生困惑却不知如何解惑。时间一长,就会影响其身心的健康发展。

4.3.3 家庭因素

家庭是人生的第一所学校,每个人的健康成长和成才都离不开家庭的培养和教育。家庭教育阶段是人们接受系统教育的关键阶段,一个人的价值观的萌芽和形成也可以说是从家庭教育开始的,大学生生命观也是以其少儿时期即家庭教育时期的思想为基础形成的。在少儿时期,如果一个家庭里父母对生命的认识不一致,观念和行为不统一,往往会使子女产生迷茫和心理上的困惑。显而易见的是,生活在父母关系融洽、互敬互爱,兄弟姐妹相亲相爱的家庭里的子女更容易形成谦虚、礼貌、随和、诚恳、乐观大方的良好品格。如果父母豁达、乐观,对他人充满关爱和感激,对生命满怀敬畏和热爱,子女也往往会树立一种乐观向上的生活态度和崇高的人生目标。相反,如果家庭成员不和睦、家庭氛围不和谐,子女往往也会受此影响而呈现出孤僻、粗暴、冷漠的性格特征。如果父母不爱惜生命、珍惜光阴,过着得过且过的生活,也很难使子女树立热爱、珍惜和敬畏生命的观念。此外,家庭结构、父母期望、双亲性格、家庭变故等都会影响大学生的健康成长,甚至有时会使这样家庭里的大学生背上承重的心理负担。具体而言,单亲家庭的子女容易因缺乏父爱或母爱而不能使自身获得身心和谐发展。双亲的性格会影响子女,如果父母脾气暴躁,经常争吵甚至打斗,这样的家庭环境就容易使大学生形成脾气暴躁、易冲动、不能很好与人相处的特征。另外,父母的期望也会极大地影响大学生,父母期望过高、关爱过度有时也会使大学生心理负担过重、压力增大。如果得不到及时有效的疏导,就容易因压力过大而出现心理问题和心理障碍,甚至会寻求极端方式来解脱。可见,家庭对大学生的健康成长、顺利成才发挥着至关重要的作用。"家和万事兴",大学生完整的人格、科学的生命观的形成更需要家庭的关爱和帮助。

4.3.4 大学生个人的因素

大学阶段是世界观、人生观和价值观形成的关键时期。这个阶段的青年风华正茂,一方面处于不断探索、追问、求知之中;另一方面又处于各种压力、忧患、竞争之下。这个时候,他们对待自己生命的态度将对其人生的走向具有至关重要的作用。大学生成长过程的烦恼、对挫折的忍受力、人生目标的不明确及面临的人生意义危机等原因会决定大学生能否形成正确的生命意识,能否拥有美好的人生。

1. 大学生成长中的烦恼导致生命意识淡薄

人从出生那天起,要经历成长的过程。婴儿时期都无忧无虑,但经历过童年和少年之后是困惑的青年,在自己很小的时候,盼望着长大,但长大才知道童年的美好。大学生经历让人难忘的高考之后进入了自己梦想的大学,但进入大学不是人生的终点,而是成长的起点,要思考以后的人生路该怎么走,人活着最大的意义是什么等,很多问题困扰着他们。有些大学生认为现在接触的人不如以前那么热情和真实,自己并不是别人仰慕的对象,因此有些大学生遇见这样问题的时候不是积极地面对,而是躲避,他们很少参加集体活动,对人冷漠,这不利于他们正确生命意识的形成。此外,大学生正处在迅速成熟而又没有完全成熟的阶段,心理趋于成熟但又存在情绪波动较大。他们不断地认识自我、反思自我,也时常思索人生的意义和价值,但当他们不能正确地看待自己的人生,无法正确处理外在事物与自身的矛盾时,又容易显得苦闷,更容易冲动而缺乏理智,长期如此甚至会诱发心理障碍,也就更不能使他们正确地看待自己、看待人生、看待社会。

2. 大学生忍受挫折能力的差异导致大学生生命意识的差异

挫折忍受能力同个人的社会经历、心理素质相关。挫折忍受能力对大学生正确生命意识的形成有巨大影响。挫折忍受能力差的大学生稍微遇见一点困难,便会退缩,不敢前进,自暴自弃,对人生失去信心,没有正确的生命意识,严重的还会漠视生命,做出自杀或者他杀的行为。而挫折忍受能力强的人,总是把每一次的挫折看作经验和教训,积极地面对困难。大学生人生目标的不确切定位导致生命意识迷失,每个人都应有自己的目标,在校大学生更不例外。他们刚刚走进大学校园的时候,对未来充满憧憬,满怀信心,但事实并不如想象的那么美好。进入大学的大学生都从高考中过来,他们是家长和老师眼中的好学生,同学眼中的榜样。"人外有人,天外有天",因此有些学生发现自己和以前设定的目标差距很大的时候,便产生自卑感,对人生开始迷茫,没有形成正确的生命意识,从而影响他们对待生命的态度。

4.4 大学生生命意识的培养

大学生正确生命意识的形成,需要社会、学校、家庭、大学生个人等各方面积极配合、共同努力。父母要言传身教,从细微处培养大学生对生命的珍视、对生命的热爱,帮助大学生树立人生的目标,争取做到"教子有方,爱子有道"。学校也应大力加强对大学生的生命教育,着力增强大学生的感恩意识,提高大学生维持心理健康的能力。大学生自己也要积极地自我教育、提高自己的人文素养,以适应社会、进而改造社会。

4.4.1 培养正确的思想观念和积极的情感体验

大学生要不断强化正确的思想观念,摒弃错误或偏位的思想认识,在正确的思想指导下获得生命的健康成长。而积极的情感体验有助于大学生确立正确生命意识,完善对于生命内涵的理解。

1. 培养正确的时间理念

大学生要积极体悟生命的有限性,从而珍惜生命。古人面对时光匆匆,流水年华,发出"逝者如斯夫"的感叹!但更多的是以积极的人生态度去面对时光:"发愤忘食,乐以忘忧,不知老之将至";"莫等闲,白了少年头";"多少事,从来急,天地转,光阴迫,一万年太久,只争朝夕"。苏联著名作家奥斯特洛夫斯基在《钢铁是怎样炼成的》中借保尔·柯察金之口说出了这段我们都很熟悉的话,"人最宝贵的是生命。它给予我们只有一次。人的一生应当这样度过:当他回首往事时不因虚度年华而悔恨,也不因碌碌无为而羞耻。这样在他临死的时候就能够说,我已把我整个的生命和全部精力都献给最壮丽的事业——为人类的解放而斗争。"大学生也应该积极有为地去面对人生时间的有限,激发个体为社会多做贡献的意识,使自己的生存更有价值和意义。

资料链接 4-6

每一步都像是整个人生

有一位教授应邀去一个军事基地演讲,到机场迎接他的是一个名叫拉尔夫的士兵。教授注意到,这名士兵在给他取行李途中,先后三次离开:第一次是去帮一位老奶奶拎箱子,第二次是将两个小孩子举起来,让他们能看见圣诞老人,第三次是为一个人指路。每次回来,他脸上都挂着微笑。

教授问他:"你是从哪里学到要这么做的?"

拉尔夫回答说:"在战争中。"然后他讲述了自己在越南的经历。当时他们的任务是排雷,他亲眼看到几个亲密的战友一个个地倒下了。他说:"我要学会一步一步地生活,珍惜每时每刻。谁也不知道下一刻倒下的是不是自己。因此,我必须充分利用每次抬脚和落脚之间的间隙。我感觉到每一步都像是整个人生。"

人们常说,要走好人生每一步,因为每一步都像是整个人生。人的生命只有一次,人生是一直向前走的,迈出去一步就不能后退,没有重新再走一回的机会。所以,在人生的道路上,要脚踏实地地走好每一步,人生没有一直平坦的路,会遇到一些沟沟坎坎,要学会一步一步地走,不能投机取巧,当走到人生终点的时候,会感到很踏实、很欣慰,每次抬脚和落脚之间的缝隙都充满意义和价值,没有白在人世间走一回,无怨无悔。"只有这样,才能展现生命的精彩,使整个人生灿烂。"

资料来源:孙洪军.意林体作文素材大全[M].长春:吉林出版集团,2014(4):32

2. 培养自我教育意识

林语堂曾说,"人们当学会感受生命韵律之美,像听交响乐一样,欣赏其主旋律、激昂的高潮和舒缓的尾声。这些反复的乐章对于我们的生命都大同小异,但个人的乐曲却要自己去谱写。在某些人心中,不和谐音会越来越刺耳,最终竟然能掩盖主曲,有时不和谐音会获得巨大的能量,令乐曲不能继续,这时,人们或举枪自杀或投河自尽。这时他最初的主题被无望地遮蔽,只因他缺少自我教育。否则,常人将以体面的进展和进程走向既定的终点。在我们多数人心中常常会有太多的断奏或强音,那是因为节奏错了,生命的乐曲因此而不再悦耳。我们应该学恒河,学她气势恢宏而永不停息地缓缓流向大海。"由此可见,自我教育在塑造自己生命的过程中起着非常重要的作用。印度哲人克里希那穆提也曾说过,一定要用自己的光照亮自己。

3. 积极培养感恩意识

感恩意识的增强,有助于大学生树立积极科学的生命观。中国自古就有"感恩"的传统。《诗经》有"投桃报李"之说,文人留下过"谁言寸草心,报得三春晖"的动人诗句,民间更有"滴水之恩,当涌泉相报"的谚语。有了对生命的感恩之情,大学生才会快乐而坚强地生活而不是抱怨生活的不公平。有了对生命的感恩之情,大学生才会爱护和珍惜他人和自己的生命,而不是轻贱和践踏他人和自己的生命。有了对生命的感恩之情,大学生才会珍惜有限的生命,尊重自己、他人、社会、自然,在自己与他人、社会相互尊重以及对自然和谐共处中追求生命的意义。

资料链接 4-7

感 恩 的 心

有一个天生失语的小女孩,父亲在她很小的时候就去世了。她和妈妈相依为命。妈妈每天很早出去工作,很晚才回来。每到日落时分,小女孩就开始站在家门口,充满期待地望着门前的那条路,等妈妈回家。妈妈回来的时候是她一天中最快乐的时刻,因为妈妈每天都要给她带一块年糕回家。在她们贫穷的家里,一块小小的年糕都是无上的美味了啊。

有一天,下着很大的雨,已经过了晚饭时间了,妈妈却还没有回来。小女孩站在家门口望啊望啊,总也等不到妈妈的身影。天,越来越黑,雨,越下越大,小女孩决定顺着妈妈每天回来的路自己去找妈妈。她走啊走啊,走了很远,终于在路边看见了倒在地上的妈妈。她使劲摇着妈妈的身体,妈妈却没有回答她。她以为妈妈太累,睡着了。就把妈妈的头枕在自己的腿上,想让妈妈睡得舒服一点。但是这时她发现,妈妈的眼睛没有闭上!小女孩突然明白:妈妈可能已经死了!她感到恐惧,拉过妈妈的手使劲摇晃,却发现妈妈的手里还紧紧地拽着一块年糕……她拼命地哭着,却发不出一点声音……

雨一直在下,小女孩也不知哭了多久。她知道妈妈再也不会醒来,现在就只剩下她自己。妈妈的眼睛为什么不闭上呢?她是因为不放心她吗?她突然明白了自己该怎样做。于是擦干眼泪,决定用自己的语言来告诉妈妈她一定会好好地活着,让妈妈放心地走……

小女孩就在雨中一遍一遍用手语做着这首《感恩的心》,泪水和雨水混在一起,从她小小的却写满坚强的脸上滑过……"感恩的心,感谢有你,伴我一生,让我有勇气做我自己……感恩的心,感谢命运,花开花落,我一样会珍惜……"她就这样站在雨中不停歇地做着,一直到妈妈的眼睛终于闭上……

看过这个故事的朋友,没有不感动的。但希望大家不是停留在可怜小姑娘的层面上,而是出于自身的共鸣。或许有来生,可来生就一定幸福吗?你可以赌明天,但千万不要赌青春,更不要赌今生。怀有一颗感恩的心,不是简单的忍与承受,更不是阿Q,而是以一种宽宏的心态积极勇敢地面对人生。

资料来源:王宝强.智慧背囊[M].海口:南方出版社,2011.

首先,需要感恩自然。阳光、空气、水……大自然给予人们的太多太多,提供了我们生存的必需,同时也让我们感受到了它的瑰丽与神奇,并且它本身就是人们需要一生去学习与参悟的。另外,生而为人,这本身就是一个奇迹。人们可以尽览大自然的瑰丽美景、可以聆听鸟儿的啁啾、风儿的低吟,可以闻到花草的馥郁芬芳。人们可以思考、可以行动,可以帮助别人、可以做自己想做的自己。人们可以按照自己的意志支配时间,人们可以按照自己的意志过想要过的生活。对所拥有的生命,人们不可以安之若素,不可以视为"理所当然"。人们需要感恩生命,需要珍惜生命。对人们的身体,也要同样地珍惜,生命是精神与肉体的统一。古人曾讲"身体发肤,受之父母,不敢毁伤"。今天,人们同样要爱护自己的身体。身体作为生命的物质载体,需要爱惜。当然,人们的精神田园也需要悉心照料,培土、施肥、灌溉、理荒秽,不能稍有怠慢。

资料链接 4-8

敬 畏 生 命

那是一个夏天的长得不能再长的下午,在印第安纳州的一个湖边。我起先是不经意地坐着看书,忽然发现湖边有几棵树正在飘散一些白色的纤维,大团大团的,像棉花似的,有些飘到草地上,有些飘入湖水里。我当时没有十分注意,只当是偶然风起所带来的。

可是,渐渐地,我发现情况简直令人吃惊。好几个小时过去了,那些树仍旧浑然不觉地,在飘送那些小型的云朵,倒好像是一座无限的云库似的。整个下午,整个晚上,漫天都是那种东西。第二天情形完全一样,我感到诧异和震撼。

其实,小学的时候就知道有一类种子是靠风力吹动纤维播送的。但也只是知道一道测验题的答案而已。那几天真的看到了,满心所感到的是一种折服,一种无以名之的敬畏。我几乎是第一次遇见生命——虽然是植物的。

我感到那云状的种子在我心底强烈地碰撞上什么东西,我不能不被生命豪华的、奢侈的、不计成本的投资所感动。也许在不分昼夜地飘散之余,只有一颗种子足以成树,但造物者乐于做这样惊心动魄的壮举。

我至今仍然在沉思之际想起那一片柔媚的湖水,不知湖畔那群种子中有哪一颗成了小树,至少,我知道有一颗已经成长。那颗种子曾遇见了一片土地,在一个过客的心之峡谷里,蔚然成荫,教会她怎样敬畏生命。

资料来源:张晓风.精美散文·哲理·文化卷[M].武汉:长江文艺出版社,1995.

讨论:
(1) 结合实际谈谈如何珍爱生命?
(2) 谈谈你对张晓风《敬畏生命》一文的理解。

其次,要感恩父母。是父母的爱,给予了孩子生命,也正是父母的爱,时刻伴随着孩子的生命。一个"养"字、一个"育"字,包含的太多太多,他们给予孩子的太多。当孩子获得了一点点成绩,他们给予孩子肯定与鼓励。孩子遇到了挫折,他们把孩子扶起并指给孩子奋斗的方向。孩子偶尔在人生的路上彷徨不知所倚,他们的爱坚定了孩子开拓和创新的决心和信心。就算孩子把能给予的都给予父母,那也是"寸草之心"比之与"三春光辉",更何况大学生又有多少能够真正懂得感恩父母呢?有谁留意过他们脸上的皱纹吗?有谁倾听过他们的心声吗?有谁看到了他们斑驳的鬓角了吗?有谁发现他们的反应速度已经大不如前了吗?有谁真正地了解他们心中的苦乐酸甜吗?有谁真正地了解他们的心之所向吗?比尔·盖茨曾说"世界上最不能等待的事就是孝敬父母",须知"树欲静而风不止,子欲养而亲不待",行孝需及时。爱父母,不必等到功成名就之时、不必等到衣锦还乡之后,须知,一句顺心的话、一个小小的关心的动作,都可以使父母心中充满欢喜。

资料链接 4-9

删个电话没了家

通往老家的乡村公交车发车不按点,且一天只有三趟,每次回老家,我总得提前预约。平时我不太喜欢打电话,但是父亲有病那阵子,我的电话记录上,打得较多的是这个公交车司机的电话。

母亲有病去世,父亲骨折最近又去世,这些年里,家成了我最忧伤的挂念。可现在,公交车司机的电话还在重要位置存放着,我已快三个月没动过它了。

我觉得这个号码现在对我来说已毫无用处了,就先删去它吧。

不知怎的,当删完号码,我却泪流满面,接着,我忍不住痛哭失声。此时,我感觉删去的不是一个电话号码,而是删去了一个孩子对亲人的无限依恋。

回家的路依然通达,我却踯躅不前,是因为路那边已经不再有人急切地盼我回家。删去了"阿公交"的电话,也删去了我最后的牵挂。那一刻,我刻骨铭心地明白:子欲养而亲不待。父母在,我还有家;父母不在,我彻底没了家。

资料来源:孙洪军.意林体作文素材大全[M].长春:吉林出版集团,2014.

最后,大学生需要懂得感恩社会、感恩他人。大学生的成长,包含了无数师长的指点、朋友的帮助、各种各样的社会支持。孔子曾说过"弟子入则孝,出则悌"。意思是,在家里要孝顺父母,在社会上要尊敬老师。社会不是孤岛,所以不会存在"鲁滨孙"。可以说,如果离开了社会的支持,如果没有了他人的协助将举步维艰,甚至是寸步难行。所以,大学生应该以平和友善的心面对周围的人、事,给予别人力所能及的帮助,同时,大学生也能够获得心灵的平静,正所谓"送人玫瑰,手有余香",也正所谓"敬人者人恒敬之,爱人者人恒爱之"。

4. 培养正确的生存价值意识

大学生要正确认识和了解自己的生命与他人和社会的关系。人从出生到死亡,没有一刻不与他人发生联系。人并不是孤立存在,他需要别人的理解、尊重,脱离与他人的联系,人就不能称之为人。同样,人是社会的人,人的成长离不开他所生活的社会,社会是人的社会,没有生命个体的存在,就不会有社会。同样,社会的发展为每一个生命个体的发展提供广阔的舞台。他人和社会成就了个体生命的绚丽,同样因为自己的存在使这个世界更精彩。大学生应该明确生命是属于自己的,但生命又不仅仅属于自己,生命同时也属于父母和家庭,属于他人和社会。家庭和社会提供给了每个人生存和发展的机会和条件,因此每个人对家庭和社会都负有不可推卸的道德义务。大学生只有充分认识到自己的生命和社会的关系,才会更加珍惜自己和他人的生命,从而形成正确的生命意识,在社会提供的舞台上充分展示自己,推动社会不断向前发展。

5. 培养积极的情感体验

大学生积极的情感体验形成的重要途径是人文素养的培养和健康心理的形成。

资料链接 4-10

有一种方法叫"泄气"

黄小平

那年,我大学毕业刚参加工作,心高气傲,眼高手低,而且在工作中总爱责备别人,埋怨别人,结果,与同事间的关系弄得很僵。一日,上司找我谈心。他说,一辆汽车在沙漠里行驶,途中汽车陷入了沙里,怎样才能把陷入沙里的汽车开出来呢?

答案是:把轮胎里的气泄掉。因为轮胎泄掉气后,与沙面的接触面积增大,对沙面的压强也就随之减少,轮胎陷入沙里的深度就会变得更浅,这样汽车就更容易从沙里开出来。

上司说完这个答案后,把话题一转:"当一个人的人际关系陷入困境和僵局时,泄掉心中的傲气、怒气和怨气,也有利于让一个人在人际关系中走出困境,摆脱僵局。"

在以往的学校教育中,老师都是给我们鼓气,殊不知,有一种方法叫"泄气"——"泄气"可以让陷入沙里的汽车走出困境;"泄气"可以让我们的生命更精彩。

资料来源:黄小平.有一种方法叫"撒气"[J].意林,2011(14).

(1) 人文素养的培养

加强大学生的人文修养,有助于提升大学生丰富、真挚、豁达、进取、善良的情感,有助于他们用心去感受和创造温馨的亲情、纯洁的友情和甜美的爱情。人文素养的核心内容是对人类生存意义和价值的关怀,即"人文精神"。它追求人生和社会的美好境界,推崇人的感性和情感,看重人的想象性和生活的多样化。当大学生对于人的心灵、需要、渴望与梦想、直觉与灵性给予深切地关注时,对于"我是谁,我们从哪里来,又要到哪里去"等问题作严肃而深刻地追问时,大学生对生命的基本态度和看法就会逐渐明晰,他们的积极科学的生命观就会自觉不自觉地得以确立。大学生提高人文素养的渠道应该是多种多样的。比如,大学生可从自己的兴趣出发,多读书、读好书。读一本好书,就是在和智者对话,阅读、思考和体味,可以帮助我们更好地塑造自己的人生。此外,大学生可从中国和世界其他国家和民族优秀传统文化中汲取前进的动力和美好的心理体验。比如《周易》中"天行健,君子以自强不息;地势坤,君子以厚德载物"的观点展示了做人的基本道理,既要刚健有为又要纯德厚朴。比如中国传统绘画着墨的湿干浓淡有别、留白的天地宽,昭示了多样的世界才是美的,留有余地的做法才是长久的。比如书法运笔的起承转合、落笔的力透纸背以及各异的筋骨,启示人生也有高潮低谷要顺势而为,多彩的生命历程才是完整的人生,并且要获得入木三分的笔力是离不开不断地修习的。比如古乐宫商角徵羽的五律均衡、上古诗歌民谣的古朴自然、汉赋的雄浑宏伟、唐诗宋词的隽永清丽、元杂剧的曲折动人、明清小说嬉笑怒骂等,都可以使大学生受到潜移默化的影响。从国外来看,罗丹的《思想者》、蒙克的《呐喊》、凡·高的《星空》《向日葵》、米勒的《拾穗者》、巴赫的《勃兰登堡协奏曲》、贝多芬的《英雄》《田园》等都能使大学生的精神世界变得丰富多彩。

资料链接 4-11

冰岛黑夜中的璀璨

尤 今

在长达 9 个月暗无天日的漫长冬季里,冰岛人到底是如何打发这"黑不见底"的日子的?他们会不会想方设法到其他地方去"避冬"呢?

冰岛人,10 人当中,居然有 10 人十分喜欢那每天 20 多个小时没有阳光只有星光的酷寒长冬。在冰岛举世无双的"黑色冬季"里,户外引人入胜的魅力是北极光。户内呢,终日与人痴缠不休的,则是静态的文字了。雷克雅未克书店的经理凯蒂对我说道:"冰岛的阅读风气很盛,冬天一来,书籍的销售量特别高,许多人都喜欢蜷缩在温暖的被窝里阅读。正因为这样,我们这儿的小说家和诗人特别多!大家读了书,便集体讨论、吟诵,文风炽烈。"说着,她露出了自豪的微笑:"1955 年荣获诺贝尔文学奖的拉克司内斯,便是我们冰岛的作家!"

人口才 30 余万,却出了一位世界级作家,也难怪冰岛人会引以为傲了!

资料来源:尤今.冰岛黑夜中的璀璨[J].意林,2011(14).

(2) 关注自己的心理健康

大学生有必要学习和掌握相关的心理学知识和方法缓解自己的压力、排除负面的情绪,学会调试自己的心理、掌握自己的情绪。所谓静极生慧,"知止而后有定,定而后能静,静而后能安,安而后能虑,虑而后能得"。再比如将自己置身于自然之中。呼吸清新的空气,感受暖人的阳光,碧水青山、绿树红花会让人的心情得到抚慰,情绪也就会自然地好转。再比如将自己的心事和知己好友分享,他们会启发你从不同的角度思考困扰你的问题,而不至于囿于己见无法自拔。另外倾诉的过程本身也是释放的过程。再比如参加体育运动,出去旅行等也是调整自我、拓展眼界、开阔心胸的重要方式。当大学生形成豁达处事、宽容待人的心态时,科学积极地看待生命也就是顺理成章的事情了。

资料链接 4-12

以平静心态耕耘人生

方敬杰

有个商人因为经营不善而欠下一大笔债务,由于无力偿还,在债权人频频催讨下,精神几乎崩溃了,因此他萌生了结束生命的念头。

有一天他独自来到亲戚的农庄拜访,心想在仅有的时间里,享受最后的恬静生活。当时，正值八月瓜熟时节，田里飘出的阵阵瓜香吸引了他。守着瓜田的老人看见他的到来，便热情地摘了几个瓜果，请他品尝。不过，心情仍然低落的他，一点享用的心情也没有，但是又无法拒绝老人家的好意，便礼貌地吃了半个，并随口赞美了几句。

然而，老人家听到赞扬，却非常喜悦，他开始滔滔不绝地诉说着自己种植瓜果所付出的心血和辛苦："四月播种、五月锄草、六月除虫、七月守护……"

原来，他大半生都与瓜秧相伴，流了不少汗水，也流过许多泪水。在瓜苗出土时，遭遇旱灾，但是为了让瓜苗得以成长，老人家即使每天来回挑水也不觉得辛苦。

又有一年，就在收获前，一场冰雹来袭，打碎了他的丰收梦；还有一年，金黄花朵开得相当茂盛时，一场洪水让这一切都泡汤了……

老人说："人和老天爷打交道，少不了要吃些苦头或受些气。但是，只要你能低下头，咬紧牙，挺一挺也就过去了。因为，最后瓜果收获时，仍然全部都是我们的。"

老人指着缠绕树身的藤蔓，对着心事重重的商人说："你看，这藤蔓虽然活得轻松，但是它却是一辈子都无法抬头！只要风一吹，它就弯了，因为它不愿靠自己的力量活下去。"

这番话让商人彻底醒悟了过来，他吃完手中剩下的半个瓜果，在瓜棚下的椅子上放了100元钱，以示感激，翌日便踏着坚毅的步履离开了农庄。5年后，他在城市里重新崛起，并且成为一家现代化企业的老板。

人生在世，谁都会遇到挫折，适度的挫折具有一定的积极意义，它可以帮助人们驱走惰性，促使人奋进。英国哲学家培根说过："超越自然的奇迹多是在对逆境的征服中出现的。"关键的问题是应该如何面对挫折和困难。

资料来源：方敬杰.以平静心态耕耘人生[J].决策探索（上半月），2012(7).

4.4.2　优化环境

大学生生命教育的重要途径——生命教育是一个系统工程。只有坚持三位一体的生命教育机制，正确协调三方面的关系，为大学生生命教育形成良好的外部环境时，才能真正强化大学生的生命意识，提高生命教育的实效性。

1. 创造温馨的家庭环境

家庭是人生成长的第一个环境，是跟学生生命连接最密切的地方，家庭教育对大学生正确生命意识的形成有独特优势。家庭对人的影响潜移默化，是人品格塑造和形成的第一所学校。家庭对大学生正确生命意识的形成起极其重要的作用。

（1）父母应改变落后的教育方式和观念

父母的教育观念和教育方式是大学生家庭教育成败的关键。父母的言传身教对孩子来说是最有说服力的教育方式。因此，父母应掌握科学的教育观念和教育方式，在遵循个体生命成长规律的基础上，自觉地探索新时代家庭教育的途径和方法。父母平时可以给孩子多买一些优秀的书籍、影片等，促使大学生去思考和理解生命，大学生正确的生命意识就会潜移默化地形成。另外父母还应严格要求孩子，不要溺爱他们，让他们养成自己的事情自己做的好习惯，父母要做好大学生的榜样。

（2）塑造良好的家庭氛围

很多大学生的人生和生活态度会受父母的影响。家庭成员之间和睦相处，能给孩子创造一个融洽的成长环境。大学生生命意识教育要求家长为大学生创造一个和谐、互相尊重的家庭氛围,使大学生感受到生命的快乐和美好,唤起他们对自身、他人以及大自然的关爱。如果父母有积极乐观、健康向上的生命态度,就能给大学生塑造一个温馨的家庭氛围,在这种家庭氛围影响下,大学生会形成正确的生命意识,善待一切生命。家庭成员之间应该多一些交流。例如,全家可以一起欣赏优秀的电影或者书籍,然后大家一起讨论心得,这种交流活动若是经常在大学生的生活中出现,能让他们在潜移默化中形成正确的生命意识。

2. 建设充满人文情怀的校园文化环境

学校是对学生进行生命教育的关键场所。学校应认识到生命教育的重要性,积极探索生命教育的载体和实施途径,通过开设有关生命教育课程、举办相关活动等方式强化大学生的生命意识,使他们了解生命、真正认识生命、爱惜生命、呵护生命,从而树立正确的生命价值观。

(1)开展各种生命教育实践活动是强化大学生生命意识的重要环节

学校要有目的、有计划地开展系列大学生生命意识教育,如生命安全教育、幸福观教育、挫折教育、生命价值和奉献意识教育、责任教育等。同时,应组织大学生参加一系列的生命教育实践活动,巩固和强化理论教育的成果,真正提高大学生生命意识和对生命的热爱程度,实现知行统一。如举办一些创业实践活动,让大学生在创业的过程中磨练意志,体验创造生命价值的艰辛和快乐;组织学生参观生命教育主题展览等,使学生体味生命的美好,增强战胜困难的信心和勇气;组织大学生郊游,亲身感受大自然的气息,体验生活与世界的美好;组织一些同学演习遭遇灾害的情景,让他们讨论面对死亡时的感受,因为只有亲身经历"死亡"的人,才会更加眷恋和珍爱生命。

(2)建设具有科学生命意识的校园文化环境

学校是学生体验生命意义和价值的重要场所,如果学校环境到处充满健康、蓬勃向上的生命力,能为大学生形成正确的生命意识提供一个良好的氛围。如宽阔的校园主干道、古朴典雅的亭台水榭、功能齐备的科教大楼、舒适整洁的住宅楼、宁静庄重的图书馆都能潜移默化地陶冶大学生的心灵,唤起大学生对美好生命和生活的追求。此外,校风、学风等人文环境的塑造对于大学生的生命发展也是至关重要的。学校要在校园建设、管理体制、课程设置、教学方式、后勤服务等各个环节尊重学生、重视学生、关爱学生、凸显生命、促进发展。只有高校及其教师在各个方面都真正关心、理解、爱护学生,做到与学生真诚对话、友善交流、从"心"沟通,时时彰显人性,才能让大学生深切地感受到温暖和生命存在的价值,有助于其形成正确的生命意识。

(3)开展心理健康教育和咨询活动是强化大学生生命意识的基础性工程

心理健康教育有助于疏导学生的消极情绪,培养他们乐观积极向上的心态。高校要积极通过心理咨询以及开设心理健康课程或讲座,宣传心理健康知识,增强大学生的心理承受能力,解决其在学习、成才、交友、恋爱、择业等方面遇到的挫折和困惑,及时缓解他们的心理压力,使学生正确对待人生中的挫折和困难,增强对生命的热爱。对于大一的学生,学校要积极引导其进行角色转变,以适应崭新的环境;启发他们发掘自己的兴趣、挖掘自己的优势,引导他们合理利用时间。对于大二大三的学生,他们经常遇到的是来自于人际关系和恋爱交友方面的问题。那么,在传授技巧的基础上,要使其明白交友之道、处事之学。比如有的大学生因为在恋爱中受挫而轻生,这是非常可惜的。一般受挫的一方都是自己付出了感情、产生了企望,却没有得到相应的回应,从而产生了严重的挫败感和求之不得的痛苦。大学生要知道,感情是两方面的事情,它是一种互相的欣赏与珍惜。如果没有得到回应,强求是不对的,久久不能释怀也是不理智的。所以当付出了爱而没有被认可的时候,要明白这不是天塌地陷,这也并不意味着自己不优秀,这仅仅是两个人没有合上拍而已。并且,真正的爱情,是可以帮助你做最好的自己的。对于大四即将毕业的大学生,要引导他们以积极合理的心态看待就业,以健康积极的心态加入到择业或创业的过程之中。此外,学校要建立有效的应急机制,在大学生心理问题突然暴发的时候给以有效的疏导,避免极端事件的发生。因为如果在关键时刻给以有效点拨或在关键时刻给以及时制止的话,那么大学生的极端选择就不会成为现实了。

3. 构建关爱生命的社会环境

一个充满爱与尊重的社会环境,将会成为生命教育存在与发展的一片沃土。只有把人的生存、发展空间摆在第一位,这个社会才能称得上是健全的社会,作为健全社会的最大特点,就是能尊重每一个生命,并能积极促进每一个生命的价值实现。而构建关爱生命的社会环境生命教育是一项系统而又复杂的过程,这需要全社会都树立起以人为本的观念,加大对生命教育的关注,营造尊重生命、善待生命的氛围,让大学生无论身处社会何处,都能感受到浓烈的生命关怀气息。

(1) 建立健全的大学生生命教育体系

教育职能部门和高校要切实加强对大学生生命教育的引导、监督和管理。一方面,教育部门可以根据实际情况出台有关启动、开展和完善大学生生命教育的文件或意见,对全国或一个地方的大学生生命教育的开展制定总体规划和指南。各高校可按照教育主管部门制定的文件并据本校实情对之进行进一步细化,制订有该校特色的生命教育实施方案。这也是大学生生命教育得以开展和深化的必要的制度保证。另一方面,教育主管部门和高校还应设立相应的职能部门和机构来加强对大学生生命教育的指导、监督和管理。

(2) 健全心理健康咨询、诊疗机制

面对大学生日益严重的心理问题,各高校都给予高度的重视,通过开设心理健康教育课程、设立大学生心理咨询室等途径来加强大学生心理健康的教育和干预。高校的教育应该是全人类的教育,是培养德智体等全面自由发展个体的教育。社会对接受过高等教育的大学生的期望是具备身心和谐、人格健全、乐观向上的良好品格。为此,大学生生命教育的开展不仅要引导学生对生命的认识,培养其对生命的热爱和珍惜。更需要对大学生心理状况、困惑等引起关注。只有切实关注大学生的心理健康状况,才能有的放矢地实施生命教育。试想,一个大学生因心理问题的长期困扰而对人生和社会产生了消极的看法,孤僻、冷傲、得过且过、麻木等性格特征也随之而来,那他怎么能够燃起热爱生命的熊熊烈火;又如何能够热爱生命、珍惜生命、善待他人、关爱自己呢?可见,良好的心理健康状况是有效开展生命教育的前提和基础。只有尽量消除大学生的所困所扰、尽量避免大学生消极怠慢心理,才能对他施加积极的生命暗示和影响。为此,高校应加强大学生的心理健康教育,积极建立和健全大学生心理健康咨询、诊疗中心,疏导大学生的困惑和不良情绪。

(3) 政府职能部门共同营造健康、和谐、良好的社会环境

国家和政府要制定公平、公正的制度坚定大学生实现价值的信念。文化管理部门应大力加强社会文化环境的监管力度,按照党和国家的文化政策和文化发展方向加强对文化产

业的管理。如加大对高校周边网吧、迪厅、游戏厅、娱乐场所的排查力度,清除影响大学生健康成长的因素,为大学生生命教育创造良好的文化环境。公安等部门应大力加强社会违法犯罪尤其是杀人等暴力犯罪的打击力度,通过遏制杀人等案件从而在社会上树立生命的权威,凸显生命至上。广播、电视、图书等宣传文化部门应在党的领导下在社会上广泛宣传社会主义核心价值观,高扬社会主旋律,加强对大学生的引导,为生命教育营造良好的社会风气。其他部门如交管部门、戒毒所、卫生部门等也要充分正视个体生命的存在。通过标语、口号、横幅等唤醒大学生对生命的关注和重视。如"别让文明缺失,莫用生命赶路""远离毒品,珍爱生命""远离艾滋病,幸福生活长"等。

问题与讨论

1. 你如何认识大学生生命意识的特点?
2. 结合自身实际,谈谈如何培养正确的生命意识。

实 训 练 习

1. 青少年生活事件量表

测验指导语:

青少年生活事件量表由27个题目组成,每个题目都简单地陈述一个生活事件,请仔细阅读每个题目,并思考在过去一年内,您或您的家庭是否发生过下列事件? 如果该事件发生过,请根据事件给您造成的影响程度在相应方格内打个"√"。如果该事件未发生,仅在事件未发生栏内打个"√"就可以了。

注意以下几点。

(1) 这些题目用于测试您的个人情况,没有对错之分,请您根据第一反应如实作答。
(2) 请结合最近12个月的情况与相应描述对照。
(3) 每个题目有而且只有一个选择,不要遗漏,也不要多选。

青少年生活事件量表

生 活 事 件 名 称	未发生	发生过,对您影响的程度				
		没有	轻度	中度	重度	极重
1. 被人误会或错怪						
2. 受人歧视冷遇						
3. 考试失败或成绩不理想						
4. 与同学或好友发生纠纷						
5. 生活规律(饮食、休息)等明显变化						
6. 不喜欢上学						
7. 恋爱不顺利或失恋						

续表

生活事件名称	未发生	发生过,对您影响的程度				
		没有	轻度	中度	重度	极重
8. 长期远离家人不能团聚						
9. 学习负担重						
10. 与老师关系紧张						
11. 本人患急重病						
12. 亲友患急重病						
13. 亲友死亡						
14. 被盗或丢失东西						
15. 当众丢面子						
16. 家庭经济困难						
17. 家庭内部有矛盾						
18. 预期的评选(三好学生)落空						
19. 受批评或处分						
20. 转学或休学						
21. 被罚款						
22. 升学压力						
23. 与人打架						
24. 遭父母打骂						
25. 家庭给你施加学习压力						
26. 意外惊吓,事故						
27. 其他挫折事件请说明						

青少年生活事件量表的说明：青少年生活事件量表(ASLEC)适用于评定青少年尤其是中学生和大学生生活事件发生的频度和应激强度。

该量表为自评问卷，由27项可能给青少年带来心理反应的负面生活事件构成。受测者根据自己的实际情况进行自评，对每个条目进行6级评分。该量表的统计指标包括事件发生的总数和应激量两部分，事件未发生按无影响统计。完成该量表约需要5分钟。该量表包括6个因子：人际关系、学习压力、受惩罚、亲友与财产丧失、健康与适应问题及其他方面。

人际关系因子　　　　　包括条目1、2、4、15、25
学习压力因子　　　　　包括条目3、9、16、18、22
受惩罚因子　　　　　　包括条目17、18、19、20、21、23、24
亲友与财产丧失因子　　包括条目12、13、14
健康与适应问题因子　　包括条目5、8、11、27

| 其他 | 包括条目 6、7、10、26 |

2. "珍爱生命 热爱生活"活动方案

活动名称：珍爱生命 热爱生活

活动宗旨：营造积极、珍爱、惜缘、成长的校园文化氛围,塑造完善、阳光的大学生人格,以理智、健康的心态去面对生活种种。

活动时间：一周左右。

活动安排：活动一,生命观知识宣传;活动二,征文比赛;活动三,"爱·生命·成长"主题征文;活动四,珍爱生命影片展播。

拓 展 阅 读

给生命一个笑脸

只要心情是晴朗的,人生便没有雨天。给生命一个笑脸,迎接属于你的生命晴空。

——题记

没有嫣然绽开的花蕾,便没有四季宜人的温馨;没有潺潺流过心田的微笑,便没有人生的洒脱。我们虽然哭着来到世上,但应该用微笑面对人生,给生命一个坚强、勇敢、自信的笑脸,创造一个独一无二的精彩人生。

一、印度洋海啸：敬畏生命——坚强的笑脸

当狂风席卷海岸,摧毁了房屋和农田,吹不走的是人们求生的必胜信念;当暴雨肆虐港湾,冲垮了堤坝和建筑,冲不散的是人们敬畏生命的坚强微笑。忘不了当地人民手拉手,肩并肩地向洪水抗争时的团结。

忘不了来自世界每一个角落前来援助的仁人志士的友爱。尽管肤色不同,种族各异,不变的是人人脸上深蕴的那一缕微笑,如阳光般灿烂温暖,驱走灾区人们内心的严寒。给生命一个坚强的笑脸,沉着冷静地去面对,去应对、去解决暂时的障碍,去迎接雨过天晴的那一天。

二、闾丘露薇：举重若轻——勇敢的笑脸

她,凤凰卫视的一个战地记者,一个弱女子,却用肩膀扛起了众人瞩目的重担。在那些道貌岸然却临危退缩的人面前,她用生命和誓言承受了常人认为不该承受的重压。硝烟弥漫,战火冲天,闾丘露薇冒着生命危险,一次又一次地向全国观众展现了最新最真实的新闻资料。她用镜头直面现场,用勇敢直面危险……当她站在"全国十佳青年"的领奖台上,人们又看到了那熟识的笑脸,一个诠释着勇敢、执着的微笑,一个举重若轻的纤纤身影!

给生命一个勇敢的微笑,敢为人之不敢为,去化解心中的那团迷雾,为自己,为他人开拓一条平坦宽阔的新路。

三、刘翔：超越极限——自信的笑脸

刘翔,一个黄皮肤黑头发的中国青年,一个怀揣着光荣与梦想的炎黄子孙,他创造了奇迹,实现了几代人的夙愿。当五星红旗伴着雄伟的《义勇军进行曲》随风飘扬在雅典的上空时,全世界的华夏儿女双眼噙着激动的泪水,因为就在刘翔冲过终点线的那一刻,我们的心也飞了。

他高喊着"中国有我,亚洲有我",他敢用"初生牛犊不怕虎"的斗志去迎接挑战。他身披国旗,代表一个民族站在世界的前列。给生命一个自信的笑脸,敢于超越自我,超越极限。自信的微笑回报给一个民族以骄傲,升腾起一团熊熊的希望之火。

给生命一个纯真的笑脸,无论你是在成功的顶峰还是在失败的低谷,无论你是为爱兴奋还是为恨伤怀,纯纯地笑,笑看人生起伏,笑着花开花谢,笑看生命每一个起伏。

给生命一个笑脸,笑纳百川,用宽容和理解,用自信与豁达,用坚强与洒脱,向命运抗争,向困难招手,向生命挑战!

让我们笑看形形色色的人和事,走丰富多彩的人生旅途,创造绚丽多姿的人生!

资料来源:冰是睡着了的水.给生命一个笑脸[OL].散文网,2016-03-24.

50种珍惜生命的方式

1. 为爱而生

只有爱,能使世界转得更圆;只有爱,能创造奇迹。能够看见别人的好,就会提升自己的好;能够说出别人的好,就会让对方与自己更好。爱是一切的原动力。

2. 做自己的心灵捕手

把实现自己生命优先考虑,善待内在的小孩,给他勇气、信心和生命,想念自己,做你自己,宽恕自己,对自己负责,善用感觉,热情行动,活出真正的自己。

3. 简单生活

你真正需要的不是那么多,多出来的任何一样东西对别人都有用,将它送出去,或是捐出去义卖,让真正需要的人善用,简单生活之后,生命自然不再累赘。

4. 拥抱别人,让人拥抱

拥抱是一件完美的礼物,老少咸宜,而且拿它给别人交换,没有人会放弃。

练习用拥抱代替说话,表达内心最深刻的感受,即时的拥抱能传送安慰与支持,传递生命活力。

拥抱疗效:续命,每天四抱;保养,每天八抱;除病,每天十二抱。

5. 家庭优先

和乐家庭最高指导原则:日常体贴,遇事幽默。试着每天用十五分钟,和配偶、孩子,甚至宠物,共同分享回忆、经验、想法、梦想和创意。

6. 别为小事抓狂

你为什么生气?塞车、买票插队、同事争执、服务生态度恶劣……生气之前,思考哪些才是真正值得生气的情况,例如:虐待儿童、人民遭受饥饿之苦、战争……相较之下,就可以知道这些事是多么不值得生气。

7. 找寻老友

曾经同甘共苦的朋友是上帝给的礼赞,花点时间列出老朋友清单,拨个电话聊聊或访友,寻回那曾有的感动与契合。

8. 创意生活家

别让一成不变的生活,腐蚀生命的热力,试着吃半饱、花一半,使用比平时少一半的资源。试试看即使有样东西不够用了,是否能够找到替代品,既可以发挥创意,也能为环保尽一份心力。

9. 练习冒险

无数的第一次造就了你,生命就像一辆十段变速的单车,大部分的人只用到低速挡。你应该尝试新事物,先从小冒险做起,充分发挥自己的潜能,同时不忘赞美自己的勇气。

10. 说谢谢你

一日平安,一日感谢。

培养强烈的感恩心,每天至少谢谢一个人,告诉他你喜欢、仰慕或欣赏他的地方。

11. 别对你的人生说没空

日常生活需要良性循环,人生只有一次,休息是为了走更远的路。每个月定出一天可以彻底休息,放自己一天假。

12. 活到老学到老

无论是选一门不算学分的课,还是向同事学习某些嗜好或兴趣,甚至边开车边学习随身携带的书籍,试着从不同方向找出兴趣,生命会更开阔。

13. 奉献给予

奉献能让你花小钱拥有极大快乐,助人度难关的方式很多,给予食物、衣物、工作、金钱、时间,你可以由简单的方式开始,比如捐出收入的5‰,仔细考虑哪些是真正需要你帮助的人,把有限的钱放在最需要帮助的人身上,最能产生无限的功效。

14. 与敌人和好

抱持宽容态度,以倾听来代替争吵,让自己变得更温柔与仁慈。不要把问题过度放大,试着问自己:一年后,我还会在意这件事吗?

15. 活出健康的人生

每周至少三次运动,持之以恒,至少上一次恢复精力的课程(如瑜伽或太极),身心健康,精力充沛。

16. 让快乐贴身相随

专注地想快乐的事,让自己产生向上飞跃的力量。日积月累,快乐会变成一种习惯。

17. 年轻不老心

忘记身份证上的年龄,找出自己觉得重要的,以及会让自己心跳加速的事物,让这些点点滴滴充满生活,就能让自己的心态变年轻。

18. 磨亮想象力

要更有创意,就要像孩子般思考,比如重看一本最喜欢的童书,学习小孩子的思考方式;或者读一首诗,在心里想象它的意境;一边听广播的古典音乐、爵士乐或世界音乐,一边想象音乐所传达的景致……都可以提升想象力。

19. 笑纹比皱纹重要

儿童平均一天笑500次,成人只笑15次,任何小事都可以让小孩乐不可支,鼓励自己在笑声中享受人生。

20. 救救地球

减少物品使用量,减少用水,减少用纸,减少开车,减少包装,少用清洁剂,避免用过即丢,减少用量,重复使用,环保回收,自然就在你心中。

21. 救一个生命

找寻失踪儿、受虐儿,施舍金钱或付出时间、体力,可以改变别人的生命,个人视野也会因了解另一层面的生活而提升，更可以为这些孩子带来希望与远景。

22. 试试双手的力量

亲自动手做，享受四肢劳动的乐趣，即使是简单的维修工作都是原创的艺术品。

23. 记得多玩玩

利用闲暇时间享受游玩的乐趣，重新学习游乐技巧，彻底享受自由的快乐。

24. 三人行必有我师

和各方面的人保持联系，增加从他人身上获得信息的机会。同时拥有会批评的朋友，因为对方拥有你缺乏的部分，学习接受建设性的批评，忽略琐碎的批评。

25. 适当的自私

你有权主导自己的生活，你有全权对别人的要求说不，你有权对批评你或贬低你的人表示意见，你有权和别人分享你的感情，掌握生活控制权。

26. 分享

不论是分享阅读心得或是生活偶得，让东家长西家短的无聊变成丰富彼此生命的启发。通过感受每个人不同的经验，赋予生命全新的刺激与成长，世界将转得更好。

27. 重回孩提时代

抛开一些已养成的大人行为或习惯，不要剥夺与天俱来的纯真特质，与小孩相处（担任孩子的课外营老师、自愿当儿童球队教练）；重读一些小时候听过的故事，可以回忆小时候的情景；看看旧时留下的物品，如成绩单、劳作或礼物；到念过的小学走一遍，发现自己曾发生过的事或当时的梦想。

28. 向自然学习

自然中蕴含生活哲学，是生命的指示灯，能帮助你发现自己的定位与热情所在。从四季的替换，我们学会从悲伤中复原，因为生命是周而复始，生生不息的。而自然的多样化风貌，让我们学会拒绝大众压力，教我们学会表达真实的自我。

29. 心灵慢跑

编一本梦想书，做做白日梦都是可行的。

30. 活出热情

支离破碎的灵魂得到的往往是乏味的成功，对生活的兴趣应高于购物，用最小的时间工作，将大部分的时间给自己感兴趣的事情，做自己爱做的事，做你想做的，说你想说的，学习享受生活，享受你做的任何事情。

31. 可以不完美

每个人天生不同，接受自己，也同样接受别人，用慈悲心训练自己爱缺憾中美丽的事物。

32. 勇闯生命难关

有人为工作而生活，有人为梦想而生活，有人因为要找出究竟为什么要活着而继续生活，生是上天赋予的权利，活则要靠自我的智慧与勇气。

33. 打开地图去旅行

到任何你有兴趣或好奇的城市旅行。

旅行，潜藏着一份改变自己和生活的渴求，在旅行中可以得到不可思议的收获，变得不容易害怕，遇到问题时较能从容应付，知道自己离家在外时最想念、牵挂的是什么，最可有可无的是什么。

34. 简单干净就是品位

不论是扫地抹桌子，晾衣服晒被单，都能特别仔细，特别用心，让延长使用年限的心，取代用过即丢的习惯；用全新的恋旧心情，与日常生活建立恒久感情。用材质好、式样大方的家具取代三五年就必须淘汰的三合板；用设计简单、质地宜人，可以一穿再穿取代追求流行的穿衣风格。

35. 在家做义工

慈善事业可以先从家里做起，可以先把服务心用在家里，把家里整理好，花些时间和家人相处，为别人做些事可以让生活更添乐趣与价值，也会让你的人生更有成就。

36. 再试一下

人生最大的压力来源是怕压力，当你相信自己能、而能面对事情时，这已是一个好的开端，一切的多虑都将消失。

37. 命运操之在我

一块钱、一句好话、一件善事、一点知识、一些方便、一个笑容，都可以改变自己的命运。

38. 生命的财富

时间就是财富，但是时间的意义在于"运用"，而非"节省"。好好运用上天给予每个人的同等财富。

39. 为生命加油

你此生最大恐惧是什么？最担心最害怕的是什么？是害怕应该表达的心意来不及表达？这是害怕心愿不能实现？把今天当作最后一天来活，知道此生担忧会常在，恐惧就已不足惧。

40. 多为别人想一想

爱有多深，包容与体谅就有多深，敢爱的人才敢去包容和体谅他所爱的人。做个善于体谅的人，多给对方时间与空间，做个有智慧与爱心的人。

41. 随时等着被利用

让服务变成生命中的一部分，用生命服务、肯定自己。

42. 化不幸为助力

自己是态度的主宰，而态度决定未来，从跌倒中站起来，化悲痛为力量，每种不幸都蕴含同等或更大利益的种子。

43. 优点轰炸

每个人都有优点，但习惯看别人缺点，试着做好话连篇、用心说好话的人，勇于表白，要去掉别人身上的刺，最好的方法是拍拍他的背。

44. 和自己赛跑

学习和自己比，忘记曾经拥有的分数，现在要关注的是，如何让今天过得比昨天好，用心去发现，能看到生命更宽广的蓝天。

45. 换个角度，心中一片天

别人也许是对的，不要让自己受执着的困惑，便能了解万物，欣赏及认同世间一切。

46. 乐观

处于痛苦时，最有效的事物就是乐观。凡事往好处想，乐观的人可以发明飞机，悲观的人就只能发明降落伞。

47. 真心聆听

通往内心深处的是耳朵,专心聆听并适当回应,对别人是一种很大的鼓舞。

48. 好奇心不打烊

世界上只有愚人,没有愚问。对所有的事物保持一颗敏感的心,好奇是所有人类文明进步的开始。

49. 情绪急转弯

事情没有变,变得是你的观念。

改变想法,就能改变情绪,带来完全不同的结果。

50. 我真的很不错

每个人都是一座宝藏,凡人也有超人力量,成功在于唤醒心中的巨人,开发自己的宝藏。

第 5 章

明确生命的归宿——大学生生命价值观

> 人最宝贵的是生命,生命对于每个人只有一次。
>
> ——奥斯特洛夫斯基

学习目标

(1) 认识和了解大学生生命价值观的内涵。
(2) 了解大学生生命价值观的现状。
(3) 掌握大学生树立正确生命价值观的途径。

案例导入

近年来,在我国高等院校内,无视生命、戕害生命、漠视生命价值的现象时有发生,不禁让人扼腕叹息。例如"2004年的马加爵残杀室友案""2007年中国矿业大学大学生投毒案""2009年4月连续多所高校大学生跳楼自杀事件"以及轰动的"2010年西安药家鑫杀人案"等。综观近两年,此等恶性事件也时有发生,如2013年4月13日,中国矿大徐州校区官方微博报出一男研究生因感情问题将其前女友刺杀后自杀,致使两名正值青春期的研究生失去生命;4月16日,复旦大学在读研究生黄洋惨遭同寝室同学饮水机投毒,不治身亡;当天下午南京航空航天大学金城学院大三学生蒋凯因生活小事而用水果刀刺杀室友,致其当场身亡;4月17日,南昌航空航天大学研究生宿舍发现一具身着女装的腐烂男性尸体。从4月13日到17日5天之中,竟有5条年轻生命就这样消失在高校的校园里,一时舆论大哗,再次将公众的视野拉向高校校园的生命价值观教育问题。人们不禁发问:大学校园本是学生求知的殿堂,是国家培养社会栋梁的摇篮,如今为什么会成为埋葬生命的地方呢?这也让我们意识到,高校教育不能仅是知识的传授,更重要的是要培养学生珍爱生命、积极乐观、向上进取的健康心态,要让大学生拥有全面而自由发展的健全人格。

5.1 大学生生命价值观的内涵与本质

5.1.1 生命价值的诠释

1. 生命价值

价值,即有用性。在哲学中指的是现实的人的需要与事物之间的一种关系,是一种主体与客体之间的客观关系。马克思指出:"所谓价值,是特指主客体关系的一种内容,这种内容就是:客体是否满足主体的需要,是否同主体相一致,为主体服务。"人一呱呱坠地,就与外在世界打交道,在与世界的交往中,对世事人情、百态万象总会有这样那样的看法。这些"看法"就是判断,判断指向不同事物,但总体来讲,所有的判断可以分为两大类:事实判断和价值判断。于是,事物的存在于人而言也呈现出两种不同的样态:事实性存在和价值性存在。动物只有事实性"判断",世界对它而言只是事实性存在;人则不同,人会对百态万象既作事实判断,也作价值判断。在动物眼中,一个包只是装东西的器具。而在人眼中,不同品牌的包彰显的是品位和身份地位。这就是价值的作用。

因此,对于生命价值的探讨,也必须以人作为价值主体,生命作为价值客体,通过生命实践以满足主体的需要,实现人的全面发展和社会的全面进步。因此,生命价值就是在人的社会实践活动中,生命的存在和属性以人的全面发展和社会的全面进步为尺度而建立起来的一种客观的主客体关系。"天有不测风云,人有旦夕祸福",天灾人祸、各种不幸都会使生命消亡,人类无法预测自己生命的结束,那么,活着的价值和意义是什么呢?

人的生命价值是一种能够创造其他一切价值的基础价值,因为"人类历史的首要前提必是有生命的个人的存在"。

生命本身是没有价值的,关键在于如何赋予生命以价值,如何最大限度地发挥生命的价值,实现自我发展和自我创造。一方面,我们要意识到生命存在的唯一性和不可替代性,它是确保生命存在的第一守则;另一方面,应该要意识到生命存在不只是人类生命存在的基础,还应该在实践中去成就自我生命的意义和社会价值。那么,大学生应该如何更好地实现人的生命价值呢?大学生首先要学会怀着一颗感恩生命的心,并在实践中去努力创造生命价值,用实际行动来证明生命的自我价值和社会价值。

2. 生命价值观的含义

价值观是指有一系列的价值范畴和价值判断所组成的观念体系。这是关于什么是价值,某一对象是否具有价值,如何创造价值等问题的基本看法和根本观点。那么,什么是生命价值观呢?生命价值观是指个体对有关生命及生命价值、生命意义、人生理想、人生信仰和人生态度的重大问题的根本看法和态度,是一套系统化、理论化的生命价值意识。

概括起来,生命价值观包含基础层面的生命本体意识和精神层面的生命价值意识两个层次,其中生命本体意识是指对生命的物质形式和感情欲望;而生命价值意识是指为了追求生命的存在意义而积极创造生命价值以及提升其价值。

生命价值观就像一根无形而有力的指挥棒,对人们当下和未来的生命实践和生命创造起着支配、调节、控制的作用,引导着人们在现实生活中实现生命的价值。科学正确生命价值观的确立,可以让大学生认识生命价值、判断生命价值、实现生命价值,通过自己的努力实现人生的意义和价值。

3. 生命价值观的作用

生命价值观作为一种价值观念,必然对人的行为起导向作用。不管你是自觉还是不自觉,也不管你意识到还是没有意识到,它都贯穿于人们的一切活动和行为之中,决定着生命的性质和方向。正确的生命价值观对实现人生价值具有巨大且积极的导向和促进作用;错误的或者不健康的生命价值观也必然对人生的价值和意义产生作用,只不过这个作用是消极的。因此说,生命价值观的有无以及生命价值观的积极与否是一个人能否发现和创造有价值、有意义人生的关键。教育和引导大学生树立正确的生命价值观,用以指导大学生人生道路的选择,推动人生实践的进程,实现人生的价值和意义,显得尤为重要。

4. 常见的生命价值观

(1) 古希腊哲学的生命价值观

西方古代文化中的生命价值观及教育思想存在于浩瀚的哲学思想中,其中最主要的生命观思想当属古希腊哲学思想。古希腊前苏格拉底时期的哲学隶属于自然哲学的范畴,那个时期很多的自然哲学家们是在"对自然万物的惊异"中渐渐走上了对"万物始基是什么"的生命探源之旅。苏格拉底已不能满意哲学前辈只是将天体宇宙描绘成一个环绕大地的旋涡,他开始由对自然的解密转到对人心灵的关注,把一味向外的询问转为对人心何以会有"好""美""善""大"的价值判断的反省中。柏拉图继承了老师苏格拉底的思想,进一步将人分为灵魂和身体两个独立实体,认为在"进入肉体之前的灵魂就已经预先存在并具有理性",肉体所感知到只是事物的影像,是理念的摹本,是虚幻的,而灵魂可感知所有的理念。苏格拉底和柏拉图把人类的生命成长总结为德性发展、灵魂的回忆与学习。

(2) 近现代西方哲学的生命价值观

近现代西方哲学中关于生命哲学的学派学说有很多:其中以亚里士多德为首的理性动物派提出"人是理性的动物",认为凡有生命的事物都有灵魂,不仅人有灵魂,而且植物和动物也都有灵魂,其中人的灵魂不仅具有营养的功能和感知的功能,还具有思维或推理的功能。还有以狄尔泰和柏格森为代表的真正言说生命派,狄尔泰是西方生命哲学理论研究中影响颇深的一位著名哲学家,他认为生命是不同层面的体验过程,借助体验,人类的生命才能从自然现象界跨入精神实在领域,并确立了区别于自然、区别于其他生物体存在的精神活动;后来柏格森对狄尔泰的思想作了系统的发挥,他认为,生命是一条奔流不息的意识之流,维持生命本质的一种绵延,就是时间,时间的不重复性和不间断性保证了生命的存在,有人这样评价柏格森和他的生命哲学:"在他之前,我们是一部巨大的、死气沉沉的机器上的齿轮和螺丝钉;而现在,只要我们有这个愿望,就能帮助写出在创造之剧中我们自己应当扮演的角色。"

(3) 儒家文化的生命价值观

生命观念填充着儒家文化的生命哲学思想,对生命的关怀和对生命的尊重贯穿着生命的始终。儒家所倡导的生命观,是要告知世人,作为现世意义中的生命个体,有生有死,生死是必然的,孔子将之归结为"天命"。《论语·先进》记载:孔子的学生子路问他如何服侍鬼神,孔子答:"未能事人,焉能事鬼?"子路又说:"敢问死?"孔子答道:"未知生,焉知死?"在这里,生死不仅仅作为对一种自然生命现象的描述,更重要的是,孔子以此来表达和阐释人"生"与"死"的意义和价值。《诗·大雅·烝民》有"既明且哲,以保其身"之语,以为明哲之士都是善于保养身体,爱惜生命。荀子也讲:"人莫贵乎生,莫乐乎安,所以养生安乐者莫大乎礼义。""亚圣"孟子也分外注重养生保命,他提出:"知命者不立乎危垣之下",认为尽管人之寿命长短是由天命所决定的,但每个人还是应当重生。儒家文化生命哲学的精髓是将人类生生不息的生命之流引向社会规范秩序和道德伦理的实践中去,以"成仁""立德"的入世修身之道求得生命的价值。司马迁有一句名言:"人固有一死,或重于泰山,或轻于鸿毛。"这句话典型地概括了儒家的生死观。儒家文化中的生命哲学对当今社会的公民基本道德教育、大学生生命价值观教育等有着重要的指导意义,其中用无限的道德追求来实现"仁"与"义"的儒学思想对树立正确的世界观、人生观、价值观也有很大的帮助。

(4) 道家文化的生命价值观

道家所倡导的生命价值观不同于儒家,他将关注点放在如何挣脱世事的纷扰,寻得一处可安身立命、清闲的理想生存空间。所以道家生命哲学首先在其顺乎自然的处世哲学。《吕氏春秋·重己》中有言:"今吾生之为我有,而利我亦大矣;论其贵贱,爵为天子,不足以比焉;论其轻重,富有天下,不足以易之;论其安危,一曙失之,终身不复得。"这是道家重己贵生思想的典型表现。老子云:"含德之厚,比于赤子;恒德不离,复归于婴儿生命。"在老子看来,人的生命本如赤子,道德淳厚,只因孜孜于声色犬马,功名利禄等现实欲求之中而无能自拔,才致使犹如婴儿般的生命本源被扰乱,而无法实现生命的延伸。

(5) 佛教文化的生命价值观

佛教禅宗一般来说讲究以大智慧看待生死,以"自净其心""如理如意"为超出生死的要道,认为众生的存在是非断非常、即生即死而有因果、身心相续不断的无穷无尽的流转过程。"佛"的境界是一个智慧的境界,吕澂先生说:"禅家一切行为的动机,始终在向上一着。探求生死不染,去往自由境界。"

(6) 马克思、恩格斯的生命价值观

马克思与恩格斯的生命价值观认为,人在与外界进行的对象性生存实践活动中,通过"生命"与"非生命"之间的互相转化而使对象世界发生了和睦的变化,并在这种变化中个体生命深刻地感受到了自己是有意识的存在体,即直观自身,认识、理解和欣赏自己的生命机能。此外,还可让人切实体验到作为生命感、满足感和自由感的生存意义,充实、发展和创造自己新的生命。于是,人的生命活力不断得到增强、生命内涵不断得到丰富、生命境界不断得到提升,人的生命由此而赢得了向世界、向未来无限敞开的可能性。可以说,马克思的观点,是将个体生命放在与他物、社会的整体关系中进行综合思考,引导人的生命回归其栖息的土壤——社会,把革命实践作为实现人自觉自由生命活动的途径,把个人全面发展基础上的自由个性作为生命发展的最高目标。

(7) 毛泽东的生命价值观

毛泽东是伟大的马克思主义者,无产阶级革命家、战略家和理论家,是中国共产党、中国人民解放军和中华人民共和国的主要缔造者和领导人。他是毕生都在从事革命事业的政治伟人,他的思想遗产主要体现在政治方面,但在生命意识及实现人生价值方面也有独特的一面。"与天奋斗,其乐无穷;与地奋斗,其乐无穷;与人奋斗,其乐无穷。"毛泽东的生命价值观体现出不仅要能够去认识世界,而且要去把握世界甚至改变世界的精神。毛泽东同志的这种生命价值观充满了对生命意识的认知和人生价值的肯定,既和常人有共同之处,又有超越常人的地方,可以将它称为超强生命意识或巨人意识。

5.1.2 生命价值观教育

1. 生命价值观教育的内涵

生命价值观并不是先天存在的,而是生命的主体在生活实践经验中逐渐形成的。人的生命价值观是在生活和教育共同构建的生命生存领域中生成的,如果脱离了教育,生命价值观就成了纸上谈兵。它的形成和发展也就成了无源之水,无本之木。因此,生命价值观教育是培养大学生形成尊重热爱生命态度,实现自身生命价值的实践。

大学生生命价值观教育是在高校生命教育的基础上形成和发展起来的,但它的具体内涵又不同于生命教育。所谓的大学生生命价值观教育,就是指依据生命的特征,遵循生命发展的原则,以大学生自身潜在的生命机制为基础,通过选择优良的教育方式,对大学生进行有关生命安全、生命价值、生命意义、人生理想、人生信仰和人生态度的重大问题的引导,唤醒生命意识,启迪精神世界,开发生命潜能,提升生命质量,关注生命的整体发展的教育活动。其目标就是要把大学生培养成为人格健全、理解生活、珍惜生命、善于生活的人,同时让大学生在学会认识生命、珍爱生命、尊重生命、理解生命以及感悟生命的基础上通过自己的努力去实现个人生命的价值,提升生命的意义,树立正确的生命价值观。

生命价值观教育包含以下三层含义。

(1) 生命价值观教育以生命为主线,在这里,我们所说的生命主要是指人的生命,不包括其他有形体生命或无形体生命。

(2) 生命价值观教育以人文关怀为着力点,强调人的价值、人的尊严和人格的完整,重视对人的无限关怀,也就是要理解人、关心人,特别是关心人的精神生活,让人的生命自由成长。

(3) 生命价值观教育以和谐发展为终极目标,强调作为主体的人应与客观世界保持相互平衡和适度的关系,即要达到与自身、与他人、与社会、与自然的和谐,提高人的生命价值,推动社会的向前发展。综上所述,生命价值教育最集中、深刻地体现了对人及其生命的人文关怀。

2. 生命价值观教育的特点

生命价值观教育有一系列的特点,但最主要的是以下几个方面。

(1) 主体性。在某种意义上,生命价值教育是一种主体教育。因为人的生命与其主体是不可分割的。可以说,没有无主体的生命,也没有无生命的主体。可见,所谓生命价值教育的主体性,就是要尊重受教育者的生命主体的地位,发挥生命主体的作用,调动生命主体的积极性。

(2) 道德性。在一定意义上,生命价值教育就是一种道德教育。任何人既要关注、热爱自己的生命,也要关注、热爱他人的生命,还要关注、爱护一切有生命的东西。这就涉及人的道德问题。即是说,对一切生命的关爱,应当是道德和道德教育的内容。据此,所谓生命价值教育的道德性,就是要提高关爱生命的道德水平。

(3) 体验性。在很大程度上,生命价值教育就是一种情感教育。心理学认为,情感是一种体验。因此,就主要倾向说,情感教育是体验教育。它的成效主要不是取决于知识,而是取决于体验;且体验越深刻,教育的效果越大。所谓生命价值教育的体验性,就是要让受教育者在情感上而不是在认识上感受到生命的意义,体味到生命的价值。

(4) 审美性。在很大程度上,生命价值教育是一种审美教育。茫茫宇宙的万事万物中,生命是最美好的,是世上最完美的造物,世上没有什么可与之相媲美。不仅如此,有了生命之后,本来死寂的世界,才变得生机盎然、赏心悦目。所谓生命价值教育的审美性,就是要把它作为审美教育来进行,让受教育者欣赏、体味生命的美。

(5) 创造性。从某种角度看,生命价值教育是一种创造教育。生命是创造之源,没有生命,就没有创造。可见创造性为生命所固有,因此生命价值教育也就具有创造性。这样,在进行生命价值教育时,就必须采取创造教育的某些策略与方法,才能收到其应有的效果。

3. 生命价值观教育的作用

(1) 在大学生中开展生命价值观教育,有利于帮助他们正视生命、树立起科学健康的生命价值观,以培养健全的人格。现如今高校学生对生命漠然视之、伤害自己或他人生命的事件时常发生,缺乏对生命及其价值的关注,且情况愈演愈烈,所以,只有在思想上使大学生认识到生命的崇高性,培养他们积极向上的生命态度,才能使他们敬畏生命、珍爱生命,尽可能地实现生命的价值和意义,如此才能有助于他们形成健康的人格和品格,使大学生焕发出蓬勃的生命活力。

(2) 在大学生中开展生命价值观教育,是促使高校教育回归本真的必然要求。在"大一统"的选拔式教育中,学生的生命被工具化、指标化,如此背景之下的高等教育也难以传递出关怀生命的气息,并在社会急剧变革的背景下日趋"功利化"。通过开展生命价值观教育,我们才能发现高校教育中阻碍学生成长成才的弊端,及时解决问题。这有利于完善高校的教育课程体系,同时使高校教育的内容更具人性化,使高校学生的培养方案更具科学化、人性化,从而确保高校生命价值观教育有目的、有组织、有计划地开展与实施。使高校教育回归其本真,实现大学生全面而自由的发展。

(3) 在大学生中开展生命价值观教育有利于使大学生生命价值观融入思想政治教育的课堂教学实践。生命价值观教育本应是高校思想政治教育的有机组成部分,但当前高校思想政治理论课程大多倾向于政治知识的积累和政治信仰的确立,忽视学生的现实生活世界。所以,在高等院校思政教育中开展生命价值观教育,有利于确立生命价值观教育的重要作用;有利于提高思政理论课的教学成效和感染力;有利于帮助大学生树立科学的生命价值观以及正确的人生观,使大学生学会践行生命的价值和意义。

(4) 在大学生中开展生命价值观教育,有助于构建和谐校园与和谐社会。和谐校园的建设和和谐社会的建设是相辅相成的。和谐校园提倡的是一种"全面、自由、协调、整体优化"的育人氛围。和谐社会提倡的是一种"民主法治、公平正义、诚信友爱、充满活力、安定有序、人与自然和谐相处的社会"。生命价值观教育首先就是要使大学生不仅要学会对自我生命的尊重、敬畏和珍惜,同时也要尊重、敬畏和珍惜他人的生命以及自然界的生命,在此基础上达到身心全面发展并最大限度地践行生命的自我价值和社会价值。在高校中实施生命价值观教育,达成大学生生命的和谐,才能实现校园的和谐,才能为和谐社会的建设添砖加瓦,为和谐社会的有力落实营造良好氛围。

5.2 大学生生命价值观现状

5.2.1 大学生生命价值观的积极方面

目前,大学生对生命价值问题的态度总体上还是以积极为主流的。表现在:在对待现实生活状况的感受上,大部分学生在学习和生活中能够承受一定的压力,一般来说,大学生普遍会结合自己解决和求助他人等方法来面临压力;大学生普遍来说都很爱惜自己的身体,身体健康是人一切生命活动的基础,也就是说大学生能够爱惜自己的生命;大学生的心理健康状况从整体上来说也是比较乐观的;在对待残害生命的态度上,大部分学生都能够有比较正确的态度;在面对自杀问题时,大部分学生认为这是一种愚蠢的行为,是对自己、家人不负责的行为。因此,当代大学生生命价值观整体上是积极、健康、乐观的,尽管部分大学生也存在着悲观、消极、功利化倾向,但是大多数学生能够正确认识生命,积极乐观地实现自身生命价值。

5.2.2 大学生生命价值观的主要问题

大学生一方面感受到了生活的幸福,同时,竞争、冲突与孤独的生存困境也使他们经常对生命以及生命的价值产生困惑。大学生生命价值观存在的主要问题包括以下几个方面。

1. 接受生命价值观教育不够

生命价值观是生命体对生命自身以及生命对其他生命存在物的认知。生命教育其实是大学生教育当中的一个非常重要的方面,通过生命教育才能使大学生认识生命、理解生命、珍惜生命,才不至于做出自杀的举动。近年来,大学生自杀的比例逐年上升。大学生自杀率在中国的人群中占有相当大的比例,达到同龄人的2~4倍。我国当代大学生生命价值观存在的问题主要表现为三点。第一,对自身价值没有正确客观的认识和评价。很多大学生处在校园的象牙塔里,仍然认为自己是天之骄子,自身优越感强。但是,现实往往使他们在心理上产生极大的落差,心理和思想严重错位。面对现实困境,不知所措,迷失方向,生命价值观扭曲,导致极端行为的发生。第二,承受和应对挫折能力差。当代大学生多是独生子女,周围多是掌声和鲜花,在父母的过度呵护和溺爱下,像温室里的花朵经受不了一点挫折。遇到挫折就选择轻生。第三,死亡观缺失。死亡是生命中不可避免的,但是,目前很多大学生对死亡问题表现出一种漠不关心的态度,甚至把它当作解决问题不错的方式。

2. 对自我生命的关注远远高于对他人生命的关注

很多大学生对待生命的态度是"珍爱生命,善待自己"。他们认为,生命并不完全属于我自己,还属于家人、朋友和社会,所以平时要处处注意安全,自己没有权力结束自己的生命,要珍爱自己的生命,敬畏死亡,不能轻易放弃生命。由此可见,大学生生命存在意识强烈。但是,大学生重视自我生命,而对他人和自然界的生命的重视程度远远不够。他们多数认为对于自己和他人生命都是珍贵的,但在只能选其一的情况下,先保护自己。例如,对四川地震中出现的先跑教师范美忠事件,很多大学生认为无私与自私同样是生命的特征,自私的心态保全自己的生命,这种行为本身没有什么好指责的。

3. 对自我生命价值的追求高于对社会生命价值的追求

人的生命价值不仅体现为生命存在的本身,更体现为人的生命存在过程中创造的社会价值被广泛认可,体现为人的生命社会价值和意义的永恒。一项调查显示,在被问及"什么时候自己活得最有意义"的问题时,大多学生选择"被别人需要的时候""实现了自己目标的时候""实现自我价值"时。而只有少数学生认为成功的首要标志"对社会有重大贡献"、生命价值的体现在于"对社会奉献的多少"。

5.2.3 影响大学生生命价值观的因素

影响大学生生命价值观的因素主要有以下几个方面。

1. 学校教育不到位

大学教育的工具化和功利性,导致对大学生生命价值观教育的忽视与偏离,学生生命情感淡漠。

(1) 目前学校教育基本上是"应试教育"模式占主导,过分重视知识传授和文化的学习。大学生们所接受的知识仅限于应试的内容,其他方面如生存训练、生理及心理健康教育、体育锻炼、人际交往等基本内容被忽视,大学教育尤其缺乏引导学生对生命价值和意义进行思考,甚至对于有关生命的基本常识也很缺乏。而学生的学习则以如何更多地掌握知识、背诵答案,取代了对自己人生意义的追问,以如何熟练地把握考试技能和答题技巧,替代了对生命的体验和感悟。

(2) 当前大学教育在市场经济的洗礼和功利化追求的左右下,过多地关注学生实用技能的学习和就业本领的打造。学校大批量地培养各种实用的人才输送给市场,大学成了促进社会发展的一个有效的工具。许多大学为了迎合市场的需求,开设了许多"短平快"的实用科目,这也成为许多学生填报志愿时首选的"热门专业"。在这种功利主义价值观的引导下,大学本来应该具有的人文理想逐渐为实用主义所取代。与此同时,大学德育中又缺乏对大学生生命价值观教育的关注与提炼,德育目标设置大而空,失去了现实基础,缺乏感召力,使德育也因此变得苍白无力,学生受到的生命价值、生命意义的教育匮乏。

(3) 高校生命价值观教育资源的缺少。尽管各高校校园里有很多客观性的教育资源,但是涉及教师与学生生存与发展的生命主体性教育资源却很少。而且生命价值观教育资源在教育的急功近利倾向的追逐下变成了"稀缺"资源。生活、社会与学校教育的不协调、不一致,将诸多生命价值观教育资源隔离在教育系统之外,导致生命价值观教育资源的稀缺成为一种整体性缺失。当然,各高校也开设了相应的理论和实践教学,虽然课程内容丰富,但涉及生命价值观教育的内容却少之又少。而且生命价值与死亡的相关内容在教材教科书中涉及的也很少,即使涉及人生价值时,既不生动形象又不结合实际,内容抽象乏味,学生不感兴趣,难以接受。

(4) 生命个体价值的深度"漠视"。长时间以来,我国高等教育比较重知识轻能力,更忽视生命价值观教育在德育中的地位和作用,当代大学生生命价值观教育的必要性和紧迫性进一步凸显出来。世界正处在一个重视生命个体、关注生存状态、追求人的幸福的大背景大环境下,大学校园对生命本体的关注度却呈现出较低的态势,是对生命个体的漠视。当今社会,大学生既面临着学业和就业的双重压力,又会受到社会不良风气的干扰,很难沉下心充分认识生命价值的意义,更没有精力和习惯去思考关于生命从哪里来,到哪里去,生命将应如何存在的问题。

2. 家庭教育的缺失

家庭环境是影响大学生生命价值观形成的重要场所。家庭是孩子各方面成长的第一现场,家长是孩子的首位老师,孩子构建人生观、世界观、价值观的过程中,父母起着潜移默化的作用。"在家庭生活中,家庭教育是家庭或成员之间相互实施的一种教育"。家庭教育里,父母的教育方式、家庭氛围都对孩子的健康成长有着重要影响。目前,大学生大多是独生子女,在家庭中受到过分的溺爱,使不少学生形成以"自我为中心"观念,形成一些如冷漠、自私自利等坏的人生态度。有的父母过分要求孩子追求学习成绩,使有的孩子虽然成绩上取得了高分,但是在心理素质、为人处世方面没有得到相应的很好的教育,造成心理素质弱,为人处世能力低。很多家长在生活上什么事也不让孩子做,很多大学生习惯了"饭来张口,衣来伸手"的生活,上大学后,生活自理能力差。而且还有的学生因为成绩不理想,体会不到成功的喜悦,往往受到父母的批评,导致孩子缺乏自信,容易自卑,甚至厌倦生活、对生活失去信心等消极的倾向,甚至做出一些极端行为。因此,家庭教育对塑造大学生正确的生命价值观起着重要作用。

资料链接 5-1

不会洗袜子的大学生

温州某高校大一学生江宇(化名)在同学中小有名气,不是因为成绩好,也不是因为社交能力强,而是因为他袜子多。这个学期,江宇从家里带了 600 双袜子,一部分给自己穿,一部分送给同学们。为的是两天换一双,几乎不洗,脏了就丢掉。对此,温州大学社会学老师孙向林认为,作为家长,从小为孩子包办一切,却没根据孩子的年龄和社会环境的变化来改变教育的方式,这是不对的。"大学校园是学生走向社会的中介平台,应该抓紧机会在各个方面完善自己。没自理能力实在是不应该。"孙老师说。

3. 社会环境的负面影响

从社会环境的角度看,金钱万能论成为不少人持有的世界观和价值观,如"撞人补刀"案中的肇事者药家鑫和"我爸是李刚"案中的李启铭,他们的世界观和价值观在不良的社会风气和土壤中成长起来,受到严重的扭曲。对学生来说,分数愈来愈得到高度推崇,他们开始将追求"高分数,高收入"作为人生目标,并致力于不断追求这种急功近利的目标。这种"功利化"行为在狭隘的目标驱动下进一步扩张,人们必然忽略了对生命存在价值和意义的追求。而大学生在追逐的过程中仅仅学会了"何以为生"的生存本领,丢失了对生命价值的追求和探索。

随着电视网络等大众传播媒介走近现代社会生活,网络暴力文化的消极影响进一步凸显。暴力文化通过电视、电脑和手机等载体在全社会侵蚀。尤其是信息化时代,网络和大学生生活的关系更加密切,已成为大学生生活中不可或缺的一部分。处于特殊年龄阶段的大学生心理不完全成熟,他们的价值观念、思维方式和个性心理等极易受到外界的影响和感染。而虚拟的网络空间恰恰给他们提供了一个诸多影响和变动的世界。统计显示,在互联网上流动的非教育信息,有 70% 涉及暴力。在虚拟的网络空间里,在五花八门的暴力游戏里,没有是非善恶之分,可以毫无顾虑地实施偷盗、抢劫和杀人行为而不用承担后果,甚至不少学生沉溺于游戏当中不能自拔,染上网瘾。在虚拟的网络世界里,他们无视生命的存在和意义,根本没有犯罪的概念。人们长时间处于暴力文化的影响下,大脑中的暴力意识会一步步吞蚀人们生命意识,导致人们生命的感知能力逐渐下降,变得麻木和迟钝。因此,长时间受暴力文化的影响会使人的生命意识变得冷漠,这将阻碍大学生树立的正确生命价值观。网络暴力文化的传播是扭曲大学生生命价值观不可否认的重要因素。

资料链接 5-2

男生为了一部手机 狂捅女同学 160 刀

光明网讯 据媒体报道 因为家庭经济困难,买不起手机,武汉一名在校大学生王某在学校自习室抢走了一名女生的手机,而且对女生进行了猥亵强奸!并因害怕事情败露,狂捅女生 160 多刀,残忍地将其杀害!

2016 年 1 月 16 日上午,武汉市中级人民法院对一批被判死刑的罪犯,执行了死刑,其中包括一名将受害人狂捅 160 多刀的男子王某。据了解,王某原本是一名在校大学生,被他捅死的是另外一所学校的女生,而这起残忍的凶杀案,竟由一部手机引发。

被告人王某是武汉市江夏区一所高校的在读学生,因为家庭经济困难,买不起手机,听同学说,自习室可能有人落下手机。王某便在同学的建议下,去隔壁学校的自习室捡手机。

2013 年 6 月 10 日,正好是端午节这一天,王某再次来到隔壁学校的自习室。为了被抓住时就反击,王某手里拎着一个装着剪刀和雨伞的袋子。

来到教学楼后,王某发现一名女生戴着耳机,独自在一间自习室里学习,他立马锁定了目标,并为此实施了一些计谋。

他假装学校工作人员去其他教室说,今天端午节提前关门,把人清走,然后来到这个女生所在的教室,把门窗反锁,抢走了手机。

每一个人的生活都不能脱离社会这个大环境而单独存在,人和社会环境之间的影响是互动的。人们既然在社会环境中生活,人们的思想就必然会不断地受到社会环境的熏陶和影响。因此,社会环境氛围的优劣、社会风气的好坏对大学生整个世界观、人生价值观、理想信念的形成起着不可忽视的重大作用。因此,当代大学生生命价值观教育不仅要考虑大学生自身心理发展的主观因素,更要考虑到影响大学生生命价值观的社会环境这个客观因素。随着经济和科学技术的发展,给人们带来前所未有的物质财富和精神财富的同时,也给人们带来了各种各样的压力、精神冲击。大学生的世界观、人生观在这样的社会氛围影响下非常容易受到外界的干扰而出现诸多消极悲观的情绪,藐视自身生命价值,进一步出现对生活的意义和生命价值的诸多怀疑和困惑,造成部分学生一面临困难挫折就退缩甚至不能有效解决问题而做出一些极端行为。

4. 大学生自身的因素

(1) 特殊的身心发育时期

通过大学生生命价值观教育现状,我们可以看出,虽然大学生的生命价值观整体上是积极乐观的,但是部分大学生漠视生命、践踏残害生命事件仍然屡有发生,高校大学生自杀、他杀的行为也时有发生。这和大学生自身的因素就有着很重要的关系。从个人来看,大学生这一特殊群体正处于生理与心理变化最微妙的时期,在这一阶段,他们情感丰富、容易冲动,有的甚至有逆反心理。由于大学生大部分都生活在校园内,接触社会少,生活阅历太少,缺少生活经验,情绪情感容易受到干扰和波动,他们面对生活和自身发生的变数通常不知所措,会产生诸多浮躁、抵触、消极的情绪。因此,大学生作为一特殊群体,有着特殊的青春期心理,强烈的好奇心和片面的自我意识性,使他们在面临生活中不断出现的各种问题现象时表现出一种幼稚和轻率,甚至会做出一些出格的违背道德的事情。一方面,诸多暴虐生命的现象和生命暴力行为在大学校园里经常发生,这既折射出大学生自身心理的扭曲与人格畸形,也反映了大学生自身生命价值责任感的缺失。另一方面,他们既可能是在成长过程中得到过度溺爱,不懂得体谅和理解,只顾自己贪图享受,缺少家庭和社会责任感,也可能是受到社会的不良影响,使自身的社会责任感沦陷,造成了严重后果。

(2) 理想与现实的差距

随着中国高校的逐年扩招,大学毕业生的人数屡创新高。毕业生人数在 2006 年达到了 413 万,2007 年达到了 495 万,2008 年 559 万,2009 年达到 610 多万,2010 年以来人数始终是六百万多万。大学毕业生多了,大学生就业市场已经由供不应求变成了买方市场,很多用人单位不愁招不到人才,对大学毕业生挑挑拣拣,对大学毕业生的学历要求也是水涨船高,专科生、本科生已经不再是佼佼者,硕士生和博士生以前是社会的需求型人才,而现在则成为社会的必要性人才。而与此同时,很多大学生,尤其是从农村走出来的贫困学生,寒窗苦读十几年,但毕业后或者在读的时候就发现离自己的理想渐行渐远,心中的梦想与现实的差距不断拉大,困惑与压抑随之而来。2008 年以来,受国际金融危机和社会经济不景气等因素的影响,大学生的就业形势更加严峻,大学毕业即失业的现象彰显,理想与现实的巨大落差,导致大学生对生活失望,甚至绝望。

资料链接 5-3

麦可思(MyCOS)2008 年度中国大学毕业生就业报告显示,2007 年中国大学毕业生为 495 万人,毕业后除了读研和就业外,仍有 60 万毕业生失业。不过,失业的学生中大部分还是有"骨气"的,44.55 万人还在坚持不懈地寻找工作,4.46 万人虽然无业但正在复习考研和留学。剩余的 10.99 万失业学生则选择了放弃就业和求学,心甘情愿地做起了"啃老族"。

就业报告披露,10.99 万"啃老族"中,男生人数明显高于女生,女生比男生少了三分之一。"啃老族"中,还有 15%的人毕业于"211"院校。

(3) 情感交往的困惑与迷惘

在当代高校校园内,大学生谈恋爱的问题已经成为一个不能回避的问题。作为当代大学生,在恋爱过程中,如何看待自己的爱情,如何处理好恋爱中的男女关系,如何从失恋的阴影中走出来等一系列的问题都需要考虑。一方面,大学生已经进入了青年期,从生理角度来看,性生理基本成熟,性意识逐渐增强,他们内心渴望与异性交往,渴望异性朋友关爱。另一方面,由于大学生的世界观、人生观、价值观尚不成熟,对男女之间的感情缺乏正确的认识和深入的了解,当理想中的柏拉图式爱情与现实中的问题发生不可调和的矛盾和冲突时,他们就会陷入感情的困惑中,并随之而产生压抑、惆怅、痛苦、仇恨等一系列的消极情绪,给大学生的身心健康和学习生活都带来严重的影响。当然,这其中大多数的失恋同学都能够自我调节,正确地认识和处理由感情挫折所带来的痛苦、烦恼等消极影响,渐渐地从情感的低谷中走出来,开始新的学习、新的生活。但不可否认的是有少数同学因为感情受挫或失恋而产生自卑、自暴自弃的心理,认为自己被别人看不起,被人抛弃,感情没有寄托的对象,会觉得活着没有意义、很痛苦,那些轻视生命、放弃生命的人肯定存在一个悲观消极的人生态度。

5.3 大学生确立正确生命价值观的途径

大学生树立正确的生命价值观是一项长期的、系统的、复杂的工程,它并不单是指大学的阶段性教育而应该是贯穿学生一生的长期行为。这需要学校、家庭和社会多方面对大学生的生命价值观产生正确的引导,其中最关键的无疑是接受正确的生命价值观教育。

5.3.1 大学生生命价值观教育的基本原则

1. 遵循"以人为本"的教育原则

生命价值观教育是"以人为本"教育理念的重要体现,为高校开展生命价值观教育提供理念保障。对于肩负着重要使命的高校来说,其职责不仅仅只是单纯地向学生传授知识、培养技能,其更重要的作用是使每一个学生能够健康地成长,在成长的过程中体会生命的价值和尊严。"以人为本"的生命价值观教育在最低层面上是认识生命,保护生命,但在高级层面上是享受生命,优化生命,激扬生命,完善生命。因此,学校要改变以往只重知识传播,忽视学生情感的错误价值取向,建立起"以人为本"的生命价值观教育理念,重视起大学教育对学生的人文关怀、情感关怀,把关注学生的生存与生命的发展状态作为教育的重点,确立其生命教育的认知理念,关注起学生人文精神的培养,引导学生对生命有更深层次的感悟,培养学生珍惜生命、热爱生活、以审美的态度热爱自己的人生。

2. 生存价值与人生意义相统一

人生价值是人生观体系中的一个重要的范畴,价值"具体"在人生观领域中表现。人生的价值是人生的意义。人们赤裸裸地来到这个世界又赤裸裸地离开,中间不过几十年的时间,有的人的一生风风光光,富贵荣华,而大部分人都是平平淡淡,碌碌无为;不管你的一生怎样度过你总免不了为学业而苦闷,为爱情而忧郁,为工作而烦恼,为子女而操劳;等你走到人生尽头的时候回首这一生,得到什么失去什么似乎并不那么重要,重要的是生存价值的体现和人生意义的实现及相统一。

人的生存意义问题是人类最深切的人文关怀,也是哲学关于人的存在及其价值的根本性反思。而在实际生活当中,人们会选择自己的人生道路、通过一定的方式实现自己的人生目的。

人生的意义和价值到底是什么?用季羡林先生的话说就是:如果人生真的有意义和价值的话,那人生的意义与价值就在于对人类历史承前启后、承上启下的责任感。当今大学生的生命价值观教育中应渗透更多关于生存价值与人生意义的内容,让大学生认知生命,感悟生命,并通过自身的努力最终实现生存价值与人生意义相统一。

3. 整体性与个性相统一

造成当代大学生命价值观现状的原因是多层次的。所以,当代大学生生命价值观教育不能仅仅针对生命个体或个体出现问题的某一个方面进行教育,而是要从整体的角度去把握生命价值观教育,综合各方面原因,实施综合教育,坚持整体的原则,统筹分析。但是对大学生来说,其生命价值观的建立是形成自自我意识的过程。而由于生命个体的差异性,导致了大学生不同的生命价值观。大学生生命价值观教育并不是完全泯灭个体自身意识的独特性,追求完全统一,而是在重视大学生生命价值观正确取向的基础上,按照整体系统性原则,尊重特殊,照顾差异,实现多样化的统一。所以,尊重大学生的独特性,尊重他们按照自己的方式生活,允许他们在不伤害自己、他人和社会的前提下,追求多元化的价值。只有充分认识和了解学生,针对学生的不同特点,采取不同的教育措施,因材施教,才能取得显著的教育效果。平时所提倡的因材施教就是要根据学生的个性特点,采取不同的教育方式,这是对学生进行有效教育和教学的主要依据。因此,生命价值观教育在把握整体教育的"一般性"中要注意尊重学生个体的"特殊性",即生命价值观教育做到整体教育和个体教育相结合。

4. 科学教育与人文教育相结合

所谓"科学性",意即事物本身所具有的规律性,不断接近事物发生发展的本来面目,符合人们"求真"的追求。大学生生命价值观教育的科学性也具有教育科学性的特点,而且具有自己独特的科学性缘由。它以人的生命为基点,遵循了人,特别是大学生这一特殊群体价值观形成发展的规律,以发展学生认识和改造客观世界的能力为目的,教他们辨别客观事物,透过现象看本质,学会由此及彼的思维方式,并运用它不断提升自身精神世界的层次。

所谓"人文",就是指追求健康与进步,坚守道义和责任,向往真善美的文化,就是尊重人权和个性,维护自由和平等,重视人、尊重人、关心人、爱护人以及爱护和关心人类的文化。人文世界就是重视终极关怀,高扬人的价值,追求人自身的完善和理想实现的世界。所以,人文性也是侧重于从人所生活的人文世界、精神世界出发,基于人对生活的感受和感悟来出发和畅怀,符合人们"求善"和"求美"的追求。而大学生生命价值观教育的人文性也同此道理,紧密围绕人的生命发展、生命价值的实现、生命质量的提高、生存意义的升华来开展,以发展学生认识与处理社会关系、人际关系、物我关系的能力为目的,从而引导大学生热爱生活、珍惜生命,具有关爱之心,活出人生的意义与价值,实现自我超越。

科学性与人文性是相对的,但并不是二元对立的,而是相通的。它们只是形式上划分的不同,两者存在一致的层面,即统一于实践,统一于文化。科学是求真,人文是求善、求美,求真须以求善、求美为向导,求善、求美须以求真为基础。科学性里有着浓厚的人文性,人文性也包含着科学性的丰富内涵,两者共同构成人们对"真""善""美"的追求。如果缺乏科学性,大学生生命价值观教育就会陷入盲目、无知的境地,不能取得理想的效果;反之,如果缺乏人文性,大学生生命价值观教育则会陷入呆板、冷漠、单调的处境,效果的取得也如水中捞月,最终是一场空。坚持科学性和人文性相结合的原则,就是强调大学生生命价值观教育既要遵从学生价值观形成发展规律和行为养成规律,又要关注学生自身,强调生命教育对学生精神的提升和灵魂的塑造,关怀学生的生命和精神世界。

5. 认知性与实践性相结合

认知是人们对客观事物以及关系的一种综合的认识、理解和领悟。各种不同的客观事物反映在人们的头脑中就形成了不同的认知,而人们关于人和物的知识、观点、观念、意见和信念等,按照不同的系统和层次组成了人的认知结构。认知形成以后,对人的行为起着直接的指导和调节作用。大学生生命价值观教育的认知性意即系统地向大学生传授关于生命价值观方面的知识性内容,以形成对它的一种理性认识。比如关于生与死的认识、关于理想信念的认识、不同学派关于生命意识的不同认识和主张等。

实践是人们在认识、情感、信念和意志的支配和调节下,在实践活动中履行的实际行动。古语有云,"纸上得来终觉浅,绝知此事要躬行""耳闻之不如目见之,目见之不如足行之"等就是这个道理。大学生生命价值观教育的实践性就是在大学生树立正确的世界观、价值观和人生观的基础上,让学生学会在人际交往中尊重生命、关爱生命、感悟生命,用自己的实际行动去努力实现人生的价值和意义。

认知性与实践性相结合,是人们生活中的基本价值诉求,指既要注重知识、思维方法、感情、信念等的培养,又要注重在实践中加以运用和检验,促进行为的养成,实现"知行合一""知行统一"。大学生生命价值观教育作为一种价值观教育,尤其要注重两者的结合。一方面,价值观本身属于一种"行而上"的认识,它强调正确的认知;另一方面,仅仅获得认知却不够,因为价值观就是为了知道人们对人和事做出善与恶、好与不好的评判,并在此基础上做出自己的价值选择,指导自己的日常行为。生命价值观更应该强调践行,我们可以试想,若一个人仅仅知道生有意义,也存在责任,但仅仅认识而已,自己却不予以倾注感情,与自己的日常生活结合起来,那往往达不到该教育的初衷。

6. 隐性教育与显性教育相结合

隐性教育是相对于学校正式课程而言,主要由学校教育(包括家庭教育和社会教育中)的隐蔽因素构成的一个开放的、立体的、多维度的网状结构的教育形式。它相对于显性教育而言,不易为教育对象所觉察,引导教育对象自己去感受和体会,潜移默化地接受教育。而教育者事先按预定的计划和目标,将教育内容等渗透到教育对象周围的环境或活动过程之中。大学生生命价值观教育的隐性教育也是按照此特点和做法来对大学生进行生命价值观教育,让大学生在潜移默化中接受教育,达到教育目的。

显性教育是我国教育的主体方式和主渠道,是指充分利用各种公开的手段、公共场所,有组织、有系统地进行的教育。它一般有着明确的目的,采取直接的、有计划的方式安排教育内容,带有一定程度的强制性和规范性。大学生生命价值观教育的显性教育是指在教育者的引导下,有目的、有计划、系统地安排有关大学生生命价值观教育的内容,采取课堂教学、讨论、会议、计算机网络等方式,对教育对象施加影响,使其形成对生命的正确认识,珍惜、热爱生命,树立坚定的理想信念,提升生命的质量。

所谓隐性教育和显性教育相结合,是指在大学生生命价值观教育中,让隐性教育和显性教育共同发挥作用,整体协同发展,在显性教育中渗透隐性教育的因素,在隐性教育中加强显性教育引导和倾向。

7. 教育与自我教育相结合

自我教育是教育的最高境界。我国著名的教育家叶圣陶曾经说过:"教育的目的就是为了不教育。"苏霍姆林斯基也认为:"促进自我教育的教育才是真正的教育。""自我教育是人们把自己同时当作教育的主体和客体,根据一定社会的要求和自我发展的需要,在自我意识的基础上,依靠自身的思想矛盾运动所进行的思想转化和行为控制活动;是个体为提高自身的思想道德水平而进行的自我选择、自我激励、自我调控和自我完善。"

大学生生命价值观教育的自我教育即充分发挥学生的主动性,让他们自觉地参与教育过程,同时注重提升个人修养,按照一定的价值标准来看待生命、珍惜生命,追求生命质量的提高,最终达到自我警醒、自我教育、自我提升的目标。

所谓教育与自我教育的结合,即教育者的主导作用和教育对象的主体作用同时发挥作用。一方面,教育者要根据教育目标和要求,选择合适的教育内容和教育方法对学生进行教育,并在教育过程中起主导作用,对教育过程进行控制和调节。另一方面,教育对象要自己教育自己,通过自我学习、自我修养、自我思考、自我审视、自我发展、自我完善等去完成意识观念的转变和道德涵养的提升。大学生生命价值观教育的教育与自我教育相结合,要求教育者有计划、有目标、有针对性、系统地帮助大学生树立科学的生命价值观,大学生也通过学习修养、思想转化和行为控制等自觉、主动的活动来实现自我教育,进而树立一定的生命价值观,并以此来指导自己的日常生活,养成行为习惯。

5.3.2 大学生树立正确生命价值观的具体方法

1. 学校教育

(1) 推进生命价值观教育课程的建立与优化

在高校内开设生命价值观教育课程是实施生命价值观教育的最基本途径,欧美、日本及我国台湾地区的教育系统内很早就开设有生命教育类的课程,建立健全高校生命价值观教育课程体系对大学生生命价值观教育具有重大的意义。生命教育课程是以人的生命为主线,围绕生命的活动和生活的内容而组织的,旨在引导学生认识生命,珍爱生命,发展生命,提升学生的生存能力和生命质量,实现生命的意义和价值,它具有综合性、生活性、实践性和人文性等特征。

同时,生命价值观教育课程与高校现行的法制教育课、思想政治理论课及心理教育课是一脉相承的,他们既有共性又有许多各自的特点。在实际工作中,我们要积极倡导生命价值观教育融合到大学课堂和大学教材中,优化大学生生命价值观教育课程体系,提炼出更多内容丰富、生动新颖的教学资源,把课堂教学、主题教育、课外活动实践、校园文化建设及素质教育等有机结合起来,充分地整合和利用高等教育的资源优势,调动高校教师开展生命价值观教育的积极性,力争把大学生生命价值观教育课程打造成精品课程和重点课程,使大学生接受专门系统的生命教育。

(2) 充分发挥思想政治工作者在大学生生命价值观教育中的作用

高校思想政治工作者主要包括政治理论课程教师、辅导员及党团组织老师等,充分发挥受教育者的主体性是当前教育改革的一个核心话题,他们在大学生生命价值观教育中发挥着不可替代的基础性作用。这些高校教育工作者既要熟悉各种日常工作的处理,又要有丰富的理论知识,以专业性增强职业性,同时在职业实践中不断提升自己的专业水准。教育者通过一定的培训和学习都可以对大学生进行生命课程教育,既要发挥大学生的主体性,又要做好学生思想政治教育工作,突出生命教育主题,要勇于创新,视野开阔,积极掌握世情、国情、社情、党情及各方面的理论动态,善于整合各方面的教育管理资源,结合学生专业特色,充分调动学生的积极性。而生命价值观教育课程的意义不仅仅是单独呈现的或传输的,而是通过理论知识的研究总结、具有经历的自传性思考以及对不正确生命价值观念的修正性解释等形式,在老师与学生之间、学生与学生之间进行开放的交流与学习,要充分了解学生实际,真正知道学生在做什么、需要什么,并对学生提供相应的支持。

在高校生命价值观教育课程中,通过加强思想政治及生命教育的师资力量建设,建立健全大学生生命价值观教育的体系,充分发挥思想政治教育工作者的潜移默化作用,有利于构建一个多元化的生命教育平台,同时可以将这个平台推广到社会及家庭的生命价值观教育中,从而能够对学生起到深化生命与责任意识的作用,让大学生懂得自觉承担起对自己、家人、他人、社会及国家的责任。

(3) 加强心理健康教育在生命价值观教育中的比重

心理健康教育又称心理素质教育,简称心理教育或心育,它是教育者运用心理科学的方法,对教育对象心理的各层面施加积极的影响,以促进其心理发展与适应,维护其心理健康的教育实践活动。心理健康教育的任务主要包括三个方面:一是面对全体学生,开展预防性和发展性的心理健康教育;二是向少数有心理困扰和心理障碍的学生,开展补救性和矫治性的心理咨询和辅导;三是面对教师和家长开展心理健康教育工作,从而促使学生的心理健康发展。大学生心理健康教育的任务是:树立健康心理意识,优化心理品质,增强心理调适能力和社会生活的适应能力,预防和缓解心理问题。

在大学生生命价值观教育中加大心理健康教育有利于生命价值观教育工作的开展、有利于生命价值观教育绩效的凸显、有利于将突发事件扼杀在摇篮里,同时有利于大学生的全面发展。除了在高校内开设心理健康咨询中心接待学生咨询外,还可通过开展心理健康教育课堂教学、征文大赛、专题讲座及心理健康活动月等形式多样的教育活动,将心理健康教育充分融入大学生生命价值观教育当中去。

(4) 营造浓厚的生命价值观教育的校园文化环境

大学生生命价值观教育是思想政治教育的关键点,积极健康的校园文化对学生成长成才的熏陶作用至关重要。高校可以通过积极营造校园文化建设的良好氛围、狠抓有利于校园文化建设的制度举措、搞好评优评先及表彰工作、树立校园文化建设典型、认真抓好校园文化建设的调研总结等多种途径去积极营造一个有利于生命价值观教育工作开展的良好校园文化环境。良好的高校校园文化对陶冶学生的心灵有潜移默化的积极影响,对大学生的意志磨练和人格塑造起着巨大的促进作用。首先,应该通过创建以"生命价值"为主体的校园文化,以"生命关怀"为核心的教育管理理念,把生命价值观教育纳入到高校校园文化建设的范畴,力争使生命价值观教育成为高校校园文化的重要组成部分;其次,高校的学生工作部门、思想政治理论课程教师以及党政领导机关都应该在高校校园内大力提倡和推动大学生生命价值观教育,以全方位的宣传力度努力营造校园"生命价值观教育"文化氛围;最后,要加强高校人文学科的建设力度,切实提高大学生的人文素养,要带领学生坚决抵制不良社会风气的侵袭,通过一系列以"生命价值观教育"为主题的思想政治教育活动,配合政治理论课程的渗透,创建"热爱生命、积极向上"的校园氛围。总之,营造浓厚的生命价值观教育的校园文化环境是保证大学生生命价值观教育切实可行的重要举措。

2. 家庭教育

家庭是塑造一个人品格的第一所学校,生命价值观教育同样要求家庭力量的积极参与。对我国多数大学生而言,上大学意味着远离家乡,脱离父母,开始自己独立的生活,但这并不意味着父母对子女的成长就不再起作用。因为子女长期与父母的共同生活,已使他们在情感上对父母形成依赖和信任。子女不管离开家多么遥远和长久,家始终是他们精神的支柱,是他们心灵休息的港湾。

(1) 家长应培养子女的生存能力

目前有很多大学生生活自理能力差,以自我为中心,不能很好地适应社会,其中很重要的原因就是在家中缺少生存能力的训练。父母留给子女最宝贵的财富不是经济上的富足，如果不懂得艰苦创业，经济上的优越反而会成为其成长的绊脚石；也不是过分的保护，父母不可能时时处处在子女身边，父母不可能永远年轻，子女早晚会有一天得脱离父母的保护独自飞翔，如果不具备相应的能力，无疑，他的人生将是异常的艰难。因此父母应当有意识地培养子女的吃苦意识，可以鼓励他们出去打工挣些学费，或是进行适当的生存训练，关键是缴给子女如何更好地生存，这是人生的一笔宝贵财富。

（2）家长应培养子女的责任意识

"马克思、恩格斯在谈到人的一般责任时曾指出：'作为确定的人，现实的人，你就有规定，就有使命，就有任务，至于你是否认识到这一点，那都是无所谓的。'也就是说，责任体现了人的一种社会必然性，对于任何人来说都是'不可推卸'的。"作为社会中的一员，每一个人都不可避免的应该肩负一定的责任，对社会、国家的责任，对家庭的责任，对自己与他人的责任，等等。

要想培养子女的责任意识，父母应当懂得尊重子女，给予子女尽可能多的自己选择、决定的机会和权利。大学生已是成年人，自主意识较强，凡事希望自己做主，对此，父母不要简单粗暴地加以干涉，应试着了解子女为什么这样选择，讲清利害关系，让子女自己做决定。而往往很多家长以经验自居，他们担心子女一旦走上弯路，一切都为时已晚，于是便按照自己的想法给子女铺就一条看似一帆风顺的捷径。实际上，人生没有捷径可走，没有人能保证自己的决定始终正确。每个人都有属于自己的人生，无人可以替代。所谓的"走弯路"只是不符合家长的传统观念或经验，而让子女适当地走走"弯路"，给予子女自己选择的权利，所获得的对人生恒久的裨益远远超过"弯路"本身。因为这样可以让他自身获得一种经历和体验，有一种被尊重的感觉，从而获得自信，形成果敢的性格，敢于对自己的决定负责，同时依然对父母充满尊重和信任。反过来讲，即便是父母简单粗暴的干涉虽然会赢得暂时的"捷径"，但因为不给孩子自己独立面对人生的机会，他们就难以对别人代替选择的事情负责，其代价是失去了让子女自己体验和选择人生的宝贵机会，导致其责任意识淡漠，形成懦弱冷漠、优柔寡断、依赖叛逆的性格，大大降低了他们应对挫折的承受能力，不易于其正确生命价值观的养成。

（3）父母应培养子女的感恩情感

现在很多大学生很少给父母写信，想起父母的时候往往是向家里要钱，"一封家书只为钱"现象不得不引起我们的反思。很多大学生并不懂得体谅父母，不懂得珍惜和感恩，原因就在于父母为了让孩子专心学习，家里的一切都不让子女参与，只是自己默默付出，造成子女认为父母并不需要被关怀。因而家长应适当地让子女参与家庭事务，比如回家做些家务，有一定的经济支配权，征求子女对家庭事务的意见等，可以让子女体验到生活的艰辛和父母的不易，懂得关怀与体谅，学会感恩父母，回报家庭。

3. 社会力量

（1）社会要为大学生生命成长创造相对宽松的环境

目前用人单位重学历、重知识，人才录用标准单一，缺乏对学生综合素质的考察，导致现在的大学生功利心重，过于看重知识和技能的学习，忽视自身道德修养的提高，社会责任感不强，适应能力差。很多大学生在工作后频繁跳槽，这也成为用人单位十分头疼和无奈的事情。

因此，用人单位对人才的评价标准应当多样化和个性化，为学生的全面发展提供宽松的成长环境。只要是学生在某个方面突出，比如"善于交往""富有想象力""动手能力强"等，就都应该视为"人才"，而不仅仅是学历至上。同时应当注重对学生人生观、价值观、世界观以及基本的道德修养等方面的考察。比如在大学生求职中，用人单位可以看看大学生能否接受一些最基层、最枯燥乏味的工作来考查学生是否具备踏实肯干的素质；或是设置一些与求职无关的细节，比如观察学生能否将滴水的水龙头关掉，考察其是否具备节约意识；能否帮助别人整理洒落一地的文件，判断其是否具有乐于助人的品格等。当然，这些方面的确很难像学生智力考核那样可以加以量化，但至少可以倡导这么一种人才选拔与使用的导向来引导大学生在这些方面作出努力。而事实也证明，那些具备一定的业务专长，工作踏实肯干，具有团结协作意识的综合型人才越来越受到用人单位的青睐与喜爱。

（2）通过多方努力和多种途径与方式对大学生进行生命价值观教育

比如可以充分利用各种博物馆、艺术馆、历史古迹、图书馆等各种教育资源，使其成为对大学生进行生命价值观教育的重要基地和生动教材。目前国家已对许多爱国教育基地实行免费开放，这种做法就很值得提倡。鉴于目前学生平时参与社会实践的机会仅限于发传单和促销等简单、重复、技术含量不高的工作，难以获得全面的锻炼和成长，企业应尽可能地为大学生提供实践锻炼的岗位，如可以尝试成立大学生就业创业服务中心等，国家可以实施一些免税的政策加以鼓励。同时，社区教育作为一种新兴的教育资源，作为学校教育和家庭教育的有效补充和延伸，对大学生的教育力量不容忽视。因此，应把生命价值观教育与社会中的公民道德教育、法制教育、心理健康教育等融为一体，纳入社区的工作中。

社区可以通过搭建企业和学校之间的桥梁，为学生提供有保障、有一定专业知识优势的实践岗位，积极鼓励高校大学生参与其中，服务于大学生的成长成才。另外，国家应大力倡导大学生参与社会公共事务的策划和管理，尽可能多地创造机会、提供平台，增强他们的公民意识和社会责任，使他们在服务社会和人民中实现自我价值。

（3）要在全社会营造珍惜生命、爱护生命、尊重生命的社会氛围

大学生漠视生命现象的发生在一定程度上是因为受到了社会上消极思想的影响而造成的。要充分利用电视、报纸、广播等各种媒介进行生命价值观教育的宣传，使生命价值观教育在社会上引起广泛的关注；积极净化与大学生密切相关的网络、娱乐等社会环境，为大学生的健康成长营造一个健康向上的氛围和环境。

问题与讨论

1. 什么是生命价值观的内涵？
2. 你认为生命价值观教育应包括哪些内容？
3. 你认为人的生命价值是什么？

实训练习

近年来大学生自杀、伤人、虐待动物等事件经常见诸媒体。如马加爵残忍杀害四位同窗、名牌大学优秀博士生跳楼自杀、北大学子虐猫等，说明了部分大学生生命意识淡薄，生

命行为失范。

作为大学生,你对上述现象怎么看?你认为产生上述现象的原因是什么?你认为大学生生命价值观教育有无必要?请围绕这一问题设计一份调查问卷。在自己所在的学校进行问卷调查,并根据调查情况,写一份调查报告。

拓 展 阅 读

尼克·胡哲:没有四肢的人生

尼克·胡哲(Nick Vujicic),1982年生于澳大利亚墨尔本,生来没有四肢,但凭借顽强的意志和乐观的信念,在全球演讲,鼓舞人心。2005年获"澳洲年度青年"称号。2008年起担任国际公益组织"没有四肢的生命"CEO。

像雕塑一样活着

第一次见到尼克·胡哲,人们都难掩震惊——他就像一尊素描课上的半身雕像,没有手和脚。面对人们诧异的表情,尼克自我介绍时常以说笑开场。

"你们好!我是尼克,澳大利亚人,今年28岁,周游世界分享我的故事。我一年大概飞行120多次,我喜欢做些好玩的事给生活添色。当我无聊时,我让朋友把我抱起来放在飞机座位上的行李舱里,我请朋友把门关上。那次,有位老兄一打开门,我就'嘭'探出头来,他当时被我吓得跳起来。我心想,他们能把我怎么样?难道用手铐把我的'手'铐起来吗?"

"我喜欢各种新挑战,例如刷牙,我把牙刷放在架子上,然后靠移动嘴巴来刷,有时确实很困难,也很挫败,但我最终解决了这个难题。我们很容易在第一次失败后就决定放弃,生活中有很多我没法改变的障碍,但我学会积极地看待,一次次尝试,永不放弃。"

尼克的生活完全能够自理,独立行走,上下楼梯,下床洗脸,打开电器开关,操作电脑,甚至每分钟能击打43个字母,他对自己"谜"一般的身体充满感恩。"我父母教我不要因没有的生气,反而要为已拥有的感恩。我没有手脚,但我很感恩还有这只'小鸡腿'(左脚掌及相连的两个趾头),我家小狗曾误以为是鸡腿差点吃了它。"

"我用这两个宝贵的趾头做很多事,走路、打字、踢球、游泳、弹奏打击乐……我待在水里可以漂起来,因为我身体的80%是肺,'小鸡腿'则像是推进器;因为这两个趾头,我还可以做V字,每次拍照,我都会把它翘起来。"说着说着,他便翘起他的两个趾头,绽出满脸笑容——Peace!

尼克的演讲幽默且极具感染力,他回忆出生时父母和亲友的悲痛、自己在学校饱受歧视的苦楚,分享家人和自己如何建立信心、经历转变。"如果你知道爱,选择爱,你就知道生命的价值在哪里,所以不要低估了自己。"在亲友支持下,他克服了各种困境,并通过奋斗获得会计和财务策划双学士学位,进而创办了"没有四肢的人生"(Life Without Limbs)非营利机构,用自己的生命见证激励众人,迄今他已走访了24个国家,赢得全世界的尊重。

我和世界不一样

1982年12月4日的那个清晨,尼克的父母原本怀着满心欢喜迎接他们的头生儿子,却万万没想到会是个没有四肢的"怪物",连在场医生也震惊得无言以对。

"我的父母毫无心理准备,医生给不出解释。我妈妈曾是护士,她怀我时非常清楚什么事该做或不该做,她采取了各种预防措施,头痛时她甚至没有服止痛药,她确定自己所做的一切都没问题。她照过三次B超，大家都没发现问题，以为我只是保持某种姿势。他们原本期待一个漂亮又健康的男孩，不过我确实很漂亮，（笑）只不过有些缺陷而已，但当时那是一个大悲剧。"

尼克的父亲是当地一位牧师，那个清晨，整个教会都为之忧伤，每个人都在质问上帝——如果上帝爱人，为什么会让这样的事发生？如果《圣经》上说我将你造在母腹中时已应允了一个希望，那么上帝造尼克时究竟在想什么？

"我父亲一开始以为我活不了多久，但我其他方面一切正常，并且活了下来。可以理解，父母非常担心我未来的生活，生下一个残缺的孩子，我想他们只是害怕自己不能胜任。"

这对夫妇经历了很多艰难的阶段，他们无法接受事实，带着小尼克看了一个又一个医生，试着理解到底发生了什么。尼克的母亲回忆："我以为那是一场噩梦，我以为当我一觉醒来，噩梦就会结束，所以我不确定自己是否要带他回家，我不愿意照顾他。"

好几个月后，这个家才进入平静，选择顺服上帝的旨意。"人生中许多时候，我们想寻找答案但却得不到，就在这种时候，我们要凭信心相信上帝。我父母认识到了这点——这是我们的骨肉，上帝把这个孩子赐给我们，就会给我们足够的恩典，让我们拥有智慧、慈悲、怜悯和爱来养育他，就好像我有手有脚一样。"

至此，这个在极大不幸中关乎信心的故事才悄然启幕。

事实上，这是一场艰辛的战役，供应尼克所需的一切，是一场持续的挣扎，可以寻求帮助的对象和渠道并不多，这对夫妇只能独自克服各种问题，在尝试和纠错中不断摸索，找寻或设计合适的轮椅设备，筹集资金支付一切，甚至与社会的律例抗争。

由于尼克身体上的残障，澳大利亚当时的法律规定不允许他进入正规学校，但他的母亲力争修改法律，经历万般艰难，令尼克成为第一个进入正规学校就读的残障生。

上学后，孩子们都趴在课桌上听课，只有金黄色头发的小尼克突兀地"站"在书桌上，用仅有的两个脚趾头夹住笔写写画画。"妈妈说，上学第一天，我不停地哭不停地哭，隔天就不愿上学，因为其他孩子会嘲笑我，对我指指点点、排挤我，我感觉非常孤单，但家人一直支持我，所有人都说，尼克，你没问题，你只是很特别。但是，我不想要特别，我只想跟大家一样！"

我不需要手和脚，因为上帝背着我

尽管并非布道，每次尼克都会在桌角安放一本《圣经》，这是他必用的道具，演讲中，这可能是他所指的"目标"，又或是令他"站立"起来的"助力"。

"Give up（放弃）还是 Get up（站起来），这是每个人必须面临的选择。现在你们看到，我像这样直接地摔倒了，躺在这儿，脸朝下，没手，没脚，要爬起来似乎不可能。我重复试了一百多次去站起来，你认为我就这样放弃吗？不！当我摔倒了，我尝试去站起来，一遍又一遍。你要知道，这并不是最后的结局，你会找到一个方法来完成，就像这样。"

他用头顶着《圣经》借力，将自己的躯干艰难地慢慢"撑"起，这一刻，撼动人心。

前两年，他也曾和北京的大学生们分享他的信仰，演讲结束后，一位男生举手求解："你所爱和信靠的那位（上帝）并没给你手和脚，也没给你神迹，你为何还如此相信他？"

尼克的回答温柔而敬虔："不管你是否相信，我们先做个假设吧，如果我信仰的是真理，我相信此生结束后能进入天堂，我将有一个崭新的身体，那里没有悲伤，没有泪水，没有失落，一切都是完全的，那么，通过我暂居地上的这具破碎身体所经历的一切，若能鼓励一些人认识到我所指的那个永恒，这就是个神迹，因为我可以鼓励其他人找到那种永生的盼望。"

"当我长大后,清楚知道自己跟别人不一样,我开始向父母提出问题,为什么这一切会发生?我想他们看到了我心里的痛苦和挫折感,他们只是回答——只有上帝知道……"

八岁的尼克祈求上帝让他长出四肢来,但并没得到回应。"我给自己下了定论,我永远不会结婚,不会有工作,不会过上一个有目标的人生。我会是个怎样的丈夫呢?我甚至都无法牵我妻子的手。我当时觉得心灰意冷,我不知如何形容那种感觉,我想结束自己的生命。"

十岁时,尼克试图将自己溺死在浴缸里,但就连自杀也是一项无法完成的任务:一到水里,他就"像一件救生衣那样竖直地浮在水面上",这样的经历就曾有三次。

整个童年,他不仅要挑战学习,还要与自卑和孤独作斗争。有一天上学,他先后被12个孩子嘲笑。到下午2点50分,他坐在轮椅里暗自决定:"如果再多一个人取笑我,我就放弃自己。"这时,一个女孩走过来:"嗨,尼克,你今天看起来不错啊。"他已记不清这个女孩的样子了,但却永远记得这句鼓励"救了我的命"。

靠着坚定的信仰、家人的支持和朋友的陪伴,尼克的信心一天天增长。"我相信除了外表不同,我跟其他人是一样的。"他的自信和乐观渐渐赢得其他学生的尊重,大家都会给出"尼克爱所有人"这样的评语。"此外,我还发现自己很有演讲天赋,许多人在这方面很尊敬我,我被全校学生票选为小学的学生会主席、高中的学生会副主席。"

19岁那年,尼克开始献身传道,在亚洲、非洲和美洲传福音,他的生命见证触动了千百万人的心。

"邀请耶稣进入生命,最大的意义在于他会与你同在。我想起曾深深感动我的一首诗《脚印》,关于一个人跟耶稣一起沿着沙滩行走的动人故事,这个人回头看并说:为何在我人生顺遂时,我看见两对脚印,而在经历艰难时,我却只看见一对脚印?耶稣回答道:人生顺遂时我走在你的身旁,但在经历艰难时,是我背着你走。这让我深受感动,我知道他掌管一切,我的生命就在他手中,我不需要手和脚,因为上帝正背着我。"

战胜残疾的巴雷尼

巴雷尼小时候因病成了残疾,母亲的心就像刀绞一样,但她还是强忍住自己的悲痛。她想,孩子现在最需要的是鼓励和帮助,而不是妈妈的眼泪。母亲来到巴雷尼的病床前,拉着他的手说:"孩子,妈妈相信你是个有志气的人,希望你能用自己的双腿,在人生的道路上勇敢地走下去!好巴雷尼,你能够答应妈妈吗?"

母亲的话,像铁锤一样撞击着巴雷尼的心扉,他"哇"的一声,扑到母亲怀里大哭起来。

从那以后,妈妈只要一有空,就给巴雷尼练习走路,做体操,常常累得满头大汗。有一次妈妈得了重感冒,她想,做母亲的不仅要言传,还要身教。尽管发着高烧,她还是下床按计划帮助巴雷尼练习走路。黄豆般的汗水从妈妈脸上淌下来,她用干毛巾擦擦,咬紧牙,硬是帮巴雷尼完成了当天的锻炼计划。体育锻炼弥补了由于残疾给巴雷尼带来的不便。母亲的榜样作用,更是深深教育了巴雷尼,他终于经受住了命运给他的严酷打击。他刻苦学习,学习成绩一直在班上名列前茅。最后,以优异的成绩考进了维也纳大学医学院。大学毕业后,巴雷尼以全部精力,致力于耳科神经学的研究。最后,终于登上了诺贝尔生理学和医学奖的领奖台。

找准自己的位置,找到适合自己依附的枝头,生命才能达到极致。

第 6 章

体验快乐情绪——大学生心理健康观

征服自己需要更大的勇气,其胜利也是所有胜利中最光荣的胜利。

——柏拉图

学习目标

(1) 认识和了解大学生的心理健康的内涵。
(2) 认识和了解大学生的心理健康的现状、影响因素。
(3) 了解大学生常见的心理问题及应对办法。
(4) 了解大学生的心理健康培养的途径。

案例导入

心态与状态

心理学教授普罗菲特和克洛里,曾先后做过下面三个实验。

第一个实验:他们将两组实验对象带到陡峭的大山前,让一组实验对象背上沉重的背包,另一组实验对象没有任何负重,然后请两组实验对象分别估计自己面前大山的陡峭程度。结果,负重者对大山陡峭程度的估计,远远高于没有负重者。

第二个实验:他们将两组实验对象带到陡峭的大山前,让其中一组实验对象聆听马勒创作的压抑的音乐,另一组实验对象则听莫扎特乐观向上的乐曲,然后请两组被试对象分别估计自己面前大山的陡峭程度,并用倾斜度表达自己的看法。结果那些听马勒音乐的人估计大山的坡度为 31°,而那些听莫扎特音乐的人估计大山的坡度为 19°。

第三个实验:他们将两组实验对象带到陡峭大山的山顶,让一组实验对象站在摇晃的滑板上,另一组实验对象站在平稳的盒子上。结果,那些站在摇晃滑板上的人表现出更多的恐惧,认为大山更加陡峭。

普罗菲特和克洛里教授从上述实验得出了这样的结论:消极心态会让这个世界看起来可怕,而积极心态会使大山看起来更容易被征服。

资料来源:蒋光宇.心态与状态[J].秘书工作,2011(4).

6.1 大学生心理健康

6.1.1 大学生心理健康的内涵

当代大学生是我国社会主义现代化事业的接班人和建设者,他们心理素质的好坏直接关系到整个中华民族的前途和命运。心理健康是人才成长的先决条件,良好的心理品质是造就人才的基础。当今世界是日新月异的高科技的时代,不难预见,在科学技术的推动下,未来社会发展的趋势将更加迅猛,各领域的人才竞争也将日益严峻。新的社会环境对新世纪大学生的综合素质,尤其是心理素质层面提出了更高、更具体的要求。大学生的心理素质是否过硬,是直接关系到他能否适应21世纪社会人生存和发展的根本条件。

随着时代的发展,人们对健康的认识也不断发展变化。世界卫生组织1947年给健康专门下了定义:健康不仅仅是指没病和痛苦,而且包括在身体、心理和社会各方面的完好状态。远在1947年人们就已经意识到心理健康是健康的重要组成部分。

社会经济的发展促进了人们的生活水平不断提高,人们的身体健康已经得到了基本的满足,与此同时,由于生活节奏的变快、社会竞争的加剧,人们的心理健康却不容乐观。于是,人们开始越来越重视并关注自己的心理健康。随之而来的是,很多专家学者也开始了心理健康方面的研究。

然而什么是心理健康呢?时至今日,关于心理健康的定义问题,在当前学术界仍是一个有争议的问题。国内外学者由于各自所处的社会文化背景不同,研究问题的立场、方法和观点不同,迄今尚未有统一的意见。

在了解具体的心理健康定义之前,有必要先从整体上看看心理健康内涵的发展,心理健康内涵的发展分为三个阶段:第一阶段为"症状论"阶段,时间约为18世纪末到20世纪40年代;第二阶段为"适应论"阶段,时间为第二次世界大战后的十年间;第三阶段为"潜能论"阶段,时间是以20世纪50年代人本主义心理学兴起至今。以下是国外和国内部分心理学家对心理健康的定义和内涵的理解。

第三届国际卫生大会认为所谓心理健康,是指在身体、智能及情感上与他人的心理健康不相矛盾的范围内,将个人的心境发展成最佳状态。《简明不列颠百科全书》指出:心理健康是指个体心理在本身及环境条件许可范围内所能达到的最佳功能状态,但不是指十全十美的绝对状态。日本学者松田岩男认为心理健康是指人对内部环境具有安定感,对外部环境能以社会认可的形式适应这样一种心理状态。精神分析心理学的创始人弗洛伊德把心理健康定义为"爱和工作的能力"。人本主义心理学家马斯洛认为心理健康者是自我实现、充分发挥个人天性的人。年代较近的研究者则从社会和个体两种角度阐释了心理健康,从社会角度看:心理健康指人们在扮演社会角色和完成群体生活任务时,充分发挥功能;从个体心理角度看:心理健康指主观满意、快乐、知足和满意。2000年后的研究者的观点有:心理健康是指感觉到有效和敏捷的能力,即有充分自我实现的能力。

从以上的心理健康的定义和内涵来看,国外心理健康标准是学派林立、丰富多彩的。国内对"心理健康"的认识大多是从世界卫生组织关于"健康"的定义出发的,较为重视实用。

国内学者认为,心理健康是人才成长的先决条件,良好的心理品质是造就人才的基础。心理健康是指人的心理即知、情、意活动的内在关系协调,心理内容与客观世界保持统一,能促使人体内外环境平衡和促使个体与社会环境相适应的状态,并由此不断发展健全的人格,提高生活质量,保持旺盛的精力和愉快的情绪。

一般认为心理健康有狭义和广义之分。

狭义的心理健康是指没有心理疾病或病态心理,心理健康同身体健康、社会适应共同构成人们健康状态的重要表征。

广义的心理健康是指人的心理即知、情、意活动的内在关系协调,心理内容与客观世界保持统一,能促使人体内外环境平衡和促使个体与社会环境相适应的状态,并由此不断发展健全的人格,提高生活质量,保持旺盛的精力和愉快的情绪。

心理健康是一种动态的、富有弹性伸缩的相对状态。心理健康与不健康并非泾渭分明的两极对立,而是一种处于发展变化过程中的连续状态,具有一定的层次性。

如果把人的心理健康比作白色区域,严重精神疾病比作黑色区域。那么,从白色区域到黑色区域之间有一个巨大的灰色区域,灰色区域又可具体分为浅灰色区和深灰色区,处于前一区域的人群只有心理冲突而无变态人格,突出表现为诸如学习不良、人际关系紧张、工作不顺利、择业受挫、情绪波折等生活矛盾所引起的情绪紧张和适应不良。处于后一区域的人群则出现种种异常人格和神经症症状,如强迫症、恐惧症、神经衰弱症等。显然,绝大多数人群都散落于浅灰色区域,这是一个人追求发展和自我实现的必经阶段。

心理健康包含两个方面:内部自洽、外部相融,即和睦、相互协调一致。

内部自洽是指向个体本身,表明个体对自己的身心状况以及自己和周围关系的认识达到一种认同、相谐与悦纳的状态,也是认识自己和对待自己的统一,主要表现为恰当的自我认知、积极的自我体验、合理的自我控制、不断地自我发展等方面。

外部相融是指向个体与外部环境的关系,即个体在与外部环境交互作用的过程中,能自由地选择其所从事的活动,追求自己的目标,以顺从环境、调控环境或改变环境,其实质是个体对外部环境的积极适应,并达到一种相对协调融合状态。这一过程中,主要包括两个方面:一是心理适应,即个体心理环境与实际环境相融合的状态;二是行为适应,即个体能够依据环境的变化,适时适当调整自己的行为方式、行为反应,以顺应环境变化,甚至改变环境以符合个人的行为要求,保证自身发展。

6.1.2 大学生的心理发展特点与心理健康内涵

大学生的心理发展处于正在走向成熟而又未完全成熟的状态。因此,大学生的心理发展具有一些这一时期存在的普遍的特点。

1. 大学生的心理发展特点

(1) 自我意识很强

大学阶段,学生的生理发育已经成熟,生理方面的自我意识已经稳定;在接受高等教育的阶段,他们的认知能力有了质的飞跃,使得获取的信息量大增,认识世界也更加深刻,已经学会利用辩证思维来全面地评价自己。由高中生转变为大学生,学生所处的生存环境发生了改变,学生迫切地需要迅速适应新的环境,确立自己在这一环境下的奋斗目标,重新进行自我认识,并在新的认识水平上寻求自我的统一。因此,大学生的自我意识有了极大的发展。

(2) 智力水平也达到高峰期

韦克斯勒对7~68岁的人进行了智力测验,其研究结果是以22岁为智力发育的顶点,然后出现衰退。进入大学校门之后,大脑发育已经成熟,而且大学对学生的教育方式和教学内容与高中的填鸭式教学和要达到的教育目标都是不同的,使得学生的逻辑思维能力有了进一步发展,智力发展水平达到高峰。这种智力发展的状况为他们能够完成学业创造了能力前提,能够根据自己的兴趣爱好和个性发展的需要,自学更多的知识,甚至为参与到科学研究和发明创造活动之中,创造了能力前提。

(3) 人际交往领域急速扩大

高中生活过程中,学生的人际交往目的单纯,交往对象主要以同学为主,人际网络结构相对单一,交往内容以寻求友谊、交流学习为主。而进入大学之后,人际交往活动趋于复杂化,大学生开始以独立的社会个体的身份参与社会交往,构建多种不同层次人群构成的人际网络。通过参加各种社团活动、社会实践活动,使得大学生的交往领域愈加广泛,这对他们的社交技能提出了越来越高的要求。随着现代科技的发展,学生的沟通渠道开始变得多样化,更加直接地受到社会因素的影响,对社交圈的评价也变得多样化和更加灵活多样。

(4) 情绪非常丰富但情绪稳定性差

大学生正是处于生理心理迅速发展的阶段,在这一阶段他们不仅有物质需要,还有大量的精神需要,他们的社会性情感得到了极大的发展。但是,由于大学生的需要结构还不稳定,他们的价值体系往往容易受到外界环境的影响,加之非常缺乏社会经验,难以全面地看待和处理问题,容易形成偏激的观点。由于个人意志品质和人格发展的程度有限,他们的情绪表现出较大的冲动性和不稳定性,容易受周围环境的刺激。因此,我们在大学生教育中经常观察到情绪的巨大波动,以及情绪失控所造成的打架斗殴、意志消沉等多种不同的极端反应。

(5) 爱情需要与性意识得到进一步发展

随着生理、性心理的发展,学生的爱情需要和性意识也快速发展起来。他们关注异性,希望寻找纯洁美好的大学爱情,加上大学的课程不是很紧张,很多学生开始考虑恋爱问题,并希望建立相对稳定的恋爱关系。但是也有部分学生在还不了解爱情是什么的情况下就匆匆涉足爱河、陷入感情旋涡,影响学业,更有甚者不能慎重处理两性关系,酿成悲剧,这些都会影响学业和自身的发展。

(6) 意志品质逐步形成

"意志是人自觉地确定目的、根据目的支配、调节行动,从而实现预定目的的心理过程。"大学生意志行动目的性非常明确,考虑到"为什么这么做",并能想到意志行动的后果,意识到动机与效果的统一,动机与大学生的奋斗目标相适应,执行意志行动的决定比较稳定。这种意志品质的培养过程一方面是在大学生进入大学生活后受到了全面的考验进而得到极大的发展,另一方面上也是反映着青年前期以及少年期的生活经验所积累下的多种结果和遗产。

(7) 社会化水平希望得到进一步提高

"在社会心理学中,社会化是指个体通过掌握所在社会的规范、价值观,学习谋生的基本技能,由一个自然人转变成为社会人的过程。"与已经步入社会的同龄青年人相比,大学生的社会化程度要弱很多,但是却极度渴望得到社交技能和社会化水平的提升。在多年的大学生的生活中,其生活经历一直比较单纯,社会经验相对缺乏。

2. 大学生心理健康内涵

随着社会主义市场经济转型的持续深入,随着高等教育向着专业化、职业化的方向发展,高等教育水平无论在规模、培养水平方面都发生着日新月异的变化。作为培养高等人才的重要平台,大学院校在硬件设施、专业设置、师资力量、办学经验、管理模式等方面都有待提高。为了更好地开展工作,在培养学生文化知识的同时也强化其心理素质和职业素养,如何正确理解大学生的心理特点,首先有利于大学生改进自己的学习方法,改善培训效果;有利于帮助大学生更加有效地提升自我修养,形成正确的自我意识、树立良好的人生观和价值观;有利于帮助大学生形成良好的社会适应能力,更好地适应社会;有利于探索出使大学生适应心理压力,积极面对各种挑战;有利于提升大学生心理素质,提高心理健康教育的针对性和有效性,促进学生身心全面发展。

从1992年首次提出心理健康标准以来的20年间,各个专家学者对大学生心理健康标准有了一些共同的认识,这些是相对比较稳定的因素。然而,也有一些比较陈旧的概念慢慢淡出了我们的视线,出现了一些新颖的大学生心理健康标准的概念。这些都能反映社会环境和学术思潮对大学生心理健康标准的影响。

首先看看大学生心理健康标准中各个学者的看法比较一致的共同因素:第一是人际关系和谐,这一标准是所有专家学者都一致认可的;第二是自我认识方面,要积极认识自我,接纳自我;第三是适应方面,要积极主动适应环境、建立良好的环境适应能力;第四是情绪调控方面,要有情绪的适度控制与表达,建立良好的情绪调控能力;第五是人格方面,人格统一和谐与完善;第六是学习方面,要热爱学习、善于和乐于学习。

大学生心理健康是指大学生的心理特征符合自身的年纪和身份,心理能力能够满足自身日常生活、学习与工作的需要,另外,个性心理可以适应所处的校园环境且处在积极发展的态势。大学生心理健康与否不仅关系着学生自身的发展与成长,更影响到整个社会和国家的发展。

随着现代社会的发展,人们对生活质量的追求不断提高,心理健康不仅作为一种现代观念,而且作为一种现代能力,日渐渗入人们的生活。对许多人来说,心理健康不仅意味着没有心理疾病,也不仅预示着心理咨询或心理治疗,而是作为一种现代观念渗透在生活态度和生活观念中。

6.1.3 大学生心理健康的表现

刚刚步入大学校园的大学生们,生理和心理都处于急剧的变化中。综合国内外研究成果和当前社会文化背景以及大学生特有的心理特征,大学生心理健康的表现,综合表现为以下7个方面。

1. 身心感觉良好、能够适应大学生活和社会生活

自我感觉是否良好,是判断大学生心理健康与否的基本条件。身心是一个整体,自感精力充沛,自我健康的心理需要基本上能得到满足,是心理健康的表现。进入大学后,大学生们要能够完成由中学生向大学生的转变,适应大学的学习特点和方法,适应大学里的人际交往,适应大学所处的自然环境和社会环境。

2. 应具有正常的智力、健全的意志、稳定协调的情绪

由于大学生的主要任务是学习,因此正常的智力是大学学习的基本条件,也是大学生心理健康的标志之一。心理健康的大学生还应当是情绪协调的人,他们心情愉快,情绪稳定,心境积极,快乐有度,悲伤有制,能够做到胜不骄败不馁,即使遭到挫折与失败,也能用理智调节和控制自己。

资料链接 6-1

烂铁与珠宝

  一对年过六旬的夫妇,在退休后,为了物质的问题产生歧见而大吵特吵。妻子要大事装修年代久远的老屋,而丈夫执意不肯。丈夫意兴阑珊地说:"我们已年过半百了,大兴土木,劳民伤财,最多也只能住上那么一二十年,何苦呢?"妻子意气高昂地反驳:"正因为我们只剩下那么区区一二十年,我要把屋子弄得漂漂亮亮的,让每个日子都过得舒舒服服!"

  他们的对话使我不由地想起以前曾在《读者文摘》上读及的两句话:悲观者提醒我们百合花属于洋葱科,乐观者认为洋葱属于百合科。当你"自我践踏"地把日子看成是破铜烂铁时,你的日子也许是锈迹斑斑,残残缺缺的;但是,当你"珍而重之"地把岁月视为金银珠宝时,那么,你所拥有的每个日子,都是晶光灿烂的,圆圆满满的。

  像上述那对夫妇,对于人生,便有着截然不同的看法。丈夫将余生看成是残余的岁月,随便凑合着过,没有目标,没有憧憬,有的,只是小鸡的等待——等待那个永远的约会悄悄地来临。然而,妻子呢,却把黄昏岁月看作是人生另一阶段的开始,她要充分地利用、尽情地享受;可以预见的是她的日子,将是熠熠生辉的——夕阳无限好,黄昏又何妨。

  实际上,我们内在的思维,往往能够左右我们实际的生活。

  资料来源:尤今,孙洪军.意林体作文素材大全[M].长春:吉林出版集团,2014.

  3. 在个性方面应具有健全和谐的人格

  人格健全的大学生在思维模式、行为方式和情感反应等方面表现出积极、协调,凡事能从积极乐观的方面去考虑。在行动的自觉性、果断性、顽强性和自制力等方面都表现出较高的水平,在困难和挫折面前能采取合理的反应方式,具备面对失败的不屈性、面对厄运的刚毅性、面对困难的勇敢性。

  4. 学生的心理特征还应符合其年龄特征和性别特征

  在人的一生中,不同的年龄阶段有不同的心理特征和行为表现,同时,男性和女性在社会生活中也有相应的性别角色特征。一个心理健康的人,其心理特征和行为表现必须符合其相应的年龄特点和性别特征。

  5. 具有良好的人际关系

  具有和谐的人际关系的大学生,应乐于与人交往,有稳定而广泛的人际关系。在交往中不卑不亢,保持独立完整,对他人尊重、诚挚、热情,富于同情心和友爱心。在群体中,一方面具有合作和竞争的协调意识,既不强迫别人的意志,又能向他人提出自己的看法;另一方面具有独立自主的意识和能力,既不随意附和他人,又能适当听取他人的意见。

资料链接 6-2

你得到了尊重,我得到了自豪

  很多西方的跨国企业在中国都成立了合资公司,而且相较于与其他国家的合作,在中国的合资公司显得更加成功,此事引起了西方商业界的高度重视。一天通用公司的老总去哈佛给MBA学员授课,有位学员提出了疑问:"先生,为什么您的公司与中国上海汽车的合作如此成功,请问是否有什么秘诀?"

  通用的老总回答:"因为我们彼此尊重各国的文化,两国文化在合资公司中都能受到优先的尊重,所以合作起来非常顺畅。"

那位学员不太理解:"两国的文化总是有冲突的,在一家公司中总有先后,怎么可能同时受到尊重而又互不影响?"

通用的老总笑了:"这很简单,因为中美文化的互补性强,比如,我们每个人都很重视自己的姓名,中国人姓在前,名在后,我们美国人则相反,我们成立的合资公司叫——上海通用,中国人觉得他们受到了尊重,因为这家公司姓上海;我们也觉得非常自豪,因为这家公司姓通用。"

资料来源:云弓.你得到了尊重,我得到了自豪[J].意林,2011(16).

6. 热爱生活和学习

对自己的能力有充分的信心,对生活、学习中的各种困难和挑战都能妥善处理,对自己的学习、日常生活中碰到的各种困难和问题,能用有效的方法去妥善地解决,能较好地适应外部的变化,不论变化会给自己带来直接或间接的某种影响,不论环境和个人遭遇的优劣,都能面对现实,较好地调节自己的心态,以积极的态度适应环境。

7. 具有生存意识、竞争意识和创新意识

现实社会是一个充满竞争的世界,任人唯能、任人唯贤、优胜劣汰是不可逆转的社会大趋势。大学生要有危机感、要具有生存意识。当然,在竞争中难免会遇到各种障碍和挫折,这就需要理智地分析受挫原因,通过自我调适或者寻求心理咨询,及时地排解心理矛盾,心理活动始终保持健康水平。

6.2 大学生心理健康现状及存在的问题

6.2.1 大学生心理健康的现状

近几年来,大学生心理健康教育问题逐渐凸显出来。近几年因心理问题不能正常学习和生活而休学或退学的学生人数有逐年上升的趋势。并且,大学生心理问题有着明显的阶段性。"一年级集中表现为对新生活的适应问题,兼有学习问题、专业问题、人际交往问题;二年级出现的问题依次为人际交往、学习与事业、情感与恋爱;三年级集中在自我表现发展与能力培养、人际交往、恋爱与情感问题;四年级则以择业问题为多数,兼有恋爱问题、未来发展和能力培养问题等。"大学生作为一个承载社会与家长高期望值的群体,其面临的心理压力明显高于其他同龄群体,是心理健康问题的高发群体,在生活、交往、成长、情感等方面产生的心理健康问题日益突出。

6.2.2 大学生心理健康存在的问题

大学生心理问题综合起来大体可以分成两大类:一类是一般性的成长心理问题,有心理障碍倾向但并不严重;另一类则是出现了程度不等的心理障碍。

资料链接 6-3

心理健康水平

人的心理健康水平大体可分为以下三个等级。

一是一般常态心理,表现为心情经常愉快,适应能力强,善于与别人相处,能较好地完成与同龄人发展水平相适应的活动,具有调节情绪的能力。

二是轻度失调心理,表现出不具有同龄人所应有的愉快,与他人相处略感困难,生活自理能力较差,经主动调节或通过专业人员帮助后可恢复常态。

三是严重病态心理,表现为严重的适应失调,不能维持正常的生活和工作,如不及时治疗可能恶化成为精神病患者。

成长心理问题主要包括:环境改变与心理适应的问题,学习心理调适不当而出现的心理问题,情绪控制、自我认知、人格发展、意志品质锻造能力的相对较弱而造成的人际交往、恋爱、性心理等方面出现心理与行为的偏差问题。成长心理问题是当前大学生心理存在的主要问题。

大学生心理障碍是指各种心理及行为异常情形,根据严重程度,心理问题分为心理困扰、心理障碍和精神病三种。心理困扰主要是指各种适应问题、应激问题、人际关系问题等;心理障碍主要是指神经症、人格异常和性心理障碍等轻度失调。

事实上,大学生中有心理障碍的学生并不多,多数学生遇到的都是成长心理问题。但是,即使成长心理问题也会在很大程度上影响学生的发展,而且对一般性心理困扰若不及时调节和疏导,持续发展下去就可能导致心理障碍或精神疾病。

目前,大学生常见的心理问题主要表现在以下几个方面。

1. 学业问题

学习压力大,学习动力不足,学习目的不明确,学习成绩不理想,学习困难等学业问题始终困扰着大学生。主要表现在以下四个方面。

(1) 学习动力不足

在大学生生活事件量表中,列在第一位的是学习压力大。调查结果表明:有69.6%的新生和54%的老生感到"学习难度加大,非常困难";在座谈中问到学生为什么学习时,学生淡淡地说:"为学习而学习。"一位大二学生也写道:"学习始终不能进入状态,总感到是在巨大的考试压力下被动地学,而静下来想为什么学时,会感到很苦恼。"特别是一年级学生,认为"学习负担重,难以应付"的占70.4%。

(2) 学习目的不明确

自习路上永远有匆匆的身影,但仔细考虑学生的学习目的却不能得到令人满意的答案。很多同学为了应付不得不参加的考试而学习。有的学生甚至直截了当地回答:为了能够考试过关,至于为什么学心中没有底。一位学生这样写道:"在中学时代,各方面表现都很出色,进入大学后,沿着中学的惯性学习,尽管成绩还算理想,但学习虽然努力却常常感到心力交瘁,学而无所获。"更多的学生是懒得精益求精,但求蒙混过关。面对人才市场的巨大压力,很多学生也感到内心的危机感,但真正要努力学习,却提不起精神来。

(3) 学习成绩不理想

学习困难的学生虽然在大学生群体中占的比例并不大,但他们的负性情绪,对学生的成长是不利的,有的学生上课注意力无法集中,有的学生不适应大学生生活,"小学、中学都是尖子学生,到大学后一下子变为普通学生,个人约束力又差,自制力弱,大学期间较为放任,因而学习差了。""虽然学习上很尽力,上大学就是为了求学,而学习成绩总是不理想,因而感到很自卑,也十分压抑。"调查中有42%的学生经历过考试失败,我们随机抽查了一个30人的大四工科班级成绩,在七学期中,有63门次不及格,人均2.1门次,不能不引起重视。

(4) 学习动机功利化

市场经济的利益杠杆直接影响着学生的学习,对于学习,学生表现出空前的功利意识。对还没有学的课,学生问的第一个问题是"我学习这门课有什么用?"因而出现了专业课、基础课门前冷落车马稀,而技能类课程如计算机、外语、股票各种各样的证书班摩肩接踵、门庭若市的明显对比。"考证热"正是学习功利化的直接表现。学生充分了解到市场对各种证书的青睐,因而放弃了专业课的学习去追逐各种有用的证书。

2. 情绪问题

稳定的情绪、积极良好的情绪反映,是学生成才很重要的因素,也是学生心理健康中值得重视的问题。

(1) 抑郁

抑郁是指个体心中持久的情绪低落为主,常伴有身体不适、睡眠不足等,心情压抑、沮丧、无精打采、什么活动都懒于参加,什么事也提不起精神来,逃避参与。中国矿业大学连续三年对新生进行心理健康测试,结果表明:列在第一位的心理不适是抑郁,家庭经济状况差、家庭亲和感差、失去亲人、失恋、考试失败、同学感情失和等都是抑郁的直接诱因。

(2) 情绪失衡

大学生的社会情感丰富而强烈,具有一定的不稳定性与内隐性,表现为情绪波动大,高低不定,喜怒无定。会因一点小小的胜利而沾沾自喜,也易为一次考试失败、情感受挫而一蹶不振,甚至无法控制自己的情绪,特别是负面情绪的控制相对较弱。个体负面情绪表现为情绪高低不定,易怒,难以驾驭自己的情感,不能保持一种常态的情绪,如一次考试失败,有的学生很难从失利的阴影中走出;群体负面情绪又是校园事端的直接制造者。如某大学十年的违纪处分的71例中,打架的占到45%,多数因为生活中小的摩擦,学生的群体情绪一旦激发,很难受到理性与校纪校规的约束,为"朋友而战","为"义气而战",等情绪稳定下来,又多是后悔莫及。学生对大学生活的评价认为"充实"的仅占14.2%,负面情绪明显高于正面情绪。

3. 人际关系问题

良好的人际关系是学生成长与社会化过程中的重要组成部分,也是保持良好心理状态的必备条件。

(1) 人际关系不适

进入大学,远离原来熟悉的生活与学习环境,面对新的人际群体,学生多少有些不适。部分学生对大学的师生关系、同学关系、异性之间的关系显得很不适应。一位新生感叹说:"在大学,没有一个可以谈得来的朋友,心里真的感到好孤独。"一方面,有的学生从未离开过家庭,在父母的呵护下成长,对于如何关心别人,得到朋友的关心想得较少;而另一方面,学生又希望别人的认可。"心里话儿对谁说?"成为学生普遍的困惑。在"目前,你感到最苦恼的事"中,有80%的学生涉及人际关系。

(2) 社交不良

大学生活在一定程度上给学生创造了一个小社会的环境,可以充分地展示自我,展示大学生的风采。部分学生缺乏在公众场合表达自己思想的能力与勇气,面对各种各样的活动,充满了兴趣,却又担心失败,只是羡慕而积极参与的不多,久而久之,开始回避参与,感叹"外面的世界很精彩,外面的世界很无奈",特别是到周末,学生普遍感到无处可去,甚至出现了"周末恐惧症""盼周末,又怕过周末,那种孤寂的感觉真难受",直接影响了学生潜能力的充分发挥。

资料链接 6-4

人际关系对事业的影响

很多成功的商界人士都深深意识到了人际关系对自己事业成功的重要性。曾任美国某大铁路公司总裁的 A.H.史密斯说:"铁路的 95% 是人,5% 是铁。"美国钢铁大王及成功学大师卡耐基经过长期研究得出结论说:"专业知识在一个人成功中的作用只占 15%,而其余的 85% 则取决于人际关系。"所以说,无论你从事什么职业,学会处理人际关系,掌握并拥有丰厚的人际关系,你就在成功路上走了 85% 的路程,在个人幸福的路上走了 99% 的路程了。无怪乎美国石油大王约翰·洛克菲勒说:"我愿意付出比天底下得到其他本领更大的代价来获取与人相处的本领。"

(3)个体心灵闭锁

大学生的心灵闭锁主要表现为以下几种心理。

① 自卑心理。自卑是人际交往的大敌。自卑的人悲观、忧郁、孤僻、不敢与人交往,认为自己处处不如别人,性格内向,总觉得别人瞧不起自己。这种心理主要是由以下几种原因引起:过多的自我否定、消极的自我暗示、挫折的影响和心理或生理等方面的不足。像有的学生身材矮小、相貌丑陋、出身低微、学习差等。

② 孤独心理。孤独是一种感到与世隔绝、无人与之进行情感或思想交流、孤单寂寞的心理状态。孤独者往往表现出萎靡不振,并产生不合群的悲哀,从而影响正常的学习、交际和生活。这种心理主要由以下几种原因引起:性格、过于自负和自尊、挫折。有句话说的好:水至清则无鱼,人至察则无徒。自尊、自负、自傲都会引起孤独的产生。

③ 嫉妒心理。嫉妒是在人际交往中,因与他人比较发现自己在才能、学习、名誉等方面不如对方而产生的一种不悦、自惭、怨恨甚至带有破坏性的行为。特点是:对他人的长处、成绩心怀不满,抱以嫉妒;看到别人冒尖、出头不甘心,总希望别人落后于自己。嫉妒还有一个特点:就是没有竞争的勇气,往往采取挖苦、讥讽、打击甚至采取不合法的行动给他人造成危害。这种情况严重阻碍了大学生的心理健康和交际能力,给大学生成人和成才带来了莫大的困难,因为嫉妒会吞噬人的理智和灵魂,影响正常思维,造成人格扭曲。

④ 报复心理。所谓报复,是在人际交往中,以攻击方法发泄那些曾给自己带来挫折的人的一种不满、怨恨的方式。它极富有攻击性和情绪性。报复心理和报复行为常发生在心胸狭窄、个性品质不良者遭到挫折的时候。因为报复者常常以弱者的身份出现,他们没有足够的心理承受能力和公开的反击能力,所以只有采取隐蔽的方式来进行报复。这种心理给报复者的人际交往带来了莫大的阻力和压力。

4. 焦虑问题

学生的焦虑具有一定的代表性,其来源并非现实的威胁,而是内心,无明确的客观对象和具体内容。主要表现在自我焦虑与考试焦虑。

（1）自我焦虑

青年时期比任何年龄更关注自己在他人尤其是异性心目中的形象，由于受各种因素的影响，会产生各种各样的焦虑。有的学生担心自己长得不够漂亮，不能获得异性的好感，甚至部分女生因没有男生追求而苦恼；有的学生总感到自己的先天条件不够理想，因而非常自卑，不能建立自己的社交形象与公众形象。

（2）考试焦虑

所谓考试焦虑，是指在一定的应试情境激发下，受个体认知评价能力、人格倾向与其他身心因素所制约，以担忧为基本特征，以防御或逃避为行为方式，通过不同程度的情绪性反应所表现出来的一种心理状态。它是一种急性焦虑。考试焦虑在大学生中普遍存在。

5. 情感问题

爱情、友情、亲情是学生情感方面的三个重要问题。

（1）爱情困扰

爱情虽然在大学并非一门必修课，学生仍然从各个方面开始自己的情感之旅。恋爱是美好的，但有恋爱就有失恋，许多学生可以享受爱情拥有时候的美好，却承受和处理不好失恋的痛苦和挫折。另外，大学校园"专业恋爱、业余学习"的情况并不是个别现象，严重影响了大学生学业和与其他同学之间的正常人际交往。

（2）友情困扰

大学生对美好的友情有着强烈而迫切的要求，同学友情是大学生人格建构和情感支持的重要内容。但随着社会的发展变化，大学生在社交目的上也趋于"理性化"，选择什么样的人交朋友，并不纯粹是出于情感和志同道合，友情关系趋向多元化和复杂化。友情关系也因而呈现出稳定性增强而亲密性降低的基本特征。自卑、嫉妒、猜疑等一系列心理疾患困扰着大学生，由此而引发的大学生问题行为和犯罪现象向整个社会亮起了警灯。

（3）亲情问题

远离家乡到异乡学习的大学生是家长父母的牵挂，但高校校园内大学生和高中故友或恋人网聊或者煲电话粥的现象频繁，而和父母的电话却稀少，即使是和父母通电话，也是例行公事般几句简单的寒暄和问候就草草结束了。对父母给予的关心、爱护，学生习以为常地认为是理所当然，殊不知父母也渴望得到子女的问候和关心。

6. 性教育问题

性教育是道德教育、文明教育、健康教育，也是人格教育，基本得到了社会各界的认同，但性生理与性心理方面的问题并未得到很好的解决。

青春期性生理的成熟，必然带来相应的心理变化，渴望获得异性的好感与承认，产生性幻想、性冲动等，这是正常的心理反应。但由于性教育的严重缺失，很多学生不能正确认识自我的性反映，产生了堕落感、耻辱感与性罪错感，把性与不洁联系起来。而性的好奇、性无知、性与爱的困惑以及由于性行为引起的后果及产生的心理压力，也是值得引起重视的问题。

7. 特殊群体学生的心理健康问题

(1) 独生子女

独生子女大学生有着自身的特点,一方面,他们一般都有较好的家庭条件,缺乏直接的竞争压力与经济压力,是大学生中"洒脱"的一部分学生;另一方面,由于在家庭中受到过多的呵护,他们的独立生活能力、自立能力、进取意识显得不足,对集体生活不适应,考虑他人较少,而考虑自己则很多;对生活质量的期待与要求较高,而对人生理想的追求则不够高。据一项关于城市独生子女的人格发展与教育的调查结果表明:独生子女存在成就需要弱、心理较脆弱、自立能力弱等问题。由于缺乏生活锻炼和独立生活能力,太多的不习惯和生活中的独立性给他们造成不小的压力。他们过分关注自我,注重自我在人际交往中的地位,对别人缺乏关心和谅解,导致了人际交往中的自命不凡和过于敏感挑剔,从而导致性格孤僻和心理焦虑。

(2) 特困生

自卑与自尊的矛盾性是特困生的心理特点。伴随经济的发展和教育成本的提高,学费标准逐年提高。不少自尊心较强的特困生,由于理想与现实的差距而形成自卑心理。此外,由于自卑,导致一些大学生自轻、自贱、自我鄙视,对自己持有完全否定的态度和情感体验,缺乏生活的积极性和主动性,抑郁孤僻,自我封闭;在人际交往中也表现出沉默寡言、孤僻和不合群的特点,在独立性、未来感、自由感、自信心等方面更容易受挫折。但作为一个自我意识已经成熟的个体,他们又有强烈的自尊要求。因此,对涉及自己的事情非常敏感,容易形成情绪和情感上的强烈波动。由于这种心理特点,使特困生在人际交往和群体活动中存在不同程度的困难,表现出明显的不确定性和不稳定性。他们有融入群体的强烈愿望,但又往往因为自身的问题导致矛盾和冲突;他们有得到周围环境支持的心理需求,却又不愿接受他人的同情和怜悯,从而影响心理健康。

6.3 大学生心理健康的影响因素

大学生群体,一个看似轻松,事实上却承受着巨大压力的群体,学业、生活、情感、就业多重大山的压迫下,近年来,大学生心理问题引发的暴力事件、自杀事件或休学、退学现象屡见不鲜。中国疾控中心提供的数字表明,全国16%~25.4%的大学生有焦虑不安、神经衰弱和抑郁情绪等心理障碍。

6.3.1 社会因素

1. 社会竞争的压力

市场经济中的激烈竞争在促进社会各方面飞速发展的同时亦造成了一系列的社会问题。这使大学生在心理上产生了诸多矛盾,甚至切身感受到社会转型期的阵痛,再加之紧张的生活节奏和巨大的工作压力,更容易导致大学生精神压抑、身心疲惫,甚至形成心理疾患。

2. 信息矛盾引起的认知问题

大学生正值长身体、长知识、学做人时期。正处于世界观、人生观、价值观的形成过程中,可塑性强。随着网络信息时代的到来,各方面信息纷繁复杂,良莠共存,而大学生由于思想不成熟,缺乏经验,智力支持不足,导致对信息的加工处理能力不强,使理论与现实产生激烈的矛盾冲突,这些矛盾和冲突得不到及时解决,就会产生心理障碍或问题。

6.3.2 学校因素

1. 生活环境的压力

生活环境的变化是促使整个人心理发生变化的基础。从中学到大学,令人感触最深的莫过于换了一个环境,开始过独立的但又是集体式的生活。它要求大学生们既要做到生活自理,又要有奉献精神。但由于当代大学生绝大多数都是独生子女,不少人往往会因第一次离开父母、家庭而缺乏生活自理能力和过不惯集体生活、孤独寂寞而感到压抑和焦虑。

2. 学习环境的压力

大学生的学习压力相当一部分来自于所学专业非自己所爱或所愿,这使他们长期处于冲突与痛苦之中;课程负担过重,学习方法有问题,精神长期过度紧张也会带来压力;另外还有参加各类证书考试及考研所带来的应试压力等。精神长期处于高度紧张的状态下,极可能导致大学生出现强迫、焦虑甚至是精神分裂等心理疾病。

3. 个人情感的压力

目前,我国大学生正值青年中期,对性的问题比较敏感。他们渴望与异性交朋友,渴望得到异性的友谊甚至爱情。但由于其生理早熟和心理滞后之间的矛盾往往导致需要爱与理解爱之间的偏差。这些来自情感的压力,一旦不能得到及时而有效地缓解和调适,就可能引起心理失衡,严重的会导致精神类疾病。

6.3.3 家庭因素

1. 父母期望值的压力

当今社会,家长的望子成龙心态普遍存在。为了子女的升学,诸如考大学、考研究生或出国留学等,许多家长都是煞费苦心,不惜一切代价。这样一种来自父母的强烈期望,一方面可以成为大学生们勤奋学习的动力;但另一方面也可能适得其反,成为大学生难以承受的心理负担。

2. 家庭关系和教育方式的压力

家庭成员间的语言及人际氛围直接影响着家庭中每个成员的心理,对于处在个性形成期的大学生的影响更具有特殊意义。父母的教养态度、教养方法和人格气质类型直接影响着孩子的行为心理,潜移默化而非一味宠爱的,开明的而非专制的,民主平等而非居高临下的命令式的家庭教育才能有利于学生心理的健康发展。

6.3.4 自身因素

1. 理想与现实的冲突

大学生对未来充满了种种美好的向往,希望将来能发挥自己的才能,成为举足轻重的人物。然而,现实社会与自己心中的期望反差很大,特别是当今社会正处于社会转型期,面临多元化的价值观以及就业的压力等,使许多大学生不能迅速找到自己的人生坐标从而陷入矛盾冲突之中。

2. 独立与依赖的冲突

大学生自我意识大大加强,他们渴望享受自由的无拘无束的生活,但因处于学习阶段,在经济上不可避免地仍要依赖父母。另外,由于在学校生活仍不可避免地依靠学校与老师,所以他们还是缺乏独立生活的经验,不能真正依靠自己的力量来独立解决生活中遇到的一些问题,恰当地处理社会交往中的各种关系。这种情形不可避免地造成独立和依赖的矛盾。总之,深入地探究大学生存在的心理问题及其产生的原因,对社会和高校有针对性地提高大学生的心理素质,预防和根治当代大学生心理问题是十分重要的。

总之,应通过营造以学校为中心,家庭、社会共同参与的整体教育网络,构建完善的心理咨询体系,加强心理咨询工作,建立大学生心理档案预警机制等途径,给学生提供宽松、健康、以人为本的学习和生活环境,帮助学生成为身心健康的栋梁之材。

6.4 大学生健康心理观的培养

6.4.1 积极的社会支持

社会支持是人与人之间的亲密联系,这种联系是客观存在的或人们能感知到的,他们能与他人交流、被关心、被接纳、被爱、有价值感,并在他们需要时给予帮助。因此,社会支持不仅仅是一种单向的关怀或帮助,它在多数情形下是一种社会交换,是人与人之间的一种社会互动关系。积极的社会支持与大学生的心理健康水平呈现正向关系,即高的社会支持有助于提高大学生的心理健康水平。

1. 社会支持的作用

(1) 有利于缓解大学生个体心理压力

充裕的社会支持有益于减缓生活压力,有益于个体身心健康,提升幸福感;相反,社会支持的短缺,有可能使个体生活的压力、精神的压力难以化解,导致身心疾病。从社会层面来看,社会支持有助于缓和个人与社会的矛盾,有利于个人与社会的和谐共处。大量研究也证明了良好的社会支持与社会技能、工作绩效、自我概念的正向发展有显著的相关关系;匮乏的社会支持与惰性、焦虑、压抑等负面情绪之间有着显著的相关关系。

(2) 有利于增进大学生个体心理健康

社会支持是建立在社会网络系统上的各种社会关系对个体主观和客观的影响,是以动态的、多纬度的人际关系的形式出现的。良好的社会支持系统可以使人们获得一种归宿感,深刻体会自身的价值,甚至成为行动的重要推动力。马斯洛的需求层次论认为人有生理需求、安全需求、社交需求、尊重需求和自我实现的需求。而这些需求只有在良好的社会支持系统中才能得到更好的满足。友爱和谐的人际关系可以温暖人,从而激发人的积极性和创造性。冷漠、排斥、充满敌意的人际关系会使人压抑、焦虑,阻碍人的潜能发挥。因而,社会支持系统不仅影响着大学生的心理健康,而且还影响他们大学期间的学业和工作的成败。

2. 实现社会支持的途径

(1) 家校交流合作机制的完善

由于空间距离、传统观念等因素的影响,长期以来我国高校与学生家庭的联系比较欠缺,高校和家庭相互主动沟通的情况比较有限。目前一般都是在学生出现了学业、心理、行为的问题之后,高校才会主动联系家长,家长也才会主动寻求学校的帮助。有必要建立一个高校与家庭、学校教师与学生家人定期交流互动的机制和平台。这个机制和平台既有利于学校及时掌握学生家庭的基本情况和突发情况,在教育、管理中做出及时的、针对性的补充支持,也有利于家庭及时知道学生在校的基本情况、突发情况,并且了解学校支持系统的资源和优势,主动加以利用。

(2) 同辈群体支持的机制完善

同辈群体是距离心理危机学生个体最近的人群,一般也是学生个体寻求社会支持的第一人选。无论是在发生危机前对学生个体信息的及时掌握,还是在危机处理过程中支持的提供,以及危机发生之后的一些善后工作,同辈群体在社会支持系统中都发挥着不可替代的作用。但是,提供心理危机的社会支持需要一定的专业知识、技巧,更需要较为长期的服务和奉献精神,而目前大多数高校学生并不具备充分的知识、技巧、经验和思想准备。高校要建立起培养大学生同辈群体对心理健康工作提供支持的常规机制,包括人道主义的精神培养机制、知识经验的传授机制、较长期提供支持的激励机制。

(3) 多主体心理健康服务推广机制的建立

首先,高校心理咨询和专业治疗水平的发展。近年来,高校在心理健康教育、宣传、专业心理咨询和治疗的工作方面有了显著的发展,为大学生提供了更优质、更充足的心理健康服务。其次,朋辈心理健康宣传和服务队伍的建立。在高校中,已经有意识地在大学生群体中建成了一支学生心理健康宣传、教育、服务队伍,包括心理专业学生、心理社团成员、班级心理委员、心理信息员等组成的有梯队结构的学生群体。他们可以承担一部分针对普通学生、学生家长、其他相关人员的心理健康知识传播和服务工作,具有重要的现实意义。再次,学生心理健康教育工作家长委员会的建立。建立各级学生心理健康教育工作家长委员会(校级、学院级、班级),积极动员家长力量为学生心理健康教育服务,献计献策,提供信息,提供资源。并通过这个平台,组织学生家长之间进行自助和互助式的心理健康教育的宣传、培训。

6.4.2 高校要积极开展大学生心理健康教育

1. 大学生心理健康教育的重要性和紧迫性

(1) 加强大学生心理健康教育是全面推进素质教育,培养高素质人才的迫切要求

高等学校担负着培养高素质人才的光荣使命,心理健康教育事关高等学校人才培养工作的成败。高素质人才,要有良好的思想道德素质、科学文化素质和身体素质,也要有良好的心理素质。事实说明,一个民族,没有振奋的精神和坚强的意志,不可能自立于世界民族之林。一个人,没有振奋的精神和坚强的意志,不可能成为高素质人才。我们可以从许许多多成功人士的身上发现,他们的共同之处就是,不仅有扎实的知识素养,较强的专业能力,而且有良好的心理素质。而那些事业失败、人生遭受挫折的人,也往往是与其情感意志比较脆弱,经不起困难、挫折、挑战和考验有关。所以,心理问题以及心理健康教育问题,越来越为社会所重视,为广大青年学生所认识。加强大学生心理健康教育,培养大学生良好的个性心理品质,提高大学生的社会适应能力、承受挫折能力和情绪调节能力,促进他们的心理素质与思想道德素质、科学文化素质和身体素质的全面协调发展,是新时期培养高素质人才的迫

切需要。

(2) 加强大学生心理健康教育是以学生为本,满足学生成长成才的迫切要求

大学生是学校教育培养的对象。以人为本,不断满足学生发展的多方面需要,促进学生全面成长成才,成为中国特色社会主义事业的合格建设者和可靠接班人,是高校一切工作的出发点和落脚点,是实践"三个代表"重要思想的根本要求和具体体现。当代中国大学生大多为独生子女,他们是一个承载社会、家庭高期望值的特殊群体。他们自我定位比较高,成才欲望非常强,但社会阅历比较浅,心理发展并不成熟,极易出现情绪波动。随着经济社会的发展,特别是涉及大学生切身利益的各项改革措施的实行,大学生面临的社会环境、家庭环境和学校环境日益复杂。他们面临的学习、就业、经济和情感等方面的压力越来越大,不可避免地会形成各种各样的心理问题,急需疏导和调节。我们要按照贴近实际、贴近生活、贴近学生的原则,进一步加强和改进大学生心理健康教育工作。

(3) 加强大学生心理健康教育是加强和改进大学生思想教育工作的迫切要求

大学生正处于人生发展的重要时期,大学阶段是世界观、人生观、价值观形成的关键时期。对于在校大学生来说,他们在成长过程中遇到的困难和矛盾,产生的困扰和冲突,会形成这样或那样的心理问题。而这些心理问题又往往同他们世界观、人生观、价值观的形成交织在一起。心理问题,是世界观、人生观、价值观问题在心理方面的反映。心理问题的解决,从根本上讲要以树立正确的世界观、人生观、价值观为前提。反过来,心理问题的存在,也必然影响正确世界观、人生观和价值观的确立。因此,加强和改进大学生思想教育工作,要在理想信念、思想品德、行为养成、心理健康等各个层面全面展开,使思想教育与心理健康教育互相补充、互相促进。要紧紧把握大学生的思想脉搏和心理特点,遵循思想教育与心理健康教育的规律,将大学生心理健康教育与大学生思想教育紧密结合起来。在日常思想教育工作中,要注意区分学生的思想道德问题与心理问题,善于对学生的心理问题有针对性地进行辅导或咨询,对有心理困扰、心理障碍的学生提供及时必要的帮助。在心理健康教育工作中,要以辩证唯物主义和历史唯物主义为指导,既要充分认识心理健康教育的重要作用,又要防止孤立地、片面地夸大心理及其教育的作用,确保心理健康教育工作沿着正确方向发展。

2. 开展大学生心理健康教育的途径

(1) 要转变观念

高校领导及教师要清醒地意识到大学生心理健康教育的重要性和紧迫性,要为开展大学生心理健康教育工作提供必要的条件。

(2) 普及心理健康知识

引导大学生正确对待人生完善人格,帮助解决大学生遇到的各种心理困扰和问题。

(3) 广泛开展心理普查

对健康问题的早发现、早确诊、早治疗是维护个人健康的重要手段,对已经出现严重心理问题的学生,应该积极开展心理咨询和治疗,但是对于潜在的,以及尚未发现的个案则需要通过定期的心理普查才能及时发现,特别是对于某些求助欲望不强的学生,只有这样才能尽早发现问题和苗头,从而让意外事故发生的概率降到最低。

(4) 建立大学生心理健康档案

要了解每个学生的身心健康状况,掌握他们的内心动态,为他们提供相应的咨询服务。

同时做到对心理问题的早期发现和预防,才能真正了解学生的思想状况,解除心理困惑。最后,加强队伍建设。高校可以建立心理健康辅导培训学校,对从事心理健康教育的学生干部、教师和辅导员开展规范、系统的心理学培训,通过多角度思考开拓学生解决问题的思路,通过培训手段来应对大学生的心理问题,以形成高质量的心理健康教育队伍。

6.4.3 大学生要自觉培养健康的心理

1. 大学生培养健康的心理的重要性

(1) 健康的心理是大学生学习科学文化知识的基本前提

和以往的大学生相比,当代大学生处在一个竞争更加激烈,使命和责任更加繁重,社会期望值更高的社会环境中,面临的压力自然就会大一些。加之大学生处在18~25周岁的年龄段,身心发展尚未完全成熟。我们生活在一个物质条件较以往要优越的环境,但由于缺乏社会生活的锻炼和磨砺,心理承受力比较脆弱,看待和处理问题容易简单化、情绪化,在各种压力和问题面前容易心理失衡。有调查表明,高校学生的心理健康水平略低于社会一般人群,是心理疾病的易发、高发群体。高发期是大学一、二年级和四年级。近年来,全国高校学生中因心理疾病导致的杀人、自杀、自残等问题比比皆是。尽管这些情况目前只发生在少数学生身上,但至少说明了这样一个道理:健康的心理是大学生正常学习科学文化的一个基本前提。

(2) 健康的心理有利于提高大学生综合素质

综合素质一般包括思想道德素质、科学文化素质、身体素质、心理素质。这四方面素质之间是相互联系、相辅相成、相互渗透的。片面强调其中某一方面而忽视其他方面,或强调其他方面忽视其中某一方面,都会造成大学生综合素质的缺失。

(3) 健康的心理是大学生适应社会、成就事业的基础

当今世界,综合国力的竞争日趋激烈。世界各国为了在经济、政治、科技、军事的竞争中处于有利地位,纷纷将注意力放在了人才的培养上。因为,经济、政治、科技、军事的竞争归根到底是人才的竞争,而人才的竞争归根结底又是人才素质的竞争。在人的所有素质中,心理素质处于重要的基础地位。特别是在一些高风险、强对抗的领域,对人心理素质的要求更高。

2. 大学生健康心理的培养途径

(1) 调适学习心态

学习是智力活动,也是一个复杂的心理活动,大学生学习的过程就是一个不断调整心理机制以不断挖掘自身潜能的过程。人都有一种内在的帮助其达到目标制导系统的能力,学习亦是如此。在漫长而艰苦的学习过程中,人的内心机制无时无刻不在起着支持调节的作用,随时从心理上调整修正个人和现实的关系,保持以最好的心理状态、最大的心理潜能去学习新的知识,探索新的未知领域。对此,大学生要明确并恰当设置学习目标。目标是人们活动所追求的预期结果,是激发人的积极性使之产生自觉行为的必要前提。大学生应当根据当前社会对人才的要求以及自己的实际需要来制定自己的目标,使学习的目的性更强,从而强化学习动力。在制定目标时,应注意把长期目标和近期目标结合起来,重点放在近期目标上。大学生在确定近期学习目标时,应掌握三个原则:一是求近不求远,即完成某项学习

是眼前的事,而非未来的事;二是具体明确而非笼统模糊,学习目标不明确,就不能做到有的放矢;三是分析个体的实际情况,使目标对个体具有适中的挑战性。

(2) 端正学习动机

学习动机是学生学习活动的主观意图,是推动学生进行学习的内在动力。大学生应该认识到学习不仅是自己的责任和义务,也是为了自己将来走向社会积累能力和资本,是提高自身价值的过程。未来的社会对人才的要求越来越高,大学生必须不断提高自身的综合素质和能力,要把眼下的学习与国家利益联系起来,与个人利益联系起来,把社会的客观要求变成自己的学习需要。只有在与社会需要相适应的动机促使下,才能产生学习的自觉性,激发起强烈的求知欲、稳定的兴趣和高度的社会责任感。

(3) 培养学习兴趣

学习兴趣是学习活动的认识倾向,它是学习积极性中最现实、最活跃的心理成分。学习兴趣是可以在学习过程中逐渐培养的。大学生应该把专业兴趣的培养和发展放在第一位。对于考取专业与自己兴趣相符的学生,可以在原有专业兴趣的基础上进一步发展自己对本专业的兴趣,大量阅读文献,了解本专业的学科分支、发展史以及前沿科学知识,扩展知识面;对于那些所学专业与自己兴趣不符的学生,可以通过与同学或教师讨论,了解本专业的特点和发展价值;通过社会实践、具体操作等方式,体验学习本专业的社会意义和乐趣,达到专业认同,增强勇气和自信。

(4) 掌握科学的学习方法

学习方法不当会使学习效果不佳,长期学习效果不佳会使学习动机减弱甚至消退。因此,要维持稳定持久的学习动力,就必须掌握良好的学习方法。这两者是互相影响、互为条件的。

(5) 参加校园文化活动

大学生可以根据自己的兴趣,有选择地参加一些自己喜欢的活动,如科技制作活动、数学建模活动、文化艺术活动、创新设计大赛以及社会实践活动等,这对激发自己的求知欲,增强自己的学习动力,尤其是内在学习动机具有重要意义。

3. 把控情绪

积极的情绪犹如清新的空气,让人心旷神怡、精神抖擞。消极的情绪就像一片片乌云笼罩着我们的心扉。虽然消极的情绪在某种程度上也有其社会适应等的功能,但是积极情绪能让我们感觉良好,它拓展我们的思维,它可以抵制消极情绪,更有益于我们的身心健康。因此对大学生来说,培养积极的情绪,提高自己的情绪管理能力,是通向幸福之路的必要准备。积极的情绪主要有喜悦、感激、自豪、宁静、兴趣、希望、敬佩、爱等多种形式。积极的情绪需要培养也可以培养,下面的建议可以帮助你提高自己的积极情绪。

(1) 学会宽容

"金无足赤,人无完人",任何人都有出错的时候,大学生要学会正确看待自己和别人的缺点和不足。当别人不小心冒犯了你,你只管抱怨、指责的话就是"要拿别人的错误来惩罚自己"。给他人犯错误的机会是体现大学生成熟心理素质的一个方面。

(2) 幽默与微笑

幽默是一种智慧,生活中幽默的人总会给自己和身边的人带来生活的乐趣。幽默是生活的调味剂,它能让我们每时每刻都能发现生命的美好。相反,刻板、封闭的人往往发现不到开心快乐其实就在身旁。当产生不良情绪时,一句适当得体的幽默话语,可以消除忧虑、稳定情绪,还可以帮助我们摆脱尴尬和困境、增强自信心。因此在大学生活中,可以有意识地增加自己幽默的成分。例如多读一些笑话和同学分享,面临一些特殊情境时,能机智地利用幽默增加气氛或者化解尴尬。真诚的微笑可以拉近人与人之间的距离,传达出一种友好和信任,这样可以增进彼此的交流,从交流中体验丰富多彩的世界。

(3) 建立和维持牢固的友谊

友情是大学期间比较珍贵的情谊,它是人类依恋情感的一种表现方式。大学生是特殊的群体,远离父母的时候,朋友便是获得情感支持抑或是物质帮助的重要源泉。大学生活的复杂多变会带给我们各种不同的体验,与朋友分享自己的心情,不管是快乐或是悲伤都会在一定程度上带给我们心灵的慰藉。与朋友建立稳固的情感联系在很大程度上满足了人的归属的需要,因此更容易使大学生感到幸福和满意。

(4) 坚持身体锻炼

体育锻炼可以带来积极的情绪状态。它促进人类心血管的健康和机能,大大提高人们的免疫力。有规律的锻炼会降低心脏病或一些癌症的发生概率,使人们长寿。长期锻炼可以使大学生降低焦虑和抑郁,提高学习的效率。因此大学生保持身体健康,有规律的锻炼是培养积极情绪的基本途径。

(5) 与大自然亲密接触

当大学生忙碌于学习的时候,有计划地给自己留出时间享受大自然是调节自己情绪的好方法。当沉浸在大自然中时,大自然的魅力会不由自主地吸引人们的注意力,让自己浮躁、焦虑的心慢慢地沉静。温暖的阳光、美丽的山水风景常常会带给我们积极的情感体验。

(6) 合理地宣泄

台湾作家罗兰在《罗兰小语》中写道:"情绪的波动对有些人可以发挥积极的作用。那是由于他们会在适当的时候发泄,也会在适当的时候控制,不使它们泛滥而淹没别人,也不任它们淤塞而使自己崩溃。"情绪的宣泄,特别是不良情绪的宣泄相当重要。从心理健康的角度讲,过分压抑自己的情绪只会使情绪困扰加重,不利于身心健康;适当地宣泄可以把不快的情绪释放出来,使紧张的情绪得到轻松、缓和,从而达到一种良好的情绪状态。宣泄的方式有很多,可以通过运动、呐喊、哭泣、写日记等来使自己压抑的心情得到释放。

(7) 乐于助人

帮助别人是人类快乐的一大源泉。俗话说"助人自助",如果在需要的时候你能勇于伸出自己的双手,给予他人力所能及的帮助,别人的感激会带给你莫大的快乐和欣喜。而且在你困难的时候,也会得到别人的关心和帮助,这样的友好互惠容易使人产生非常愉快的情绪;相反,如果与人关系冷淡,经常受到别人的轻视或冷遇,则会产生郁闷的情绪。因此,要想保持良好的情绪状态,就要适时表示自己的善意,真诚地与人沟通和交流,主动伸出友谊之手帮助他人,朋友自然会增多,隔阂自然会减少,心情越来越充满阳光。

总之,培养积极情绪的方法有很多种,除上述提到的以外,还可以通过做自己感兴趣的事情、听听美妙的音乐、学会感恩和珍惜等来让自己体验到积极的情绪,幸福的感觉。

4. 拥有和谐交往

人际交往能力是现代大学生所应该具备的重要素质,也是衡量一个人能否有效适应社会的一个最关键的指标。作为国家未来和希望的青年大学生,要想在不久的将来在这个充满竞争的社会中求得自己的一席之地,必须要学会与人打交道,学会与他人合作共事。

开放的现代社会,虽然人际关系打破了自然的联结,呈现出多元交叉的人际交往目的与方式,不同的人出于不同的需要进行不同的交往,不同的人以不同的方式去建立彼此的关系,但人际交往的本质不会变,遵循的人际交往原则不会变。

(1) 平等原则

生活在现实中的每一个人,无论职务高低、知识多寡、贫富差距、身体强弱、年龄长幼、性别不同,在人格上都是平等的。因此,在人际交往中大学生绝不能把自己高抬一寸,把别人低放一尺,有意与对方"横着一条沟,隔着一堵墙",给别人一种"拒人于千里之外"之感。

大学生往往个性很强,互不服输,这种精神是值得提倡的,但绝不能高人一头,更不能因同学的出身、家庭、经历、长相等方面的客观差异而对人"另眼相看"。

(2) 尊重原则

交往中的任何一方作为一个独立的个体都有自己的人格尊严,并期望在各种场合中得到尊重。尊重能够引发人的信任、坦诚等情感,缩短交往中的心理距离。一般而言,尊重包括尊重自己和尊重他人两个互相联系的方面。尊重自己就是在各种场合要自重自爱,维护自己的人格尊严;尊重他人就是尊重交往对方的人格、隐私、习惯与价值,承认或肯定他人的能力与成绩,不损伤他人的名誉和人格。这两个方面是互相联系的,不能只强调要别人尊重自己,只有尊重他人,自己才能得到他人的尊重。

(3) 真诚原则

人之相识,贵在坦诚。真诚是做人之本,是人际交往得以延续和深化的保证。大学生的性格特点决定了其人际交往的基础只能是人格平等,以诚相待。"善大,莫过于诚",热诚的赞许与诚恳的批评,都能使彼此间愿意了解、信任、倾诉、交心。大学生相处中的真诚表现在:当同学有困难时,能给以真心的帮助,给以温暖和支持;当同学有缺点时,能给以批评和劝诫;当同学犯错误时,能伸出友谊之手,给予他承认错误、改正错误的勇气、力量和信心。只有以自己一颗诚挚的心主动去靠拢和撞击对方的心,有了心的交流,才能使对方了解你、信任你,从而获得安全感,放心地与你交往,在交往中培育和发展良好的人际关系。

(4) 宽容原则

大千世界,芸芸众生,每个人都有不同的个性和爱好,而且人无完人。因此,大学生与人交往时,不能用一种标准去要求他人,更不能太苛求他人,人非圣贤,孰能无过?在人际交往中常会遇到一些不愉快的人和事,要学会宽容,学会克制和忍耐,学会以德报怨。宿舍交往中生活小事的磕磕碰碰不可避免,这个时候就需要每个同学以宽容的心态对待问题。否则,小的摩擦就可能酿成严重的后果。"学会原谅别人是美德,学会宽容别人是高尚。"有了这样的心境,就会有良好的人际关系,就会使每一天都快乐,就会广交朋友,正所谓"宽则得众"。

(5) 理解原则

"金玉易得,知己难寻"。所谓知己,即是能够理解和关心自己的人。相互理解是人际沟通、促进交往的条件。理解不等于知道和了解。就人际交往而言,你不仅要细心了解他人的处境、心情、特性、好恶、需求等,还要根据彼此的情况,主动调整或约束自己的行为,尽量给他人以关心、帮助和方便,多为他人着想,处处体恤别人,自己不爱听的话别送给人,自己反感的行为别强加于人。古人说:"己欲立而立人,己欲达而达人,己所不欲勿施于人。"当你在交往中,善解人意,处处理解和关心他人时,相信别人也不会亏待你。

(6) 互惠原则

互惠是指在人际交往中,双方都能满足各自的心理需要,同时获得一定的利益和好处。人们交往的动机在于使社会了解自己、承认自己,同时获得所需要的利益。交往所追求的目的之一就是维持一种"我为人人,人人为我"的互利关系。大量的实践证明:交往中的互惠性越高,交往关系越稳定、密切,即人际关系只有是双赢的、互利的,才是可持续发展的。若交往中只想获得而不给予,人际关系就会中断。对大学生来说,这种互助互利主要是体现精神、情感、文化方面的互相理解、支持和帮助。这种帮助可以是物质方面的,也可以是精神方面的;可以是脑力的,也可以是体力的。

美国汽车大王亨利·福特曾说过:"如果成功有秘诀的话,那就是站在对方立场来考虑问题,能够站在对方的立场,了解对方心情的人,不必担心自己的前途。"

5. 提高情感挫折承受能力

爱情、友谊、亲情受多种因素的制约,因而在追求爱情的过程中遇到各种波折是在所难免的。如果承受能力较强,就能较好地应付挫折,否则就有可能造成不良后果。因此,提高恋爱挫折承受能力对心理健康是非常重要的。

资料链接6-5

人生如茶

一个屡屡失意的年轻人慕名寻到一名智者,沮丧地对他说:"人生总不如意,活着也是苟且,有什么意思呢?"

智者静静听着年轻人的叹息和絮叨,末了才吩咐仆从说:"客人远道而来,烧一壶温水送过来。"少顷,仆从送来了一壶温水,智者抓了茶叶放进杯子,然后用温水沏了,放在茶几上,微笑着请年轻人喝茶。杯子冒出微微的水汽,茶叶静静浮着。年轻人不解地问:"您这怎么用温茶?"智者笑而不语。年轻人喝一口细品,不由摇摇头:"一点茶香都没有呢。"智者说:"这可是闽地名茶铁观音啊。"年轻人又端起杯子品尝,然后肯定地说:"真的没有一丝茶香。"智者又吩咐仆从:"再去烧一壶沸水送过来。"少顷,仆从便提着一壶冒着浓浓白汽的沸水进来。智者起身,又取过一个杯子,放茶叶,倒沸水,再放在茶几上。年轻人俯首看去,茶叶在杯子里上下沉浮,丝丝清香不绝如缕,望而生津。年轻人欲去端杯,智者作势挡开,又提起水壶注入一线沸水。茶叶翻腾得更厉害了,一缕更醇厚更醉人的茶香袅袅升腾,在屋中弥漫开来。智者如是注了五次水,杯子终于满了,那绿绿的一杯茶水,端在手上清香扑鼻,入口沁人心脾。智者笑着问:"你可知道,同是铁观音,为什么茶味迥异吗?"年轻人思忖着说:"一杯用温水,一杯用沸水,冲沏的水不同。"智者点头:"用水不同,则茶叶的沉浮就不一样。温水沏茶,茶叶轻浮水上,怎会散发清香?沸水沏茶,反复几次,茶叶沉沉浮浮,终释放出四季的风韵:既有春的幽静、夏的炽热,又有秋的丰盈和冬的清冽。世间芸芸众生,又何尝不是沉浮的茶叶呢?"

那些不经风雨的人,就像温水沏的茶叶,只在生活表面漂浮,根本浸泡不出生命的芳香;而那些栉风沐雨的人,如被沸水冲沏的酽茶,在沧桑岁月里几度沉浮,才有那沁人的清香啊!命运又何尝不是一壶温水或炽热的沸水呢?茶叶因为沉浮才释放了本身深蕴的清香,而生命,也只有遭遇一次次挫折和坎坷,才激发出人生那一脉脉幽香。

资料来源:王宝强.智慧背囊[M].海口:南方出版社,2011.

(1) 当爱情受挫后,用理智来驾驭感情

通过增强理智感,分析原因,总结经验教训,寻找解决问题的方法和途径,在新的追求中确认和实现自己的价值,从而提高自己的心理承受能力和思想水平。

(2) 通过适当地情绪调节、宣泄和转移,来减轻痛苦

人对失恋的应对方式反映了一个人心理成熟水平和恋爱观。一个人能够理智地从失恋中解脱出来,往往会使自己变得成熟起来。

6. 做一个热爱生活的人

(1) 了解自我,悦纳自我

心理健康的人能体验到自己价值,具有自知之明,即对自己的能力、性格、情绪和优缺点能做出恰当、客观的评价,对自己不会提出苛刻的期望与要求;对自己的生活目标和理想也能定得切合实际,因而对自己总是满意的,同时,努力发展自身的潜能、即使对自己无法补救的缺陷,也能安然处之。

(2) 接受他人,善与他人相处

心理健康的人往往乐于与他人交往,不仅能接受自我、也能接受他人,悦纳他人,能认可别人存在的重要性作用。他能为他人所理解,为他人和集体所接受,能与他人相互沟通和交往,人际关系协调和谐,在生活小集体中能融为一体,乐群性强,既能在与挚友间相聚之时共欢乐,也能在独处沉思之时而无孤独之感。在与人相处时,积极的态度(如同情、友善、信任、尊敬等)总是多于消极的态度(如猜疑、嫉妒、敌视等),因而在社会生活中具有较强的适应能力和较充足的安全感。

(3) 热爱生活,乐于参加工作与学习

心理健康的人珍惜热爱生活,积极投身于生活之中,在生活中尽情享受人生的乐趣。在工作中,他们尽可能地发挥自己的个性和聪明才智,并从工作的成果中获得满足和激励,将工作看作是乐趣。把工作中积累的各种有用的信息、知识和技能贮存起来,便于随时提取使用,以解决可能遇到的新问题,能克服各种困难。

(4) 能协调与控制情绪,心境良好

心理健康的人乐观、愉快、开朗、满意等积极情绪状态总是占据优势,虽然也会有悲、忧、愁、怒等消极的情绪体验,但一般不会长久。他能适当地表达和控制自己的情绪,争取在社会规范允许范围内满足自己的各种需求,对于自己能得到的一切感到满意,心情总是开朗的、乐观的。

资料链接 6-6

冰岛人的勇气:推到星空,填补地面

冰岛最热闹的城市就是首都雷克雅未克,近四成的冰岛人都生活在这里。因为冰岛其他的很多地方都处于火山喷发影响到的地区。但即便如此,雷克雅未克几乎每半个小时都会因为地壳深处运动而出现不同程度的晃动。"住在这样的地方,不觉得危险吗?"不少当地人听到我的忧虑后,都笑着纷纷摇头。在雷克雅未克,人们在咖啡馆聊天的时候,会遭遇地震;在超市里购物时,地面也会出现晃动,但这些冰岛人都视若等闲,让人十分佩服。

冰岛人面对天灾,态度淡定,而面对人祸,也如此。2008年冰岛最大的3家银行轰然间倒下,这让岛国上的每一个人意识到冰岛已经背上了巨额外债。尽管如此,记者也没有看到

城市角落的墙壁被喷上像一些欧洲国家常见的愤世嫉俗的抱怨涂鸦。而当地报纸也少见抱怨世道不景气的评论。

"是什么支撑冰岛人的意志,在这些年一步步走出困境的呢?"在冰岛最有名的雷克雅未克大教堂入口处的墙壁上刻着这样的一段话:"我们必须鼓起勇气,不惜将星空推倒,来填补地面的坑洼。"这里是冰岛人在周末最爱来的地方,不爱多说话的冰岛人一次次面对墙上的祖先留下的誓言,暗暗决心要独自解决国家不得不面对的灾祸,用勇气融化一切寒冰。因此说,不是所有的生存环境都可以改变的,能改变的,只有我们的心境。不论我们身处何种环境,只要有冰岛人那种处灾不惊、处惊不变的淡定和快乐,就能享受生活,快乐生活。

资料来源:曹俊.冰岛人的勇气:推到星空,填补地面[J].意林作文素材,2013(6).

7. 坦然面对心理问题

心理健康也跟身体健康一样,在人的一生中难免会出现这样那样的问题,出现心理困惑只是成长正常状态,没有问题哪有成长可言,因而不必大惊小怪、怨天尤人。

(1) 不要急于"诊断"

心理问题本身多种多样,成因往往也很复杂,切忌盲目从一些书籍上断章取义,或者道听途说,急于"对号入座",认定自己患了什么病。弄清问题当然是必要的,但大学生的问题还是发展性的居多,很多都是"成长中的烦恼",实在不必自己吓自己。

(2) 转移注意力

心理问题往往有这么一个特点,就是越注意它,它似乎就越严重。所以,不要老盯着自己的所谓问题不放,不可过分关注自我,而应把注意力转移到学习、生活、工作上。做自己感兴趣的事情并全力投入是很有利于心理健康的。

(3) 调整生活规律

很多时候,只要将自己习惯了的生活规律稍加调整,就会给自己整个的精神面貌带来焕然一新的感受。所谓的心理问题也随之轻松化解了。

问题与讨论

1. 你如何认识大学生心理健康的特点?
2. 结合自身实际,谈谈如何培养正确的心理健康观。

实训练习

1. 大学生心理测试问卷与结果测评

同学们,这个测试的目的是为了帮助大家更好地了解自己的心理健康状况,更好地适应大学生活。请大家认真阅读下列题目,符合自己情况的为"是"(在题后打√),不符合的为"否"(在题后打×)。每道题目都要做,不要漏答。

(1) 你夜里睡觉时,是否总想着明天的功课?
(2) 老师向全班提问时,你是否会觉得是在提问自己而感到不安?
(3) 你是否一听说"要考试"心里就紧张?
(4) 你考试成绩不好时,心里是否感到不快?

(5) 你学习成绩不好时,是否总是提心吊胆?
(6) 考试时,当你想不起来原先掌握的知识时,你是否会感到焦虑?
(7) 你考试后,在没有知道成绩之前,是否总是放心不下?
(8) 你是否一遇到考试,就担心会考坏?
(9) 你是否希望考试能顺利通过?
(10) 你在没有完成任务之前,是否总担心完不成任务?
(11) 你当着大家的面朗读课文时,是否总是怕读错?
(12) 你是否认为学校里得到的学习成绩总是不大可靠的?
(13) 你是否认为你比别人更担心学习?
(14) 你是否做过考试考坏了的梦?
(15) 你是否做过学习成绩不好时,受到爸爸妈妈或老师训斥的梦?
(16) 你是否经常觉得有同学在背后说你的坏话?
(17) 你受到父母批评后,是否总是想不开,放在心上?
(18) 你在游戏或与别人的竞争中输给了对方,是否就不想再干了?
(19) 人家在背后议论你,你是否感到讨厌?
(20) 你在大家面前或被老师提问时,是否会脸红?
(21) 你是否很担心叫你担任班干部?
(22) 你是否总是觉得好像有人在注意你?
(23) 在工作或学习时,如果有人注意你,你心里是否紧张?
(24) 你受到批评时,心情是否不愉快?
(25) 你受到老师批评时,心里是否总是不安?
(26) 同学们在笑时,你是否也不大会笑?
(27) 你是否觉得到同学家里去玩不如在自己家里玩?
(28) 你和大家在一起时,是否也觉得自己是孤单的一个人?
(29) 你是否觉得和同学一起玩,不如自己一个人玩?
(30) 同学们在交谈时,你是否不想加入?
(31) 你和大家在一起时,是否觉得自己是多余的人?
(32) 你是否讨厌参加运动会和文艺演出?
(33) 你的朋友是否很少?
(34) 你是否不喜欢同别人谈话?
(35) 在人多的地方,你是否觉得很怕?
(36) 你在排球、篮球、足球、拔河、广播操等体育比赛输了时,心里是否一直认为自己不好?
(37) 你受到批评后,是否总认为是自己做错了什么事?
(38) 别人笑你的时候,你是否会认为是自己做错了什么事?
(39) 你学习成绩不好时,是否总是认为是自己不用功的缘故?
(40) 你失败的时候,是否总是认为是自己责任?
(41) 大家受到责备时,你是否认为主要是自己的过错?
(42) 你在乒乓球、羽毛球、篮球、足球、拔河、广播操等体育比赛时,是否一出错就特别留神?

(43) 碰到为难的事情时,你是否认为自己难以应付?
(44) 你是否有时会后悔,那件事不做就好了?
(45) 你和同学吵架以后,是否总是认为是自己的错?
(46) 你心里是否总想为班级做点好事?
(47) 你学习的时候,思想是否经常开小差?
(48) 你把东西借给别人时,是否担心别人会把东西弄坏?
(49) 碰到不顺利的事情时,你心里是否很烦躁?
(50) 你是否非常担心家里有人生病或死去?
(51) 你是否在梦里见到过死去的人?
(52) 你对收音机和汽车的声音是否特别敏感?
(53) 你心里是否总觉得好像有什么事没有做好?
(54) 你是否担心会发生什么意外的事?
(55) 你在决定要做什么事时,是否总是犹豫不决?
(56) 你手上是否经常出汗?
(57) 你害羞时是否会脸红?
(58) 你是否经常头痛?
(59) 你被老师提问时,心里是否总是很紧张?
(60) 你没有参加运动时,心脏是否经常"扑通、扑通"地跳?
(61) 你是否很容易疲劳?
(62) 你是否很不愿吃药?
(63) 夜里你是否很难入睡?
(64) 你是否总觉得身体好像有什么毛病?
(65) 你是否经常认为自己的体型和面孔比别人难看?
(66) 你是否经常觉得肠胃不好?
(67) 你是否经常咬手指头?
(68) 你是否舔手指头?
(69) 你是否经常感到呼吸困难?
(70) 你去厕所的次数是否比别人多?
(71) 你是否很怕到很高的地方去?
(72) 你是否害怕很多东西?
(73) 你是否经常做噩梦?
(74) 你胆子是否很小?
(75) 夜里,你是否很怕一个人在房间里睡觉?
(76) 你乘车穿过隧道或路过高桥时,是否很怕?
(77) 你是否喜欢整夜开着灯睡觉?
(78) 你听到打雷声是否非常害怕?
(79) 你是否非常害怕黑暗?
(80) 你是否经常感到后面有人跟着你?

(81) 你是否经常生气?
(82) 你是否经常会突然想哭?
(83) 你有时是否会觉得,还是死了好?
(84) 你是否经常想大声喊叫?
(85) 你有时是否想过自己一个人到遥远的地方去?
(86) 你被人说了坏话,是否想立即采取报复行动?
(87) 你心里不开心,是否会乱丢、乱砸东西?
(88) 你是否发过怒?
(89) 你是否经常想从高的地方跳下去?
(90) 你是否会经常急躁得坐立不安?

结果解释:

凡是选"是"答案,记1分,选"否"答案,记0分。

(1) 学习焦虑(由1~15题组成):高分(8分以上),对考试怀有恐惧心理,无法安心学习,十分关心考试分数,这类人必须接受为他制订的有针对性的特别指导计划;低分(3分以下),学习焦虑低,学习不会受到困扰,能正确对待考试成绩。

(2) 对人焦虑(由16~25项组成):高分(8分以上),过分注重自己的形象,害怕与人交往,退缩,这类人必须接受为他制订的有针对性的特别指导计划;低分(3分以下),热情,大方,容易结交朋友。

(3) 孤独倾向(由26~35项组成):高分(8分以上),孤独、抑郁,不善与人交往,自我封闭,这类人必须接受为他制订的有针对性的特别指导计划;低分(3分以下),爱好社交,喜欢寻求刺激,喜欢和他人在一起。

(4) 自责倾向(由36~45项组成):高分(8分以上),自卑、常怀疑自己的能力,常将失败、过失归咎于自己,这类人必须接受为他制订的有针对性的特别指导计划;低分(3分以下),自信,能正确看待失败。

(5) 过敏倾向(由46~55项组成):高分(8分以上),过于敏感,容易为一些小事而烦恼,这类人必须接受为他制订的有针对性的特别指导计划;低分(3分以下):敏感性较低,能较好地处理日常事务。

(6) 身体症状(由56~70项组成):高分(8分以上),在极度焦虑的时候,会出现呕吐失眠、小便失禁等明显症状,这类人必须接受为他制订的有针对性的特别指导计划;低分(3分以下),基本没有身体异常表现。

(7) 恐惧倾向(由71~80项组成):高分(8分以上),对某些日常事物,如黑暗等,有较严重的恐惧感,这类人必须接受为他制订的有针对性的特别指导计划;低分(3分以下),基本没有恐惧感。

(8) 冲动倾向(由81~90项组成):高分(8分以上),十分冲动,自制力较差,这类人必须接受为他制订的有针对性的特别指导计划;低分(3分以下),基本没有冲动。

(此结果分析仅供参考)

2. "关爱自我,给心里一片晴空"活动方案

活动目的:呼吁大学生关注自己的心理健康,追求更高生活质量的意识。提高大学生的心理健康水平、关注大学生的心理健康问题、让更多的人意识到心理健康的重要性、宣传心理知识、引导健康人生、提高心理素质、营造良好的校园心理氛围,共建文明校园。

活动材料:展板两块(用纸包裹)、圆珠笔和签名笔各5支、红黄蓝绿紫5色纸片(心形)共500张、心理宣传画若干、条幅、小奖品若干(为游戏设置奖项)、宣传单1000份、绿丝带若干、绳子一根、布条三条(蒙眼用)、气球100个、氢气气筒一个。

活动时间:两天。

活动方式:

(1)心理图片展(展示心理知识图片)

活动主题:和谐社会·文明校园·美丽心灵。

(2)千人签名活动(横放写有宣传标语的条幅,举行签名活动)

活动主题:不论年龄、不论专业、不论流泪还是微笑,让我们并肩走过。

(3)许愿墙(组织学生在许愿墙上张贴自己的心里话)

活动主题:菁菁校园,青葱岁月,畅诉衷肠,分担痛苦,分享欢乐。

(4)心理游戏(开展趣味团体心理小游戏)

活动主题:我爱我心——走出心灵的孤岛。

(5)电影赏析(放映心理题材电影)

活动主题:看他人故事,促自身成长。

(6)大学生心理健康现场咨询(心理咨询处教师进行现场咨询)

活动主题:每个人都有可能面临生活的困惑,成长的烦恼和失败的苦痛等困扰,让我们敞开心扉,让关爱走进心灵,让自己拥有成功,拥有快乐。

(7)放飞"烦恼"(组织同学自愿在气球上写下自己的烦恼与心事,统一放飞)

活动主题:放飞成长的烦恼和失败的苦痛,让我们拥有快乐,寄托心情,放飞希望。

拓 展 阅 读

五分之一的痛苦

庆乙是辽宁的一个盲诗人,他与来自全国各地的另外十三个人一起,参加了诗刊社第十八届青春诗会。会议期间,安排一天时间参观黄山,庆乙坚持要去,我们都为他担心,高且陡的黄山,他这个盲人,怎么上啊?虽然他带了弟弟来,但我们还是不放心。最后庆乙还是上了,他弟弟扶着他,他比我们所有人都认真地爬,光明顶他去了,莲花峰也去了,一线天过了——特别是过一线天的时候,脚稍一打滑,就有栽下来的可能,只可容一个人过的空间,一个什么也看不见的人的艰难可想而知了。我甚至在下面做好了扑救的准备。最后,他过了,没有任何人帮助地过了。

说句实话,我们那天去的时候,黄山晴得厉害,没有云海,黄山的美,少了许多。虽然大家不说出来,但那份遗憾,心知肚明。唯有庆乙比所有人都高兴。他说他看到了黄山,像想象中一样的美,是的,他因为没有看见,他才可能有那份想象。

后来与他聊天,我说你的世界我不可想象,没有一丝光,万物对你来说,都是没有模样的。甚至,你连最亲爱的人的样子,也看不到。一切只有手感。更何况,有些东西,是你根本无法去手感的……

庆乙笑了,他说:是的,和你们相比,我的世界痛苦得不得了,我不回避这种痛苦,但我更想说的是,我只有五分之一的痛苦。

五分之一的痛苦?我不解。

你想想,在五官当中,我只是眼睛这一官失明而已,所以,我只有五分之一的痛苦,但是,就这五分之一的痛苦,我也不觉得痛苦,正因为眼睛看不到,和别人相比,我才有更丰富的想象力,一个人能够始终活在自己的想象里,像鱼天天游在大海里,难道不幸福吗?

我无言。

博尔赫斯在晚年什么也看不见了,但谁又否定,不正是这五分之一痛苦,才使他比我们所有人都看得更远更深?甚至,他看到许多我们看不到的东西。

失聪的贝多芬,他不也是拥有着五分之一的痛苦?但他比我们所有的人都幸福,因为,我们在凡尘俗世听到的,只是一些鸡飞狗跳之类的噪音,而他失聪的耳朵,却可以听到天籁。

其实,他们"五分之一的痛苦",也只是在我们俗人的眼光里这样的,不客气地说,甚至是我们强加于他们的一种自以为是的判断。这样说,也并不是否定一个人的悲悯之心,而是想说,你悲悯别人的时候,是否也要想一想,和那些身体上有着这样那样的残障者相比,我们是不是比人家盲得更深、聋得更重、瘸得更狠……

我觉得,弄清楚这点很有必要,不然的话,人家可能仅仅是在肢体方面有着五分之一的痛苦,而我们不再清澈的心灵,倒有可能是五分之三的浮躁,或者五分之五的麻木。做一个生理和心理都健全的人吧!记住:唯有心灵的残缺才是真正的残缺。

资料来源:王宝强.智慧背囊[M].海口:南方出版社,2011:359.

从心出发

美国的吉姆·史都瓦从小患"少年黄斑变性",在17岁时被医生断言"视力将逐渐消失,终至失明"。

后来,吉姆凭借坚强的毅力,进入了欧若·罗伯特乔大学就读,当时他只剩下一点点视力了。为了赶上老师讲课的进度,吉姆必须每天熬夜到半夜三四点,可是这对只剩下一点儿视力,而且视力还在快速流失中的吉姆来说,真是太痛苦了。所以,吉姆在上了十天课后,就决定放弃大学新鲜的生活,休学了。

离校前,他去看望给他上了两次课的教授保罗博士。保罗博士对他说:"你内心深处有无穷的潜力,有一天,当你回首看时就会知道,这绝对是真的。"

休学以后,吉姆到一个建筑工地当了工人。他负责铲混凝土。因这是"剩下微弱视力"的他唯一能做的事,两三个月后,一个阴冷、刮着强风的冬晨,吉姆站在壕沟里,用水桶不住地将积水往外舀,天气转晴,就可以开始将混凝土倒进沟里了。

吉姆的手又湿又凉,浑身冻得打战,饥寒交迫。此时,工厂的门突然打开,一个老工人向吉姆走来,劝他说:"我们刚才讨论过了,我们希望你离开这里!"

"啊,为什么?"吉姆惊愕地问,"我做错了什么吗?"

老工人说:"是的,我们都知道,你非常努力,但是吉姆,我们来这里是因为我们没有一技之长,也没地方可去。你跟我们不一样,如果你不离开这里,有一天,也会无路可走。但你该有更大的成就,所以,我们决定让你离开这里,你一生不应该只待在这工地上!"

老工人这席话深深地震撼了吉姆,"是的,我难道只能一辈子当铲土工人吗?"他的心被敲醒了。他含着泪水,谢过工厂里的工人。他兴奋地打电话给保罗博士:"我决定复学,我决定要重回学校读书!"

后来,吉姆发愤图强,以"心理学"和"社会学"双学位从大学毕业,并获学校最高荣誉奖。29岁时吉姆双目失明,但他因发明了帮助视障朋友"看"电视的方法而获得美国最高荣誉奖"艾美奖"和美国"十大杰出青年奖"。目前,他是"教育电视网"的创办人,该电视台在北美有一千多家有线系统加入,收视户高达二千五百多万户。

人生没有绝境,即使到山穷水尽、无路可走时,只要坚定信念、不妄自菲薄,从"心"出发,坚持不懈,愈挫愈奋,就一定能赢得光明的未来。

资料来源:崔鹤同.从心出发[J].优秀作文选评(高中版),2007(10).

A~Z 减压 26 式

Appreciation	接纳自己接纳人,避免挑剔免伤神
Balance	学习娱乐巧安排,平衡生活最合宜
Cry	伤心之际放声哭,释放抑郁心轻快
Detour	碰壁时候要变通,无须撞到南墙头
Entertainment	看看电影、听听歌,松弛神经选择多
Fear Not	正直无惧莫退缩,哪怕背后小人说
Give	自我中心限制大,关心他人展心怀
Humor	戴副墨镜看一看,苦中寻乐自有福
Imperfect	世上谁人能完美,尽力而为心坦然
Jogging	跑下步、爬下山,舒适胜过食仙丹
Knowledge	知识多,困惑少,无谓担心全减少
Laugh	每天都会笑哈哈,压力面前不会垮
Management	不怕多,只怕乱,时间管理很重要
No	适当时机要 say no,不是样样事情你都行
Optimistic	凡事要向好处看,无须吓得一头汗
Priority	先后轻重细掂量,取舍方向不难求
Quiet	心乱如麻自然慌,心静如水自然安
Reward	日忙夜忙身心倦,爱惜自己要牢记
Slow Down	做下停下喘口气,不必做到脑麻痹
Talk	找人聊聊有人听,被人理解好开心
Unique	人比人会气死人,自我突破最要紧
Vacation	放放假或充充电,活力充沛展笑脸
Wear	穿着打扮用点心,精神焕发心情好
X-ray	探询压力的源头,对症下药有计谋
Yes, I can	相信自己有潜能,勇往直前步青云
Zero	从零开始向前看,每日都是新起点

第 7 章

描绘生命的色彩——大学生情感观

> 冷漠无情,就是灵魂的瘫痪,就是过早的死亡。
>
> ——契诃夫

学习目标

(1) 认识和了解情感观的含义、本质、特征和内容。
(2) 了解大学生情感观的现状。
(3) 把握大学生情感观出现的问题,掌握树立大学生健康情感观的方法。

案例导入

棉　被

在一座破旧的庙宇里,一个小和尚沮丧地对老和尚说:"我们这一座小庙,只有我们两个和尚,我下山去化缘的时候别人都是对我恶语相加,经常说我是野和尚,给我们的香火钱更是少得可怜。今天去化缘,这么冷的天都没有人给我开门,化到的斋饭也少得可怜。师父,我们菩提寺要想成为你所说的庙宇千间、钟声不绝的大寺怕是不可能。"

老和尚披着袈裟什么话也没有说,只是闭着眼睛静静地听着。

小和尚絮絮叨叨地说着,最后老和尚睁开眼睛问道:"这北风吹得紧,外边又冰天雪地的,你冷不冷呀?"小和尚浑身哆嗦着说道:"我冷呀,双脚都冻麻了。"老和尚说道:"那不如我们早些睡觉吧!"

老和尚和小和尚熄灭了灯钻进了被窝,过了一个多小时,老和尚问道:"现在你暖和了吗?"

小和尚回道:"当然暖和了,就像睡在阳光下一样。"

老和尚道:"棉被放在床上一直是冰凉的,可是人一躺进去就变得暖和了,你说是棉被把人暖热了,还是人把棉被暖热了?"小和尚一听笑了:"师傅你真糊涂呀,棉被怎么可能把人暖热了,是人把棉被暖热了。"

老和尚问:"既然棉被给不了我们温暖,反而要靠我们去暖它,那么我们还盖着棉被做什么?"

小和尚想了想说:"虽然棉被给不了我们温暖,可是厚厚的棉被却可以保存我们的温暖,让我们在被窝里睡得舒服呀!"

黑暗中,老僧会心一笑:"我们撞钟诵经的僧人何尝不是躺在厚厚棉被下的人,而那些芸芸众生又何尝不是我们厚厚的棉被呢？只要我们一心向善，那么，冰冷的棉被终究会被我们暖热的，而芸芸众生这床棉被也会把我们的温暖保存下来，我们睡在这样的被窝里不是很温暖吗？庙宇千间、钟声不绝的大寺还会是梦想吗？"

小和尚听了，恍然大悟。从第二天开始，小和尚很早就下山去化缘了，依然碰到了很多恶语相加的人，可是小和尚却始终彬彬有礼地对待每一个人。

10年以后菩提寺成了方圆十几公里的大寺，有了许多僧人，而香客更是络绎不绝，小和尚也成了住持。

这个故事告诉我们，在这个世界上，我们都生活在棉被里，亲情、友情、爱情就是我们的棉被，当我们用心去暖棉被的时候，棉被会给我们温暖。

7.1 大学生情感观的内涵与本质

7.1.1 情感观含义

情感观是人对客观事物是否满足自己的需要而产生的态度体验。它与态度中的内向感受、意向具有协调一致性，是态度在生理上一种较复杂而又稳定的生理评价和体验。情感是人类区别于其他生物的主要特征之一。

大学生情感观是大学生对客观事物或外界刺激对自己产生的一系列心理反应是否满足自己的需要而形成的一种普遍观点。大学生情感观主要是针对大学生这个群体而考察的。简单一些理解即大学生这个群体在自己所处的各种社会关系中所作出的心理反应。

7.1.2 情感观本质

情感观本质上是人对事物的价值特性的一种反映，情感的本质就是一种价值观。大学生这个特殊的群体处于情感活跃的生理年龄，其情感体验极其丰富，情感价值观尚未完全形成，需要进行进一步正向引导。

7.1.3 情感观内容

大学生情感观主要有三个组成部分：亲情观、友情观、爱情观。

1. 大学生亲情观

（1）亲情观内涵

亲情的定义就是有血缘关系的人之间存在的感情，有时也指亲密、感情深厚的人之间的情义。即人们渴求为亲人付出一些或全部、所有的思想，它包括亲人之间的感情，父母和孩子之间的感情，兄弟姐妹之间的感情等，这些都是亲情。

（2）亲情观特点

亲情观有两个特点：一是互相的，不能是单方面的。即指在两个或多个亲密的人之间存在的一种感情，是相互作用的，而不是单方面的感情。二是立体的，不是专一的。亲情重在"情"字，无血缘关系也可以有亲情；有血缘关系也不一定有亲情。所有的情得到升华后都会成为亲情，它是人间最美的一种情感。例如，情侣通过结婚也会成为亲情，只是它比普通的亲情更进一步，拥有使双方心动的爱情一体化联系。

资料链接 7-1

善意的谎言：母女均患癌症怕对方担心互相隐瞒

她正值青春最好的时光,母亲 57 岁,患有肝癌,但是拖着不治疗;姐姐 31 岁,患胰腺癌,手术后等着化疗,除了照顾病重的妈妈和姐姐,还要编织善意的谎言,向姐姐和妈妈隐瞒彼此的病情。妈妈患了肝癌,不能让姐姐知道;姐姐也是癌症,不能让妈妈知道;就这样,一对母女互相不知对方得了重病。"至亲的两个人都身患绝症,在她们面前,我要装着什么都不知道……"郭幼娟忍不住痛哭起来。为此,郭幼娟还向知道此事的亲友打招呼,让他们隐瞒姐姐和妈妈的病情。

分析:不管对方怎样也要爱对方,无论贫穷或富有,无论健康或疾病,家人始终会不离不弃。在家人经历困难的时候,亲人的支持是最温暖最重要的力量。至亲之情,不应该是看着彼此渐行渐远的背影,而应该是,你养我长大,我陪你变老。

2. 大学生友情观

友谊对于人生具有十分重要的价值,可以毫不夸张地说,没有友谊的人,就是孤立无援的人和可悲的人。在一定意义上说,人生在世,最不能缺失的人际关系,就是友谊。正因为这样,友谊历来是人类的一项重要的精神追求。大学阶段是人生中最美好的时期,大学生的友谊不仅是大学生活的重要组成部分,还是促进大学生完成学业、成就事业的重要因素。

(1) 友情观内涵

在人类文明史上,人们对友谊的基础曾有过多种多样的解答。在《周易·乾》中有"同声相应,同气相求"之说,把"声""气"的相同和交流看作友谊的基础。孟子则认为:"友也者,友其德也,不可以有挟也"(《孟子·万章下》)。把高尚的品德看作友谊的基础。古希腊哲学家毕达哥拉斯把友谊理解为"一种和谐的平等",另一位哲学家德谟克里特则强调"思想感情的一致产生友谊"。

总的来说,友谊就是建立在具有共同理想和志趣等基础上的个体之间的一种美好亲密的情感。它产生于社会生活与交往,既是一种人际关系的体现,更是一种美好的社会性情感,是人类精神家园中的宝贵财富。

(2) 友情观类型[①]

大学生交友的形式分为共同爱好型、互相理解型和理想一致型。

共同爱好型:是大学生交友的一种最普遍的形式,大学生有共同的兴趣爱好就会有更多时间碰到一起,见面后又可以有更多的话题。比如,大家都喜好数学,就会有更多的机会也会有更多的时间聚在一起,也会有更多更好的交流机会;或者大家都爱好某项运动,大学生会相约一起运动锻炼;最明显的例子是球迷、戏迷等。兴趣不仅可以促使人与人之间有更多的交流机会和时间,它作为大学生内在心理指向,能使人与人之间产生强烈的吸引力。不过,兴趣有着高雅低俗之分,只有健康的兴趣所联结的友谊才有益于大学生身心成长,也才具有积极的心理价值和意义。

互相理解型:即大学生有着相似的经历、性格,能够理解对方的行为和想法。互相理解型是大学生进入大学后最容易形成友谊的一种方式。青年大学生进入大学,刚刚远离父母

---

① 赵志毅. 论大学生友情教育——兼议大学生正确人际交往观的形成[D]. 南京师范大学,2004.

和同窗好友,步入崭新而陌生的环境,面对比过去更复杂的学习、生活方式和自身的种种矛盾,他们急需找到能够倾听自己心声的知心朋友,他们比任何时候都需要老师、朋友的理解、支持和帮助。渴望这种"相互理解"式的友谊。这种友谊使他们有种惺惺相惜的感觉,甚至是找到了人生知己的感觉。这种有了欢乐大家共同分享,有了忧愁大家一起分担,有了问题大家齐心应对的友谊可以加深学生之间的感情,如果关系处理良好,学生之间可以成为人生的挚友。因此,从某种意义上讲,大学生渴求理解与追求友谊是一致的,而由理解带来的心灵的沟通又成为当代大学生最大的精神享受。

理想一致型:即在理想一致的基础上产生或结成的友谊,这种友谊历来被认为是最高层次的友谊。世界上被千古赞颂的友谊,几乎都属于这一范畴。理想一致型的友谊具备了兴趣一致,相互理解两种友谊模式。同时理想对个人又有着巨大的内在推动力,驱动自己朝着自己的人生理想努力,产生相对特定的行为。"理想一致"是一种共同的价值标准体系,理想一致可以促使学生对未来有共同的想象,对自己和他人有相似的评价,对人生道路有一样的选择倾向,对生活也有着一样的态度。

(3) 大学生友情关系的三个特点①

① 自我建构和情感支持的重要内容。友情是个体"自我"形成的关键因素。人们通过与人交往,通过别人对自己印象的反馈了解自己。通过与人交往,模仿学习别人,渐渐地形成自我概念。少年期的友情主要给个体提供感情支持,听对方倾吐心里话,在他心里,还没有"自我"的清晰映像。到了青春期,"自我"作为映像出现在自己的面前,人们把与自己经常相处的友人作为一面"镜子"。友人在确定一个人的角色和自我价值方面能为个体提供支持和引导。在友情关系中,双方会有更多机会进行"自我暴露",相互之间提供情感支持的程序和频率会大量增加,并因此会获得"自我同一性"发展。

② 友情关系的稳定性增强而亲密性降低。大学时代的择友,个体会对同学的思想品质有更高的要求,相互间的友谊建立在对彼此个性品质的评价基础之上,对方个性品质越高,越容易与对方成为朋友。在交往过程中,一些与交往有关的,诸如理解、忠诚、敏感、可靠、值得信赖等素质发挥着重要的作用。因此这一时期形成的友情关系有很强的稳固性和长久性。同时以个性品质形成的友谊关系的亲密性也达到了顶点。但是大学时代,青年人独立意识强烈,有各人相对封闭的私人空间,对自己的私人空间更加关注。尤其是在多元化社会思潮的影响下,大学生择人交友也渗入了现实主义和功利色彩,在交往心理上不可避免地进行某些刻意"包装",心理上的这种隐秘性自然大大降低了亲密性。

资料链接 7-2
"近朱者赤,近墨者黑"

这句谚语用在大学在读生来某和赵某身上也许再恰当不过了。原来,来某、赵某和田某三人是从小玩到大的好伙伴。田某的父母整天忙于生意,无暇照顾田某。平时田某又贪玩,整天游手好闲,初中没毕业就辍学了。有时还干些偷鸡摸狗之事,而来某和赵某均于2010年步入大学校园,平时回家时还经常和田某混在一起。2011年8月份的一天晚上,田某和来某饭后又聚在一起,当时田某对来某说:"兄弟,今晚你帮我一个忙,我不会亏待你的",来某

---

① 赵志毅. 论大学生友情教育——兼议大学生正确人际交往观的形成[D]. 南京师范大学,2004.

也许诺道:"咱俩谁和谁,有事你说话"。田某就说想去他的一个网友家偷电视机卖钱的事,想让来某给把把风。当时来某虽也犹豫了一下,但经不住"朋友"的相劝和"利益"的诱惑,来某也就成了同犯。事后,田某将偷到的37寸创维牌液晶电视卖了900元,分给来某400元的"好处费"。经鉴定,该电视价值2663元。现田某、来某和赵某因多次盗窃、寻衅滋事的前科被依法判处有期徒刑三年零六个月。

点评:田某多次偷窃被判罪是罪有应得,但对于受过高等教育的来某和赵某却因这种"兄弟情义"而自毁前程,的确让人惋惜。因此大学生在交友尤其是与社会青年交友时一定要小心谨慎,毕竟大学生经历社会上的事件比较少,而那些社会青年则久经历练,在择友时保持一颗防范小人之心,不可轻易误入歧途,否则代价将是自己无法承担的。

③ 友情关系趋向多元化。友情关系的多元化源于交往的动机多元化。中国传统的"义利"交友观成为择友、交友的道德原则,已流行了两千多年。"良师益友"的友情观提倡大公无私、坦诚相助、相互学习、亦师亦友,这在当代大学生的交友中占一定比例。但是由于时代的变迁,社会经济,文化瞬息万变,多种差异相互依存,人们开始以"多向度"的方式进行交往了。这种"瞬态化"趋势,使人们的思维方式、情感方式更加多变。大学生是受到这种"瞬态化"影响最大的群体。他们接受能力强,渴望独立,辨别能力弱的特点使他们交友方式,友情关系日显"多元"。虽然大学生友情关系趋向多元化,但是大学生交友目的和友情关系还是处于健康状态。他们本着互补和彼此"自我实现"的动机和睦相处友好交往。

3. 大学生爱情观

(1) 爱情观概念

黄希庭等认为,"男女双方培育爱情的过程,称为恋爱。处于恋爱状态的男女会产生特别强烈的互相倾慕。"康德认为,性冲动是具有周期性的,所谓恋爱就是借助了想象的力量,把它从周期性里解放出来,而成为一种有延续性的东西。夏威夷大学曾文星教授认为,"恋爱"乃是指两个人之间发生强烈且浓厚的喜爱情感,是一种情感与人际关系状态,通常是个短暂时间的心理现象。

总的来说,恋爱是一种异性之间在生理、心理和环境影响的交互作用下,互相倾慕和培植爱情的过程。

何谓恋爱观?人们关于恋爱问题的基本看法和根本观点就是恋爱观。爱情观是一个人的世界观、人生观和价值观在恋爱问题上的集中体现,是人们对爱情、择偶、婚姻等问题的基本态度和主要看法。它的内容主要包括:爱情的含义,爱情在个人生活中的位置,择偶标准,以及对失恋的应对方式等。爱情是人生的重要内容,但又不是人生的全部。正确地认识爱情的本质特征,认识爱情在人生中的位置,是建立正确恋爱观的基础,也是青年大学生谨慎驾驶爱情之舟的前提。

(2) 爱情观特点

① 排他性。爱情按其本性来说是排他的。也就是说,爱情不同于友情,友情可以广泛播种,朋友可以有多个,但爱情只能献给一个人,它仅限于一对男女之间发生的纯真、专一的感情。爱情作为人间最美好、最圣洁的情感,必须以恋爱双方的真诚相待、感情专一为前提,爱情一经产生,便不允许第三方介入,更不允许其中一方喜新厌旧,见异思迁。这是爱情区别于其他情感的独有特征。

② 互爱性。互爱是爱情的基础,爱情必须以互爱作为前提,真正的爱情是男女双方互相倾慕,情投意合。在爱情发展中,男女双方必须始终处于平等互爱的地位,如果得不到对方的回应,只能说是单恋,单恋不属于爱情。同样,自恋也是如此。如果你在恋爱,但没有引起对方的反应,也就是你的爱只是你自己认可的爱,对方并不认为这是爱。如果你作为恋爱者通过你的生命表现没有使你成为被爱的人,那么你的爱就是无力的。

③ 持久性。爱情的持久性表现在爱情的不断深化、充实和提高上,它所包含的感情因素和义务因素,不仅存在于婚前的整个恋爱过程,而且存在于婚后的夫妻生活和家庭生活中。在这个过程中男女双方的倾慕热恋和对相应义务的责任感,不论就婚前或婚后而言,如恩格斯所说的,"常常达到这样强烈和持久的程度,如果不能结合和彼此分离,给对方来说即使不是一个最大的不幸,也是一个大不幸;仅仅为了能彼此结合,双方甘愿冒很大的危险,甚至拿生命孤注一掷"。

④ 纯洁性。纯洁性是爱情魅力的重要表现,它要求恋爱双方的情感,不能掺杂任何世俗功利的因素。真正意义上纯洁爱情是热烈而浪漫、清新而纯净的,是心与心的交流,是情与情的碰撞,它起源于彼此的好感,产生于异性之间强烈的相互倾慕,以及意味着对恋爱另一方的命运、前途所应承担的责任。

⑤ 社会性。也就是说,人类的爱情并不是纯生物的,而是受具体社会关系支配和制约的,在现实生活中,爱情无论是起源于性欲的需要,还是强烈的情感需求,最终都存在于一定的社会关系中。爱情的萌发、发展和变化无不受到社会发展水平、社会物质条件以及社会道德规范等社会因素的影响。

(3) 爱情观本质

爱情是一对男女基于一定的客观物质基础和共同的生活理想,在各自内心形成对对方的最真挚的仰慕,并渴望对方成为自己终身伴侣的最强烈的、稳定的、专一的感情。爱情的本质,是人的社会属性与人的自然属性相结合的异性间的崇高感情。

(4) 爱情观类型①

爱情是人生存于社会必不可少的情感。是人的社会属性的重点体现。爱情关系的好坏对人的心理发展影响极大。因此心理学界对爱情类型进行了研究。其中心理学家罗伯特·斯腾伯格提出爱情的三大基石,三大基石能够组合成不同类型的爱情。

① 亲密。爱情中两人心理上的依赖度,包括热情、理解、交流、支持及分享等特征,爱情关系的温暖来自亲密。

② 激情。激情以身体的欲望激起为特征。它的形式常常是对性的渴望,但是,从伴侣处得到满足的任何强烈的情感需要都属于这一类别,爱情关系的"热度"来自激情。

③ 承诺。包括将自己投身于一份感情的决定及维持感情的努力,即双方都做出决定将感情维持下去。

这三个基石被看成爱情的三个成分,每个成分在一份爱情当中,三个成分占的比例不同,又有着不同的强弱程度。在"爱情三元论"中,这三个成分被看作"爱情三角形"的三个边。三个边的长度,强度不一样形成的三角形就不同,就可能会产生数不清的形状。所以为了简化,以下将考虑几个相对纯粹的、当三个成分强弱不同时而产生的爱情类型。

---

① 金盛华. 社会心理学[M]. 北京:高等教育出版社,2005.

喜爱：只有亲密。喜爱发生在有着真正的亲近和温暖的友情中，但不会唤起激情，也不会唤起你与之共度余生的期望，如友谊。

迷恋：只有激情。没有亲密和承诺，如初恋。第一次的恋爱总是充满激情，却少了成熟和稳重，是一种受到本能牵引和导向的青涩感情。

空洞之爱：只有承诺。在西方文化中，这种爱见于激情燃尽的关系中，既没有温暖也没有激情。然而，在包办婚姻的文化中，空爱是配偶们共同生活的第一个阶段，而不是最末一个阶段。

浪漫的爱：亲密＋激情。这种"爱情"崇尚过程，不在乎结果。比如，夏天的一场韵事可以非常浪漫，即使双方知道等夏季结束的时候这场爱也会消失。

同伴的爱：亲密＋承诺。亲近、交流和分享伴随着对关系的充足地投资，双方努力维持深度而长期的友谊。这种类型的爱会集中体现在长久而幸福的婚姻中，虽然年轻时的激情已渐渐消失。

愚蠢的爱：激情＋承诺。这种爱会发生在旋风般的求爱中，在势不可当的激情中两个人闪电结婚，但对彼此并不很了解或喜爱。

完美的爱情：亲密＋激情＋承诺。只有在这一类型中，我们才能看到爱情的庐山真面目。这是许多人寻求的爱，但斯腾伯格认为，这好像减肥一样，短时期是容易的，但很难长久坚持。

7.2 大学生情感观现状

7.2.1 亲情观现状

亲情是大学生无论如何都不能割舍的一部分。近年来由于多方面的原因，当代大学生的亲情观呈现出既有传统道德影响的积极方面，又有受功利性、个人主义影响的消极方面。

1. 积极方面

（1）大部分大学生心怀感恩，重视亲情

在大学生价值取向的调查和量化研究中显示，大学生将给定的18项价值观按其重要性依次排序时，普遍将"负责任"排得很靠前。大学生仍然深受优良传统伦理道德的影响，表现出重孝道、敢负责的优点，普遍重视亲情，坚持对自己家人负责的想法。

资料链接 7-3

"90后"大学生休学侍母　用真情诠释孝道

程威是湖北文理学院机械与汽车工程学院 2011 级车辆工程专业学生，1992 年出生于谷城县一个贫寒的农村家庭。5 岁那年，程威的父亲在一场矿难中不幸遇难，从此他与母亲王小红相依为命。高三那年，在武汉打工的母亲查出患有癌症。为了给母亲治病，他边读书边打工，并带着母亲上大学。因母亲病情恶化，程威作出决定向学校请假，停修学业，悉心照顾母亲，陪母亲走完人生的最后一程。其孝心孝行经媒体传播后感动了社会。目前，程威收到的社会各界爱心款已达十余万元。程威把每一笔钱都记在一个本子上，程威说："我不会乱花一分钱。"

点评：爱心永远都不会过时，即便是疾病也不能抹去儿子对母亲那浓浓的亲情。这位大学生的真实行动让人倍感温暖。

（2）大部分大学生时常与家人联系，善于表达情感

受西方文化的影响，当代大学生日益变得情感外露，擅长表达。很多大学生表示会在家人生日那天与家人取得联系并送上祝福，在过节时与家人相互联系并相互问候，对父母表示过感谢或做过这方面的实际行动。另外，"母亲节""父亲节"在大学生群体中是比较重要的节日，大部分大学生会在当天给父母送上自己的问候和祝福。

（3）大部分大学生有用实际行动报答父母养育之恩的良好意愿

不少大学生认为现阶段报答父母的方式主要有搞好学习、提高能力将来找个好工作、锻炼身体不生病、让家人不担心和节省生活开支并尽自己所能打工赚钱减轻家人负担等多种方式，并尝试着付诸实践。这说明大学生群体在思想方面是有要用行动报答父母这一方向靠拢的，这也是大学生对于感恩父母之爱最真实的表达。

2. 消极方面[①]

当前大学生群体与以往的大学生有所不同，他们大部分是独生子女。生活条件比以前的大学生普遍优越，但是家中却没有兄弟姐妹，没有可以横向比较的对象，致使他们在家庭中受到全家其他成员的关注，甚至是受到全家人的溺爱，其"自我为中心"的意识更加强烈，实用主义、享乐主义、个人主义等不良思想在他们身上得到滋长。

（1）亲情价值取向上日趋功利

受实用主义思潮的影响，大学生价值取向上的功利性日益明显，由于我国经济发展迅速，家庭收入相对提高。大学生作为家中的独苗，自小生活在优越的物质条件下。使大学生的消费观念改变，他们消费时只在乎喜不喜欢，不在乎是否贵贱。现在大学生群体成为较高消费潜力的群体之一。由于大学生对物质利益的追求，他们更加关注自己的个人需求，而对家庭、集体和国家的责任感淡化了，对父母感恩之心较之以前也有所淡化。据调查不少学生平时很少与家人联系，只有缺钱时才想起与家人联系。有些大学生一旦家人寄生活费不够及时，还会对家长大发脾气，家长被当成了摇钱树。大多数学生赞同社会上金钱观即"金钱不是万能的，但是没有钱是万万不能的"。因此有一些学生明知家庭有困难，家长有难处，却一味地追求自己的享乐和面子。大学校园里出现了不少"一封家书、一个电话只为钱"的现象。这是种极不负责的行为。如果一个人对自己父母和家庭都不负责、不尽义务，很难想象他们会对社会、对别人负责。

（2）与家人缺乏深入沟通，情感联系变弱

尽管在校大学生基本都能做到定期或不定期地给家里打电话或者通过网络进行视频聊天，但这些联系和沟通都是表面化的，不深入的，缺乏与家人真正的交流，致使彼此互不了解的情况。在大学生给家里进行电话或者视频沟通时，大多数只讲自己生活中的琐事，或者报喜不报忧，绝少能够涉及自己内心的思想和心里真正的想法。尤其是一些在大学里比较颓废的大学生，给家长反馈的信息几乎是完全相反的信息，致使家人不能及时了解其真实的现状。在大学的几年中，虽然家长也不时地嘘寒问暖，但对孩子的了解是肤浅的、有些是近乎

[①] 唐海珍，李国强．当代大学生亲情观调查研究[J]．长沙民政职业技术学院学报，2006(03)：31-33．

虚幻的。随着这种表面化、不深入的沟通的持续,大学生与家人之间的情感联系会变得越来越弱。

资料链接 7-4

放假了"亲妈"变成"后妈"

就读于省内某重点大学的小盛说:"我这个暑假在和同学一起准备摄影比赛,我妈总是一边不断询问我们进行到哪一步了,一边不停地提醒我不要在这种和学习无关的事情上浪费时间,我感到很苦恼。放假回到家中后,父母还要规定几点睡觉、几点回家、每天碰几个小时电脑……对于这样的'生活问题'也事无巨细地管,感到不适应和反感,丧失人身自由。"与此同时,家长们也很困惑,刘女士的孩子今年大二,她说,以前和我无话不谈的孩子,念个大学回来怎么就出现代沟、对我处处抵触了呢?对孩子不健康的饮食方式、晚睡晚起的生活作息、总不出家门或总不在家中感到不满,认为与心目中引以为傲的大学生大相径庭。

点评:大学生要明白,父母关心的方式在 20 年辛苦供养自己的过程中已成定式,所以即使跟父母讲道理,也必须要保持平和的态度。而家长也要明白,孩子已经成年,在面对人生选择时,父母绝不能代替孩子做决定,也不要根据自己的价值观去评价孩子的行为,只要不是大是大非的问题,就必须首先学会尊重孩子的意愿。家长和孩子之间要重视平时的沟通。

讨论:结合自身情况,谈谈亲情的重要性。

(3) 对家庭过分依赖,自主自立能力有待提高

目前,我国大学生基本都是由高中直接进入大学的,没有经历过单独、自立的社会生活,生活经验和社会阅历不足、生活自理能力较差,对复杂环境的应对能力也明显不足,加上家长的无微不至地照顾和溺爱,使得大学生,尤其是大学新生中有不少人不会处理生活琐事,不会安排自己的生活费用,遇到困难只会想到找家人诉说让其帮忙解决。这部分大学生的生活自主自立能力明显不足,无论是在情感上还是在日常事务的处理上都对家庭过分依赖,不利于自己独立人格的形成和完善,不利于其真正的成长。

(4) 家庭感恩教育的空白

当前,高校校园中的大学生大多数都是独生子女,良好的物质条件使他们从小就过着"疏于心宽于物"的生活。家庭往往只注重为他们提供优越的物质条件,却忽视了用良好的家庭环境去塑造他们美好的心灵。过多的呵护使他们习惯了来自亲人的爱,觉得亲人为自己的全心全意的付出都是理所应当,养成了"以自我为中心"的思维,却很少能想到自己需要为亲人付出的爱,更不会想到自己用爱回报亲人的责任,逐渐丧失了感受生活、感悟亲情、反哺亲情的心。

(5) 对亲情的回馈说得多、做得少

做父母的给子女过生日基本都是从不间断从未忘记的,而与之形成鲜明对比的是大学生中有很大一部分不知道父母的年龄,不知道父母的生日,从未给父母祝贺过生日。如何在现实的大学生活中回馈亲情,大学生们往往想得很少。有的想到了一些,例如节俭大学期间费用或者勤工俭学以减轻父母负担、想着时常给父母打电话送去关怀等,但也难以落到实处,往往说得多、做得少。

(6) 当代大学生亲情意识淡化

当前一些大学生在与外界接触时,有意或无意间受到了许多社会不良风气的影响,形成了爱慕虚荣、盲目攀比等心态、习气。在这个过程中与亲人的沟通却越来越少,最终导致他们注意力都转移到了自己感兴趣的事务上,对家人的亲情却越来越淡薄。另外,随着互联网在高校的普及,一些大学生更愿意沉溺于网络的虚拟世界,与陌生的网友聊天交流而不愿意与自己的父母家人进行沟通和交流。还有一些过于渲染冷酷、无情的凶杀游戏、暴力影视等对大学生正确的亲情观造成的不良影响也不可低估。

3. 大学生在亲情方面的理解误区

当代大学生为什么会被称为"忘亲"的一代?究其原因,与大学生在亲情方面的理解误区不无关系。这种误区表现在如下几个方面。

(1) 情感表达方面

部分学生认为亲情植根于血缘,无须表达。这就导致部分亲人之间彼此牵挂却不知情,久而久之,亲情在无言中淡漠。

(2) 金钱方面

部分学生认为自己是大学生,"天之骄子",花点用点在所难免,父母供养自己是天经地义,是义务。这样,导致部分学生自私、冷漠,花钱如流水,丝毫不顾及家庭的经济承受能力,而且还毫无愧意。

(3) 理解沟通方面

不少同学认为:自己与父母之间存在着"代沟",父母不可能真正理解自己的想法,与其跟他们沟通而挨骂,不如什么也不告诉他们。更有甚者,有学生认为,自己任性,不顾及家人的感受,是追求个性的表现。这样,子女与父母之间所谓的"代沟"越来越深以致互不理解、越来越疏远,最后只剩下血缘亲情在维系。

7.2.2 友情观现状

友情不是一幕短暂的烟火,而是一幅真心的画卷;友情不是一段长久的相识,而是一份交心的相知。大学生的人际交往是高等院校中人际交往的重要组成部分。人际交往是大学生人际关系形成、建立和发展的基础和途径,只有通过交往才能建立起更新、更丰富的人际关系。要实现友情对大学生群体正性的积极的影响,了解大学生群体友情观的整体现状及存在的问题就很必要了。

1. 整体现状

(1) 珍视大学友情

大学生处在青春期这个特别的阶段,虽然希望有一方完全属于自己的自由角落,但是大学生又害怕孤独,希望自己有一些可以共鸣的知己。在刚走出家门的大学新生身上,可以更容易看到这种需求,但实际上,不仅是大学新生,整个大学时代都存在着与他们建立起亲密关系以满足感情上互助的需要,大学生对人际关系的丰富和人情的美好有着强烈而迫切的要求。大学生群体普遍希望自己在大学生涯中有一些知己和好朋友,可以分享自己的酸甜苦辣,同时希望这种深厚的友情在将来的人生阶段中也能持续下去。

(2) 交友途径更加广泛及友情深度

手机短信、网络社交、各种晚会、大型活动、旅游社交、俱乐部社交、公益活动社交、购物社交、老乡会、社团等活跃于大学生社交舞台。

网络为人们的传统交往提供了一种新的通信工具,进而形成了网络亚文化群的网际交往形式。在信息、知识、设备等方面占有一定优势的大学生又先走了一步,上网越来越成为大学生日常生活中的另一种重要的生活形态与文化。

交往的对象和范围也由单纯的传统纵向和封闭式交往转向横向和开放式交往。他们常常跨班级、跨年级、跨专业、跨性别地进行多方面的交往。与此同时,大学生还借助于做家教、打工、实习及参加社会实践的机会,将交往对象和交往范围扩大到社会上,这使大学生能够更加广泛地参与社会交往,对大学生更好地认识社会,了解社会,为以后进入社会打下基础。

(3) 交友更加成熟化、理想现实化

当代中国大学生十分重视人际交往,这种重视不只基于情感、友谊等方面的需要,还有功利性的理由。受社会环境、西方实用主义的影响,大学生面对各种利益关系的调整和纷繁复杂的经济、社会现象,不仅从感性上,而且从理性上都变得功利、务实,在道德观念、思想意识、人生追求等价值取舍的坐标上,表现出理想现实化的倾向。例如一些大学生认为:"大学交往比较广泛,中学交往很单纯,大学多是功利性交往""中学能找到真正的姐妹,大学就不可能""中学关系单纯,中学的所有事情就是学习和玩,大学主要是为前途作铺垫""大学的交往更理性,更会相互尊重,中学是能玩在一起就可以。过于理性,就觉得少了点人情味的感觉"。

一方面,大学生的交往无须过分考虑自己或对方的社会地位、经济收入、宗教信仰等现实生活中无法回避的因素,不必顾虑世俗间的偏见和利益冲突,大学生与外界的交往更深层次地体现为"自然之我""个性之我"的宣泄。大学生交往个性意识增强,希望对方给予自己较多的自由度,希望个性发展能受到对方尊重。另一方面,大学生在交友的选择上也参考自身将来职业发展的前景、对自身进步有促进作用等因素,也表明了大学生在择友上的理智与成熟。

2. 存在的问题

(1) 社交敏感

人际交往中,有许多不良心理因素对人际关系的建立和发展构成威胁。由于大学生们的家庭经济状况、学习成绩优秀程度、个人能力、身体容貌差别等的影响,有些大学生很容易形成一种心理的思维定式,产生自卑、嫉妒、猜疑等多种不同形式的心理想法,逐渐发展成一种自我压抑与封闭的心理状态。例如,来到大学,面对各种文体活动无法参加或者即使参加了也无法像其他人一样有良好的表现,自卑和事事不如人的心理便油然而生,于是便把自己封闭起来。有些大学生由于本身性格内向、腼腆害羞,不习惯主动与人交往,并逐渐形成了对交往的敏感及不适应,会对交往采取退缩逃避的态度,很难与别人建立深厚的友情。

(2) 缺乏一定的交往技巧

不仅是对于大学生而言,对那些已经走进社会参加工作的人们来说,掌握拿捏与人交往的技巧也不是一件容易的事情。部分大学生由于表达能力的愿意,不能很正确地表达自己的观点及想法,因此很容易被人误解甚至造人排斥;或者本身很想与别人建立友好关系,但是苦于不知道如何主动与别人沟通交流等,这些都会直接间接地造成大学生理想友情的建立及发展。

(3) 缺乏处理人际关系矛盾的能力

虽然我们极力地要避免不必要的冲突,但是人与人之间的有些矛盾和冲突是不能避免的,因处理好人际关系冲突和矛盾便是良好人际关系中极为重要的一部分。但是有些大学生在处理人际矛盾与冲突这一方面缺乏相应的技巧,他们不懂得如何平衡好自己与他人的关系,不能把握好其中的分寸,有些为了维持好的人际关系一味地牺牲自己奉承依附于别人的喜好而逐渐迷失了自己,有些大学生只站在自己的立场看问题,只看到别人的缺点与不足,忽视自己的问题所在,同样不能缓解人际冲突。当今时代的大学生大多为独生子女,一直被家长捧在手心,甚至有些家长一直溺爱孩子,导致了部分大学生形成了以自我为中心的思维定式,无论什么问题出现,都是别人的错误都应有别人来承担代价甚至应由别人主动道歉化解冲突,这样的心理只会助长人际矛盾的升级。

(4) 异性交往不能把握一个"度"

在中学阶段繁重的学习任务占据了大部分的时间精力,再加上家长老师的重重阻碍,异性之间的交往是很狭隘的,进入大学虽然环境相对较自由、自主和开放,但是中学阶段异性交往的缺乏导致了部分大学生依旧不能处理好异性之间的正常交往。主要体现在:部分大学生不敢与异性交往,羞于谈论异性,与异性说话时脸红、出汗、心跳呼吸加快、语言不连贯等,出现与异性交往的心理障碍;异性关系的分寸难以把握,对异性之间的友情、爱情界限区分不清楚,有时错把友情当成爱情,有时求爱被拒绝造成双方关系破裂。

(5) 交友对象的选择不当

大学是即将步入社会的最后一关,在这一关的朋友是直接涉及你的社会生活的,应该要谨慎点。部分大学生为了提前接触融入社会,结交了一些社会青年,慢慢沾染不良的风气,在潜移默化中迷失了自己原来的道路与初心;也有一些大学生一味地选择一些"讲义气""重情义"的哥们作为朋友,却在这个过程中丢失了大学中最重要的东西;有些大学生交一些跟学习事业等无关的好朋友,但是却总是一起沉溺于如打游戏等与学业无关的活动中。如果交往不当,或交往动机不纯,则会导致大学生交往的冲突。这些都是当代大学生中存在的一些普遍问题。

7.2.3 爱情观现状

在社会转型日益加剧的情况下,大学生的爱情观也随着社会价值观的多元化而变得纷繁复杂。一方面,当代大学生的恋爱主流,总体上是健康向上的,他们敢于抛弃陈腐的"门第观念、地位偏见",追求理想的爱情,展示了当代大学生对于爱情观的独特看法。另一方面,由于受到许多不良因素的影响,很多大学生在恋爱动机、恋爱态度、恋爱行为等方面存在一些不良倾向,因此了解大学生的爱情观要从大学生群体的整体现状和存在的问题方面来整体把握。

1. 整体现状[①]

随着社会的不断发展和进步,大学生作为社会的一个特殊群体,其社会化过程也随着时代的步伐而加快,在社会意识、群体特征、心理状态和行为方式有其独特的特点,在爱情的表

---

① 常秀芳.当代大学生爱情观教育研究[D].辽宁师范大学,2012.

现形式上也呈现出新的时代特色。

（1）恋爱普遍化

随着大学生性机能的成熟、性意识的觉醒、性心理的发展，大学生活又创造了诸多交往的机会，大学生恋爱得到了家长、学校、社会和大多数学生的认同。对于处在象牙塔里的青年大学生，努力追求知识的同时也渴望有一份刻骨铭心的爱情。国内有调查显示，大学中除了10%左右的大学生因为种种原因不考虑谈恋爱外，其他90%的同学都曾积极考虑或正处于恋爱之中。当代大学生恋爱不再是"犹抱琵琶半遮面"式的暗恋或者地下恋爱，而早已成为一种校园风气。

（2）恋爱低龄化

我国大学生年龄集中在18～20岁，正是寻求人生伴侣的年龄阶段。他们刚迈进大学校门初或者更早时便被家人或者社会期待着谈一场大学恋爱了。再过两年也达到我国法定结婚年龄。因此大学恋爱已经被社会、校园所承认接纳。这种社会和家长的认可使大学生的恋爱高峰期提前到了大一大二，当代大学生恋爱便出现了低龄化的趋势。

（3）恋爱自由化

在我国长期的封建社会里，父母之命、媒妁之言成为男女双方确立婚姻关系的唯一途径，在结婚前男女双方受封建思想约束，几乎不进行相互了解就步入婚姻生活，这种仅凭几眼便决定一生婚姻幸福的古旧方法已不再受大学生群体的青睐。当然这种模式也是因为受到社会发展的制约。当代社会，思想开放，信息传递方式繁多，男女都要进入社会工作的时代特点使年轻人有更多机会，更多方式相互接触，交流。个体对自我感受的尊重，对内心的需要的追求促使年轻人在婚前进行选择。现在恋爱自由是青年人获得美好爱情和幸福婚姻生活的必要条件，同时恋爱自由的保障和青年自主恋爱方式的确立是社会文明进步的重要表现。并且自主追求恋爱对象成为当代大学生缔结恋爱关系的主要方式。

（4）恋爱行为公开化

正是社会，家长，学校对大学生恋爱的接纳，对大学生自由恋爱的认同，使大学生的恋爱推向公开化。大学生在恋爱时不再顾忌他人的评价，逐渐从"地下"转向公开，在公共场合出双入对，行为上也不再遮遮掩掩。恋爱的情侣经常一起学习、看电影、吃饭、旅游等。甚至在校园的幽静之处，常常可以看到拥抱、接吻等"西化了"的恋爱方式。当代很多大学生已经把谈恋爱看成是大学的一门"必修课"。

（5）择偶标准多样化

择偶作为人们一生中最为重要的抉择之一，是婚姻过程中的一个必要环节，一直以来都很受人们重视。婚姻对象选择的如意与否，对人的身心发展，事业发展起着非常重要的作用。美好的婚姻使人产生幸福感，不幸的婚姻给人带来可能是痛苦的，甚至会有灾难性的后果。如何选择与自己的终身伴侣，对方应该具有怎样的基本条件，每个人都会有一套自己的"择偶标准"。如今，传统的婚恋观受到极大的冲击，虽然讲究门当户对，注重男女双方家庭地位、经济水平的择偶观念不如以前那么被看重，但是在择偶过程中，也会有所体现。而今大学生的择偶标准不断发生着变化，呈现出多样性、时代性和发展性的特征。大学生择偶时看重对方的长相、兴趣、性格、人品、才能、家庭经济条件等。

2. 存在的问题[①]

随着我国改革开放的进一步深化,社会转型还未完成,这时期的大学生由于受到社会多种因素的影响,诸如拜金主义、社会风气、外国文化等。很多大学生在恋爱动机、恋爱态度、恋爱行为等方面存在一些不良倾向。

(1) 恋爱动机不纯

目前我国大学生谈恋爱的动机多样化,不良动机主要有排解郁闷、跟风、找学习伙伴等。2013年中国网对大学生恋爱动机进行了调查。调查结果显示,"找恋爱对象""精神空虚,寻找寄托""找到一起学习的小伙伴"和"满足生理需要"高居大学生社交网站交友目的前4位。其中,"找恋爱对象"高达35.44%,"满足生理需要"同样达17.81%,而"结婚"惨变垫底,仅占3.5%。这种不以结婚为目的的恋爱动机导致了大学生恋爱风气恶化,失败率高,爱的能力缺失等现象。

也有的是因为想体验爱情的浪漫,不想错过大学恋爱这一重要的经历,而真正为了选择人生伴侣的仅占很少一部分。这在一定程度上反映了当代大学生恋爱动机的不纯正。这种只是把恋爱当作摆脱寂寞,满足虚荣心,体验爱情的浪漫为借口和理由的恋爱动机对大学生影响恶劣。在某种程度上阻碍了大学生爱的能力的形成,也会阻碍大学生个人的成长。对大学生建立家庭责任以及社会的责任意识造成不良影响。大学生们只有端正恋爱动机,清楚恋爱目的,才有可能收获自己想要的爱情,不给青春留遗憾。

(2) 恋爱态度不端

如今许多大学生对恋爱抱着"无所谓""随便""试试"态度,这使原本纯洁的爱情开始变味。正如大学校园流传的一句顺口溜"不求天长地久,只求曾经拥有"。这种体验爱情的恋爱态度当中缺少了责任成分,这部分学生只注重恋爱过程,不注重恋爱结果。因此他们恋爱追求及时行乐,寻求感官刺激,这种现象在很多时候会给另外一方带来极大的伤害。

更甚者,有的大学生热衷于多角恋爱,他们会同时与几名异性同学同时恋爱。从中追求不同的感受,寻求刺激,之后还会向旁人大肆炫耀。他们"无所顾忌地"追求爱情,目的并不是为了寻求终身伴侣,而只是图一时的情感满足精神需要。这些人在恋爱问题上既无责任,又无道德观念,持极不慎重的轻率态度。传统的恋爱观——不以结婚为目的的恋爱都是要流氓,遭到当代许多大学生的反对。有些学生推崇"试婚"之说,殊不知这种态度,或者行为会对大学生对婚姻美好的憧憬产生极大的冲击。有时会对以后真正的婚姻生活造成麻木感,更甚者产生厌婚、恐婚。

(3) 恋爱行为不当

当然,大学生对性行为追求是一种本能需求。而且大学生生理发展需要,心理成熟度都可以允许大学生追求性。但是大学生追求行为应该建立有端正的恋爱动机,正确的恋爱态度之上。否则轻率的婚前性行为会对大学生特别是大学女生产生终身伤害。虽然当今很多大学生受西方"性解放""性自由"的影响,性观念发生了很大的改变,尤其是对婚前同居、婚前性行为表示认同。但是我国的传统道德对这要求相对较高。婚前性行为还不会为大多数人接受。目前我国越来越多的大学生恋爱中会有婚前性行为的发生,女大学生流产、堕胎的

[①] 刘一达."90后"大学生爱情观现状分析及对策研究[D].渤海大学,2013.

悲剧一直在上演,由此也产生了一系列大学生生理、心理、社会问题,也造成了学校不稳定因素。

(4) 恋爱方式不正确

随着网络时代的到来,网络以其特有的隐蔽、便捷等优势满足了大学生轻松交往的要求,成为大学生大学生活的重要内容。网络是把双刃剑,它不只可以为人们交往提供便利,它也可以给那些不怀好意的不法分子提供良机。它可以给不善于当面表达的人提供表达机会,也可以减少人与之间的见面沟通机会。目前很多大学生沉溺网络,其中不乏一些学生在虚拟网络当中恋爱,部分大学生通过网络语言来获得关爱、沟通、交流,从另一方虚拟的伴侣身上获得爱的需要。

一方面,"网恋"作为一种新型的恋爱方式被越来越多的大学生所接受,一部分大学生在网上认识一些陌生人,由于缺乏辨别能力,又由于我国网络管理机制的不健全,网络道德的不规范,导致了大学生上当受骗。曾有新闻报道出一个河北 41 岁的无业男子田某,利用 QQ 聊天功能与多名女大学生相识,并谎称自己是清华大学及北京大学的双硕士,经营奢侈品、红木等商品,骗取女大学生的信任,与其建立男女朋友关系。而后在交往的过程中,田福生以做生意周转、偿还债务等理由骗取被害人钱财。自 2010 年至 2014 年 6 月,田福生采取上述方式骗取 8 名女生共计 35 万余元。其中一所大学一女生宿舍五六个女生无一幸免。另一方面,由于手机等通讯工具的不断发展,网络联系更加方便,使得现实生活中的恋爱对象们也开始更多地使用这种方式。这种不实的恋爱方式夸大了对方的爱,一旦双方真切地相处在现实生活中,会产生一系列的不适感,最终造成分手。

无论网恋的对象是陌生人还是情人,过多的运用网络恋爱会引发大学生情感心理危机,如果不及时加以疏导,很容易引发更为严重的心理问题,阻碍大学生的健康成长。因此应该提倡恋爱双方多在现实生活中相处,少在网络中恋爱。

(5) 恋爱矛盾处理不当

近年来,大学生因为恋爱问题处理不当,进而导致学业荒废,甚至引发心理疾病的事件时有发生。更严重的还会有学生伤害对方,造成违法犯罪的后果。部分大学生由于沉溺恋情,一旦恋情出问题学生从中难以自拔,伤人伤己。当代大学生由于在家里被娇生惯养,全家独宠,没有遇见过挫折,很少被人否定。因此一旦遇到恋爱问题时自身无法调节负面情绪,有很多在恋爱中出现矛盾摩擦后不能及时沟通处理,致使双方关系恶化或者恋爱告终等等。这些恋爱问题对于正处于身心健康发展阶段的大学生而言,无疑会造成极大的伤害。

(6) 恋爱结果消极面凸显

大学生因心智不成熟加上没自己固定的生活来源,许多大学生恋人毕业时就面临着分手的结局。据调查显示,大学生爱情的成功率只有 4%~8%,即便是户口制度和就业制度有新的变化改变,成功率也只在 10% 左右。也就是说,通过大学期间恋爱而走入婚姻殿堂的大学生可谓凤毛麟角,绝大多数的恋爱是无果而终,是一枝不能结果的美丽花朵。当面对无果的爱情时,多数大学生可以理性地面对,而有些大学生在恋爱过程中遇到了问题,就会在异性面前表现出不自信的特点,不敢主动向亲人、朋友、老师等寻求帮助,久而久之,会产生一种悲愤的不良心理;或因心理承受能力较差,产生了消极的言行,往往出现厌学、旷课等行为,耽误了正常的学习生活。甚至有心理素质不好者做出伤害对方伤害自己的事情。

资料链接 7-5

失恋女大学生纵身跃下七楼

王艺明,贵医附院心理科主任,从业多年,见过形形色色的咨询者。王艺明印象中,因为情感触礁哭闹着要自杀的女生不在少数,但有一个女孩令她印象特别深,至今都感到惋惜。那是一个女大学生,特别好强,学习也不错,是个蛮优秀的女孩子。却没想到因为失恋,后来得了抑郁症。女孩一直都想轻生,学校劝不住,打电话告诉家长,家长赶到学校后,24小时贴身守护。但女孩子一直受负面情绪困扰,走不出来。有一天她去上课,爸妈就跟在后面,她进教室时,让爸妈回去,"你们走嘛,这里有很多同学。"父母相信了,刚刚退出教室门口,女孩几步跑到窗台边,纵身跃下,当场从7楼摔下死亡。

点评:正值青春最美的年华,一个年轻鲜活的生命因为失恋自杀便永久告别了这个世界,故事多少有些令人叹息。这也告诫大学生要冷静客观地对待失恋,不能把恋爱当作人生的全部,生命中还有许许多多值得去奋斗去探索的事情。

7.3 大学生树立正确情感观的途径

戴尔·卡耐基曾说过,不尊重别人感情的人,最终只会引起别人的讨厌和憎恨。根据目前大学生情感观发展的现状可以看出,大学生情感观横向对比发展状态良好,符合大学生群体特征和身份。总体看情感发展不平衡,有异化现象。

大学生是一群正在成长的青年,是一个极其敏感的群体,其内心体验极其细腻微妙。他们对与自身有关的事物往往体察得细致入微。由于大学生心理内部的需要结构不断在发生变化,其追求有一定的独特性,且价值观念尚不平衡、不稳定,时常处于波动、迷惘、抉择之中,其心理成熟又落后于生理成熟,因而大学生的情感是不稳定的。同时,大学生的情感世界还受到纷至沓来的信息时代和市场经济社会的冲击。人情轻薄寡淡,更多依靠内心的支撑而较少希冀心外的扶持。虽然他们的内心世界很丰富,却没有真爱的立足之地,亲情或多或少被淡忘,爱情、友情也欠神圣、纯洁。故此,应高度重视这一普遍而又重要的问题,帮助大学生合理解决心理矛盾与冲突,正确处理情感问题,使之顺利而愉快地度过大学时代[①],具体有如下几个方面。

(1) 加强大学生人生观、价值观及完美人格教育,不断提高其自身修养和自我教育能力。

(2) 建立良好的人际关系,学习爱的能力。

(3) 建立合理的生活秩序,即做到学习分量适度,生活节奏合理,有张有弛,以保证大学生愉快的情绪。

下面分别从如何树立正确的亲情观、友情观、爱情观三方面来具体探讨。

---

① 林王荣. 关于新时期大学生情感问题的探析[J]. 中国劳动关系学院学报,2006(03):123-125.

7.3.1 大学生确立正确亲情观的途径[①]

1. 家庭入手,建立亲情基础

事实上,亲情最初的形成依赖于家庭,和谐的家庭成员关系,良好的亲子关系,融洽的家庭氛围都会令人产生浓浓的亲情感。幸福的家庭对孩子亲情的形成起着最重要的作用。心理学研究显示,人们最重要的情感产生是来自家庭。不只是亲情,友情,爱情的建立,在这些情感关系中个体处理关系的模式也都是源自家庭成员之间相处模式。在家庭中,亲子关系又是情感产生、发展的基石。良好的亲子关系对人情感影响表现在全方位。因此大学生确立亲情观首先要从家庭入手。

2. 教学教育,教师以情育情

大学校园生活是大学生的主要生活,大学教学活动是情感教育的主要渠道,而教师是教学活动的实施者。虽然家庭对人们情感形成起着最主要的作用,但是大学生已经有自己的独立思考能力,具备自我修养的能力。在大学期间开设情感教育课程会对学生的情感发育起到很好的效果。首先,教育工作者要能够深入到学生中去,善于与学生沟通思想,掌握学生思想动态,理解学生所想、所急、所愿。最好能够对学生的性格特点、兴趣爱好、生活习惯、家庭状况、业务技能等了如指掌。其次,要尊重他人,拥有一颗平等博爱的心。教育不居高临下,对学生不分亲疏远近,不分高低贵贱,管理靠威信而不仅靠权力;宽厚以诚待人,不讽刺挖苦,不揭隐私,不拿人短;作风民主,善于听取学生的意见和建议。

3. 社会支持,扩展亲情

在亲情形成的过程中,除了家庭、学校,社会也是关键因素。人的基本属性是社会性,作为社会中的人,无时无刻不受到社会环境,社会关系中的他人影响。特别是社会关系中的重要他人,对人们亲情的产生有着不容小觑的影响力。社会助人为乐的风气无疑也是人们亲情形成和发展的风向标。若社会众人们都乐于助人,给他人以温暖,使人感受到浓烈的情谊,对人们亲情形成大有助益。大学生作为未完全脱离家庭的成人,对社会期待值相对较高,若此时大学生能从社会中感受亲情的温暖,对其树立亲情观会有极大的帮助。

4. 学校、家庭与社会结合开展亲情联动教育

学校在大学生亲情教育方面有着重要的作用,但学校教育强调较多的是要求学生勤奋学习、掌握知识,理性控制情感。这种正规教育忽视了对学生的幸福教育,使学生对他的生活和幸福漠不关心。

而目前我国的家庭教育也更多地关注学生的学习成绩,忽略了学生的内心情绪和情感需要。有很多家庭甚至没有进行良好的情感沟通,导致亲情疏离。心理学研究说明人与人之间的关系都是相互的。无论这种关系是亲子关系、朋友、爱人或其他人际关系。即便是具有天生血缘关系的亲子关系,关系之中的当事人也需要沟通、相互关爱才能建立其浓厚的亲情。父母如何对待孩子,孩子将来也会以同样的方式回报父母。同样孩子学习家庭中其他成员与他人的相处模式中,形成自己的交往模式。孩子在潜移默化的影响下有着与家庭成员极其相似的情感交流模式。

[①] 袁艳红. 大学生亲情教育:本义、困境与优化策略[J]. 山东省青年管理干部学院学报,2010(02):61-63.

良好的社会环境尤其是社会舆论是大学生情感模式的"镜子"。学生在社会中与他人的交往信息,从其他成员那里得到反馈。从而对学生的情感模式进行纠正、肯定、鼓励。学校与家庭对学生的情感教育在目前我国情感教育中显得有些脱节。因此,学校与家庭应当加强联系建立有效的沟通途径,为大学生情感发展提供更好的机会。而社会应当积极参与学生的情感教育环节,不应只做反馈信息的作用。学校、家庭、社会三者应该建立长效机制,来培养大学生的良好情感。使大学生最终成为更完美的社会人,造福社会。

5. 创新教育方式,革新教育形式

我们的伦理道德教育,长期存在着方法陈旧,脱离当前学生心理实际的现象。因此,对大学生开展亲情教育亟待创新。大学校园里的攀比之风、"比富"现象等不良习气已经影响到校园生活的各个方面。随之而来的,就是对亲情感恩的遗忘,就是对美好传统精神的丧失。亲情感恩,就是"一粥一饭,当思来之不易",美好传统精神就是"苦其心智,饿其体肤",就是"君子自强不息"。在大学校园中,要引导并持续开展以艰苦奋斗为荣、以勤俭节约为美的各种形式的活动,让学生们切实体会到美好生活的来之不易,奢侈浪费应该得到摒弃;引导学生认识到"艰难困苦,玉汝于成"就是对父母最好的回报。

6. 要坚持理论教育和亲情实践相结合

亲情教育本身就是一种社会实践活动,具有很强的实践性。亲情的产生是在人与人的接触中产生的。亲情的培养必须通过在实践中感受、体验才能形成。

单纯的亲情理论教育会使大学生的亲情感降低,只有把亲情教育放逐于实践当中,大学生才能产生亲身的体会,才会对学生内心产生切实的触动感。每次感情的触动,都会调动自身的情绪,产生情绪记忆。而情绪记忆一旦产生,对以后生活中类似的事件会有内隐性的影响。多次情绪记忆积累之后,人对特定事件就形成情感感知。

7.3.2 大学生确立正确友情观的途径

大学生在人际交往中要获得真挚的友谊,必须遵循交友之道和为友之道①。

1. 交友须择友

在众多朋友中,人们还是会去寻找真正的、对自己最为重要的朋友。朋友性格种种气质各异,若以同一标准交友,那无疑是很愚蠢的。孔子云:"益者三友,损者三友。友直、友谅、友多闻,益矣。友便辟,友善柔,友便佞,损矣。"意思是说,正直、诚实、知识渊博的人,是有益的朋友;善于谄媚逢迎、心术不正、夸夸其谈华而不实的人,是有害的朋友。从不同的朋友身上往往可以获得不同的内容,用心去发现,每一个朋友都是一个故事。他是你用爱播种,用感情收获的田地。大学生应择人交友,善交益友,选择那些有崇高理想和志向、品德高尚、好学上进、知识丰富的人做自己的朋友。

2. 为友要真诚

友情需要不断培养、浇灌才能成长。只有真诚相待,友情才能永存。因为真诚是开启心灵的钥匙,信任是维系友情的纽带,这是最起码的品质。与朋友相处应真诚,切忌遮遮掩掩、

---

① 王玉. 当代我国大学生人际交往伦理问题研究[D]. 南华大学,2014.

口是心非。只有以自己一颗诚挚的心主动去靠拢和撞击对方的心,有了心的交流,才能使对方信任你,从而获得安全感,放心地与你交往,在交往中培育和发展友谊。

最后,正确对待异性友谊。异性友谊是男女之间的纯真友情。异性友谊对于大学生来说是必要的。我们摒弃"男女授受不亲"的封建思想,提倡男女大学生在交往中发展友谊。同样,大学生在交往中要掌握好发展异性友谊的尺度。大学生完全可以约束自己,将自己的友情建立于理性的基础上,只要用心,每个大学生都会收获友情。

3. 接受自己,悦纳他人

接受自己,意味着既要接受自己的优点,更要接受自己的缺点。"金无足赤,人无完人。"大学生既要以宽容的心接纳自己,也要悦纳他人的缺点。在了解对的过程中,应尽量避免首因现象、晕轮效应、心理定式和刻板印象的消极作用,充分肯定他人长处,尊重对方的人格、兴趣爱好,不苛求对方与自己评判标准一致。

4. 尊重他人

自尊心人人都有,区别在于个体表现自尊的方式往往不同。尊重是交往的前提,大学生要做到尊重他人,首先是克服猜忌心理,真诚相待,要"会听"。大学生往往急于表现自己,愿意自己成为人际交往的中心,经常是重视了"说"而忽视了"听",这会造成人际交流的不平衡,引发对方的抵触情绪。再次,要尊重他人隐私。极少数学生偏爱到处去打听"内部消息",得到一鳞半爪的消息便洋洋得意,四处吹风,结果一传十、十传百,往往编造成耸人听闻的消息,以讹传讹,严重影响同学关系。

5. 正确处理好人际关系中情、理、法的关系

与人交往,首先要"合乎人情",有"人情味"。同时要注重"理",做到"合情合理"。除了"法"以外,情、理要多些,但切忌以情代法,在与处于边缘部位的人交往时,法的因素要多一些,但应注重情的培养,使之不断向人际关系系统的核心靠拢。

7.3.3 大学生树立正确爱情观的方法①

积极健康的爱情观对人们的恋爱择偶以及今后的婚姻生活有很重要的导向作用,因此树立一种健康、正确、符合社会主义道德标准的爱情观,既是时代的要求,也是引导大学生健康成长的需要。如何树立大学生正确的爱情观,可以从以下方面入手。

1. 理论教育法

理论教育法是指高校教育者通过一定的教育计划向受教育者传授有关爱情以及爱情观的理论,让大学生认识爱情观的内容,特征。通过理论教育让大学生了解正确的爱情观对他们人生幸福的重要性。理论教育法是大学生形成健康的爱情观必不可少的途径,能给大学生提供理论指导。

并且对大学生爱情观的理论教育不能局限于学校,课堂,还要渗透在日常的学生思想辅导工作中。当然最好还要有父母和朋友的参与。

2. 疏导教育法

疏导教育法重在"疏导","疏"教育者通过与教育对象进行思想交流,了解被教育者的爱

---

① 常秀芳. 当代大学生爱情观教育研究[D]. 辽宁师范大学,2012.

情观,从中发现被教育对象爱情观的不恰当之处,进而通过循循善诱的方式令大学生摒弃自己爱情观中不良的态度和想法。"导"是指引导教育对象恰当的认识爱情、分析爱情中存在的问题、选用合适的方法解决爱情问题,进而帮助他们转变错误爱情观念。

当大学生明白那些恋爱中不讲道德、不负责任的行为终究会受到社会的"惩罚",恋爱动机不良、恋爱行为轻率的人也终究会自食其果。只有那些尊重他人,爱惜自己且具有正确爱情观的人才能收获美好的爱情,最终拥有一个幸福,多彩的人生。

3. 环境熏陶法

心理学研究证明,人们的成长除遗传作用外,受到来自外界环境的影响占很大的比例,甚至有学者认为外界环境对一个人的成长能起到60%甚至更高的作用。

爱情作为实实在在的社会交往范畴,大学生爱情观的形成除受父母关系的影响,理论知识的指导,外界环境如大众媒体,周围好友,学校氛围,道德规范,社会风气等都起着重要的作用。因此规范大众传媒,选择良师益友,加强校园文化建设,推进道德建设,弘扬良好社会风尚为大学生建设良好的社会氛围,使大学生在良好的环境中得到熏陶,做到自觉抵制色情思想和不良诱惑。并且根据大学生目前爱情观的现状,创设好的社会环境刻不容缓。

4. 制度约束法

大学生自身年龄发展特征以及时代赋予大学生的特点,要求当代大学生爱情观教育不仅需要理论教育,社会熏陶,更需要良好的制度约束。

当代大学生,自我意识增强,追求独立推崇个性的特点与大学生心理脆弱,解决问题能力弱产生极大的矛盾。再加上社会风气恶化使得在大学生的爱情观教育上需要制度来约束。建立健全大学生学校管理制度,在某种程度上可以帮助大学生约束自己的越轨行为,有助于大学生形成健康的爱情观。

5. 自我提高法

事实上,无论多么好的教育都是针对人进行的,所以,只有个人发自内心的学习,积极主动地去追求知识才能使教育发挥其有效性。爱情观教育更是如此,爱情本身就含有本能的需求一面,若大学生在恋爱中过于在乎自身本能的需要,忽视道德责任的重要性,再好的教育对于他们来说也都无济于事。因此若要树立大学生正确爱情观,大学生自己必须主动积极地去学习才能收到良好效果。

具体大学生可以多看关于爱情的哲学,多学习经典的爱情故事,从中搜集适合自己的恋爱方式方法。多学习爱情本质的心理知识,了解了爱情中双方的心理变化,可以更多关爱对方的心理需求。还可以看一些有关如何去爱他人的书籍,提高爱的能力。最终形成自己健康的爱情观,为自己创造出不一样的多彩人生打下良好的基础。

问题与讨论

1. 如何认识大学生情感观对大学生人生的意义?
2. 谈谈自己的亲情观、友情观和爱情观。

实训练习

本练习只测量您对目前自己所在家庭的看法,若想进一步深入了解自己家庭对自己的影响功能请找学校内部或者校外专业的心理咨询师进行测量。

下表共有 30 个关于家庭关系和活动的问题。该问卷所指的家庭是指与您共同食宿的小家庭。请您按照您家庭目前的实际情况来回答,回答时请在右侧五个不同的答案中选一个您认为适当的答案,并在所选的答案上打圈。请您不要有什么顾虑,认真按您自己的意见回答每一个问题,不要参考家庭其他成员的意见。如果您对某个问题不太清楚如何回答的话,请您按照估计回答。请您务必回答每一个问题,不要漏项。

家庭目前实际情况调查表

项 目	您家庭目前的实际情况				
1. 在有难处的时候,家庭成员都会尽最大的努力相互支持。	不是	偶尔	有时	经常	总是
2. 家庭中每个成员都可以随便发表自己的意见。	不是	偶尔	有时	经常	总是
3. 家庭中的成员比较愿意与朋友商讨个人问题而不太愿意与家人商讨。	不是	偶尔	有时	经常	总是
4. 每个家庭成员都参与做出重大的家庭决策。	不是	偶尔	有时	经常	总是
5. 所有家庭成员聚集在一起活动。	不是	偶尔	有时	经常	总是
6. 晚辈对长辈的指导可以发表自己的意见。	不是	偶尔	有时	经常	总是
7. 在家里,有时大家一起做。	不是	偶尔	有时	经常	总是
8. 家庭成员一起讨论问题,并对问题的解决感到满意。	不是	偶尔	有时	经常	总是
9. 家庭成员与朋友的关系比家庭成员之间的关系更密切。	不是	偶尔	有时	经常	总是
10. 在家庭中,轮流分担不同的家务。	不是	偶尔	有时	经常	总是
11. 家庭成员之间都熟悉每个成员的亲密朋友。	不是	偶尔	有时	经常	总是
12. 家庭状况有变化时,家庭平常的生活规律和家规很容易有相应的改变。	不是	偶尔	有时	经常	总是
13. 某位家庭成员自己要做决策时,喜欢与家人一起商量。	不是	偶尔	有时	经常	总是
14. 当家庭中出现矛盾时,成员间相互谦让取得妥协。	不是	偶尔	有时	经常	总是
15. 娱乐活动都是全家一起去做的。	不是	偶尔	有时	经常	总是
16. 在解决问题时,孩子们的建议能够被接受。	不是	偶尔	有时	经常	总是
17. 家庭成员之间的关系是非常密切的。	不是	偶尔	有时	经常	总是
18. 家教是合理的。	不是	偶尔	有时	经常	总是
19. 在家中,每个成员习惯单独活动。	不是	偶尔	有时	经常	总是
20. 喜欢用新方法去解决遇到的问题。	不是	偶尔	有时	经常	总是
21. 家庭成员都能按家庭所做的决定去做事。	不是	偶尔	有时	经常	总是
22. 每个成员都分担家庭义务。	不是	偶尔	有时	经常	总是

项　目	您家庭目前的实际情况
23. 家庭成员喜欢在一起度过业余时间。	不是　偶尔　有时　经常　总是
24. 尽管家里有人有这样的想法,家庭的生活规律和家规还是难以改变。	不是　偶尔　有时　经常　总是
25. 家庭成员都很主动向家里其他人谈自己的心里话。	不是　偶尔　有时　经常　总是
26. 在家里,家庭成员可以随便提出自己的要求。	不是　偶尔　有时　经常　总是
27. 在家庭中,每个家庭成员的朋友都会受到极为热情的接待。	不是　偶尔　有时　经常　总是
28. 当家庭产生矛盾时,家庭成员会把自己的想法藏在心里。	不是　偶尔　有时　经常　总是
29. 在家里,成员更愿意分开做事,而不太愿意和全家人一起做。	不是　偶尔　有时　经常　总是
30. 家庭成员可以分享彼此的兴趣爱好。	不是　偶尔　有时　经常　总是

拓 展 阅 读

孝道与家族兴衰

我们村后有一位聋哑老人,没有妻儿,独自生活,但他却是差不多最有福气的人。他的近亲只有个侄女,在城里工作,待他就像亲爹一样。曾经将他接到城里去,但他过不惯城里的生活。聋哑老人没办法与别人交流、电视都不会看,待在城里像坐牢一样,所以说什么都要回村子里。侄女经常回来看他,每次回来,都要给村子里家家户户送点土特产。她是放心不下这个老伯父,托付村子里的乡亲们关照着点。对一个又老又残疾的伯父尚有此心,可以想见她对父母的孝心,以及平时的为人。

还有村东头一家,几个儿子没一个不敬父母的。儿子们几十岁的人了,做得不对,老爹照样骂人,没有一个敢顶嘴的。这实际上是这家儿子们懂道理,重孝道。现在他家几个儿子全部在城里,都是自己读书出去的。

相较之下,村子里很多人家,对待老弱无能的父母,像家奴一样使唤的。还能做事的话,就让父母给自己带孩子,养鸡养猪。往往也就在这些事上,儿子媳妇们认为厚此薄彼等,结下心结。到了老得做不了事了,相当多的一部分老人就得独自过日子,用三块土砖搭个灶,自己将就着弄点吃的。儿子们每家出一点米就算是了差事了。就这一两百斤米,还相互攀比着,拿以前的事计较。经常闹得兄弟反目、妯娌吵架。去年回村子里,看到那些老得背弯得像个虾米一样的老人,在又破又黑的老房子里独自生活,了却残生,不由得黯然伤怀。

整个村子,就前面说的这两户人家最兴旺,后代都洗了泥腿子上岸。《易经》说:"积善之家必有余庆,积不善之家必有余殃",诚哉斯言。怎么的心,就有怎么的命,错位也错不了多久。

现在回头想想,我的亲戚的各个支系之中,那些孝敬老人、为人宽厚善良的人家,现在没有一个不是生活状况很好的。而那些为人刻薄、不孝父母的,家里总是有这样那样的严重问题,种种不如意。

有一次我与昆明的一位经销商谈起这事,他回头想一想他的亲戚们,还真是如此。他的亲戚中,凡以前为人有孝心、待人真心的,现在没有一家不兴旺的;凡不孝父母、待人刻薄的,家里要么子女不省心,要么家境不好。他给我一家家对照着讲过去,讲了差不多半个小时。一个挺唯物的人,他自己讲着讲着,也感慨这事真是有道理。

说起改命之法、积福之途,父母才是最肥沃的福田。家里父母还在世的,好好孝敬自己的父母,衣食不缺、医药随时、尊重听话,让父母放心,为父母脸上争光,度父母出六道。父母过世了的,多诵点《地藏经》、多做点功德回向给父母,以超度父母。这些就是无与伦比的功德了。孝是一切善行之本,在家中不敬父母,一切福德都成了无根之木、无源之水。树木烂了根,或许暂时看起来还算繁茂,也必定经不起岁月风霜的。

资料来源:中国佛教网,http://story.zgfj.cn,2015-11-28.

贾岛与韩愈的友情

唐朝的贾岛是著名的苦吟派诗人。什么叫苦吟派呢?就是为了一句诗或是诗中的一个词,不惜耗费心血,花费工夫。贾岛曾用几年时间做了一首诗。诗成之后,他热泪横流,不仅仅是高兴,也心疼自己。当然他并不是每做一首都这么费劲儿,如果那样,他就成不了诗人了。有一次,贾岛骑驴闯了官道。

他正琢磨着一句诗,名叫《题李凝幽居》全诗如下:闲居少邻并,草径入荒园。鸟宿池边树,僧敲月下门。过桥分野色,移石动云根。暂去还来此,幽期不负言。但他有一处拿不定主意,那就是觉得第二句中的"鸟宿池边树,僧推月下门"的"推"应换成"敲"。可他又觉着"敲"也有点不太合适,不如"推"好。不知是"敲"还是"推"好。嘴里就边推敲边念叨着。不知不觉地,就骑着毛驴闯进了大官韩愈(唐宋八大家之一)的仪仗队里。

韩愈问贾岛为什么闯进自己的仪仗队。贾岛就把自己做的那首诗念给韩愈听,但是其中一句拿不定主意是用"推"好,还是用"敲"好的事说了一遍。韩愈听了,对贾岛说:"我看还是用'敲'好,即使是在夜深人静,拜访友人,还敲门代表你是一个有礼貌的人!而且一个'敲'字,使夜静更深之时,多了几分声响。再说,读起来也响亮些。"贾岛听了连连点头称赞。他这回不但没受处罚,还和韩愈交上了朋友。"推敲"从此也就成为脍炙人口的常用词,用来比喻做文章或做事时反复琢磨、反复斟酌。

另类情书

1650年,斯德哥尔摩的街头,52岁的笛卡儿邂逅了18岁的瑞典公主克里斯汀。那时,落魄、一文不名的笛卡儿过着乞讨的生活,全部的财产只有身上穿的破破烂烂的衣服和随身所带的几本数学书籍。生性清高的笛卡儿从来不开口请求路人施舍,他只是默默地低头在纸上写写画画,潜心于他的数学世界。一个宁静的午后,笛卡儿照例坐在街头,沐浴在阳光中研究数学问题。他是如此沉溺于数学世界,身边过往的人群,喧闹的车马队伍,都无法对他造成干扰。

突然,有人来到他旁边,拍了拍他的肩膀,"你在干什么呢?"扭过头,笛卡儿看到一张年轻秀丽的脸庞,一双清澈的眼睛如湛蓝的湖水,楚楚动人,长长的睫毛一眨一眨的,期待着他的回应。她就是瑞典的小公主,国王最宠爱的女儿克里斯汀。

她蹲下身,拿过笛卡儿的数学书和草稿纸,和他交谈起来。言谈中,他发现,这个小女孩思维敏捷,对数学有着浓厚的兴趣。

和女孩道别后,笛卡儿渐渐忘却了这件事,依旧每天坐在街头写写画画。

几天后,他意外地接到通知,国王聘请他做小公主的数学老师。满心疑惑的笛卡儿跟随前来通知的侍卫一起来到皇宫,在会客厅等候的时候,他听到了从远处传来的银铃般的笑声。转过身,他看到了前几天在街头偶遇的女孩子。慌忙中,他赶紧低头行礼。

从此,他当上了公主的数学老师。

公主的数学在笛卡儿的悉心指导下突飞猛进,他们之间也开始变得亲密起来。笛卡儿向她介绍了他研究的新领域——直角坐标系。通过它,代数与几何可以结合起来,也就是日后笛卡儿创立的解析几何学的雏形。

在笛卡儿的带领下,克里斯汀走进了奇妙的坐标世界,她对曲线着了迷。每天的形影不离也使他们彼此产生了爱慕之心。

在瑞典这个浪漫的国度里,一段纯粹、美好的爱情悄然萌发。

然而,没过多久,他们的恋情传到了国王的耳朵里。国王大怒,下令马上将笛卡儿处死。在克里斯汀的苦苦哀求下,国王将他放逐回国,公主被软禁在宫中。

当时,欧洲大陆正在流行黑死病。身体羸弱的笛卡儿回到法国后不久,便染上重病。在生命进入倒计时的那段日子,他日夜思念的还是街头偶遇的那张温暖的笑脸。他每天坚持给她写信,盼望着她的回音。然而,这些信都被国王拦截下来,公主一直没有收到他的任何消息。

在笛卡儿给克里斯汀寄出第十三封信后,他永远地离开了这个世界。此时,被软禁在宫中的小公主依然徘徊在皇宫的走廊里,思念着远方的情人。

这最后一封信上没有写一句话,只有一个方程:$r=a(1-\sin\theta)$。

国王看不懂,以为这个方程里隐藏着两个人不可告人的秘密,便把全城的数学家召集到皇宫,但是没有人能解开这个函数式。他不忍看着心爱的女儿每天闷闷不乐,便把这封信给了她。拿到信的克里斯汀欣喜若狂,她立即明白了恋人的意图,找来纸和笔,着手把方程图形画了出来,一颗心形图案出现在眼前,克里斯汀不禁流下感动的泪水,这条曲线就是著名的"心形线"。

国王去世后,克里斯汀继承王位,登基后,她便立刻派人去法国寻找心上人的下落,收到的却是笛卡儿去世的消息,留下了一个永远的遗憾……

这封享誉世界的另类情书,至今还保存在欧洲笛卡儿的纪念馆里。

第 8 章

探寻生命的意义——大学生幸福观

生活和幸福原来就是一个东西。一切的追求，至少一切健全的追求都是对于幸福的追求。

——费尔巴哈

学习目标

（1）认识和了解大学生幸福观的含义、特点、内涵和本质。
（2）了解大学生幸福观的现状。
（3）掌握树立大学生正确幸福观的途径。

案例导入

自某报披露"富翁海选靓女"的消息后，网上多家论坛都开设了类似板块，点击率迅速上升。记者调查发现，16位男士分别来自港、深、莞三地，或是担任外企高管，或独自经营小型企业。"16位富翁中，有一半都遭遇过不幸的婚姻，属于离异人士！"知情人士透露。18位靓女则来自深、穗、港以及广东周边地区，其中不乏教师、经理助理，还有在读的大学生。

近几年，"干得好不如嫁得好"的观念开始在高校女生中有所抬头，有媒体报道说广州女大学生价值观调查结果显示：有近六成愿嫁"富二代"。富豪如此招摇到美女如云的大学城扎堆相亲，让人品出一种逢场作戏的虚假味道，促使人思考：嫁个有钱人就会幸福吗？我理解女人嫁人的幸福观应是：身体无痛苦，心灵无纷扰，生活无忧虑。如此衡量，嫁个有钱人不一定就会幸福。面对虚荣，幸福有时只不过是一种自我感觉罢了。女人嫁给有钱人后，身体无痛苦、心灵无纷扰、生活无忧虑，才算真正的幸福。钱，最容易迷乱女人的眼睛，女人也最容易在金钱面前自卑。其实，知足是最大的幸福，自卑往往是因为不了解。用"身体无痛苦、心灵无纷扰、生活无忧虑"来衡量家庭是否幸福，可以看出：嫁个有钱人未必就一定幸福。

8.1 大学生幸福观的内涵与本质

近年来，关于"幸福"问题的讨论在中华大地持续升温，在物质生活越来越丰富的条件下，人们逐渐开始从追求物质上的满足转向寻求物质需要和精神需要的统一和平衡。"幸福指数"已经越来越成为提升人民幸福感、考量各级政府的重要指标，也越来越成为中国人生活的终极目标。在这样的时代背景下加强大学生幸福观教育,不仅是社会健康和谐发展的需要,也是高等教育本身的职责所在。

但是,在追求幸福的道路上,并非人人都能获得幸福。根据调查显示,生活在象牙塔中的大学生,总体上对自己的生活满意度不高,许多大学生缺乏学习的目标和动力,精神世界空虚迷茫,在什么是幸福以及怎样追求和实现幸福等问题上还存在认识上的严重偏差,长此以往,青年学生的人生观、价值观将会出现扭曲,难以肩负国家未来发展的重任。因此,大学生应接受正确的幸福观教育,树立正确的幸福观,使每一个大学生都能正确地认知幸福、体验幸福并进而创造幸福。

8.1.1 幸福观的内涵

1. 幸福和幸福观

(1) 什么是幸福

追求幸福是每个人的权利,每个人都向往幸福,幸福是人类实践的最终目标,那么什么是幸福?有的人认为腰缠万贯为幸福,有的人认为功成名就为幸福,有的人认为身体康健为幸福,有的人认为家庭和睦为幸福,不同的人对幸福有不同的理解,那么究竟什么是幸福?幸福的概念如此模糊,以致虽然人人都想得到它,但是,却谁也不能对自己所决意追求或选择的东西,说得清楚。幸福主要来自于每个人的自身感受,是个见仁见智的概念。在人类追求幸福的历史中,很多学者从不同角度、不同领域研究幸福。据理论界研究,构成幸福的十大基本要素是:平和的心态、渊博的知识、高尚的品格、健壮的体魄、成功的事业、纯洁的爱情、真挚的友谊、自由的思想、适量的金钱、质朴的真理。由此可见,幸福的关键在于人们的生活态度,是心灵的慰藉和满足,是人们对于客观世界的主观看法和感受,是主观与客观的辩证统一。

幸福与常说的快乐是同义词,但分析起来,两者又有着很大的不同。

快乐的单维性与幸福的多维性不同。快乐,具有单维度的特点。快乐作为人的主观感受,只能是在人体的某个感觉器官受到某种具体刺激时而产生,它是人们对美好事物的生理反射在意识层面的反映。由于快乐是人类的生物属性的体现,它也经常被理解为快感。例如,美食可以带给人味觉的享受,产生快乐;漂亮的衣服可以给人带来触觉及视觉的享受,也产生快乐。可以看出,快乐唯有通过刺激人体感觉器官来产生快乐感,因此从这个意义上来说,快乐是单维度的;幸福,具有多维度的特点。这是因为,幸福是物质幸福和精神幸福的统一,是人的生存需要、享受需要、发展需要在一定程度上的满足。它既表现为客观事物可以给人带来幸福感,同时,幸福感也是人对快乐的一种主观感受。由此可见,幸福具有多维性的特点。

快乐的肆意性与幸福的道德性不同。快乐具有肆意性的特点。感官快乐只是生理欲求的满足,快乐无关道德,无所谓对错或善恶。例如,人饿了要吃饭,吃饭是人生存和成长的条件,不能以道德标准加以评价。快乐往往具有一定的功利性色彩,对对象物占有数量的多少、质量的高低,决定了快乐程度的大小。但是,人能获得的快乐往往少于所追求的快乐的数量,极易出现患得患失的心理状态,甚至带来人格的畸形,最终导致不幸;幸福具有道德性的特点。道德是幸福的特有标志,幸福与否离不开道德这一衡量因素。同时,道德已经融入每个人社会化的进程之中,不管人是否意识得到,或者愿意不愿意,社会中每个人的行为都摆脱不了道德的自我评价和他人评价。正是由于这个原因,人生离不开快乐,却不能以快乐为最终目的。

快乐的短暂性与幸福的持久性不同。人类和人类社会之所以能克服重重困难不断地发展自身文明,其中精神动力或精神支柱起到了至关重要的作用。快乐,是与人的生存需要、享受需要密切联系的概念,以物质性需要满足为特点的生存和享受需要,是幸福在生物性层面的短暂停留,对人的推动力瞬间即逝。物欲,可以作为一时的追求,可是一旦满足,就又会展开对新一轮物欲的追求。这种建立在物欲满足基础上的快乐,只有依赖于不断升级的物的获得来实现,一旦"消费—赚钱—消费"这一奇怪链条的某一环掉了,快乐便会很快消失得无影无踪,甚至会带来另一方面的痛苦。幸福与快乐,都可以作为人生的动力,但无疑前者对人和人类社会的推动力更强大,更能促进奋斗的人生,而且时间更持久。这是因为,幸福既体现了人的生存需要、享受需要,更为重要的是它反映了每个人的发展需要。人生的主题就是追求幸福,每当人类向幸福又靠近了一步时,内心世界都会由衷地萌发幸福感。人类和人类社会就是在不断地追求幸福的过程中,实现了自身的人生价值,找到了自身存在的意义。因而,幸福对人的发展的推动力更持久,力度也更强。

因此,快乐仅是获得幸福的工具,而不是幸福本身。幸福是人生意义的获得,追求幸福的过程,是个人意识到自己超越了生物属性、践行人之为人的使命时的愉悦,是人的自由自觉本性的发挥,也是人生意义的追寻过程。正因为如此,在追求幸福的社会生产和生活实践的过程中,不论一帆风顺,还是屡受挫折,人类都能发挥主观能动性,自觉体现自身作为人的存在的作用。即使最后没有达成某种具体的目标,人都能由于自己的主体性得到了充分发挥,而体验到幸福的滋味。

(2) 什么是幸福观

幸福观是指人们对幸福的根本看法,包括对幸福的认识、如何获取幸福的方式以及幸福标准的总的观点,是人们世界观、人生观、价值观在幸福问题上的反映。由于当前大学生的世界观、人生观、价值观存在很大差异性,大学生的幸福观也呈现多样性。幸福观教育主要是帮助大学生了解幸福的真谛,把握幸福的规律,全面认识和发掘自己的潜能,成为一个全面自由和谐发展的幸福的人。

人们从不同角度对幸福观进行了研究,大致可以概括为以下三种观点。

第一种观点是从哲学角度阐释关于幸福的观点,如英国哲学家罗素在《罗素论幸福人生》中阐释了不幸的源泉和幸福的来源,指出"巨富和赤贫都不能带来幸福""幸福的秘诀在于,使你的兴趣尽量广泛,使你对那些自己感兴趣的人和物尽量友善,而不是敌视"。

第二种观点是从心理学角度阐释关于幸福的观点。英国凯瑟琳·曼斯菲尔的《幸福》,英国弗格斯的《幸福的终结》,英国的詹姆斯·爱伦在《幸福的蹊径》中认为"幸福源于内心的平和、善良、宽容、有同情心、有奉献精神等高尚品格,具备克服困难,消除困惑的能力,善于自省、自立等是人们通向幸福的蹊径"。

第三种观点是从社会学角度阐释关于幸福的观点。如德国学者斯特凡·克莱因的《幸福之源》中表达了对幸福的看法。他认为"幸福源于躯体,是我们与生俱来的感觉,幸福是可以学会的,社会应当提供一个公正的,机会均等的,有一定自由的环境,人们才能过上幸福生活"。

2. 中外思想家的幸福观

古今中外，人们对于幸福的探讨从未停止过。在历代思想家的典籍中，可以找到丰富的关于幸福的观点，接下来把这些观点归纳起来，看看在这些思想家们看来，什么才是幸福观的内涵。

(1) 儒家幸福观

孔子、子路和颜渊曾经一起探讨个人的志向。子路的志向是"愿车马、衣轻裘，与朋友共，蔽之而无憾"，颜渊则希望"无伐善，无施劳"，孔子的志愿是"老者安之，朋友信之，少者怀之"。师生三人的志向分别从物质、道德、社会三个层面反映了儒家的幸福观。子路愿与朋友共享财物，这正是儒家重义轻利思想的体现。颜渊不夸耀自己的长处，不表白自己的功劳，体现了儒家修身养德的思想。孔子的老有所养、幼有所依，朋友诚信的志向，则体现了儒家天下大同的理想。儒家的重义轻利并不是全然否定物质财富的重要性，只是在义与利之间做出抉择时，会舍利而取义。孔子说："富而可求也，虽执鞭之士，吾亦为之；如不可求，从吾所好。"意思是如果可以求得富贵，那就是做车夫也愿意。但如果富贵不能强求，那还是要按照本心做事。儒家要求弟子"入则孝，出则悌，谨而信，泛爱众"，这既是对君子的道德要求，也是人际和谐的保证。如果人们在家能够孝顺父母，在外能恭敬尊长，说话诚信，做事谨慎，又有博爱之心，则可确保家庭幸福、人际和谐。可见，在儒家看来修身养性、提升个人道德既是幸福的前提也是幸福的保证。

(2) 道家幸福观

道家认为福祸相倚，即灾祸里面隐藏着幸福，幸福的下面又潜伏着灾祸。因此，身处逆境不必悲观失望、怨天尤人，身处顺境也不要得意忘形、忘乎所以。因为天行有常，人应当顺应天命。庄子将顺应天命的人称为真人。真人知道天地运行的规律，既不自恃成功也不图谋世事，既不悦生，也不恶死，有了过错不追悔，遇上顺境不得意，虚怀若谷，平和闲逸。这样高妙的境界，常人难以企及，然而顺应自然不强求，却是常人有望做到的。人们如果能够认识和尊重事物运行的规律，就会避免徒然损耗形神，就像庖丁解牛一样，一切问题都能迎刃而解。除了重道，道家还讲究轻利。庄子在《人间世》《应帝王》和《骈拇》中反复强调人应该弃绝名利、智谋，顺应自然。老子也认为"祸莫大于不知足，咎莫大于欲得""知足之足，长足矣"，这是要求人们要摒弃私利，知足常乐。

(3) 佛教幸福观

两千五百多年前，佛陀在菩提树下悟出了三个真理，又称三法印，即"诸行无常、诸法无我、涅槃寂静"。诸行无常是指万事万物皆变幻无常，有生必有灭，有好就有坏，因此人不应该乞求永远不死、永远保有美好的事物。诸法无我是说既然宇宙不能永恒不变，人也一样，每时每刻都在变化，并没有一个不变的我存在。涅槃寂静是指人们在了解到"诸行无常"和"诸法无我"后，不再产生贪欲和烦恼，进而达到喜悦、永恒的安详境地。佛教将人的痛苦归结为"我执"，即执着于我所拥有的。因此，要想达到喜悦、安详的境地，人需要放下我执，即抛弃对名利、财富不切实际的追求，丰富和拓展内心世界，从而保持身心的和谐和喜悦。

(4) 古希腊幸福观

古希腊的德谟克利特认为使人幸福的并不是金钱，而是正直和公允。人不应该贪图不属于自己的东西，而应该满足于自己拥有的东西；不应该追求无法企及的事物，而应该满足于自己可以支配的事物。只有节制欲望，才能得到灵魂的安宁。柏拉图坚持德性决定幸福的立场。他在《理想国》中论述了德性与幸福的关系,认为品德高尚的人是最幸福的。亚里士多德也认为德行是幸福的前提和保证。他认为有德行的人,说话、做事均符合道义,即使遇到变动,也能泰然处之。亚里士多德认为人最完满的幸福在于理性的沉思,因为其具有严肃的价值,又没有外在的目的性,且能够使人产生愉快的情绪。

(5) 基督教幸福观

希伯来人创立了犹太教,而犹太教对于基督教的形成又有着深远的影响。基督教深深影响着西方人的文化和生活。奥古斯丁作为第一位从基督教的角度进行哲学思辨的思想家,他的幸福观总体上反映了基督教的幸福观。奥古斯丁认为,幸福是人类行为的终极目的,但这一目的在俗世不可能达到,因为任何有限的存在都不能使人满足,因此,只有永恒的上帝才能使人幸福。为了得到上帝的庇佑,人需要做上帝愿意的事,即执行上帝的意志,同时还要拥有无条件的善,此外,还应保持灵魂的纯洁。可见,在奥古斯丁看来,俗世的人们要想得到永恒的幸福,首先需要信仰上帝,同时要拥有良善的心和纯洁的灵魂。

(6) 马克思主义幸福观

马克思、恩格斯在对前人幸福观的批判基础上,创立了马克思主义幸福观。马克思主义幸福观是一种基于人的生存实践活动,追求改变和解放的辩证幸福观——"辩证法对每一种既成的形式都是从不断的运动中,因而也是从它的暂时性方面去理解,辩证法不崇拜任何东西,就其本质来说,它是批判的和革命的。"基于实践活动基础上的马克思主义幸福观,其核心是改变世界与改变自身相统一的实践活动。马克思主义幸福观追求每个人全面自由地发展,它强调个人幸福与社会幸福、物质幸福与精神幸福、创造幸福与享受幸福和谐统一,共产主义是马克思主义幸福观的理想状态和最终归宿。马克思主义幸福观是科学的幸福观,是大学生幸福观教育的理论指导,也是本书对幸福观的理解。

8.1.2 幸福观的本质

了解了以上几种幸福观,特别是对马克思主义的幸福观的学习,对什么是幸福观有了一定的了解。那么什么是幸福观的本质呢?是不是像有的人认为的那样,占有的欲望得到最大程度的满足就是幸福呢?

英国19世纪空想社会主义思想代表人物约翰·格雷也不得不承认:"我们当然不能否认,他们能够得到可以买到的一切幸福。然而我们不承认,幸福一般都能买得到。如果不能够把才能和爱好引到正确的方向,那么财富只能给予我们很小的愉快。"[1]在这里不难看出,格雷所说的"可以买到的幸福"等同于"愉快",而要得到真正的幸福就必须把"才能和爱好引到正确的方向",这正确的方向又是什么呢?马克思主义认为,幸福是主观性与客观性的统一,是物质生活与精神生活的统一,是享受与劳动的统一,是个人幸福与社会幸福的统一。人类作为社会性的存在,需要广泛参与社会生产和交往活动。对幸福的需要,是人类的最高社会性需要,对幸福的追求,是人类社会发展的最高价值目标。马克思的高明之处,正是看到了人类的自然需要仅是人类需要体系中的一部分,"吃、喝、生殖等,固然也是真正的人的机能。但是,如果加以抽象,使这些机能脱离人的其他活动领域并成为最后的和唯一的终极目的,那它们就是动物的机能。"在马克思看来,使人和动物区别开来的"第一个历史活动",

---

[1] 约翰·格雷. 人类幸福论[M]. 北京:商务印书馆,2009.

并不是这些自然需要,而是由这些自然需要所推动的生产劳动,即满足自然需要的"非自然"方式。因此,"一旦人开始生产自己的生活资料……人本身就开始把自己和动物区别开来。"既然历史性的生产劳动是在一定的社会生产关系下组织形成的,幸福出于对自为的人最深切关怀,就要求从变革生产关系入手,消灭阶级差别,消灭剥削关系,最终实现全人类的幸福。正如马克思所说:"人类的天性本来就是这样的:人们只有为同时代人的完美、为他们的幸福而工作,才能使自己也达到完美。""历史承认那些为共同目标劳动因而自己变得高尚的人是伟大人物;经常赞美那些为大多数人带来幸福的人是最幸福的人。"由此可见,在马克思看来,幸福观的本质就是整个人类的自由和解放。

8.1.3 马克思主义幸福观的基本内容

什么才是幸福?正如马克思17岁在一篇自己的作文《青年在选择职业时的思考》中写的那样:"……在选择职业时,我们应该遵循的主要指针是人类的幸福和我们自身的完美……如果我们选择了最能为人类福利而劳动的职业,那么,重担就不能把我们压倒,因为这是为大家而献身;那时我们所感到的就不是可怜的、有限的、自私的乐趣,我们的幸福将属于千百万人……"马克思创立的马克思主义学说的核心就是追求全人类的解放,实现全人类的幸福,并为之奋斗了一生。从内容上看,马克思主义的幸福观可以归为以下几个方面。

1. 以人民幸福为终极追求

在马克思幸福观中,个体发展与社会前进都是以人民获取幸福为最终目的的,这也从根本上构成着人的终极价值追求。换而言之,在马克思幸福观体系下,让人民获得幸福正是马克思幸福观的本质体现、奋斗目标和最高价值尺度。

人民幸福是马克思幸福观的一种具体化,人民幸福是马克思幸福观的核心内容。他以工人阶级劳动异化而导致的生活幸福异化现象为切入点,提出了"人民幸福"的概念,主张人民幸福的实现需要建立在生产力高度发达,异化劳动、社会分工以及私有制等不平等现象都被完全消灭的前提下,因此只有到了由自由人自己创建的联合体即共产主义社会中,人类的生存状况才会得到根本改善,人类得到自由、全面发展的理想才会实现,社会幸福也将随之降临。所以马克思认为,只有进入共产主义社会,人民幸福才能最终实现,人民幸福始终是建设共产主义社会的最高价值尺度。

2. 以劳动为源泉

劳动是幸福的源泉。马克思在对资本主义社会"异化劳动"进行批判的同时,又对共产主义作了大胆的设想,在共产主义社会中,人们对劳动不再持有否定、厌恶的态度,反而会因为其所从事的劳动而感到光荣。马克思主义认为,幸福感不仅存在于通过劳动创造出的物质生活和精神生活的结果上,更重要的还存在于通过劳动对物质生活和精神生活的创造过程中。劳动是人的根本的生存方式,劳动过程是人的本质力量的实现、展开的过程。在共产主义社会,劳动将被人们视为第一追求,并且将成为人们的日常习惯。人们各尽其能、将个体的想象力和创作力最大限度地自由发挥。最终人们的这种创造与发挥会收到良好的效果,即社会总产品会得到极大的丰富。在这种状态下,人们更会因为其所从事的劳动而获得极大的成就感和幸福感。社会分工会消失,人们会自愿结合成集体,人们之间也会自动建立起自由、平等的合作关系,每个人有充分的自由,可以尽情地施展个人的才能。在共产主义社会,社会生产力非常发达,按需分配,个人就可以在社会活动中充分发挥个体的聪明才智和创造力,也只有获取了自由全面的发展,个人才能获取相应的幸福。

3. 个人幸福和社会幸福相统一

马克思主义历来认为,人始终是社会的人,人的本质同社会的本质始终是不可分割的。所以,幸福的个体性,决不意味着幸福是"个人的私事"。正如恩格斯在《共产主义信条草案》中所指出的那样:"每个人都要追求幸福。然而个人的幸福与大家的幸福是分不开的。"个人的幸福与社会幸福互相联系、互相依存。社会幸福决定个人幸福,个人幸福丰富社会幸福。个人幸福的真正实现,不仅有赖于彻底改造社会政治经济制度,而且有赖于社会物质和精神生产力的提高,有赖于社会物质文明、精神文明和政治文明的建设和发展。历史和实践反复证明,个人幸福和社会幸福不可分离,社会幸福是个人幸福的基础。社会应当关心和维护每个社会成员的个人幸福,并尽可能地为个人幸福的实现创造有利条件;社会幸福高于个人幸福,个人要索取首先要有贡献,要想获得幸福,就要为社会、为他人创造幸福。

4. 物质生活与精神生活相统一

马克思以前的幸福观,往往把物质生活和精神生活割裂或对立起来。这些幸福尽管形形色色,但归结起来,最主要的有两大类:一种是把幸福归结为禁欲主义,认为人的物质欲望即为邪念,肉体的需要即为罪恶,必须加以压抑和禁止。另一种是把幸福归纳为享乐主义,强调个人的物质享受,否定健康的精神生活。

马克思主义幸福观认为人对其生存享受和发展的客观条件的依赖和需求,完全是正当的,满足正当需要是人不可剥夺的权利,一切压抑人的正当需要的行为,都是违背人性的。马克思主义充分肯定人的正常需要,绝不仅仅是指满足人们物质生活的自然需要,还包括满足人们社会生活以及精神生活的社会需要和精神需要。人的自然需要主要指人的生理需要,如吃、穿、住等;人的社会需要包括人的政治的、经济的以及发展需要等;人的精神需要包括归属需要、认同需要、自尊需要等。所以,人的幸福不仅来自对自然需要的满足,也来自对社会需要和精神需要的满足。如果一个人只追求物质享受,没有精神追求,即使达到自己的目标,这种幸福感也是苍白的,并且很快就会厌倦。如果一个社会只有丰富的物质生活,精神生活很贫乏,那么,这个社会就会因为无法满足人们的社会需求和精神需求而难以维持和巩固。

资料链接 8-1

道德楷模郭明义的幸福观

郭明义,男,1958年12月生,本科学历。1977年1月参军,1980年6月在部队入党,并于当年被评为"全师学雷锋标兵"。1982年复员到鞍钢集团矿业公司齐大山铁矿工作。先后荣获全国优秀共产党员、全国五一劳动奖章、第三届全国道德模范、全国无偿献血奉献奖金奖、全国红十字志愿者之星,中央企业优秀共产党员,辽宁省道德模范,鞍山市特等劳动模范,鞍钢劳动模范等荣誉称号。当选2010年感动中国年度人物和首届中华儿女年度人物。

入党30年来,他时处发挥先锋模范作用,在先后任职的7个工作岗位上,都取得了突出业绩。1996年开始担任齐矿生产技术室采场公路管理员以来,他每天都提前2个小时上班,16年来,累计献工15000多小时,相当于多干了5年的工作量。他主修的高标准采场公路,为企业降耗增效3000多万元。

不管时代风云怎样变幻,不管价值追求怎样多元,他始终以雷锋为榜样,把扶危济困、播撒爱心当成毕生天职,积极参与社会公益事业,被人民群众亲切地誉为"爱心使者""雷锋传人"。他先后捐款20万元,资助了300多名贫困孩子;无偿献血6万多毫升,相当于自身全部血量的10倍;第一批加入鞍山市造血干细胞捐献和遗体(器官)捐献志愿者行列。无论是身边工友、同事,还是社会上素不相识的群众遇到困难,他都毫不犹豫伸手相帮,有什么送什么。而自己的家却几乎一贫如洗。一家3口至今还住在鞍山市郊,一个20世纪80年代中期所建的、不到40平方米的单室里,水泥地、白灰墙,没有任何装修。最值钱的电视机,还是团市委听说他捐献了3台电视机后,专门送给他的。22岁的女儿至今住在只有4平方米的门厅里。

为了发动更多的人参加社会公益活动,他发起成立了下设希望工程爱心联队、无偿献血志愿者应急服务大队、造血干细胞捐献志愿者俱乐部、遗体(器官)捐献志愿者俱乐部、红十字志愿者急救队、红十字志愿者服务队和慈善义工大队等7个大队的郭明义爱心团队。目前,全国各地成立的郭明义爱心团队的分队、大队、小队已达170余支,6万多人加入其中。累计捐款200多万元,在新疆、重庆援建希望小学各1所,资助困难学生2900多名。无偿献血130多万毫升。捐献造血干细胞血液样本5000多例,其中1人成功完成了捐献。800多人成为遗体(器官)捐献志愿者。

8.2　大学生幸福观现状

在大学生心中,幸福是什么?人生的最终目的在于什么?大学生作为高层次的培养对象,应该拥有怎样的幸福观?幸福通常是人们和现实社会相互作用的一种积极情绪的产物,幸福常常伴随着不幸,因此,有很多因素影响着大学生的幸福感,如就业压力、学业压力、人际关系、经济条件、恋爱婚姻等。总体来说,大学生的幸福观既有积极向上的一面,也存在着一些问题。

8.2.1　大学生幸福观的现状调查[①]

对于幸福的问题,大学生们关注的问题及态度各有不同。

(1) 最大的幸福是什么?一项调查显示,多数大学生认为人生最大的幸福集中在以下几个方面。

① 帮助别人和家庭美满。能够帮助别人、家庭生活美满,成为当代大学生追求的主要幸福目标,由此可以看出,助人为乐的传统美德、和睦家庭的传统观念,仍然深深影响着大学生。

② 别人对自己有良好的道德评价。道德是依靠社会舆论、人们的信念、习惯、传统和教育来起作用的精神力量。大学生对道德评价的高认同率,说明用道德标准来衡量和约束自己的行为是大学生的主流。

---

① 刘春雷. 当代大学生幸福观教育的途径与对策探析[J]. 福州大学学报,2015(3).

③ 事业有成和有钱。这说明,在市场经济条件下,拜金主义和消费主义的影响,对大学生人生观、价值观和幸福观也产生了一定的影响。

(2) 对于幸福观的影响因素,该调查显示,学生的回答涉及以下两项内容。

① 幸福与金钱、物质享受的关系。"假如我有很多的钱,我会觉得自己生活得很幸福。"把金钱看作是影响幸福的第一要素,虽然持这种看法只是大学生的少数,但还是显示出一种价值趋向。有的同学认同"物质上的充裕是幸福生活的前提",有的同学表示自己重视物质享受。通过调查可以看出,注重精神生活、道德修养是当代大学生的主流,但也有相当的同学把物质享受摆到了生活中的重要位置。

② 事业有成对幸福的影响。事业的成功无疑会给大学生带来巨大的成就感和幸福感,但它是否能够成为大学生衡量幸福的重要砝码? 调查显示,大部分学生没有把成功作为评判幸福的唯一依据,但也不能因此得出结论,大学生缺乏追求成功的欲望。对这一问题男女学生也表现出很大差异,相对于女生,更多的男生会认同幸福等于事业上的成功。

8.2.2 大学生幸福观存在的问题

从上面的调查分析当中,可以得出一个基本的结论,当代大学生幸福观状况的主流是积极、健康向上的,但存在的问题也不容忽视,大学生群体中不同程度存在对幸福理解的偏差。

(1) 大学生的拜金主义、享乐主义观念。目前,相当一部分大学生认为拥有金钱便拥有幸福,把金钱作为人生追求的唯一目标,以金钱多少来衡量人生幸福的程度,他们把追求金钱、物质享受摆到了人生中越来越重要的位置。这种畸形的幸福观,不但造成社会财富和资源的巨大浪费,而且严重影响着大学生的身心发展,最终导致思想道德素质下降。

资料链接8-2
调查显示近三成大学生为拜金主义者

"毕业就嫁人,要嫁就嫁有钱人。""找工作看'钱途'。"这些流行在校园里的口头禅,让不少人感慨大学生越来越"拜金"。另一方面,因贫困导致心理问题的现象在大学生中也屡见不鲜。当代大学生的金钱观真的遭遇困境了?

南开大学周恩来政府管理学院教授杜林致开展了一项调查,随机选取了395名本科生和研究生。调查发现:大学生总体上对金钱持积极、认可的态度,但不把金钱视为成功的标志,并且认同合理理财、积极投资、愿意参与慈善捐款。

调查显示,中国大学生金钱心理类型大致可分为"金钱冷漠者""金钱崇拜者""金钱豁达者""金钱拒斥者"。其中,豁达者和冷漠者的总和为60.6%(豁达者占29.1%,冷漠者占31.5%),这些人往往较为冷静地把钱财看作身外物。

可列入"崇拜者"的大学生比例为28.8%,另有一成为"拒斥者",占10.6%。前者乐观地想象着"金钱的童话",后者消极地把钱当成"万恶之源"。但二者不约而同地缺少合理理财的本领,都不太擅长精打细算。对此,杜林致教授指出,大学生在学期间经济尚不独立,很少有独立支配大额金钱的机会,所以其金钱消费行为更多的是自我想象性的,缺乏现实体验,往往带有理想主义色彩。

南开大学心理健康指导中心的陈予老师认为,钱对学生心理健康的影响不可小视。从近年学生来中心咨询的案例来看,对金钱的过分看重可能是心理压力过大、急功近利、思想偏激的病灶。

（2）个人主义幸福观。在当代大学生身上主要表现为以自我为中心，一切从个人需要和个人利益出发。随着社会主义市场经济的快速发展，许多学生认为每个人都是一个独立的个体，认为幸福是自己的事情，不需要考虑任何人，每个人都可以按照自己的感觉、欲望去追求自己所理解的幸福。这种过于自我的幸福观忽视了集体和他人的幸福，最终导致当代大学生的冷漠及责任心的丢失。

（3）安于现状的幸福观。当代大学生绝大多数都是独生子女，从小到大都受到来自家庭成员的宠爱。一方面，物质的充裕使得他们安于现状，对于幸福缺乏积极的创造意识。另一方面，一些大学生为避免理想和希望破灭而产生的挫败感，他们宁可放弃或降低理想，也不愿意勇于尝试。这些认识否认了幸福要靠脚踏实地的劳动和创造来获取，追求幸福的过程就是努力拼搏的过程。由此，这种错误的幸福观就导致很多大学生安于现状，怠于奋斗，不愿意通过自己的努力来追求幸福，实现自己的理想。

8.2.3　大学生幸福观现状的原因

1. 社会层面的影响

（1）社会道德危机在冲撞着大学生的幸福观。随着信息和科技的快速发展，人们在享受物质进步的同时，却忽视了自身的道德退步，造成了社会性的道德危机。人们的道德观念和价值取向受到了各种各样的影响，而受此影响最大的必定是走在社会前沿的、心智还不成熟的大学生们。在一些不利因素的影响下，他们当中的一些人则会对幸福产生错误的理解。社会上贫富悬殊、市场作用的扩大、金钱交易的现实，使得某些大学生产生了不良的思想观念和价值认知。这些社会道德危机都极大地影响了当代大学生正确幸福观的形成。

（2）社会分层对大学生幸福观的影响。在社会发展的进程中，社会阶层不断分化，大学生不一定懂得"社会分层"，弄清自己家庭处在哪个"社会阶层"，但他们知道自己的父母是做什么的，自己家里有没有钱，自己在同学眼里的地位和形象等。马克思主义认为，人的经济地位决定他的政治态度。对大学生来说，社会分层影响他的价值观。不同家庭经济状况的大学生，在人生态度的表达，学习目的的阐释，发展状态的规划，对诚信的态度，自尊心、自信心、自卑感有明显的差别，这些差别也深深影响到他们对幸福的理解。

（3）社会角色演变对大学生的幸福观的影响。这些年我国高校发展迅速，大学教育已从精英教育迈入大众教育时代，大学生的社会角色发生着深刻的变化。在精英教育时代，大学生被人们看作"天之骄子"，成为大学生就意味着前途无量。而在大众教育时代，大学生已变为普通劳动者，面临着很大的就业压力。大学生社会角色的这种演变，无疑对学生的幸福观产生影响，并影响其追求幸福的人生规划。国家将大学生定位为社会主义事业"接班人"，学校按照"接班人"标准对大学生进行思想品德和专业教育，但"接班人"尚未走上社会就面临着失业的压力，不能不使大学生对自身角色产生疑惑。这种困惑影响到大学生追求幸福的动机和对幸福问题的思考。

（4）西方幸福观的渗透与激荡对大学生幸福观的影响。近代以来，西方文化在世界文化中占据强势。改革开放后，在大量引入西方文明的同时，一些西方思想文化中包含的幸福观也随之涌入，对青年学生产生了深刻的影响。其中，享乐主义就是比较普遍的主流幸福观。享乐主义追求感观刺激、物质享受、及时行乐,与之伴随的,必然是金钱至上的拜金主义,导致的结果也必然是唯利是图、损人利己等。在这种幸福观的冲击下,我国传统中的艰苦朴素和节制克己等美德不再被大多青年学生认为是获得幸福的途径。

2. 家庭环境的影响

(1) 传统人生观教育中隐含的幸福观教育观念往往把对大学生进行幸福观教育的环节集中在学校教育,忽视了家庭和社会对学生幸福观的影响。家庭是学生的第一温床,父母的一言一行潜在地影响他们对幸福的理解,父母往往把对孩子进行德育教育寄托于学校,忽视了其自身对孩子的影响,使得幸福观教育在家庭与学校链接环节出现了断点。同时,社会是复杂多变的,科技的进步推动时代车轮的快速前进,仅靠学生在高校所接受的德育理论知识已经很难同社会发展的步伐保持一致,造成了学校教授的理论知识与社会实践脱节。家庭、学校与社会在幸福观教育渠道上显然无法达成最大的合力,三者之间缺乏整体互动机制的推动与保障,进而影响了幸福观教育实效性的发挥。

(2) 家庭结构的影响。家庭是社会的细胞,家庭环境的优劣直接影响到大学生的价值取向。社会转型期间,家庭伦理受到严重挑战,特别是近年来,我国的离婚率大幅度上升,离异家庭的孩子,要么缺少父爱,要么缺少母爱,在社会上比较容易感到自卑,这种社会现象使大学生把家庭的和睦稳定看成是幸福的重要因素。此外,当代大学生大多是独生子女,他们的家庭多为"四二一"结构,他们在家庭中深受全家人宠爱,容易形成以自我为中心的意识。以自我为中心,我行我素,自我意识强烈,自我价值最重要,这种意识导致部分大学生集体观念淡漠,人际关系紧张,导致对幸福观的偏差。

(3) 婚姻家庭观念变化的影响。注重男女双方的人品,注重家庭的安定、和睦,一直是传统中国家庭的理想追求。当今社会上流行的"高富帅""白富美"等名词,反映了在人们的婚恋观中对物质、长相等因素越来越重视,一部分大学生的恋爱观偏离了传统价值取向,对婚姻中爱情的意识淡化,而物质追求意识在不断地增加。

3. 学校幸福观教育滞后的影响

(1) 从高校德育的现实来看,高校对学生的幸福观教育重视程度不够。首先,由于招生就业制度的变革,大学生就业采取市场机制、双向选择,高校把学生就业率的高低、就业质量的好坏看作学校运行好坏的评价标准,以就业为导向,设置专业,招收学生。因此,高校更加注重专业知识的教育,而对学生人生观、价值观的教育出现弱化倾向。尤其是具有完善人性的幸福观教育的课程设置薄弱。即便是少数院校开设了幸福观教育的课程,也多流于形式。其次,高校思想政治教育往往偏重以意识形态为核心的政治教化,把学习活动局限于应试教育,无法从根本上提升学生对幸福的感知能力,忽略学生的情感与行为,脱离了大学生的思想和情感实际,使学校的幸福观教育不能达到应有的效果,导致学生对幸福观教育缺乏认知,幸福感偏低。

(2) 校园文化建设中人文关怀不够。实用主义教育在校园大行其道,伴随而至的是人际关系带上了浓重的功利色彩,学生称导师为老板,为当干部入党、为考试过关,部分学生学起了社会上请客送礼那一套。学生中时常出现浮躁情绪、庸俗化的行为,庸俗文化的盛行,人文关怀的缺失,不利于大学生健全人格的形成。

(3) 高校教师幸福感缺乏。加强对大学生幸福观教育,不能只把眼光放在学生身上,还要对教师群体的幸福状况给予关注。对学生幸福观的教育,教师是主导。教师幸福感的高低,会对学生产生潜移默化的影响。从微观层面讲,由于高校集教学和科研于一身,这一社会功能决定高校教师要承担教书育人和科学研究双重任务。高校把教学和科研与教师的考核结合起来,使教师承受着巨大的压力。再加上高校管理体制不完备、教学与行政管理存在矛盾、教师考核与职称评定体系还不完善等;从宏观层面看,社会存在分配不公现象,这些因素都构成对教师幸福观的冲击,甚至导致教师群体幸福感的缺失,进而对大学生的幸福观教育产生负面影响。

8.2.4 加强大学生幸福观教育的重要意义

幸福观是人们对幸福的本质、目标、标准等问题的根本看法和根本观点,幸福观涉及世界观、人生观和价值观等诸多方面,对大学生生活和学习的各方面都有重要的影响。

1. 加强大学生幸福观教育能够促进大学生身心健康发展

苏联教育理论家苏霍姆林斯基曾指出:"在教学大纲和教科书中,规定了给予学生各种知识,但却没有给予学生最重要的东西,这就是:'幸福',理想的教育是'培养幸福的人'。"这就是说,教育应该始终关注人的幸福,以培养幸福学生作为教育的目的和使命。因而,在高校加强大学生幸福观教育,秉承"以人为本"的教育理念,引导大学生建立起对待生活的积极态度,能够促进大学生身心健康发展,从而让他们科学把握幸福的真谛,学会正确对待"真善美",积极抵制各种"假恶丑",进而懂得应该怎样努力才能拥有真正幸福的生活。

2. 加强大学生幸福观教育能够推进思想政治教育的创新

目前我国高校思想政治教育实效性欠佳,普遍存在的问题是教师苦口婆心,学生却不感兴趣,教师的积极引导很难有效转化为学生的价值自主建构。造成这一状况的原因是思想政治教育忽略了人的基本欲望和需要是对幸福的追求这一基本事实,把思想政治教育与追求幸福生活生硬地割裂开来,让学生觉得思想政治教育只是一味强调为国家为社会尽义务,而与自己个人的幸福生活无关。这样的思想政治教育在内容上脱离学生的现实需要而显得空洞抽象,在方法上习惯于坚硬冰冷的灌输而忽视学生的幸福体验。这样的思想政治教育对大多数大学生而言,必然是很难达到预期教学效果的。

由于幸福是人的根本需要,因此加强大学生幸福观教育,使之成为思想政治教育的重要内容,将能够推进思想政治教育的创新,改变学生被动接受的局面,使思想政治教育取得实效。具体而言,加强大学生幸福观教育,在内容上直面大学生生活中的重要现实问题,贴近大学生的生活追求,为思想政治教育奠定了丰富的生活底蕴;在形式上幸福观教育使得教师必须把视线投向生活,采用密切联系生活的多样的教学方法和手段最大限度地调动大学生感受和创造幸福的积极性和主动性。

3. 加强大学生幸福观教育是建设"幸福中国"的需要

建设"幸福中国",实现对幸福美好生活的建构,需要在全社会范围内营造有利于人们精神境界升华的文化氛围,需要把一种健康、科学、合理的幸福理念植入人们的生活,使人们的行为选择能遵循正确的规范或准则。

对大学生进行幸福观教育,最终目标是通过对个人正确幸福观的培养达到对社会整体幸福的建构。如果每一个大学生都能拥有正确的幸福观,都能把社会整体利益的发展作为实现个人幸福的前提,那么个人幸福就能突破"小我"的局限而达到"大我"的境界,个体幸福与社会幸福就能实现真正的有机统一。因此,对每一个大学生正确幸福观的教育和培养,对于"幸福中国"的建设意义深远而重大。

因此,加强大学生幸福观教育,使大学生建立起积极健康的生活态度,面对困境或诱惑时能坚守精神家园,不因迷茫和无助丧失道德底线,是树立社会主义核心价值观的重要途径。大学生在正确幸福观的引导下,必将能体验和感受到什么是真正的幸福,并把这一正确的理念传递到家庭乃至社会中去,对于构建"幸福中国"将起到良性作用。

8.3 大学生确立正确幸福观的途径

8.3.1 高校要加强幸福观教育

苏联著名教育理论家马卡连柯曾说:"我确信:我们的教育目的并不是仅仅在于培养能够最有效地来参加国家建设的那种具有创造性的公民,我们还要把我们所教育的人变成幸福的人。"由此,大学生应当接受幸福观教育,树立正确的幸福观,做一个真正幸福的人。

1. 改进思想政治理论课教学,深化幸福观教育

思想政治理论课是对大学生进行世界观、人生观和价值观教育的主渠道、主阵地。加强大学生幸福观教育,必须充分发挥思想政治理论课的优势,将幸福观教育纳入思想政治教育体系,把幸福观教育内容写进教材、引入课堂。思想政治理论课应更新理念,使教育回归人性和生活的需要,以学生幸福能力的提升和幸福目标的实现为指向。同时,思想政治理论课应该优化教学内容,教育和引导大学生正确看待幸福,必须深化马克思主义幸福观教育。马克思主义幸福观告诉我们,幸福是主观与客观的统一、享受和创造的统一、物质生活和精神生活的统一、个人幸福和社会幸福的统一。因此,在思想政治理论课幸福观教育教学过程中,必须从理性的高度,从对人生意义的追问和理想信念的向往和追求等方面正确地引导学生。马克思主义幸福观教育应着重突出以下三个方面:物质幸福和精神幸福的统一,幸福需要一定的物质基础,但如果只有物质而精神极度匮乏,不是真正的幸福;个人幸福和集体幸福的统一,个人幸福是建立在集体幸福之上的,同时,没有个人幸福,也难以实现集体幸福;享受幸福和创造幸福的统一,生活享受是幸福的一部分,但享受的前提和基础是劳动和创造,每个人只有用自己的双手创造幸福,才能真正享受幸福。另外,幸福观教育中还应引导青年学生正确看待各种不幸,马克思曾说:"幸福作为人的理想完美存在状态,应当通过人的努力以一定的代价才有可能换取;幸福作为对人现实存在的体验,只有通过日常生活中对痛苦不幸的感受才有可能真正被感受。所以,我们又可以说,幸福内在蕴含着痛苦。"因此,青年学生只有学会坦然面对生活中可能遇到的挫折和困难,在困境中经受磨练和砥砺,才能真正把握住幸福。

2. 优化学校文化环境,营造大学生追寻幸福的健康氛围

对于大学生来说,校园犹如他们的第二家庭,充满人文精神的校园文化环境在潜移默化中影响着大学生的思想和行为,丰富多彩的校园文化活动、教师良好的教养和品行、同学之间真挚的友情等对大学生正确幸福观的培养和形成具有正面积极的意义,为大学生幸福观的发展提供积极的情感支撑和健康氛围。学校文化环境的优化,除了要规范学校秩序、美化校园的物化环境和培育良好的校园风气之外,最重要的是教师对大学生成长的引导作用。首先,教师应该自己建立起健康合理的幸福观,以积极进取的人生态度、乐观豁达的心理素质、高尚而执着的事业追求让大学生感受到充沛的正能量。其次,教师应该尊重大学生的主体地位,改变填鸭式的教育方式,在注重专业教育的同时提升大学生的人文素质和思想底蕴,为大学生正确幸福观的树立提供重要保障。再次,教师应该从各个方面关怀大学生,让幸福走进教育过程。教师的关怀是一种爱的体现,它可以唤醒大学生心灵中沉睡的真、善、美,这种积极的教育情感能让青年学生感受到阳光般的温暖,从而幸福地学习、健康地成长。在学习、生活、交往、心理、就业等方面,教师都应积极干预倾注关爱,加强对大学生的服务工作,为他们排忧解难,使大学生在校园生活中真正体会到愉悦和幸福。

3. 以社会实践为依托提升大学生感受幸福的能力

一个人的幸福不是来自知识的积累,也不是源自大脑的沉思,而是通过社会实践获得的。理论与实践相结合、教育与实践相结合是大学生幸福观教育的重要方法。因此,我们可以通过志愿者活动、专业实习、专题调研等多种方式引导大学生深入社会,体察民生国情,洞悉人生百态,将书本上学到的理论知识与活生生的现实相结合,增添社会阅历和实践知识,强化大学生感受幸福的实际体验,促进大学生懂得必须脚踏实地勤奋付出才能获得幸福。所以,大学生幸福观教育与生活实际相联系,能够强化大学生对幸福的实际体验,并且能够促进他们学会采用正当的途径和方式感受幸福和收获幸福。离群索居,做一个孤家寡人是很难感受到幸福的,只有通过社会实践,在不断改造物质世界和精神世界的现实活动中,个体的价值才能得到充分实现,才能亲身体验具体的幸福和不幸,并且通过对幸福体验的内化逐步形成对幸福地正确认知,实现个体对幸福的完整把握。

8.3.2 大学生应学会正确追求幸福

1. 要深刻理解幸福

理解幸福既是拥有幸福的基础,又是拥有幸福的前提。千百年来幸福问题一直是被哲学伦理学研讨的重要课题,但幸福是什么至今依然没有一个确切的定义。大学生应该认识到:幸福是知识渊博情趣雅致的精神富足。精神上的富有才是最为持久的幸福。而要取得精神的财富,读书是最有效的方式;幸福是知足常乐善于感恩的淡然心境。知足常乐是一种豁达乐观的人生态度,是一种能够理性看待自己得失的价值观。以平常心来淡看庭前花开花落,以求索心,来追求知识能力的提升,以感恩心来对待他人、对待学业、对待生活,以平和心来体验平凡的幸福。

2. 要理性感受幸福

理性感受幸福,就应该勇于学习、勤奋工作,扩大幸福的分子,控制自己的欲望,缩小分母,才能真正享受幸福。首先是物欲有度,在生活待遇上知足。我们不否认正当的物质利益,但关键是要把握好度。生活中不能盲目攀比,更不能心存贪念。其次是境界无边,在精神上有高追求。幸福在一定程度上是一种思想境界。高雅的情趣、高深的修养可以抵御物欲的诱惑。再次是努力学习,在取得学业成就的过程中体验幸福。幸福的本意体现的是人们在理想实现后的身心愉悦,成就感是幸福的恒定要素。如果你能在学习中获得成就感,也就能同时获得幸福感。

3. 合理追求幸福

追求幸福,就是追求希望和美好的未来。大学生要确立科学的人生目的、生活目标,要理智享受幸福。幸福是一种智慧,是一种心灵的感悟。拥有一颗平常心,用幸福眼看世界,那么他就会拥有幸福。要常怀敬畏之心做一个谦逊的人。敬畏使人向上苍开放自己的内心,使人爱而诚恳,使人庄重而谦卑。要常弃非分之想做一个自律的人,要常修为政之德做一个高尚的人。己不正,焉能正人。要常思索去之害做一个健康的人。索取和分享恰好是人类最根本的两种本能,可人们常常泛滥了前者却遗忘了后者。讲分享,就是让自己"内省吾身",看到自己的不足,找到自己努力的方向。更重要的是,分享本身就是一种喜悦,是一种健康的心态,多发现身边的美与善,时刻体验温暖的人生,就会放弃、淡化贪欲,珍惜当下的幸福。

问题与讨论

1. 幸福的含义是什么?
2. 马克思主义的幸福观包括哪些内容?
3. 你认为什么才是幸福?

实 训 练 习

测试你的幸福指数

你感到幸福吗?很多人不幸福,因为他们想要的太多,永远不会满足。看看你的幸福指数是多少吧(共 27 小题)。

1. 你觉得健康对你来说是头等大事吗?

是的→第 10 题

不是→第 2 题

2. 你常抱怨自己的薪水太低吗?

是的→第 11 题

不是→第 3 题

3. 你觉得自己不是太聪明吗?

是的→第 12 题

不是→第 4 题

4. 你对很多事都怀着感激的心吗?

是的→第 13 题

不是→第 5 题

5. 你总渴望自己能功成名就,即便要付出很大代价?

是的→第 14 题

不是→第 6 题

6. 你容易被惹怒吗?

是的→第 15 题

不是→第 7 题

7．你说话的时候大部分时候都看着对方的眼睛吗？

是的→第 16 题

不是→第 8 题

8．回家之后你会立刻换上轻松的家居服吗？

是的→第 17 题

不是→第 9 题

9．你隔三岔五就想泡夜店吗？

是的→第 18 题

不是→第 10 题

10．就算是单恋，你也能感受到快乐吗？

是的→第 19 题

不是→第 11 题

11．你觉得自己的运气不是太好吗？

是的→第 20 题

不是→第 12 题

12．你总觉得自己缺乏机会吗？

是的→第 21 题

不是→第 13 题

13．你从不在乎社会是黑暗还是光明，因为你觉得和你无关？

是的→第 22 题

不是→第 14 题

14．你和别人争吵时，总是要争个高低吗？

是的→第 23 题

不是→第 15 题

15．你不太愿意相信别人的话吗？

是的→第 24 题

不是→第 16 题

16．你是一个喜欢起哄的人吗？

是的→第 25 题

不是→第 17 题

17．你的冰箱里总会有零食或饮料吗？

是的→第 26 题

不是→第 18 题

18．你不喜欢和不专业的人合作吗？

是的→第 27 题

不是→第 19 题

19. 你认为温馨的小套房比冰冷豪宅更舒适吗？

是的→A 型

不是→第 20 题

20. 你认为人和人之间几乎没有绝对的真诚友谊吗？

是的→B 型

不是→第 21 题

21. 你常对社会上的事感到义愤填膺吗？

是的→C 型

不是→第 22 题

22. 你对自己没有太高的要求吗？

是的→D 型

不是→第 23 题

23. 你对自己的生活不满意,但却无能为力吗？

是的→E 型

不是→第 24 题

24. 你很为自己的未来而担忧吗？

是的→F 型

不是→第 25 题

25. 如果非要选择一种活法,你会选哪种？

穷得饭吃不上,常常饿肚子→A 型

有很多钱,但有心脏病,高血压,糖尿病,身体天天受折磨→B 型

26. 如果能出生在有钱人家里,哪怕家庭成员情感冷漠,也无所谓吗？

是的→C 型

不是→D 型

27. 你很期望自己能成就大事业,但如果不能也不会太难过吗？

是的→E 型

不是→F 型

结果分析：

A 型　这辈子,总体来说,你觉得自己过得还不错。你的如意指数为 85 分。你不在乎一辈子能花多少钱,一辈子能否享受到荣华富贵,能否尝尽人间美食。你觉得自己这辈子平安就很幸福了。更何况遇到了周围的这些朋友,出生在一个自己喜欢的家庭里,人生大致已经算是圆满的了。

B 型　这辈子你的幸福指数为 20 分。你总觉得自己的出身不好,没有有钱的老爸。没有漂亮的外表,生活一团糟糕,什么都不如意。又常常觉得社会不公平,人和人的相处又非常冷漠。一切都让你感到失望。你甚至恨这样的人生,恨这个社会,憎恨一切不好的事物,但偏偏自己遇到的又都不是什么可喜的事。

C 型　这辈子你的幸福指数为 40 分。你不满意自己的生活。你想尽力改变这一切,但似乎有点无能为力,常常觉得很无奈。让你勉强接受这令你并不满意的生活,你并不愿意,但是你却不知道该怎么办,找不到可行的路线,拿捏不准诀窍。你对自己感到很失望。你也

曾自暴自弃过,也曾埋怨过环境。

  D型 这辈子你的幸福指数为99分。你觉得自己是个幸运的人。总能遇到好事,你不知道为什么自己的总是能得心应手地面对各种问题,就算自己解决不了,也常常能得到别人的帮助,你感谢周遭的人,你对朋友很仗义,因为他们对你就很好。你和朋友的相处是坦诚的,是快乐的,他们喜欢你,你也喜欢他们。

  E型 这辈子,你的幸福指数为60分。你觉得自己的生活说不上很好,但也基本及格。你常想改变自己的生活状态,你对自己和对自己的生活都不满意。对自己感到失望的时候,你就会拿自己跟比自己差劲的人做比较,那种时候,你心里就会好受得多。但大多数时候,你还是处于自己嫌弃自己的状态。

  F型 这辈子你的幸福指数为50分。你根本就不喜欢自己的生活。你觉得自己无力改变,又懒得去改变,遇到了困难你采取的态度往往是回避。你为自己定下过很多目标,但你不会为它们付出实际的行动和努力,发现自己的目标达不到时,你又灰心失望。这样很矛盾不是吗?根本就没有努力过又怎么谈失望呢?

拓 展 阅 读

青年在选择职业时的考虑
卡尔·马克思

  自然本身给动物规定了它应该遵循的活动范围,动物也就安分地在这个范围内活动,不试图越出这个范围,甚至不考虑有其他什么范围的存在。神也给人指定了共同的目标——使人类和他自己趋于高尚。但是,神要人自己去寻找可以达到这个目标的手段;神让人在社会上选择一个最适合于他、最能使他和社会都得到提高的地位。

  能有这样的选择是人比其他生物优越的地方。但是,这同时也是可能毁灭人的一生、破坏他的一切计划并使他陷于不幸的行为。因此,认真地考虑这种选择——这无疑是开始走上生活道路而又不愿拿自己最重要的事业去碰运气的青年的首要责任。

  每个人眼前都有一个目标,这个目标至少在他本人看来是伟大的,而且如果最深刻的信念,即内心深处的声音,认为这个目标是伟大的,那它实际上也是伟大的,因为神绝不会使世人完全没有引导,神总是轻声而坚定地作着启示。

  但是,这声音很容易被淹没,因为灵感的东西可能须臾而生,同样可能须臾而逝。也许,我们的幻想油然而生,我们的感情激动起来,我们的眼前浮想联翩,我们狂热地追求我们以为是神本身给我们指出的目标。但是,我们梦寐以求的东西很快就使我们厌恶——于是我们的整个存在也就毁灭了。

  因此,我们应当认真考虑:所选择的职业是不是真正使我们受到鼓舞?我们的内心是不是同意?我们受到的鼓舞是不是一种迷误?我们认为是神的召唤的东西是不是一种自欺?但是,不找出鼓舞的来源本身,我们怎么能认清这些呢?

  伟大的东西是光辉的,光辉则引起虚荣心,而虚荣心容易给人鼓舞或者是一种我们觉得是鼓舞的东西。但是,被名利弄得鬼迷心窍的人,理智已无法支配他,于是他一头栽进那不可抗拒的欲念驱使他去的地方。他已经不再自己选择他在社会上的地位,而听任偶然机会和幻想去决定它。

我们的使命绝不是求得一个最足以炫耀的职业,因为它不是那种使我们长期从事而始终不会情绪低落的职业。相反,我们很快就会觉得,我们的愿望没有得到满足,我们的理想没有实现,我们就将怨天尤人。

但是,不只是虚荣心能够引起对这种或那种职业突然的热情。也许,我们自己也会用幻想把这种职业美化,把它美化成人生所能提供的至高无上的东西。我们没有仔细分析它,没有衡量它的全部分量,即它让我们承担的重大责任。我们只是从远处观察它,然而从远处观察是靠不住的。

在这里,我们自己的理智不能给我们充当顾问,因为它既不是依靠经验,也不是依靠深入的观察,而是被感情所欺骗,受幻想所蒙蔽。然而,我们的目光应该投向哪里呢?在我们丧失理智的地方,谁来支持我们呢?

是我们的父母,他们走过了漫长的生活道路,饱尝了人世的辛酸——我们的心这样提醒我们。

如果我们通过冷静地研究,认清了所选择的职业的全部分量,了解它的困难以后,我们仍然对它充满热情,我们仍然爱它,觉得自己适合它,那时我们就应该选择它,那时我们既不会受热情的欺骗,也不会仓促从事。

但是,我们并不能总是能够选择自认为适合的职业。我们在社会上的关系,还在我们有能力对它们起决定性影响以前,就已经在某种程度上开始确立了。

我们的体质常常威胁我们,可是任何人也不敢蔑视它的存在。

诚然,我们能够超越体质的限制,但这样一来,我们也就垮得更快。在这种情况下,我们就是冒险把大厦建筑在松软的废墟上,我们的一生也就变成一场精神原则和肉体原则之间不幸的斗争。但是,一个不能克服自身相互斗争因素的人,又怎能抗拒生活的猛烈冲击,怎能安静地从事活动呢?因为,只有从安静中才能产生伟大壮丽的事业,安静是唯一生长出成熟果实的土壤。

尽管由于体质不适合我们的职业,不能持久地工作,而且工作起来也很少乐趣。但是,为了克尽职守而牺牲自己幸福的思想激励着我们不顾体弱去努力工作。如果我们选择了力不能胜任的职业,那么,我们决不能把它做好,我们很快就会自愧无能,并对自己说,我们是无用的人,是不能完成自己使命的社会成员,由此产生的必然结果就是妄自菲薄。还有比这更痛苦的感情吗?还有比这更难于靠外界的赐予来补偿的感情吗?妄自菲薄是一条毒蛇,它永远啮噬着我们心灵,吮吸着其中滋润生命的血液,注入厌世和绝望的毒液。

如果我们错误地估计了自己的能力,以为能够胜任经过周密考虑而选定的职业,那么这种错误将使我们受到惩罚。即使不受到外界指责,我们也会感到比外界指责更为可怕的痛苦。

如果我们把这一切都考虑过了,如果我们生活的条件容许我们选择任何一种职业,那么我们就可以选择一种能使我们最有尊严的职业,选择一种建立在我们深信其正确的思想上的职业,选择一种给我们提供广阔场所来为人类进行活动、接近共同目标(对于这个目标来说,一切职业只不过是手段)即完美境地的职业。

尊严就是最能使人高尚起来、使他的活动和他的一切努力具有崇高品质的东西,就是使他无可非议、受到众人钦佩并高于众人之上的东西。

但是,能给人以尊严的只有这样的职业,在从事这种职业时我们不是作为奴隶般的工具,而是在自己的领域内独立地进行创造。这种职业不需要有不体面的行动(哪怕只是表面上不体面的行动),甚至最优秀的人物也会怀着崇高的自豪感去从事它。最合乎这些要求的职业,并不一定是最高贵的职业,但总是最可取的职业。

但是,正如有失尊严的职业会贬低我们一样,那种建立在我们后来认为是错误的思想上的职业也一定使我们感到压抑。

这里,我们除了自我欺骗,别无解救办法,而以自我欺骗来解救又是多么的糟糕!

那些不是干预生活本身,而是从事抽象真理研究的职业,对于还没有坚定的原则和牢固、不可动摇的信念的青年是最危险的。同时,如果这些职业在我们心里深深地扎下了根,如果我们能够为它们的支配思想牺牲生命、竭尽全力,这些职业看来似乎还是最高尚的。这些职业能够使才能适合的人幸福,但也必定使那些不经考虑、凭一时冲动就仓促从事的人毁灭。

相反,重视作为我们职业基础的思想,会使我们在社会上占有较高的地位,提高我们本身的尊严,使我们的行为不可动摇。

一个选择了自己所珍视的职业的人,一想到他可能不称职时就会战战兢兢——这种人单因为他在社会上所居地位是高尚的,他也就会使自己的行为保持高尚。

在选择职业时,我们应该遵循的主要指针是人类的幸福和我们自身的完美。不应认为,这两种利益是敌对的,互相冲突的,一种利益必须消灭另一种的。人类的天性本身就是这样的:人们只有为同时代人的完美、为他们的幸福而工作,才能使自己也过得完美。

如果一个人只为自己劳动,他也许能够成为著名的学者、大哲人、卓越诗人,然而他永远不能成为完美无瑕的伟大人物。

历史承认那些为共同目标劳动因而自己变得高尚的人是伟大人物,经常赞美那些为大多数人带来幸福的人是最幸福的人。宗教本身也教诲我们,人人敬仰的理想人物,就曾为人类牺牲了自己——有谁敢否定这类教诲呢?

如果我们选择了最能为人类幸福而劳动的职业,那么重担就不能把我们所压倒,因为这是为人类而献身。那时,我们所感到的就不是可怜的、有限的、自私的乐趣,我们的幸福将属于千百万人。我们的事业是默默的,但他将永恒地存在,并发挥作用。面对我们的骨灰,高尚的人们将洒下热泪。

幸福指数:是什么影响人们的幸福感?

对于幸福的追求方式,从前现代时期主要表现为哲学家的思辨和人们个体生活方式的选择,到现代时期出现了付诸社会运动和制度建构,这体现了一种历史性的进步。

现代化给人类带来的一个重要成就无疑是物质生活条件的不断改善和生活质量的日益提高。然而,现代化又是一个充满悖论的进程,与客观福祉的提高形成比照的是,主观幸福并没有呈现相应程度的上升,这构成了现代化的一种困境。

是什么影响了人们的幸福感

对于人的主观幸福感的测量在20世纪60年代晚期到80年代中期,成为心理学的一个热点研究领域。心理学家对于主观幸福感的探讨更多地来自生活质量、心理健康和社会老年学三个学科领域。由于社会学家和经济学家加入幸福感研究的行列,幸福感的丰富内涵和表现形式得到了更多的揭示。

应该说,作为社会心理体系一个部分的幸福感,受到许多复杂因素的影响,主要包括:经济因素如就业状况、收入水平等;社会因素如教育程度、婚姻质量等;人口因素如性别、年龄等;文化因素如价值观念、传统习惯等;心理因素如民族性格、自尊程度、生活态度、个性特征、成就动机等;政治因素如民主权利、参与机会等。

此外,对主观幸福的理解还涉及许多分析层面,主要包括认知与情感、个体与群体、横向与纵向、时点与时段等。在主观幸福感与社会心理体系诸多因素和层面之间的密切联系中,以下几点是十分独特而重要的。

第一,心理参照系。就社会层面而言,其成员的幸福感将受到他们心理参照系的重大影响,如在一个封闭社会中,由于缺乏与其他社会之间的比照,尽管这个社会的物质发展水平不高,但由于心理守常和习惯定式的作用,其成员便可能知足常乐,表现出不低的幸福感;而一个处在开放之初的社会,面对外来发达社会的各种冲击,开始了外在参照,因此,其成员的幸福感便可能呈现下降之势,因为此时他们原有的自尊受到了创伤。

第二,成就动机程度。人们的成就需要决定他们的成就动机程度,成就动机程度又决定其预期抱负目标。其中人们对于自身成就的意识水平是一个重要环节,因为如果人们意识到的自身成就水平高于他们的预期抱负目标,那么,便会产生强烈的幸福感;反之,如果人们意识到的自身成就水平低于他们的预期抱负目标,那么,则不会有幸福感可言。

第三,本体安全感。它指的是,个人对于自我认同的连续性、对于所生活其中的社会环境表现出的信心。这种源自人和物的可靠感,对于形成个体的信任感是极其重要的,而对于外在世界的信任感,既是个体安全感的基础,也是个体抵御焦虑并产生主观幸福感的基础。因此,人的幸福感有时与其经济状况或收入水平之间并未呈现出简单的正相关关系,在现实生活中,一些经济状况不佳的人,其幸福感却不低,而有些百万富翁却整日忧心忡忡。

因此,我们就可以理解,为什么中国人的幸福感在过去10年中先升后降,表现出与经济发展轨迹之间的非同步性。其中主要原因在于,改革开放和现代化建设初期,物质发展成效明显地呈现出来,那时社会分化程度还不大,社会成员在心理上更多是作纵向比较,与过去的生活水平相比,较容易产生满足感。最近10年,社会结构转型加速,各个领域的体制改革日益全面触及深层利益,社会分化程度加大,尤其是贫富差距凸显;在社会心理方面,随着生活条件逐渐改善,人们需求层次日益提升,且呈现出多样化态势,因此,需求能被满足的标准相对提高了;而由于资源相对短缺和竞争加剧以及现代生活节奏加快,人们的各种压力感大大增加,这一切都强有力地影响了人们的幸福感。

值得特别关注的是,一些调查结果表明,近年来人们对社会问题的关心更倾向于与民生有关的领域,民生问题成为大多数社会成员最关切的社会问题。这种关注重点的变化,反映了人们对于社会发展态势的判断。而对于民生问题关注程度的上升,尤其反映了体制改革与社会发展正在对人们的生存条件和生活质量产生最强有力的影响。这一切极其深刻地影响人们的本体安全感,即具体表现为对社会生活保障需求的增强,从而影响到人们的幸福感。

对"幸福指数"的某些误读

近年来,"幸福指数"成为我国学术界的一个热门话题,同时也成为一些政府部门的实践课题。

幸福指数就是指把主观幸福感作为一项指标,通过运用专门的测量工具去获得人们主观幸福感的量化结果。然而,如果幸福指数将在生活质量指标体系中甚至将在一个地方或国家的发展规划中扮演一种重要而合理的角色的话,那么,对于幸福指数寻求一种充分的理解,并且避免各种误读,无疑成为一项最基本的前提。

首先,对于幸福的理解涉及了哲学、心理学、社会学、经济学、文化学等多个学科,这说明了社会心理体系的高度复杂性,而这种复杂的主观世界要用数量化的工具来加以测量和说明,无疑是对现代社会科学的局限性提出一个重大挑战。因此,关于幸福指数一种可能的误读就是,将幸福指数简单化的倾向。典型表现之一是,希望通过一份调查问卷就能达成对主观幸福感全面而准确的把握。而幸福感在测量上存在的一个重要问题就是:在进行测量的时间之点上人们所表达的生活感受,是否能够代表他们在一个时期里的总体生活感受。

其次,幸福指数是社会发展状况及其问题的"风向标"和"晴雨表"。如果说社会心理体系包含理性层面的认知评价和感性层面的情绪感受,那么,在幸福感中情绪感受这一感性层面常常占据主导地位,幸福感有时是一种很个体化的主观领域。因此,在实践领域中,幸福指数可以成为生活质量指标体系中一个重要方面,但并非唯一方面。在这里,关于幸福指数一种可能的误读就在于,认为幸福指数能够作为体现个人生活质量和衡量社会进步程度的一个绝对性指标,从而忽视了对于社会发展内涵和人的精神领域的丰富性的考虑。

最后,作为制定发展规划和社会政策一种重要参考因素的幸福指数,与GDP之间的关系应该是辩证的。GDP是硬指标,幸福指数是软指标,两者在发展规划和社会政策中各具独特的地位与作用。能够关怀幸福,说明发展理论与发展实践上升了一个层次,发展的内涵更加丰富了。但决非要在GDP与幸福指数之间做一种非此即彼的选择。因此,关于幸福指数又一种可能的误读就在于,产生"幸福指数崇拜",即将幸福指数的意义无条件地夸大化、片面化、偏激化。

对于幸福感的测量,西方心理学家、社会学家和经济学家等已经探索了几十年,具有了一定的知识和经验积累。即便如此,尚未有任何一种幸福感测量工具能够得到普遍认同,许多量表仍处在不断改进之中。中国与西方的社会、文化背景及其反映形式之一的社会心理都存在差异,从而对于幸福的理解不会完全相同,感受幸福的方式也会有所差异。因此,我们若要研制出一套既体现国际水平又符合中国国情的幸福感测量工具,尤其是获得可以作为发展规划和社会政策参考的幸福指数,尚有待进行高水准、创新性的多学科合作研究。

第 9 章

确立生命的信仰——大学生挫折观

> 斗争是掌握本领的学校，挫折是通向真理的桥梁。
>
> ——歌德

学习目标

(1) 认识和了解大学生挫折观的含义、特点、内涵和本质。
(2) 了解大学生挫折观的现状。
(3) 掌握树立大学生正确挫折观的途径。

案例导入

王某，女，19岁，为某大学2007级学生。王某入学时的成绩比较好，性格比较外向。开学不久，王某曾向辅导员老师透露其家庭经济状况比较差，希望能够得到学校的帮助。由于王某比较胆小害羞，在参加各种社团竞选活动中屡屡受挫，很是失落。以前在中学因为成绩很好，深得老师器重和同学们的信任。进入大学后看着其他同学积极的表现，对自己的能力和信心产生了怀疑，再加上家庭经济状况比较差，所带来的压力和挫折导致王某不能在校正常的学习和生活，有时甚至会产生幻觉。班里的同学尤其同宿舍的同学感觉到了她的变化，几位关系比较好的同学积极开导王某，但见效不大。王某由于经常情绪不稳定，导致身体状况出现问题，几次晕倒在教室和宿舍楼道，送往医院并做了全面的检查，但结果显示王某身体上没有出现异常，被医生诊断为癔症。得知王某的心理上出现了问题，其辅导员老师积极采取各种措施来开导她。主要采取以下几种措施。

积极与王某谈心，给予其更多地关注。其辅导员经常走访王某寝室，与其谈心，倾听王某诉说心事。交谈中王某对其辅导员老师产生了信任，说出了自己家庭的经济负担，与同学相比觉得自己能力差，又不甘心失败，导致自己无法正常学习和生活。辅导员老师一方面鼓励王某树立信心，积极面对生活，一方面积极帮助王某申请生活补助和找勤工俭学的机会，以减轻其经济上的负担。

联系专业老师，寻求专业辅导。辅导员老师主动与心理辅导专业老师联系，并将王某的情况跟心理辅导老师说明，预约安排会谈的时间。心理辅导老师从专业角度对王某进行开导，每次与心理辅导老师交流后，王某的精神面貌都有所改观。

帮助王某树立信心，转移注意力，端正学习态度。辅导员老师发现王某在文体方面有特长，让其担任班里的文体委员，使其重拾自信。

联系家长,取得家庭的支持。辅导员老师与王某家长取得联系,将王某在学校的情况反馈给家长,希望家长从家庭的角度对王某给予开导,减少王某对家庭负担的过度忧虑。

经过两个月的耐心开导,王某的状况有了明显的好转,能够积极乐观的面对生活,积极参与学校的各项活动,学习成绩有了较大的起色,并在某些方面小有成就。

从上述案例中可以看出,大学生王某产生挫折的主要原因有三点。①家庭经济条件较差,自己给家庭带来的巨大的经济压力,从而产生愧疚及过度焦虑感;②中学期间学习成绩较好,深得老师的重视及同学的信任,到了大学不是众人关注的焦点了,从而产生的失落感;③王某看到其他同学积极的表现,而自己在参加学校各种社团竞选活动中屡屡失利,从而产生对自己能力的怀疑和挫败感。进而王某出现了情绪不稳定,导致身体状况出现问题。

从上述案例还可以看到,辅导员老师在面对王某这种情况时所采取几条积极正确的引导措施:①积极与王某谈心,给予其更多地关注;②联系专业老师,寻求专业辅导;③帮助王某树立信心,转移注意力,端正学习态度;④联系家长,取得家庭的支持。辅导员老师这种积极主动的态度,又从多方位入手,正确引导了王某从消极挫折反应中走出来,帮助王某重拾对生活和学习的信心,稳定了王某的情绪,使王某的身心得到了健康的发展。

9.1 大学生挫折观的内涵与本质

9.1.1 挫折的含义

挫折是指个体在从事有目的的活动中遇到无法克服或自认为无法克服的障碍或干扰,使其需要或动机不能得到满足而产生的障碍。挫折是一种刺激性情景,这类情景能够导致人们精神紧张、情绪焦虑、心理疲劳等不适心理状态。

人类社会生活的实践表明,只要人在社会上存在着,就会产生种种动机和需要,而当某种动机和需要无法得到满足或目标无法实现就会产生挫折。对于每个人来说,挫折的产生是必然的,也是普遍存在的,从某种意义上讲,挫折也是社会生活的组成部分,生活中随时都有可能遇到挫折,因此,我们每个人都要学会客观的、科学的、全面的对挫折进行认知,适应挫折、学会理性地面对挫折并且积极地化解挫折。

9.1.2 挫折的特点

1. 必然性

人,作为特殊的社会存在,他自身和所处大小环境的诸多特点决定了失败与挫折终将伴随左右。人为了在自然界中生存和发展,必须同自然界进行抗争,向大自然进行索取,而这一活动过程不可能是一帆风顺的,困难和挫折是不可避免的。人与人之间的社会关系的形成也不是一蹴而就的,也不可避免地会产生种种矛盾和冲突,如需要的无限性和满足需要的条件的有限性之间的矛盾和冲突、人际交往中的矛盾与冲突等。在复杂的社会现实中,既然矛盾和冲突的存在是客观的,那么,因动机不能实现、需要不能满足而产生的挫折也是必然的。

2. 普遍性

挫折是社会生活的组成部分,人人都会遇到。综观人类创造文明与进步的历史,无不经历过挫折与失败。古今中外名人奇迹般的人生道路,他们的成功都证明"宝剑锋从磨砺出,梅花香自苦寒来"这一哲理的深邃。综观人的一生,挫折无不与之相伴。挫折感使莘莘学子的身心经受住了种种考验,失败后认真总结,吸取宝贵的经验教训,把挫折变为动力,振奋精神继续前进。随着年龄的增长,恋爱、就业、工作环境、人际关系、社会适应等一系列问题越来越多,所以人生路上有坎坷、有挫折时自然正常的,关键是正确认识、科学对待。

3. 双重性

挫折对大学生的学习、生活、人际交往等究竟起着促进作用还是阻碍作用,应该客观地、辩证地看待这个问题。一方面,学生在学习中如果经常遭遇挫折,甚至遇到比较大的挫折,对他人的学习则有着相当大的负效应。首先,会使学生产生情绪上的不安和焦虑,过度的焦虑引起心理紧张,注意力分散,记忆功能衰退,从而直接影响学生的学习。其次,学生在学习中经常受挫,容易使他们产生一种沮丧心理,对一切都采取消极的态度。另一方面,挫折在学生的学习中也有积极作用。挫折可能产生鼓舞的效果,成为促进人上进的力量。对于大学生来说,他们主要的活动是学习,在学习中培养他们克服困难、经受挫折的能力显得更为重要。

4. 差异性

挫折作为一种主观的感受,因个体的动机、心理发展层次和认知方式的不同,而带有明显的差异性。当人的重要动机受到阻碍时,其挫折感就比较大,而不太重要的动机受到阻碍时,挫折感就比较小,则构成了一种丧失的心理感受。面对同样的挫折,不同个体的反应强度也各不相同,有人若无其事,有人耿耿于怀。

9.1.3 挫折的内涵

挫折,即人们对挫折的认识和评价。挫折是不以人的意志为转移的客观现实,是普遍存在的,随时随地都可能发生。因此,大学生要做好面对挫折的心理准备。其次要看到挫折具有两面性,挫折可能是一座埋葬弱者的坟墓,使人在成才的道路上夭折,也可能使人百炼成钢,登上成功的高峰。挫折面前没有救世主,只有自己才是命运的主人。

挫折从内涵来讲包含着三层含义:第一层是情景因素,即阻碍目标实现的刺激情景,也就是客观存在的困难和阻力。比如学习的压力、考试不及格、老师的批评、人际交往受挫等;第二层是认知因素,也就是对挫折情境的感知、理解、态度和判断。比如受挫后,有的学生能正确面对挫折,坚定战胜挫折的信心和勇气,而有的学生受挫后则心灰意冷,一蹶不振;第三层是反应因素,即伴随对挫折情境的认知和判断而产生的情绪和行为反应。这种反应因素或表现为更加努力、调整目标、在逆境中奋起等积极的行为方式,或表现为攻击、自卑、冷漠等消极情绪反应。其中认知因素和反应因素是紧密联系的,一般来说有什么样的认知态度才会有什么样的反应。

9.1.4 挫折的反应

人们对挫折的反应有着不同的情形,有的情绪反应强烈,有的则不明显;有的以各种偏激的行为表现出来,有的则以积极的方式来对待。一般来讲,人对挫折的反应主要表现在以下3个方面。

1. 情绪性反应

情绪性反应是指人们在受到挫折时伴随着强烈的紧张、愤怒、焦虑等情绪所作出的反应,可能表现为强烈的内心体验,也可能表现为特定的表情或行为反应。情绪性反应多为消极性反应,主要表现为焦虑、冷漠、退化、幻想、逃避、固执、攻击、自杀等。

(1) 焦虑

焦虑是一种模糊的、紧张不安的综合性负性情绪,常常伴随焦急、忧虑、恐惧等感受,甚至可能会出现出冷汗、恶心、心悸、手颤、失眠等神经生理反应。当人们面临心理冲突、情境压力或遇到挫折,或者预感到某种不祥的事情或不良的后果将要发生,或者感到需要付出努力的情境将要来临而又感到没有把握预防和解决时,一般都会产生焦虑情绪。挫折是引起焦虑的重要方面,人们遇到挫折时一般都会表现出某种程度的焦虑情绪。

一般来说,焦虑的情绪体验总是不愉快的,甚至是痛苦的。过度的焦虑会使人情绪很不稳定、心情烦躁、神经过敏,对生活事件反应过度,致使认知能力、思维能力、对外界的适应能力和自信心显著降低。因此,持续的、过度的焦虑对人们的身心健康是有害的,若不及时调整,设法尽快摆脱或降低焦虑,可能会导致心理障碍,如焦虑症等。另外,适度的焦虑也有积极作用。当人们面对挫折或感到即将面临挫折时,适度的焦虑常常有助于使人集中注意力,活跃思维,从而最大限度地调动身心资源,集中精力去应对挫折或即将到来的挑战。如考试前适度的焦虑可以使学生更集中精力去准备;当众演讲时适度的焦虑可以使人的思维更敏捷,发挥得更好。

(2) 冷漠

冷漠是指当一个人遇到挫折时,表现出的一种无动于衷和漠不关心的态度。这是一种复杂的挫折反应。表面上看,冷漠似乎是逆来顺受、毫无情绪反应,而事实上并不意味当事人没有反应,而是对挫折更加痛苦的内心体验,只是被压抑或以间接的形式表现出来了。一般情况下,对挫折的冷漠反应是由于一个人长期遭受挫折或感到没有任何希望摆脱或消除困境时产生的。如某些学生第一次出现考试不及格时,一般会感到难过、自责或抱怨,接下来会更积极努力地去学习;但当第二次、第三次,甚至十几次考试不及格时,他们就会表现出对学习和考试漠不关心,不再努力学习,甚至不上课、不做作业、不参加考试,对老师、家长的劝说、批评、鼓励也无动于衷。

(3) 退化

退化是指当人们受到挫折时所表现出的与自己年龄和身份不相称的幼稚行为。通常,不同年龄阶段的人,各有其不同的情绪和行为模式。随着年龄的增长,在社会生活方方面面的影响下,人们在情绪和行为方面会日益成熟起来,使自己逐渐学会控制自己,在适当的场合和时候,表现出与自己年龄相符的情绪反应和行为。当人们遇到挫折后,一些人在一定程度上会失去对自己的控制,以低于自己年龄的简单、幼稚的方式应对挫折,以求得别人,有时是自己的同情和照顾。而这种情况常常当事人自己不能清醒地意识到。如有些学生,甚至一些学习成绩好的学生,在考试过程中,每当感觉考得不理想时就会生"病",并告诉别人自己是带病参加考试,甚至申请不参加下面的考试;有些大学生当遇到自己认为无法摆脱的困境时就离校或离家出走等。可见,退化是一种由成熟向幼稚倒退的反常现象,不但不能有效地应对挫折,反而会使人的判断能力降低和工作效率下降,甚至使人缺乏主见、脱离现实、意志衰退。

（4）幻想

幻想是指一个人在遇到挫折时企图以自己想象的虚幻情境来应对挫折。任何人都有幻想，大学生又处在多幻想的年龄段，所以大学生的幻想特别多。通过幻想，人们可以暂时脱离现实，在自己想象的情境中满足一些自己的需要和欲望，使人产生一种愉快和满足的感觉。

（5）逃避

逃避是指一个人在遇到挫折或感到可能面临挫折时，不能面对现实，正视挫折，而是以消极的态度躲开挫折现实的一种挫折反应方式。如有些学生谈恋爱失败后就不敢再谈恋爱；有些学生当众演讲失败受别人嘲笑后再也不参加集体活动等。逃避虽然可以使人们降低因挫折产生的紧张感，或者避免再次受到挫折的伤害，但当事人面对的现实问题并没有解决，而有些问题又是不能回避的，所以，逃避常常使人害怕困难，不求进取，长期下去将大大降低人们的适应能力和自信力，甚至可能会导致适应不良。人们逃避挫折的方式各种各样，幻想也可以看作是一种典型的特殊的逃避方式。

（6）固执

固执是指一个人在受到挫折后，采取刻板的方式盲目地反复进行某种单调、机械的无效动作，尽管知道这些动作对目标的达成、需要的满足并无帮助。通常，固执是在一个人反遭受挫折而又一时无法克服或回避的情况下产生的，过多、过严的惩罚和指责，或者当人处于惊慌失措的状态时也容易产生固执行为。如有些学生考试失败后，受到家长的责备，几经努力后仍没有效果，于是就丧失信心，破罐破摔，不再进行新的努力和尝试，茫然地按照往常已被证明是无效的做法刻板地反复去做，无论家长再怎样责备也无济于事。固执行为的特点是呆板无弹性，具有很大的强制性，是在人们遇到挫折后感到无能为力和不知所措时产生的反应方式，所以，这种挫折反应方式并不是不可改变，当人们一旦获得了更适当的反应方式，就会取代固执行为。

（7）攻击

攻击是指当一个人受到挫折时，为了将愤怒的情绪发泄出去，或者对构成挫折的对象进行报复而产生的攻击性行为。攻击性行为的对象可能是构成挫折的人或物，也可能是其他替代物，还有可能是受挫者自身。攻击性行为的表现形式多种多样，一般分直接攻击和转向攻击两种。直接攻击是指受挫者将愤怒的情绪直接指向构成挫折的人或物上，通过动作、表情、言语、文字等形式表现出来。转向攻击是指受挫者感到引起挫折的真正对象不能直接攻击或不便攻击，或者挫折的来源无法确定时，将愤怒的情绪发泄到其他人或物上的一种变相的攻击方式。如有些学生在比赛时没有获得期望中的名次，便乱砸乱摔东西等。

一般情况下，当人们遇到时挫折时，最原始的反应便是攻击，当攻击不能解决问题，甚至可能带来更坏的结果或遭受更大的挫折时，人们又常常以间接的攻击方式或者以冷漠、退化、幻想、逃避等方式来对待。大学生正处于生理、心理发育的旺盛时期，多数学生争强好胜，报复心强，而自我控制能力又普遍较弱，因此，受挫后常常出现攻击行为，由此往往产生更严重的后果，导致更大的挫折。

资料链接 9-1

复旦大学投毒案

2013年4月，上海复旦大学上海医学院研究生黄洋遭他人投毒后死亡。犯罪嫌疑人林森浩是受害人黄洋的室友,投毒药品为剧毒化学品N-二甲基亚硝胺。2014年2月18日,上海市第二中级人民法院一审宣判,被告人林森浩犯故意杀人罪被判死刑,剥夺政治权利终身。2015年1月8日,上海市高级人民法院终审维持原判:因故意杀人罪被判死刑。2015年12月11日,林森浩因故意杀人罪被依法执行死刑。

案发经过:2013年3月31日下午,林森浩以取物为借口,从他人处借得钥匙后,进入复旦大学附属中山医院11号楼204影像医学实验室,取出其于2011年参与医学动物实验后存放于此处的、内装有剩余剧毒化学品二甲基亚硝胺原液的试剂瓶和注射器,并装入一个黄色医疗废弃物袋中带离该室。2013年3月31日17时50分许,林森浩携带上述物品回到421室,趁无人之机,将试剂瓶和注射器内的二甲基亚硝胺原液投入该室饮水机内,后将试剂瓶等物装入黄色医疗废弃物袋,丢弃于宿舍楼外的垃圾桶内。2013年4月1日9时许,黄洋在421室从该饮水机接水饮用后,出现呕吐等症状,即于当日中午到中山医院就诊。4月2日下午,黄洋再次到中山医院就诊,经检验发现肝功能受损,遂留院观察。4月3日下午,黄洋病情趋重,转至该院重症监护室救治,后救治无效死亡。

点评:复旦大学投毒案一直以来是社会舆论关注的焦点,该案件的犯罪嫌疑人林森浩为著名高等院校的学生,接受过高等教育,可谓天之骄子,但因日常琐事,觉得受害人黄洋对自己有欺负行为,倍感受挫,为发泄不满的情绪,将受害人投毒杀害。这是一起典型的由于挫折引起的攻击行为,直接对挫折构成的对象实施了攻击报复,也是不正确挫折观的表现。

(8) 自杀

自杀是一个人遭受挫折后的一种极端反应方式,也可以看作是受挫后针对自身的一种典型的特殊的攻击行为。当一个人受到突然而沉重的挫折打击,或者长期受到挫折的困扰和折磨,使受挫者感到万念俱灰不能自拔时,受挫者就可能产生自暴自弃、轻生厌世的想法,此时若得不到外力的帮助,受挫者就可能采取上吊、跳楼、投河、服毒等方式自杀。通常,自杀行为是在挫折的打击大大超出受挫折者对挫折的承受能力的情况下发生的,特别是当受挫折者将受挫的原因归结为自己,并对自己丧失信心,将自己作为迁怒的对象时更易于导致自杀行为。大学生是同龄人中的佼佼者,成长过程一般都比较顺利,很少遇到大的挫折,他们对挫折的承受能力普遍较低,同时大学生一般都自视较高、自尊心强,所以,当受到挫折的打击时,有时是很小的挫折,就会产生自杀行为。如某高校的一名学习成绩十分优秀的女生,得知自己有一门课考试不及格时就跳楼自杀;还有些学生失恋后不能自拔而自杀等。

资料链接 9-2
武汉大学34岁博士生宿舍自杀事件

2009年4月28日,武汉大学34岁博士杨志高在宿舍自杀。杨志高和父亲同住在武汉大学的教工宿舍,房子为两室一厅,共六七十平方米,他和父亲各住一间房。据杨志高的父亲杨先生介绍,早上7时许,当他去卫生间时,发现门已经关着,而儿子房间内并没有人。于是他用力推卫生间的门,并叫喊了几声杨志高的名字,但无人应声,门也推不开。

杨先生只好伸手从门缝里拧开门锁,推开了卫生间的门,他看到儿子脖子上缠满了电缆线,脖子变成了红色。他吓了一大跳,慌忙将电缆线割开,将儿子从卫生间抱到客厅里,此时,杨志高脸色苍白,身上冰凉,已经没有了呼吸。杨先生急忙报警,120救护人员随后赶至现场,经过心电图检查,确认杨志高已经死亡。知情者称,杨志高自杀与博士论文无法通过、压力过大有关。

点评：目前国内博士生的生存环境相对较差，往往面临毕业论文难过，收入水平低，科研经费较少，就业压力大等难题，而用论文来衡量一个博士生的学术水平和研究成果，却忽视他们的心理素质问题，导致一些博士生变得很脆弱，面对挫折时，不能及时调整自己的心态，做出极端的挫折反应，令人惋惜。

2．理智性反应

理智性反应是指人们在受到挫折后，采取积极进取的态度，在理智的控制下所作出的反应。通常，人们在遭受挫折后都会出现紧张状态，都会在某种程度上作出某种情绪性反应，其中，有些人始终被情绪所控制不能摆脱，而有些人则能够及时调整，保持冷静，面对现实，审时度势，采取积极的态度和方式对待挫折。所以，理智性反应是对挫折的积极反应方式，主要表现在以下两个方面。

（1）坚持目标，逆境奋起，矢志不渝

当人们遇到挫折后，经过客观冷静的分析，发现自己所追求的目标是现实的和正确的，当前的挫折只是暂时的，是在实现目标的道路上遇到的一些曲折，经过努力是可以克服和逾越的，所以，应设法排除障碍，克服困难，坚持不懈，朝着既定目标矢志不渝地迈进，直至最终实现自己的愿望和目标。人类社会发展的历史证明，许多科学发现和发明，都是在十分艰苦的条件下，有时还冒着被攻击、迫害甚至生命的危险，经过多次失败几经努力才获得成功的。大学生大多都有强烈的发展需求和对未来生活的美好愿望，同时大学生又面临着一个竞争激烈的发展环境，科学技术的飞速发展对每个大学生都提出了更高的要求，所以大学生在成长过程中不可避免要遇到各种各样困难的挑战和考验，这就需要大学生在实践中不断提高自己的意志力，培养顽强拼搏的毅力和敢于面对和战胜困难的勇气。如有些学生为了得到一项实验数据在实验室一蹲就是几天几夜；有些学生家庭贫困但穷且志坚，不图虚荣、刻苦学习而奋发成才等。

（2）调整目标，循序渐进，不断努力

由于自身条件或社会因素的限制，人们的需要和目标并不是都能满足和实现的，或者在目前的条件下是不可能满足和实现的。因此，人们在实现目标过程中，几经努力和尝试都失败后，就要冷静下来，认真客观地分析导致失败的真正原因，并根据实际情况对自己的奋斗目标进行适当地调整。一方面，可能自己定的目标太高，不符合目前自己的实际情况，或实现目标的条件尚不具备，这就需要适当降低目标，或将目标分成几个阶段性目标，并根据实际情况适当变换实现目标的途径和方法，循序渐进，通过不断努力，逐步获得成功。如有些学习基础差的学生，就不能一厢情愿地将目标定为每门课都考优秀，而应考虑首先通过努力使每门课都及格，然后重点在一门或几门课上取得好成绩，最后再努力取得全面进步。另一方面，人们满足需要和实现愿望的途径和方式是多种多样的，一旦遇到挫折，发现原定的目标难以实现时，还可以改换目标，寻找新的能够实现的目标取而代之，同样可以达到满足自身需要的目的。如有些学生在集体活动中想引起同学们的关注和赞赏，就苦练唱歌，但由于自己的嗓音不够圆润，音乐基础又不太好，怎么练都达不到理想效果，这时就可以考虑练跳舞或演讲等，或许能适合自己的实际情况，取得理想的效果，达到同样的目的。

调整目标并不是害怕困难的表现，而是实事求是的表现，是一个人成熟和理智的表现，还可以降低和避免由于目标选择不当而难以实现对人们自信心的挫伤和由此产生的挫折感和焦虑情绪。

3. 个性的变化

通常情况下,挫折对人的影响都是暂时的,随着具体挫折情境和条件的改变,随着时间的推移或受挫者认识上的变化,受挫者在受到挫折后所感受到的紧张状态会逐渐消失。但人们在受到挫折后,除了上述直接表现出的挫折反应外,还会出现间接的反应,并对受挫者产生久远的影响,甚至影响到个性的形成与发展。挫折对个性的影响,一般是在人们连续经历挫折,或者遭受特别重大挫折的情况下产生的。由于导致挫折的情境和条件相对稳定并长期持续,由此产生的紧张状态和挫折反应就会反复出现,久而久之这些反应方式就会逐渐固定下来,使受挫者形成了习惯和一些突出的个性特点。如有些学生在儿童时期长期受到父母过分严厉的管教甚至责难和打骂,就易形成畏缩拘谨、胆小怕事、逆来顺受或者倔强执拗、偏执敌对等不良的个性特点;有些学生长期与同伴不能友好相处,长期处于紧张的人际关系状态之中,就易养成多疑、多虑、孤僻、狭隘、情绪不稳定等个性特点。

挫折对个性形成与发展也可能产生积极的影响,如经历了重大挫折后,或者长期身处逆境之中,使人养成了坚强、刚毅和不屈不挠的个性特点。总之,挫折对个性的影响在很大程度上取决于人们对挫折的适应情况,对挫折的消极反应如果得不到及时纠正,并在心理和行为上固定下来,就会形成对挫折的适应不良,对受挫者的个性形成与发展就会带来不利的影响。在遇到挫折时,人们产生各种挫折反应是正常的,因此,学会适应和驾驭这些反应,使这些反应不至于失控而导致异常,进而能够面对现实,调整身心,摆脱负向情绪,采取积极和理智的方式应对挫折是每个人一生发展过程中的基本任务。

9.1.5 受挫后的心理防御机制

挫折观就是人们面对挫折所建立的心理防御机制,是挫折发生后人在内部心理活动中所具备的有意或无意地摆脱挫折造成的心理压力、减少精神痛苦、维护正常情绪、平衡心理的种种自我保护方式。心理防卫机制的意义有积极和消极之分,其积极的意义在于能够使主体在遭受困难与挫折后减轻或免除精神压力,恢复心理平衡,甚至激发主体的主观能动性,激励主体以顽强的毅力克服困难,战胜挫折。其消极的意义在于使主体可能因压力的缓解而自足,或出现退缩甚至恐惧而导致心理疾病。受挫后的心理防卫机制有很多,可以分为三大类:积极心理防御、消极心理防御和中性心理防御。大学生作为同年龄阶段的佼佼者,面对挫折其心理防御机制更为突出和明显,具体如下。

1. 积极心理防御

面对挫折,正确分析挫折产生的主客观原因,总结经验教训,争取积极的行为方式,最后战胜挫折。主要表现为:坚持、表同、补偿、升华。

(1) 坚持

坚持是指个体发现目标难以达到,要求自己做出加倍努力,并要求通过个体不断的努力,使目标最终实现。美国电影《阿甘正传》中的主人翁阿甘就是一位智商并不高的人,他面对挫折的方法就是忽视它并坚持不懈地努力,最后赢得了人们的尊重,赢得了自己的事业,也获得了自己的生活。正如有的学者所说:成功就在于最后的坚持之中。

资料链接 9-3

张海迪,1955年秋天在济南出生。5岁患脊髓病,胸以下全部瘫痪。从那时起,张海迪开始了她独到的人生。她无法上学,便在家自学完中学课程。15岁时,海迪跟随父母,下放(山东)莘县农村,给孩子当起教书先生。她还自学针灸医术,为乡亲们无偿治疗。后来,张海迪自学多门外语,还当过无线电修理工。在残酷的命运挑战面前,张海迪没有沮丧和沉沦,她以顽强的毅力和恒心与疾病做斗争,经受了严峻的考验,对人生充满了信心。她虽然没有机会走进校门,却发愤学习,学完了小学、中学全部课程,自学了大学英语、日语、德语和世界语,并攻读了大学和硕士研究生的课程。1983年张海迪开始从事文学创作,先后翻译了《海边诊所》等数十万字的英语小说,编著了《向天空敞开的窗口》《生命的追问》《轮椅上的梦》等书籍。其中《轮椅上的梦》在日本和韩国出版,而《生命的追问》出版不到半年,已重印3次,获得了全国"五个一工程"图书奖。在《生命的追问》之前,这个奖项还从没颁发给散文作品。最近,一部长达30万字的长篇小说《绝顶》即将问世。从1983年开始,张海迪创作和翻译的作品超过100万字。

点评:张海迪自幼因生病致残,面对挫折和困难,她没有被挫折吓倒,无法正常上学,在家中自学,面对命运残酷的挑战,以顽强的毅力和恒心战胜挫折,为了对社会作出更大的贡献,她先后自学了十几种医学专著,同时向有经验的医生请教,学会了针灸等医术,为群众无偿治疗达1万多人次。1983年,《中国青年报》发表《是颗流星,就要把光留给人间》,张海迪名噪中华,获得两个美誉,一个是"八十年代新雷锋",一个是"当代保尔"。张海迪怀着"活着就要做个对社会有益的人"的信念,以保尔为榜样,勇于把自己的光和热献给人民。她以自己的言行,回答了亿万青年非常关心的人生观、价值观问题。邓小平亲笔题词:"学习张海迪,做有理想、有道德、有文化、守纪律的共产主义新人!"

(2) 表同

表同是指个体在现实生活中无法获得成功时,将自己比拟为某一成功者,借以在心理上减弱挫折产生的痛苦;或者迎合能满足自己需要的人,按照他们的希望去支配自己的思想、行动,来冲淡自己的挫折感,并以此求得内心的满足。当一个人在没有获得成功与满足而遭遇挫折时,将自己想象为某一成功者,效仿其优良品质和其获得成功的经验和方法,能够使他的思想、信仰、目标和言行更适应环境和社会的要求,增强自信心,减少挫折感。例如,大学生常以一些历史名人、科学家,或小说中所欣赏的人物、老师甚至同学作为自己效仿的对象,建立自己心中的榜样,并依照榜样进行积极的自我激励与自我暗示。

(3) 补偿

补偿即当个体行为受挫时,或因个人某方面的缺陷而使目标无法实现时,往往以新的目标代替原有目标,以其他方面的成功来补偿因失败而丧失的自尊与自信。这就是人们常说的"失之东隅,收之桑榆"。如某大学生没有当上班干部,无机会表现自己的能力,于是便努力使自己的成绩名列前茅。又如,某大学生恋爱失败了,便积极参加文体活动,用成功来补偿失恋的痛苦。

应该注意的是,补偿的行为反应并非都是积极的。由于个体要实现的目标有高尚与平庸之分,挫折后对补偿的选择也有进取与沉沦之别,因而决定了补偿有积极与消极之分。如果补偿选择的新的目标和活动符合社会规范和人的发展需要,这时的补偿反应行为是积极的、有益的。如果补偿选择的新的目标和活动不符合社会规范或有害于心身,这种补偿的反应行为即使使自己暂时获得了心理平衡和心理满足,也无助于心理健康发展,有时还会自暴自弃甚至堕落犯罪,危害他人与社会。

(4) 升华

升华即用一种比较崇高的具有创造性和建设性的目标代替,借以弥补因受挫而丧失的自尊与自信,减轻痛苦。升华是最积极的行为反应,从古至今演绎出绵绵佳话。如古之文王拘而演《周易》;仲尼厄而作《春秋》;屈原放逐赋《离骚》;左丘失明写《左传》;孙膑膑脚修《兵法》;司马迁受辱著《史记》。不仅如此,升华还是一种富有建设性的行为反应。它使人在遭受挫折后,将不为社会认可的动机和不良的情绪移到有益的活动中去,使其转化为有利于社会并为他人认可的行为。如一些貌不惊人的大学生最初在社交活动中受到制约,于是他们在学问、个体思想道德修养上下功夫,学习成绩出类拔萃,品德优秀,为同学所瞩目。

资料链接 9-4

大学女生学业挫折事件

这是一名大二女生的网上咨询信件:考试刚刚结束,我的心情很沉重,很难过,不知为什么很想哭,似乎觉得一切都和想象中的相差甚远,我甚至都不知找什么样的借口来安慰自己。我只要求我想得到的,可为什么都觉得没有。我的感觉很不好,我准备了很久也自认为还可以,可不知为什么我做题的时候状态很不佳,我似乎开始对自己怀疑了,而且很怀疑。一生从未有过的感觉,似乎一点都不自信,从未有过的感觉!我感觉生活没有一丝的惊奇,没有一丝的期望。只感觉一切都像死灰一般,没有一丝的生机。追求确实是一个过程,必须要有回报,的确失败是成功之母,可成功也是成功之母。如果没有一丝的成功怎么再来期望成功呢?怎么再有奋斗的动力?我不知道成绩的结果,但感觉告诉我没有达到我的目标,每当我有一丝的放松的时候,我都会受到惩罚。我不明白为什么,想想我的大学,恋爱失败、考试失利、评优受挫,我变得自卑、退缩、不敢相信自己了,我到底该怎么办?

点评:这位有着辉煌中学时代的女大学生,被挫折深深地包围着。在面询中,她谈道自己的过去是踏着鲜花与掌声走过来的,从来没有遇到过挫折,因而当挫折到来时,便有些束手无策,当考试揭晓后,结果也并不如她想象的那么不理想,从信中可见,她的自我期望很高,有着强烈的成就动机,当她认真面对自己的现状时,她也积极主动地调整自己的目标,并将学业坚持下来,最后战胜了挫折,又恢复了以往的自信与笑容。

2. 消极心理防御

消极心理防御是指当大学生遭受挫折后所表现出来的带有强烈情绪色彩的非理性行为。常见的情绪行为方式有以下几种。

(1) 固执

当个体一而再、再而三地遭受到同样的挫折,就会慢慢失去信心,失去随机应变的能力,而形成刻板的反应方式,固执盲目地重复同样无效的行为。固执行为不同于意志力,在这种行为反应中,个体往往不能客观正确分析失败的原因,反而采用刻板的方式盲目地重复着某种无效行为,是一种极不明智的对抗形式。如某大学生多次违反校纪校规、晚归受到批评,却固执地认为自己没错,屡教不改。在大学生中,固执行为往往容易发生在一些性格内向、倔强、看问题片面性的大学生身上,以及由情感为纽带形成的消极的大学生非正式团体中。

固执是非理智性的消极的行为,它往往使人企图通过重复无效动作以对抗挫折压力,对大学生的成长极为不利。

(2) 退化

退化又称回归,是指当个体受到挫折时,往往表现出与自己的年龄、身份很不相称的幼稚行为,或盲目地轻信他人、跟从他人等。表现这种行为方式的大学生往往对自己缺乏信心,看不到自己的力量,像孩子一样依赖他人,多指大人小孩状。如某女生刚入校,参加学生会干部竞选失败了,感到很"委屈",无法进行理智分析和对待,不吃饭,也不上课,成天蒙头大睡。

(3) 逆反

用通俗的语言来说就是"你要我朝东我偏朝西"。一般来说,个人的行为方向和他的动机方向应当是一致的。但是,当个体遭到挫折后,如果不仅是一意孤行,而且对正确的方面盲目地持反抗、抵制与排斥态度,这种行为便是逆反。如某大学生因为上课时受到教师的批评,他便采取逃课或不理睬教师的教学等方式来表现自己的不满。持逆反心理的人往往为了排除内心的不满,会采取一些不符合社会规范、不被允许的愿望和行为,产生一些反社会性行为。

(4) 攻击性行为

大学在遭受挫折后,在情绪与行动上会产生一种对有关人或物的攻击性的抵触反应,以消除来自挫折的痛苦。攻击是一种破坏性行为,这种行为可分为直接攻击和转向攻击。直接攻击是指一个人受到挫折以后,把愤怒的情绪直接发泄到使之受挫的人或物上,如大学里发生的打架斗殴、损害公物等现象。这主要发生在自控力较差、鲁莽的大学生身上。转向攻击是指一个人受到挫折以后,把愤怒的情绪指向其他的人或物身上去。如受到老师批评时,把怒气发泄到别人或物品上。

(5) 轻生

轻生是受挫者受挫以后表现出的一种极为消极的行为反应。在现实中,对那些挫折的打击来得突然的大学生,在得不到外力帮助的情况下,很可能自暴自弃,产生轻生厌世、自杀自残的行为,以此来获得内心痛苦的解脱。

资料链接9-5

2015年夏的一天,某大学数学课的课堂上,一位大二男生被老师抽查到黑板前推导一个公式,在老师的再三启发下,也未能做出解答。老师开玩笑说他的脑袋是木头做的,惹得讲台下同学们哄堂大笑,男生觉得自己受到了大家的嘲笑,觉得很没面子就跟老师发生争吵。一向以严格著称的老师非常恼火,极不客气地批评了他,甚至扬言期末考试考上80分也不让他及格,并在黑板上写了大大的字——"蠢猪"!学生的自尊心受到了极大的伤害,觉得无法接受这样的现实,心理承受了不能承受之重,于是便用了最简单的办法吃安眠药自杀来解决问题,所幸被人发现及时才避免了一场大祸。

点评:从上述案例来看,该大二男生产生挫折的原因主要来源分为三点:①对自己不能解答问题所带来的失败感和羞愧;②来自同学们的嘲笑,从而产生受辱感;③最主要的来自老师的批评及讽刺,从而造成自尊心受伤害及羞辱感。从上述案例也可以看出,该数学老师在教学方法上的错误和对学生没有耐心及积极引导态度,从而导致了学生采取了消极应对挫折的方式,并差点酿成大错。

从上述案例,可以得到哪些启示呢?①要引导学生正确地认识自己,数学老师要在该男生没能正确解答问题时,正确引导学生认识到自己数学学习上的不足;②转移学生的注意力,发现学生身上其他闪光点,例如发现该男生乐于助人的其他优点;③及时发现问题,采取积极的方式去引导学生树立正确的挫折观,该案例中数学老师就没能及时发现问题,也没有采取积极的措施帮助学生树立积极的心理防御机制,导致了学生采取了消极错误的挫折反应。

3. 中性心理防御

中性心理防御是指当一个人受到挫折后,采取一些暂时减轻受挫感的行为方式,以解脱挫折对自己带来的心理烦恼,减轻内心的冲突与不安。它主要表现为以下几方面。

(1) 求得注意

想方设法引起别人对自己的注意,如以大声喧哗、寻衅生事、用恶作剧来显示自己。

(2) 合理化作用

自我安慰,是指无法达到追求的目标时,给自己一个好的借口来解释,但用来解释的借口往往是不真实的、不合逻辑的,但防卫者本人却能借此说服自己,感到心安理得。

(3) 自我整饰

当个体遇到挫折之后,往往表面上不动声色,把心理上的烦恼、焦虑、苦闷统统埋藏在内心深处,显示自己的长处,提高别人对自己的评价,从而减轻心理压力,以弥补失败所带来的自尊心的挫折。这种行为反应往往起着自我欺骗和自我麻痹作用。如《伊索寓言》中的狐狸吃不到葡萄就说葡萄酸的行为反应就属此类。

(4) 责任推诿

当个体遭到挫折后,不是从本身的缺点、弱点方面加以分析,而是把责任推给他人、埋怨他人,以减轻自己的焦虑与不安,这是一种文过饰非的行为。

(5) 反向

行为相反于动机而行,如:自卑的同学往往表现出高傲自大;对异性充满向往,却装出不屑一顾的样子等。持反向心理的人,往往不敢正面表露自己的真实动机,于是便从相反的方向表示出来。虽然这种行为可以在一定程度上掩饰个体的真实动机,但是掩饰包含着压抑,长期运用会从根本上扭曲自我意识,使动机与行为脱节,造成心理失常。

(6) 逃避

大学生受到挫折后,不敢面对自己所预感的挫折情境,而逃避到比较安全的环境中去的行为。逃避有三个表现:一是逃到另一种现实中,如学习不好就玩游戏,沉溺其中;二是逃向幻想世界;三是逃向疾病。如某大学生因为英语口语较差,每次上课从不开口说英语,甚至拒绝上英语听力课,不参加考试,以此来逃避失败。

(7) 冷漠

冷漠即表现出对于挫折情境漠不关心、无动于衷等情绪反应。如有些大学生的社会活动能力较差,多次失败,他们渐渐地对大学生活、同学关系、社会活动持冷漠的反应行为,表现出死气沉沉、缺乏集体感。

(8) 压抑

压抑是指把不愉快的经历和体验压抑到无意识中,不去回忆,主动遗忘;适度的压抑有利于情绪的调整,但长期的压抑会导致更强的挫折与心理不适。

总之,积极的行为反应有助于大学生适应挫折、化解困境,利于他们的成长;消极的行为反应只能起暂时平衡心理的作用,不能解决问题,有时会使当事人在一种自我欺骗中与现实环境脱节,降低适应能力,形成一些恶习,埋下心理病患的种子,影响其身心健康和全面发展。大学生应该树立积极的心理防御机制,增强自己的耐挫力,以适应社会的发展。

9.2 大学生挫折观的现状

9.2.1 大学生常见的挫折

大学生的挫折有很多种,通过问卷调查及访谈调查分析,大学生的挫折基本可分为以下几种类型。

1. 学习方面的挫折

学习方面的挫折是刚进入大学的新生在学习方面遇到的主要挫折,与中学阶段的学习方式不同,大学实行的是流动教室,教师指导是粗线条的,教学管理也比较宽松,主要靠学生的自觉和自学能力的培养,这种学习方式使一些大学新生无所适从。另外,考试失败也是大学生经常遇到的挫折。

2. 生活方面的挫折

有的大学生家庭经济困难,特别是来自农村边远地区,单亲家庭和父母下岗家庭的大学生,他们经济困难。有的同学又不甘心于艰苦朴素的生活,羡慕高消费,而家庭无法满足他们的各种需求,心理长期不平衡,容易产生自卑感和挫折心理。

3. 情感困扰的挫折

亲情、友情、爱情问题常常困扰着当前的大学生们。在大学生中,因恋爱而引起的挫折特别多,失恋使当前的大学生失望,彷徨,心灰意冷,感情冷漠,造成心理失调,甚至导致精神崩溃,有调查表明,失恋在所有心理疾病中最严重,约占30%。

资料链接 9-6

在一次书法爱好者聚会中,A女生和B男生相遇,彼此萌生好感,女生秀美温婉,知书达理,家境中上,父亲是政府官员,母亲是企业高管;B男生家境一般,长相中等,但刻苦好强,专业扎实,学习成绩一直名列前茅,并写得一手好字。经同学撮合后开始交往,A女生温柔体贴,事事力求B男生满意,B男生把A女生当作心中的"白富美",美女在怀,欣喜异常,但每每想起自己的家境和长相,就非常自卑,总是担心女生会随时离他而去。在后来的交往中,开始变本加厉地控制A女生,甚至不让她和别的男生多说话,经常查看A女生手机短信和微信信息,限制她参加各类集体活动,把女生困成了金丝小雀,不但搞得自己神经紧张,寝食难安,A女生也因此疲惫不堪,心力交瘁,最终以分手结束。

点评:爱就像手里的沙子,攥得越紧,流得越快。B男生能博得美女青睐,肯定有他独特的魅力,但他始终在自卑的怪圈里徘徊,试图用控制人身来维持爱情的长久。殊不知,用自信博得女友的心就能共度一世。

4. 人际关系障碍的挫折

大学生交往渠道多种多样，交往的动机复杂多变。如果与同学，朋友，老师的关系处理不当，就很容易造成人际关系不协调。一些大学生厌倦现实生活中的人际关系，这样自然而然会产生心理挫折。

资料链接 9-7

在长春某重点高校念热门专业的大一学生小蕾（化名）几次找到班主任老师要求退学。"小蕾写得一手好文章，还弹得一手好钢琴。入校不久，她就因文笔出众，被校内文学团体破格吸收为会员。"小蕾的班主任说，听说她要退学，大家都很吃惊。小蕾要退学的理由主要是：觉得同学们瞧不起她，总在背后议论她，以至于她感觉"大家都挺虚伪的，一回到寝室，就胸口发闷"，甚至觉得"活着没意思"。老师们也描述说，"当小蕾讲到这一点时，就变得烦躁不安，最后竟然泪流满面。"

点评：人对环境的适应，主要是对人际关系的适应。有了良好的人际关系，人才有了支持力量，有了归属感和安全感，心情才能愉快。小蕾主要由于在适应大学的人际关系环境中遇到了挫折，在人际交往中出现人际关系敏感问题，对同学比较敏感和多疑，心里感到紧张和不安，进而觉得自己与周围的人格格不入，产生心理压力。遂产生退学想法。

5. 性格障碍的挫折

大学生的生理成熟与心理成熟并不是同步的，在生理上，他们已是"成人"，但在心理上，仍带有许多少年时期的痕迹，如幼稚、脆弱、依附性强，自卑感强，因此遭受挫折后往往会心灰意冷，意志消沉，而且当前的大学生社会阅历太浅，面对种种社会矛盾，心理难以调适，挫折也就随之而来。

6. 理想与现实冲突造成的挫折

当前我国正处于急剧的社会转型时期，市场经济大潮冲击着传统的价值观念，社会开放使各种西方思潮源源涌入，中西方文化碰撞使人们在观念上发生了变化，大学生在心理上产生了激烈震荡，一些大学生没有找准自己的人生定位，期望值过高，从而造成理想和现实的差距过大，有强烈的失望感和挫折感。

7. 就业压力造成的挫折

当前我国大学生就业形势比较严峻，大学毕业生往往又对自己期许很高，眼高手低放不下身段去从事自认为"较差的"或者体力工作，所以有些大学生就面临着毕业意味着失业的压力，从而造成失败感。

资料链接 9-8

2014年2月8日，一名刚刚毕业的研究生在河南郑州跳楼自杀，死前他曾给弟弟发短信告别："我走了，你照顾好咱爸妈，我没能力。"此前，他找工作一直不顺利，也许是压力太大，所以做了傻事。

点评：每个人活着都不容易，都在坎坷和磨练中变得坚强，当然首先要有责任感，才会懂得担当。天下父母把儿女一把屎一把尿养大那是多么不容易的事，因为他们身上担负着责任，希望儿女成龙成凤。而该研究生并没有考虑父母的感受，只因找工作屡次受挫心中产生了巨大压力,认为找不到好的工作就不能照顾父母。他并没有认真地去想他的自杀会给父母带来多大的痛苦,他的"一走了之"才是真的不能照顾好父母。

9.2.2 大学生挫折观现状的特点

1. 内容多样性

大学生在日常生活中可能遇到各式各样的挫折,有学业挫折、人际交往挫折、适应挫折、就业挫折等。不同的人对挫折的认识就不尽相同,存在明显的差异,一些人认为的挫折在其他人看来则算不上挫折;而一些人眼中认为是小挫折在另一些人看来可能就是不可克服的大挫折。

2. 心态迥异性

由于大学生有着不同的个性、生活背景以及人生经历等,所以在面对挫折时心态也有很大的差异。大学生面对挫折心态也有明显差异,体现了年龄特征和社会阅历的局限。每个人的生活经历、人生境遇和心理状态,往往就是大学生挫折感受程度的标尺。许多大学生容易夸大挫折的影响,片面理解和看待挫折,既缺乏抗挫折体验又缺乏理性认识,反映出心理适应能力的缺陷。

3. 影响差异性

人的一生,不可能一帆风顺,逆境和失败是不可避免的。挫折对大学生产生的影响也不尽相同,有的大学生能够看到挫折的积极性,认为挫折有利于磨练自己的性格和坚强的意志,他们心态是积极的,不会因困难和失败而产生沮丧、失意感;有的大学生却因挫折情境而从此一蹶不振,对学习望而生畏、忧心忡忡,或自暴自弃、心灰意冷,甚至对生活失去信心。可见,面对同一障碍,并非人人都会产生挫折心理,或者产生挫折心理的程度也各不相同。

9.2.3 大学生挫折教育发展的现状

我国教育界在20世纪90年代初才正式提出"挫折教育",由于受传统根深蒂固的"应试教育"思想束缚,不少学校比较忽视学生的心理健康教育。

1. 挫折教育形式化

挫折教育作为心理健康教育和素质教育的重要组成部分,提出也有十几年了,但是由于流于形式,在实践中没有得到很好的实施。当今社会,每个学校都有自己的教育理念,挫折教育作为一种教育理念也被学校所重视,但较为形式化、概念化。主要表现在:第一,只重形式不重实际效果。挫折教育虽然在形式上已具备了多样性,但很多情况下它只限于表面,流于形式。第二,只重道理不重行动。挫折教育过分依赖教师的口头宣传能力,在学生遇到困难挫折而出现难以情绪或行为后,绝大部分的教育和帮助工作都依靠教师说事实讲道理。这虽然能暂时解决学生的问题,但这只是治标之策,达不到治本的目的,不能从根本上增强学生承受能力。第三,重补遗不重预防。传统的教育方法旨在引导学生充分认识挫折导致的正面和负面效应,这种教育方式只能在事后减轻学生的痛苦和压力,对问题的解决却无济于事。挫折教育的目的在于培养学生坚强的意志品质,以坚持不懈、百折不挠的精神去面对生活。只重补遗不重预防的教育方式,只会使学生缺乏应对挫折的主动性,容易使学生产生对困难的畏惧心理。

2. 挫折教育内容不丰富

挫折教育本身包括的内容是很丰富的,它包括吃苦教育、生存教育、生命教育和社会教育等。但是在认识挫折教育和开展挫折教育时往往只看到吃苦教育这点,造成挫折教育内容简单化。现在很多大学生心理脆弱,吃不起苦,受不了挫折,挫折教育的目的是让学生在实践中学会如何面对困难并战胜挫折,培养学生的抗挫折能力。它不仅包括吃苦教育、生存教育、社会教育,还包括信心、勇气、意志及心理承受力等方面的培养。抗挫折能力的培养并不是一朝一夕的事,也不是单靠几件事就能见效的,应该在生活中的方方面面有意识地进行。

3. 挫折教育缺乏具体实践

在教育方法和途径上,目前对大学生进行挫折教育还是以说教为主,单纯地依靠教师对教育理论的宣传,在实践中进行的较少。在教育方法上存在单一化和错误化的倾向。单一化主要是指在学校进行挫折教育时,只是靠教师进行理论的传授,只是让学生在思想上认识到挫折教育很重要也很必要,但是缺少具体实践。

9.3 大学生确立正确挫折观的途径

大学生是高等教育体系中的重要组成部分,是祖国未来的建设者,更是推动社会进步的有生力量。随着社会经济、政治、文化、科技等方面的剧烈变革,以及高等教育改革的不断深入,大学生也面临着更为严峻的现实挑战和更高的发展要求,他们的心理素质和抗挫折能力引起了全社会的广泛关注,对大学生进行挫折教育的呼声越来越强烈。习近平总书记在题为"要把困难当机遇"一文中强调正确对待挫折的重要性:"面对困难,有两种态度,一种是只看到挑战的一面,看不到机遇,被困难吓倒,止步不前;另一种是既看到挑战,更看到机遇,勇敢地迎接挑战,化压力为动力,克难攻坚,奋勇向前。"挫折是一把双刃剑,它有时是一个人成功路上的绊脚石,让人灰心丧气、不知所措;但同时它也有积极的一面,它能够磨练大学生的意志力,使他们以后更好、更快地适应社会生活,甚至是大学生人格健全的催化剂。

9.3.1 正确认知挫折与自我、树立正确的挫折观

大学生作为挫折教育的主体,需要形成正确系统的挫折观,才能在遇到挫折时理智地对待问题。正确认识挫折、建立"失败"的正确观念、树立"失败是我所需要的"思想。正确对待挫折包括避免错误的、有害的行为,避免自暴自弃、借酒消愁等。大学生提高抗挫折能力,在日常生活中要正确地认知自己,建立合理的目标,正确看待挫折,不惧怕挫折;从小事做起,积累成功经验;掌握知识资本,培养自信心;变消极为积极,保持乐观情绪;发挥主观能动性,有效地进行自我监控。

资料链接 9-9

19世纪法国闻名的科幻小说家儒勒·凡尔纳第一部作品《气球上的五星期》一连投了15家出版社,均不被赏识,第16次投稿才被接受。美国作家杰克·伦敦最初投稿,也没有

一家出版社愿意发表,以致他不得不去干苦力。后来他的《北方故事》才由一家有眼力的《西洋月刊》看中,一举成名。丹麦闻名童话家安徒生处女作问世,有人知道他是一个鞋匠的儿子,即攻击他的作品"别字连篇""不懂文法""不懂修辞"。但他毫不气馁,笔耕不辍,终于成名。英国诗人拜伦19岁时写作的《闲散的时光》出版后,即有人把他骂得"狗血淋头",说他"把感情抒发在一片死气沉沉的沼泽上"。然而拜伦并未退却,而是以更为优秀的诗作反击那个诽谤者。

点评:儒勒连续15次投稿均不被接受,面对挫折儒勒没有失去信心,正确认识自己的能力和作品的价值,继续投稿,终被人们接受和认识;安徒生面对谩骂,没有气馁,最终成为一个童话大王。世界上有很多著名的作家、画家刚开始一直得不到认可和赏识,他们都能正确地认识自己和挫折,面对挫折坚持不懈,最终成为一代名师。

9.3.2　合理创设挫折情境、加强抗挫意志磨练

坚强的意志是大学生战胜挫折的重要法宝。面对挫折,如果个人能够牢记自己的目标,不轻易地改变或放弃既订的计划,持之以恒,就容易抑制消极情绪,克服障碍,达到成功。相反,则很难面对各种困难。在教育过程中,应有针对性地加强大学生品质意志的培养,保持进取向上的个性,培养其适应和改变恶劣环境的能力,养成忍受磨难、坚韧不拔、积极进取的良好意志品质。通过开展各种活动,为学生构建平台,创设受挫情境并在情境中深入开展挫折教育,如军训、野外生存训练、社团活动等;通过责任意识教育,贯彻挫折思想,端正对待挫折的态度。通过制造适当的人为挫折,为大学生进行挫折心理的模拟演练,磨砺大学生抗挫折能力,一方面可以在平时的学习和生活中有意为自己设计难题和挫折,引导自己去进一步思考和解决;另一方面积极参加社会实践活动,开展相应的社会实践调查,进行艰苦条件的锻炼,促进自己正确认识社会、认识人生,提高适应社会的能力。

9.3.3　多渠道普及心理知识、帮助学生学会自我调适

通过组织一些有针对性的心理训练活动,让学生享受成功的喜悦,感受失败的经验,帮助学生正确地认识失败,帮助学生走向心理成熟。开设心理常识方面的课程,开展心理教育活动,建立大学生心理素质档案,建立心理活动室,开展心理辅导和心理咨询等,加强心理健康教育,提高大学生的心理健康水平,从而帮助学生学会自我心理调适。

9.3.4　多学科融合、丰富教育途径

在大学生中开展有针对性的挫折教育,首先要进行挫折承受力的训练,如开展户外生存训练、学生社团活动等课外活动对大学生进行挫折教育。使学生们在活动中增进交流,在训练中磨练意志,构建团结协作、拼搏进取的成长环境,从而全面提升抗挫折能力。笔者提倡在思想政治教育视域下开展大学生挫折教育,将思想政治教育的内容、方法、原则、目标作为其有利指导,充分发挥高校思想政治理论课课堂教学作为实施大学生挫折教育的主渠道作用,借助心理学、教育学、管理学、体育学等的先进理念和学科技能,结合课外系列实践活动,对大学生进行理想信念、思想道德和积极心理品质教育,打造笑对失败、愈挫愈勇的心理品质。

9.3.5 注重教育示范、增强学生战胜挫折的信心

教师在学生遇到挫折时应及时出现,充分发挥自己的角色作用,循循善诱,因势利导,分析利弊,给予学生积极的、正面地鼓励,为他们克服困难、激发潜能输入正向能量,躬身示范提升学生战胜挫折的信心和勇气。大学生遇到挫折后正确的心理咨询可以帮助其克服消极、悲观情绪,宣泄紧张心理,重新找回心理平衡。学校需要建立专门的心理咨询机构,并进行引导,使学生在遭受挫折时,可以主动进行心理咨询。

9.3.6 学校、家庭、社会三位一体形成良好的教育机制

大学生挫折承受能力的提高单靠高校教育是不够的,还要结合良好的家庭环境与和谐的社会氛围,创造学校、家庭、社会三位一体的循环教育模式。改善校园环境,创建良好校园文化氛围,鼓励学生投身社会实践活动,从实践中战胜挫折。家长应采用积极健康的教育方式来教育孩子,坚持"两手抓,两手都要硬",既要抓孩子的学习成绩,同时又要抓孩子的素质教育,并且要以素质教育为主。要以培养德智体美劳全面发展为目标来教育孩子,在孩子犯了错误后,要摆事实、讲道理,让他们真正了解到自身错误。完善社会管理,优化生存空间,创建公正有序的社会环境,建设和谐文化,培育文明社会风尚。

9.3.7 构建专业型、综合性挫折教育模式

大学生遇到挫折后正确的心理咨询可以帮助其克服消极、悲观情绪,宣泄紧张心理,重新找回心理平衡,学校建立专业的心理咨询机构,并进行引导,使学生在遭受挫折时,可以主动进行心理咨询。另外,构建大学生知、情、意三维挫折教育模式来帮助大学生应对挫折,以动态的、科学的、可持续发展的理念,尊重大学生自身的成长规律,实施系统的、有效的大学生挫折教育,构建大学生抗挫折教育系统,通过实证研究模块、挫折教育内容模块、挫折教育方法模块、系统评价反馈模块等各个组成部分的联动作用,对大学生进行全方位的抗挫折教育,提高大学生的抗挫折能力,从而帮助大学生树立正确的挫折观。

问题与讨论

1. 大学生挫折观的内涵是什么?
2. 挫折的特点有哪些?
3. 你认为遇到挫折应当采取什么样的态度?

实训练习

心理健康活动课——挫折教育教学设计

活动理念:挫折是人们在从事有目的的活动时受到阻碍和干扰,因获取成功的心理需要得不到满足而产生的一种消极的情绪反应。如果处理不当,它会给人造成心理压力,损害身心健康从而影响学习和生活。对学生进行挫折教育,帮助学生健康成长,有利于他们将来更好地适应社会生活。

活动目标：

(1) 了解挫折是人们都不可避免的，从而减轻心理压力，树立自信。

(2) 学会运用战胜挫折的具体方法。

(3) 培养学生不畏挫折的可贵品质，增强学生承受挫折的能力，以积极健康的心态面对学习生活中的困难。

实施方式：听歌曲；案例分析；集体讨论；运用体验法、情景教学法、发放《自我确认表》等，通过音乐营造情景、图片展示情景、语言描绘情景等，引导学生在具体情景中体验、领悟。

实施程序：

(1) 创设情境，引入活动。学生一起欣赏成龙演唱的《向着阳光走》——有些事在我心中想对你说，只是我找不到机会开口，今夜我有一种从来没有的感动，现在说也许正是时候。记得失败它曾经老是跟着我走，挫折它想尽办法要我低头，自卑它曾经是我多年的朋友，在人生的路上将我左右。可是我想人总要向着阳光走，下定决心怎么苦也不要回头，人生的路总归要自己走，自己走，鼓起勇气承受，我想人总要向着希望走，下定决心怎么痛也不要低头。人生的路总归要自己走，幸福他会向你伸出温暖的双手。这首歌说出了影视巨星成龙成功的秘诀。人生并不总是风和日丽，阳光灿烂，也会有乌云弥漫，狂风暴雨。那么如何面对生活中的狂风暴雨呢？——揭示主题"面对挫折"。

(2) 共同游戏，感受挫折。

① 同学们，今天我们要进行一次扳手劲比赛。

② 请胜利的同学做一个表情动作，请失败的同学也做一个表达你此刻心情的表情。

③ 小结：伤心、难过、遗憾、失落在我们生活中是一种很正常的情绪表现。今天我们一起来聊聊"挫折"这个话题。

(3) 畅所欲言，认识挫折。

① 在刚才的暖身活动中，我们有部分同学已感受到了失败，这就是挫折，我们在生活中常会遇到。请你把学习中、生活中、人际交往等方面中遭遇的挫折用乌云的形式在心形纸片上画下来。

② 倾心交流。(小组讨论)你遭受过哪个方面的挫折？遭遇挫折以后有什么样的感受？

③ 学生代表发言。

过渡：同学们，你别小看这些挫折，如果没有解决，藏在心里，那就会越积越多，直接会影响人的身心健康，我们怎样战胜挫折呢？请听故事《两只小兔》(课件出示)、《勇敢面对，战胜挫折》。

(4) 引入两个小故事案例。

(5) 找出病因，根治。

(6) 老师总结、共谈收获。

资料来源：《寻找失落的自我——大学生挫折心理的辅导》丛明

拓 展 阅 读

失聪的音乐家——贝多芬

1824年5月7日晚上，在音乐名城维也纳，一个历史性的伟大时刻，铭刻在音乐艺术的辉煌史册上。在这座讲究礼仪的艺术之城,就是皇族驾临,人们也不过行三次鼓掌礼,而在这个晚上,如果不是警察的出面干涉,也许这个掌声会有十次、二十次……这是一个何等恢宏壮伟的场面!这是一个多么令人难忘的时刻!在这里,一部不朽的音乐杰作第一次出现在欧洲乐坛上。

罗曼·罗兰用激动的笔触写道:"黄昏将临,雷雨也随着酝酿。然后是沉重的云,饱蓄着闪电,给黑夜染成乌黑,挟带着大风雨,那是《第九交响曲》的开始。突然,当风狂雨骤之际,黑暗裂了缝,夜在天空给赶走,由于意志之力,白日的清明又还给了我们。"

是的,当人们从这震撼寰宇的音响中苏醒过来,当人们从这欢乐之声的轰鸣中站立起来,片刻沉默之后的暴发,竟壮观得使皇族驾临的威重礼仪黯然失色。人们狂热地欢呼鼓掌,涕泪交流地涌上舞台,向这位为人类铸造出如此惊人的艺术杰作的大师奔去……但是,有谁想象得到,这位伟大作品的作者,这位在音乐世界中创造了一座又一座英雄群峰的作曲家贝多芬,此刻却背向狂热的观众毫无所闻。当女低音歌唱家翁格尔拉着他的手转过身时,他不是听到,而是"看到"了听众强烈爆发的热情。双耳失聪的作曲家激动得当场晕倒了……从这个惊心动魄的首演之夜开始,贝多芬的《第九交响曲》向着无限的空间与时间扩展着、延续着,许多音乐艺术家都对这部巨作加以热情的赞美。

舒曼说:"我从来没有像对这首交响曲那样入了迷。"

母亲,我心中你最重
安金鹏

我要用我的整个生命感激一个人,那就是哺育我成人的母亲。她是一个普通的农妇,可她教给我的做人的道理却可以激励我一生。母亲常对我说:"妈没多少文化,可还记得小时候老师念过的高尔基的一句话:贫困是一所最好的大学哩!你要能在这个学堂里过了关,那咱天津、北京的大学就由你考哩!"

如果说贫困是一所最好的大学,那我就要说,我的农妇妈妈,她是我人生最好的导师……

1997年7月28日,天津一中高三学生安金鹏在阿根廷举行的第38届国际奥林匹克数学竞赛中喜获金牌。当我们前往天津武清县农村采访这位19岁的青年时,这位朴素的农村小伙几乎是一字一泪地为我们讲述了他的母亲哺育他成长的故事。

不能让"穷"字耽误了娃的前程

1997年9月5日,是我离家去北京大学数学研究院报到的日子。炊烟一大早就在我家那幢破旧的农房上升腾,母亲在为我擀面,这面粉是母亲用5个鸡蛋向邻居换来的。

端着碗,我哭了。我撂下筷子跪到地上,眼泪一滴滴地滚落……

我的家在天津武清县大友垡村,我有一个天下最好的母亲,她今年47岁,名叫李艳霞。

我家太穷了。我生下来的时候,奶奶便病倒在炕头上了。4岁那年,爷爷又患了支气管哮喘和半身不遂,家里欠的债一年比一年多。

7岁那年,我上学了。我的学费是妈妈找人借的。可我发现,自从我上学以后,妈妈反而不爱坐在我身边看我念书了。时间长了,我便明白了:我越是懂事,她便越是伤心,于是她就再不看我用捆着小棍的铅笔头做作业了。

不过妈妈也有高兴的时候,学校里不论大考小考,我总能名列前茅,数学总是满分。在她的鼓励下,我越学越快乐,我真的不知道天下还有什么是比读书更快乐的事。

1994年6月,我被著名的天津一中破格录取,我欣喜若狂地跑回家,可我没想到,当我把喜讯告诉家人时,他们的脸上竟会堆满愁云。

晚上,我听到屋外有争吵声。原来是妈妈想把家里的那只刚怀上驹的毛驴卖掉。好让我上学,爸爸坚决不同意。他们的话让病重的爷爷听见,爷爷一急竟永远地离开了人世。

安葬完爷爷,家里又多了几千元的债。我再不提念书的事了,我把录取通知书叠好塞进枕套里,开始每天帮妈妈下地干活。过了两天,我和父亲同时发现,小毛驴不见了!爸爸铁青着脸责问妈妈:"你把毛驴卖了?以后盘庄稼、卖粮食你去用手推、用肩扛啊?你卖毛驴的那几百块钱能供金鹏念一学期还是两个学期……"

那天,妈妈哭了!她用很凶很凶的声音吼爸爸:"娃儿要念书有什么错?金鹏考上市一中在咱武清县是独一份呀,咱不能让穷字把娃的前程耽误了!我就是用手推,用肩扛也要让他念书去……"

上市一中后的那年秋天我回家拿冬衣,发现原来80公斤重的爸爸脸色蜡黄,瘦得皮包骨头地躺在炕上。爸爸得了肠息肉,医生让他尽快动手术。妈妈准备再去借钱,可爸爸死活不答应,他说亲戚朋友都借遍了,只借不还谁还愿意再借给咱呀!

那天,邻居还告诉我,我的母亲是用一种原始而悲壮的方式完成收割的。她没有足够的力气把麦子挑到场院去脱粒,也无钱雇人使用脱粒机,她是熟一块割一块,然后用手板车拉回家,晚上再在我家院里铺一块塑料布,然后用双手抓一大把麦秆在一块大石头上摔打脱粒……3亩地的麦子,靠她一个人割打,她累得站不住了就跪着割,膝盖磨出了血……

我不等邻居说完,便飞跑回家,大哭道:"妈,我不念了……"

妈知道你是最能吃苦的孩子

妈妈最终把我赶回了学校,爸爸的手术也到底借钱做了,只是家里的债务顶了天:整整2.5万元!然而,我的妈妈居然仍有办法让我安心把书念下去。

妈妈为了不让我饿肚子,每个月都要步行10多里路去批发10公斤方便面渣给我送到学校。每个月底,妈妈总是扛着一个鼓鼓的面袋子,步行10里路到大沙河乡车站乘公汽来天津看我。而袋里除了方便面渣,还有妈妈从6里外的安平镇一家印刷厂要来的废纸,那是给我做演算的草稿纸;还有一大瓶黄豆辣酱和咸芥菜丝……

我是天津一中唯一在食堂连素菜也吃不起的学生,我只能顿顿买两个馒头。可我从来没有自卑过,我总觉得我妈妈是一个向苦难、向厄运抗争的英雄,做她的儿子我无上荣光!

我刚进天津一中的时候,第一堂英语课就把我听懵了!老师流利的口语和同学们熟练的配合让我感到差距太大了,那完全不是我在乡村中学里听到的英语。母亲来给我送钱的时候,我给她讲了怕英语跟不上的忧虑,谁知她竟一脸笑容地回答我:"妈只知道你是个最能吃苦的孩子,妈不爱听你说难,因为一吃苦便不难了!"

我记住了他的话。我有点口吃,有人告诉我,学好英语,首先就要让舌头听自己的话。于是我便捡一枚石子含在嘴里,然后开始拼命地背英语课文。舌头跟石子磨呀磨,有时血水就顺着嘴角流淌下来了。

半年过去了,小石子磨圆了,我的英语成绩期末进入了全班前三名。1995年年初,我报名参加了天津一中奥林匹克学校的预备班,选修物理和数学。一年后,我第一次参加全国奥林匹克知识竞赛天津赛区的比赛,就获得了物理一等奖和数学二等奖,我将代表天津去杭州参加全国物理奥赛。

拿一个全国一等奖送给妈妈，然后代表中国去参加世界物理奥赛去！谁知，成绩公布后我的愿望落空了！我仅得了二等奖，尽管这已是天津市参赛队员中的最好成绩，可要报答我那含辛茹苦的母亲，这成绩太轻太轻了啊！

妈，您的儿子成功了

1997年1月我在全国数学奥赛中，以满分的成绩取得第一名，顺利入选国家集训队，并在为期一个月的集训中取得10次测验总分名列第一的成绩。

为了准备这两科的奥赛，我已经有大半年没有见到母亲。我飞快地跑到邮局，给母亲报捷："妈，我们入选国家队的6名队员中，唯有您的儿子是地地道道的农家子弟，是首次参加全国数学奥赛便入选的队员，还是满分呢……"

我在回天津作准备赴阿根廷参加国际数学奥赛的时候，收到了母亲托同学转给我的200元钱和一张字条："妈妈为你自豪，要谦虚，要为国争光！"捧着这笔"巨款"和纸条，我哭了。

按规定，我赴阿根廷参加比赛的报名费和服装费应统统自理。

那天，我正在和同学们聊天，班主任和数学老师来了。他们是受学校委托，来检查我的准备情况的。当他们看着我依然穿着好心的老师和同学接济我的一身颜色、大小不太协调的衣服时，忙打开我的贮藏柜帮我挑选衣物。班主任指着我那件袖子接了两次、下摆接了3寸长的棉衣和那些补丁摞补丁的汗衫、背心说："金鹏，这就是你全部的衣服啊？"他突然流泪了。我一下不知所措，忙说："老师，我不怕丢人的。我母亲告诉我，她从村里一位老先生口中听过这样一句话：'腹有诗书气自华'！"

最终，我的出国服装费是由天津一中解决的。我带着满心的感激于1997年7月25日飞抵阿根廷的海滨城市巴尔德拉马。

7月27日，考试正式开始。从早晨8时30分到下午2时，我们要整整做五个半小时的试题。

第二天的闭幕式上，要公布成绩了。首先公布的是获铜牌的名单，又公布获银牌的名单，最后，公布金牌名单，一个，二个，第三个是安金鹏。我喜极而泣，心中默默地喊道："妈，您的儿子成功了！"

妈妈，你是我最好的导师

我和另几位同学在第三十八届国际奥林匹克数学竞赛中分获金银牌的消息，当晚便被中央人民广播电台和中央电视台播出了。8月1日，当我们载誉归来时，中国科协和中国数学学会为我们在首都机场会客厅举行了隆重的欢迎仪式。此时，我却想回家，我想尽早见到我的妈妈，我要亲手把金灿灿的金牌挂在她的脖子上……

晚上10时许，我终于摸黑回到了朝思暮想的家门前。

母亲一把将我紧紧搂进怀里。朗朗的星空下，母亲把我搂得那样紧……我把那块金牌掏出来挂在她的脖子上，畅畅快快地哭了！

8月12日，天津一中校礼堂里座无虚席，全校师生齐聚在这里为我夺得奥赛金牌庆功。我的母亲，这位普普通通的农妇和市教育局的领导以及天津市著名的数学教授们一起坐在了主席台上。轮到我发言的时候，我根本没有讲稿，不是我不慎重，而是我有满肚子的话要说，它们用纸根本记不完。

第10章

创造生命的和谐——大学生应急意识

> 居安思危,思则有备,备则无患。
>
> ——春秋·左丘明《左传·襄公十一年》

学习目标

(1) 认识和掌握大学生应急意识的含义和必要性。
(2) 了解大学生应急能力的现状。
(3) 培养大学生的应急意识与能力,并建立正确的途径与方法。

案例导入

未雨绸缪未可知

世人皆知诗仙嗜酒,若在饮酒处早些添置围席栏杆,诗人也许不会溺水而去;世人皆知李煜好文,若在被俘之时注意诗词用句,君王也许不会饮药而亡;世人皆知项羽冲动,若在兵败之后保持镇定,也许卷土重来未可知。

一切史实告诉后人:未雨绸缪未可知。

日本是个岛国,多火山、地震。于是日本人有着强烈的危机意识。他们建成世界上最先进的预灾系统,接受最早期的防灾教育。尽管日本几年来发生了几次严重灾害,但是无重大伤亡。中国的云南也有类似情况。因地处热带,雨多洪涝灾害也多。当地人将地基设得很高,即使在如今洪涝鲜见的境况下,仍用旧习。这样一来,若真有大水,也冲不走云南了。

建筑如此,做人更应当如此。

一代贪官和珅,当初就应思前想后,如若自己贪多必失,就不应伸手第一笔赃款。靠和珅深受皇帝欣赏并不比纪大学士差的才华,更何况先天俊秀,定能讨更多人的好感,可和珅并不善于未雨绸缪,只剩下千古骂名。

不得不提起那昏庸的商纣王,如果他在左拥右抱之时,能想想国家是否处于危机之境地,早些振奋起来,专心国事民生,商朝便不会落得这般凄凉下场,千门万户成野草,只缘一曲后庭花。

人生如梦,能做到未雨绸缪者,一定有过人之处。

著名小提琴家,在一次盛大的音乐会中,断了弦丝。正当所有人为他捏了一把汗时,他用残缺的琴弦拉出了美妙、不可思议的音乐。当人问起时,他这样答:"我必须有特殊能力,去预防未知的情况,正如这次的断弦。"

我们从不为吃穿担心,但如果不幸突然降临,我们必须具备生存的本领。

资料来源:第一文库网,http://www.wenkui.com。

10.1 大学生应急意识

大学生,是当今社会发展的主力军,是时代的弄潮儿。作为特殊的群体,大学生有着特殊的生活环境、学习生活方式、人际交往群体和身心发展任务,与其他群体相比,对于事情的接受和处理上,都存在很大差异,有着其独有的特点。大学校园是社会的一个小缩影,但它又有着与社会截然不同的模式和形态,大学校园中对于新事物、新观念、新信息的接受能力是最强的,体现出了大学生的时代性。同时,大学生的应急意识也要能够跟得上社会的快速发展,生命教育课程在培养大学生的应急意识和能力上也起到了关键性的作用。

10.1.1 大学生应急意识的含义

"应急"指的是应对突然发生的需要紧急处理的事件。应急意识,就是对于突发事件的应激反应和处理,包括对外界社会环境中的突发事件的意识,也包括对由于自身心理因素等刺激所引起的突发状况的意识。大学生应急意识主要是针对大学生这一群体中,对于所发生的突发事件的应激反应,当大学生处于危险和紧急状态时,交感神经-肾上腺髓质系统活动加强,从而调动身体的各个器官紧张起来的潜在能力,可以更好地适应急剧变化的环境并可以驱使自己尽快逃离危险获得安全。这里的紧急情况有两种解释,一种是客观上的表示事件是突然发生的情况;另一种是主观上的需要立即采取行动来改变现状的情况。

大学生应急意识也就是大学生对于突发事件的应激反应和处理能力,其中包括大学生对于突发事件的关注度、应急自救及救助知识、活动应急预防的措施,对突发事件的心理承受能力,对于事件的理性判断能力,以及自救和互救的基本技能等。对于突发事件的应急处理能力,是大学生所应具备的基本能力。大学生应对突发事件的意识与能力,也反映了大学生对于生命教育的认知,大学生对于"应急"知识的学习与掌握,为应对突发危机事件奠定了基础。大学生的主要学习和生活是在校园中进行的,大学校园也反映出了一个小社会,大学生对于突发事件的应对主要表现为对校园突发的危机事件的应激反应。

资料链接 10-1

大学校园危机事件的特征

1. 突发性

突发性也就是非预期性。由于危机事件发生之前的量变没有引起人们注意,当危机事件发生时使人感觉非常突然。既没有人确切知道在什么时间、什么地点、发生什么样的危机,也没有人能够确切预知危机的后果;可能因为一些被忽略的小事引起,也可能根本没有任何前兆。由于它完全是一种突发性的校园事件,以至于个体很难做出适当的反应和有效的决策。当校园管理者面对危机情境时,由于在决策和处理上反应的时间非常有限,就会产生巨大的压力和紧迫感,从而更加感觉到危机是突发性的。

2. 破坏性和威胁性

危机具有破坏性,校园危机事件的出现必然会威胁到学校的基本价值和基本目标。校园危机一旦发生必将给大学师生员工带来各种损害,对学校管理者造成巨大的影响。校园危机事件带来的破坏可能是有形的,也可能是无形的。校园危机事件爆发后,如果处理不当不仅会破坏学校当前正常的工作和教学秩序,造成生命财产的损失,甚至会威胁到学校的名誉、信用和公信力。

3. 双面性

危机会带来各种危险、损失,但从辩证唯物主义的角度出发危机也是转机和机遇,危机是一把"双刃剑"。这意味着学校管理者面对危机并不是无计可施,通过采取积极措施是可以进行干预的。因此,危机给学校带来破坏和威胁的同时,也带来了学校建设的契机,使学校经受对危机成功转化的考验,学会了新的应对技能并更加健康的发展。这时候的危机成为学校成长的催化剂,在转危为安的同时实现体制上的革新。

4. 群体性

高校的主体是大学生,大学生群体特有的社会敏感性、主体活跃性等特征极大地挑战着学校管理者和执行者的能力和素质,也是校园危机事件管理中最明显和重要的特征。学校一旦出现危机事件,学生之间会通过比平时更加多样、更加隐蔽的渠道相互沟通和联系,比如校园论坛和聊天软件。这种网络的利用会使学生的聚集变得非常容易,甚至是"一呼百应"。当学校与学生之间信息不对等,学校说服无效或者管理者疏忽时,极易将个体性事件扩大成学生的群体性事件,给学校、社会带来震撼效果。

5. 敏感性

大学作为社会的一个组成部分,他最大的特征是大学里汇集了大批有知识、有思想并且关注社会发展的教师群体和学生群体。在信息传播迅捷的今天,大学生的激情和好奇心使他们对每一个校园危机的发生都会产生极大的关注。如果不能及时妥善地处理,可能会带来负面的资讯,使危机加深或者解决的难度增加,甚至会引发新的危机产生。

6. 传播性

当今的学校与社会联系越来越密切,社会也更加关注高校的存在和发展。校园危机事件更易成为政府、公众和媒体密切关注的焦点。一旦学校有任何事件发生,各种新闻媒体都会密切关注大肆宣传,并将信息发布到社会的各个组织中。这种危机的"扩大"使校园危机更易引起社会反响,使校园危机成为本地区、全国,甚至是世界共同关注的问题,容易造成校园危机向社会危机延伸。

资料来源:赵樾.校园危机管理中的大学生思想政治教育研究[D].中南民族大学,2011.

讨论:结合以上特征,谈谈大学校园危机事件产生的原因是什么?

10.1.2 大学生应急意识教育的意义

大学生作为社会的一个特殊群体,生理上已经成年,是青年人的主要力量。刚刚步入大学校门的大学生,没有社会生活经验,也没有在社会上经历过磨难,所以对于社会的认识是相当局限的。在遇到事件的时候,不能进行理性的思考,往往过于感情用事,在事情的处理上很难做出正确的判断。大学生对于如何处理突发事件缺乏认识,从未有过此类知识的学习,在突发事件面前,没有相应的应急处理意识,也就更不可能做出合理的处理办法。但是,大学生往往体会不到这一点,认为自己已经过了18岁,是成年人了,有独立思考和处事能力。大学生也是刚刚脱离父母的羽翼保护,有种什么事情都会、什么困难都能克服的劲头,觉得自己能够很好地处理各项事件。可是现实并非如此，当大学生遇到紧急情况的时候，是否真的已经具备了应对突发事件的意识，就成为学生能否生存与发展的关键。

大学生应急意识教育应该教育大学生懂得自救、互救和对于突发事件的处理意识。大学生还是生活在一个相对稳定安全的校园环境中，没有经历过突发事件，普遍缺乏应对校园突发危机事件的意识，在事情的处理上肯定会吃亏，或者会因此付出沉重的代价，有的学生不仅因此身体上受到了伤害，心理上也受到了重创，更甚者则为此献出了宝贵的生命。大学生应急意识教育，既强调了应急知识的掌握在学生人生发展中的重要作用，也高度关注学生的身心全面发展，激发了大学生树立完备的应急意识，创建和谐的校园环境，营造稳定的学习生活氛围，才能更好地推动大学生完成学业，成为社会和国家的新一代建设者。

10.1.3 生命教育对于大学生应急意识发展的必要性

生命教育在中国虽然起步较晚，但在世界上已经有了不同程度的发展。对于大学生生命教育来说，主要还是针对青少年认识生命，理解生命，尊重生命，珍惜生命，从而创造生命的价值，使大学生们达到身心健康全面发展。在生命的成长中，大学时代是人生的黄金时期，是祖国的未来，是社会发展的主力军。同时，大学时期也容易出现各种问题，大学生易受到外界的诱惑，对于各种突发事件的应急意识还很弱，生命教育就是要让大学生从根本上认识到生命的真谛，了解生命的可贵，学习尊重自己和他人的生命，珍爱生命。大学生应急意识的发展，是大学生生命教育的一个重要部分。生命教育要能够引导学生学习掌握应急知识，并在实际事件中锻炼学生的应急能力，培养应急意识，让学生在遇到突发事件的时候，能够找到行之有效的处理办法，以及对于自己心理状态的合理调整，不仅要把自己从突发事件中"解救"出来，还要能够帮助到其他同学，达到自救、互救和安全防范的意识和能力。这也正符合了杰·唐纳·华特士所提出生命教育的理念，希望当代大学生都可以像向阳花那样朝着有温暖阳光的方向生长，随着太阳的东升西落转动自己的花冠，远离黑暗的一面。并不是逃避黑暗，而是运用所学到的知识，能够面对黑暗并且战胜它。

大学生生命教育融入应急意识的课程，是要通过生命教育来使大学生对于生命的认识更加深刻，端正态度；通过应急意识教育，让大学生认识到在遇到校园等突发事件时，如何采取理性且合理的措施来拯救生命，从而更加深了学生对于生命的理解，尊重生命，珍爱生命。

10.2 大学生应急意识的现状

10.2.1 大学生突发事件应急意识的现状分析

突发事件就是指在社会生活中，没有预兆突然发生的，可能造成严重危害的，并且需要立即采取措施进行处理应对的各类事件，包括自然灾害以及社会公共安全事件等，事件的突发性和破坏性严重威胁了人们的正常生活。大学校园的突发事件也是如此，大学校园处在一个相对封闭、稳定的社会环境中，也正是由于校园环境的特殊性，大学校园的突发事件也表现出了大学所独有的特点。常见的大学突发事件既有危害公共安全的火灾、地震、疾病等自然灾害，也有危害到学生或其他校内成员的自杀、他杀等个体事件，还有危害到校园公共安全的行为，如打架、斗殴、偷盗等恶性事件。例如，2003年，在莫斯科友谊大学发生的火灾中,有近 100 名学生被烧死,其中就有 8 名是中国留学生;2004 年 2 月 5 日,欢乐的密云灯节上,近 40 人因为在彩虹桥上拥挤被踩死,还有近 40 人受伤,其中大部分是大学生;追溯到前几年发生的非典和 H1N1 甲型流感病毒等,很多地区的大学生都出现了很大程度的恐慌;2008 年 11 月 14 日早晨 6 时 10 分,上海商学院徐汇校区学生宿舍楼发生火灾,4 名女生从 6 楼宿舍阳台跳下逃生,当场死亡;2014 年 12 月 31 日,外滩陈毅广场拥挤踩踏事件震惊全国,事件的 36 位遇难者中,包括有复旦大学、华东师范大学、华东政法大学等高校的大学生;2015 年 12 月,肯尼亚一间大学进行反恐演习,由于事前没通知,众师生惊闻枪声以为真有恐袭,吓得慌忙跳楼逃命,并引发踩踏事件,造成 1 人死亡,至少 37 人受伤,有人冒险爬出窗外,靠在外墙避难,多人更是从 3 楼的窗户跳下逃生……从这些血淋淋的数据中,显示出了当代大学生对于突发事件应急意识的现状,人们也看到了大学生对于突发事件的应急处理能力是多么的缺乏。

当遇到突发事件的时候,人们的第一反应,大都是茫然的,不知道该做什么。大学生由于缺乏社会经验和相关救助知识,在遇到类似事件时,更是手足无措,容易出现慌乱、"病急乱投医"的状况,由此可能导致了更加严重的后果。有问卷调查显示得出,60%以上的学生认为自己对于突发事件的应急意识很模糊,不懂得如何来处理。大学生突发事件应急意识的是相当匮乏的,明显缺少对于突发事件的处理能力,主要表现为遇到突发事件较为慌乱,容易感情用事,不理智,对突发事件的认识不清楚,并且对于发生的时间不重视,往往会造成不必要的损失;大学生缺乏关于自救他救的常识知识和应对技能,缺乏实践能力,想要解决但寻路无门且方法不当;还有就是表现为事后未及时进行心理疏导,导致创伤后心理障碍,以至于对于问题的理解扭曲,造成无法挽回的后果。

资料链接 10-2

如何应对突发事件

第一,保持理智和清醒。

灾难发生时,当你回过神来要逃生时,如果你身边的人仍然惊恐万状、呆若木鸡怎么办?这时如果可能,你应当轻声提醒他:"没关系,别紧张,我们要马上离开这里。"注意你的声音!应当是友好而亲切的,惊声尖叫或大声斥责,都会大大加剧当事人的恐慌。

第二,正确判断,果断决策。

事故发生后可先进行几秒钟的思考,对危险的来源、性质和正确应对方式迅速作出正确判断。例如,球场骚乱,若毫无目的地随人群奔跑,往往是挤死人的重要原因,正确的方法是尽快逃离人群,若已被卷入人群中,应双手抱胸,两肘朝外,以此姿势来保护肺和心脏不遭挤压。

第三,坚定信心,忍痛自救。

2008 年 5 月 12 日汶川地震事件牵引着每个中国人的心。值得欣慰的是,在这场灾难当中可以看到这样的一些场景:"我一定会活下去""我知道你们会来救我""为了爱人,我坚持下去就是一生一世"……获救后,幸存者一句句充满人性光辉和生命意志的话语,感动了整个世界。这些幸存者们坚信自己能获救,相信自己一定能活下来。

10.2.2 大学生应急意识缺乏的原因

大学生对于突发事件的应对意识和能力较为薄弱,到底是什么原因导致的呢?

1. 从整体的教育环境来看

(1) 学校教育

中国的学校教育突出的是应试教育,从小学到大学各界唯一关心的是成绩、分数、名次,而对于学生的综合素质能力的全面发展相对较为忽视。综合素质能力,不仅仅包括学习能力,更多的是学生的思想品质、人际交往能力、抗压抗挫能力、应急反应能力、心理承受能力、社会实践能力等。

首先,大学学校教育对于大学生应急意识的内容缺乏。学校对于学生在遇到突发事件或校园危机事件的教育上明显不足,学生不知道在遇到此类事件时要怎么去面对,用什么样的方法和技能去处理等,学生缺乏安全防范意识,自我应急意识。致使学生在面对紧急状况时,手足无措,心理失衡,不能理性的进行自救和寻求帮助,造成学生产生错误的价值观念,更甚者则出现心理和精神上的认知扭曲。同时,理论知识尚且匮乏,就更谈不上实践教育了。在大学中学校教育在校园突发事件的演练及预案方面仍留有空白,急需填补。否则只有理论知识的传授而无实践技能的训练,应急意识教育也只能"纸上谈兵"。

其次,大学学校教育对于大学生应急意识教育的重视不够。《中华人民共和国突发事件应对法》第二章第三十条:"各级各类学校应当把应急知识教育纳入教学内容,对学生进行应急知识教育,培养学生的安全意识和自救与互救能力。教育主管部门应当对学校开展应急知识教育进行指导和监督。"虽然多数高校已经依据此相关规定制定了关于突发事件应急意识的教育课程,但是很多情况下也就是形式教育,没有引起教师及学校各部门的重视。仍有不少学生因对于突发事件的不当处理而失去生命,或因此而患上严重的心理障碍,甚至走上犯罪道路。而校园中的现实情况,则是认为对于突发事件的处理多依靠于保卫部门以及分管学生部门的行政人员或辅导员,却忽略了学校教育所应发挥的作用。

(2) 家庭教育

现在的大学生们,多是独生子女,在家也是过着"饭来张口,衣来伸手"的日子,因此,大学生的独立生活能力、承受挫折的能力较差,对于家庭有较强的依赖性。绝大多数的父母对于孩子的关注只在于学习成绩上,却忽视了孩子对于有关生命知识的认知、生命价值的创造,以及必要的社会生存技能的传授。而且家长也缺乏对孩子的应急意识的教授与培养,尤其是家长本身对于应对突发事件的知识和技能掌握不足,也就更谈不上对子女进行安全防范意识教育和自我救助技能的培训。这就使大学生在独立面对突发困难情况的时候没有很好的应急反应能力,缺乏应急意识。

(3) 社会教育

从我国社会的大环境来看,虽然相关的规定已出台,也监督各级部门执行应急意识的普及,但是整体上还是没有引起足够的重视,缺乏系统的应急处理方案的宣传和落实。大多数情况下也只是在事情发生后才进行大力宣传和教育,收效甚微。与外国相比,我国的大学生从小就没有经历过苦难教育,对于突发事件缺乏独立分析和应对能力,在大学生中也缺乏应急知识和技能的学习与训练。在遇到突发事件时,容易产生紧张和慌乱情绪,不能进行理性思考和做到沉着应对,心理素质较差,也就不可能在危险初期及时发现,尽早处理应对,反而进一步加深了事件波及的范围,更加难以控制。

2. 从大学生自身发展来看

首先,大学生的危机意识不足。危机意识说的是人们对紧急或困难关头的感知及应变能力,也就是指人们在思想、行为、心理上对于突发的危机时间的看法和态度。大学生对于危机意识不能很好地理解,甚至有些学生还认为,有没有危机意识和他们的日常学习生活不相关,根本就不在意。虽然校园里各处,如寝室、教室、公告栏都会对如何应对突发事件进行宣传,可是大学生们却很少有专门去阅读学习的,所以即使学校此类宣传做得再好,对于学生来说也只是摆设,没有起到其所应要达到的效果。这也表现出了大学生的危机意识淡薄,对于突发事件的认识不够,还不能够很好地意识到突发事件的危害性,往往存在侥幸心理,认为此类事件不会发生在自己身边,缺乏足够的思想准备。同时,大学生对于突发事件的应急知识和技能也很缺乏,尤其是在遭遇突发事件时,无法及时合理应对,从而导致事态进一步恶化。

资料链接 10-3

牛怎样吃草测你危机意识

一头乳牛正从牛舍里出来吃草,请你凭直觉判断,它将走到下面哪一处觅食?

A. 山脚下

B. 大树下

C. 河流旁

D. 栅栏农舍旁

答案:

选A:你的危机意识很强,甚至有点杞人忧天。也许原来很容易的事,但被你天天惦念着,久而久之也就变成困难了。放开心胸,天塌下来还有高个子顶着呢!

选B:你是属于那种高唱"快乐得不得了"的人,一天到晚无忧无虑,你认为"船到桥头自然直",没啥好怕的。唉,如此乐天知命,天底下恐怕像你这么乐观的人已经不多了。

选C:你有点"秀逗"哦!成天迷迷糊糊的,记性又不好,总是要别人提醒你才会有危机意识,但是一会儿之后,又完全不记得危机意识是什么东西了。

选D:你的确挺有危机意识的,连跟你在一块儿的人也被你强迫一起具有"危机意识",简直是思想强暴嘛!不过你所担心的事的确有点担心的价值。也就是说,你没事瞎紧张,反而常常未雨绸缪。

其次,大学生的心理素质较差。大学时期是人生的转折期,面临着人生的选择,有时会感到彷徨与无助,有时又觉得自己空有一身本领而无处施展。由于缺少社会经验,常常把事情想得过于简单,没有应对突发事件的意识和能力。现在的大学生中独生子女所占比例很大,所以很多大学生以自我为中心,有较强的功利意识,与他人关系较为现实;不能很好地管理和调控自己的情绪,较易激动,波动性较大;抗压抗挫折的能力较差,心理承受力较弱。由于大学生的心理素质较差,容易在遇到突发事件时受暗示的影响反应过于紧张、情绪激动,无法冷静的思考应对突发事件的方法,缺乏应急意识,也不能有效地调整自己,心理弹性较差,无法恢复正常。

10.3　大学生确立正确应急意识的途径

在我国高校中,校园突发事件已不再是偶然现象,它已经严重威胁到了学生的日常学习和生活。校园突发事件的不可预料性,时间的紧迫性和结果的破坏性也暴露出了大学生应急意识的薄弱和学校应急教育的缺乏,所以对于大学生应急意识的培养就成为重中之重。应急意识是全面衡量人们对突发事件认知和处理能力的重要指标,培养学生确立正确的应急意识,是一项理论与实践相结合的工程,在掌握应急知识的基础上,更多的是要在实际情景中锻炼学生的技能,提升大学生的综合素质能力。大学生作为校园和新时代的主力军,要能够确立应急意识来有效地预防、减少、控制和处理突发事件,达到全面提升大学生的应急能力和综合素质。

10.3.1　加强危机意识教育、培养大学生应急意识

近年来,大学校园中的突发事件和各类公共安全事件呈现频繁多发的态势,如大学生寝室自杀事件、集会游行踩踏事件以及马加爵等他杀事件,甚至非典、地震等公共安全事件。在这些突发事件中,大学生由于不了解事件的危险性,不懂得各种危机知识,没有危机、应急意识,从而造成了不可挽回的后果。要培养大学生的应急意识,就必须加强对于大学生危机意识的教育。危机意识是指对紧急或困难关头的感知及应变能力,也就是说,要使大学生对将要发生的危险或紧急事件能够做出推测与判断,并经过思考进行必要的准备措施。大学生的危机意识薄弱是因为他们对于危机知识的不了解,想要提高大学生的危机意识,就必须对大学生进行有关危机的知识教育,要在大学生生命教育中加入有关应对突发事件的课程,使学生科学系统地了解到应急方面的理论知识,提高学生对于生命价值的认识和理解,掌握突发事件的自救和他救知识,树立安全防范意识和危机求助意识。

同时,大学生的应急意识必须要有针对性,才能使大学生时刻防范潜在的危机。因此,在具备危机意识的前提下,还必须能够找到引起突发事件的源头,一旦认识到危机的来源,大学生才能更好地应对突发事件。校园中,危机的来源也有多种多样:关于地震、暴风雨等自然事件;关于校园用电安全上的火灾、漏电事故、楼房事故等的人为事件;关于食品安全等卫生性灾害;关于校园偷盗、暴力、群体斗殴、大型集会等伤害事件。这些事件的危害对于大学生来说要能够做到提前认知和预防,针对各种危机源,要对学生进行应急意识的全面教育,让其熟悉并能够发现身边的危险隐患,也要能够知道应该如何应对。还有就是要控制和甄别关于散播突发事件的虚假消息,有时容易出现某个学生不清楚整个事件而散播自以为是的谣言,导致以一传百,以讹传讹,使谣言四起。而正是由于对于信息的处理不当,也会引起大学生的恐慌,出现紧张焦虑情绪,严重的情况下会出现骚动,再次引发恶性事件。所以大学生要对危机知识深入了解,提高对于突发事件的应急意识。

10.3.2　提高抗压能力、完善大学生身心素质

大学生作为年轻的一代,背负着家庭、社会的各项重任,却很少独自经历严重打击。在家有父母这道屏障,在学校总能向老师寻求帮助,这也就从另一方面减弱了学生对于外界压力和挫折的承受能力。一旦遇到不如意的事,例如考试挂科,与男/女朋友分手,或是无法与

同学和睦相处等，都是学生常遇到的压力；更严重的，还有可能遇到各种突发事件，如自然灾害或校园火灾等事故，都会给学生的生活造成严重的危害。这些外在压力对于不同的学生，也会产生不一样的结果。比如说考试挂科，有的学生则表现出积极态度，加倍努力，乐观面对；而有些学生则怨天怨地，一蹶不振，悲观至极。这种截然不同的表现，是源于他们对于压力事件的不同看法所造成的。如果消极对待，就有可能留下挥之不去的阴影，导致心理障碍，影响学生的健康成长。要增强学生对于突发事件的应急意识，使大学生生理和心理能够共同健康发展，就要提高大学生的抗压能力。

首先，要有明确的奋斗目标，积极面对生活。人的一生不可能是一帆风顺的，压力和挫折也就成了人生必需的调味剂。既然是调味剂，自然酸、甜、苦、辣、咸具备。大学生在遇到挫折时，你可以打败它，也可能会成为它的手下败将，这完全取决于你如何去看待它。如果在遇到挫折时，认为它是无法战胜的，即使本来可以打胜的仗，也会输得体无完肤，要想扭转乾坤，关键就在于要有积极的态度和正确的认识。对于大学生来说，挫折本身并不可怕，可怕的是因挫折而陷入心理困扰的人，很大程度上是由于在认识方面产生了偏差所造成的。只有提高大学生对于应急事件的认识，以积极的态度来面对，正确认识压力和挫折，并为自己的学习生活设立明确的目标，才能充分调动自己各方面的能力和潜力，战胜困难，赢得胜利。因为，调味剂在大学生自己手中，要调出让自己开心的味道来。

其次，要增强挫折承受力，合理宣泄。大学生在遇到突发事件和挫折的时候，要有一定的心理准备，对于应急知识和技能的学习要能够运用到实际生活中去，能够将挫折和困难视为正常现象，这样才能以平常心来接受和认识它。大学生可谓说是刚刚步入社会，对处理突发事件和危机情况还没有经验，人生的阅历也尚浅，只能靠自己对于事件的理解来应急，这在很大程度上就增加了事件的复杂性。要培养大学生对于挫折的正确认识，不断学习和锻炼自己承受挫折和应对突发事件的能力，但也不要盲目提高对自己的要求，只要走在进步的路上，终究成功，千万不能想要"一口吃成胖子"，反而不能增强对于挫折的承受力。同时，挫折的承受力还受到情绪的影响，很多大学生在遇到挫折或是遭遇突发事件时，往往表现得很慌乱，心理上处于焦虑、紧张、恐惧等的应激情绪状态中，由于应激情绪不能合理宣泄，从而使心理承受能力大大下降，就有可能导致悲观厌世、攻击行为、甚至轻生等。因此，采取合理的情绪宣泄方式，来释放紧张焦虑的情绪，对大学生的心理承受能力也起到一定程度的提高作用。

最后，要善于自我调节，提高心理弹性。大学生在遇到突发事件后，情绪通常是不稳定的，在此时要能够做到随机应变，理智地转移情绪，才能够让自己向身心健康的方向发展。从校园突发事件的开始到结束，大学生也承受了来自各方面的打击，不仅身体上更多的是心理上都受到了不同程度的焦虑、恐慌和害怕。学校的心理辅导要能够对大学生的这种心理应激情绪进行一定的疏导，并教会学生要能够进行自我调节，在突发事件发生时，让自己冷静下来，理智地面对困难和挫折，增强大学生的自我保护能力。校园中还可举办形式多样的心理干预活动，如团体辅导、心理训练、情景模拟、角色扮演、沙盘游戏等，让大学生在活动中得到心理压力的缓解，帮助大学生营造健康的心理环境和积极的人生态度，也增强了大学生对于突发事件的心理承受能力和应变能力，提高大学生的自我调节能力，提高心理弹性水平。

10.3.3　融合实践训练、提高大学生应急能力

对于大学生的应急意识教育,不仅要使学生了解和掌握应对突发事件的知识,还要积极开展应急实践训练,提高大学生的自我救助能力和应急能力。学校可以开设实践模拟训练,选取那些经常会在校园突发的事件,让学生通过角色扮演,体会真实情景下的各种感受,并根据案例讲解在遇到类似情况是应如何应对,训练后对其进行总结,寻找更加贴近大学生的有效的解决办法,增强学生的危机意识,提升学生对于紧急事件的应对能力。在较为真实的模拟情景中,可以让大学生能够身临其境并感同身受,并为大学生留下深刻的印象,以致再次遇到类似突发事件时,能够及时分析自己的处境,来调节和控制自己的情绪和心理状况,把所学知识用于实践中。还要组织大学身进行应急疏散训练,例如,宿舍楼的安全通道,在遇到火灾等情况下,要能够让学生熟悉灭火器的使用方法,掌握正确的逃生路线和现场自救互救的技能,提高大学生对于突发事件的应变能力,提升安全防范意识和应急救助能力。

问题与讨论

1. 你觉得,大学校园中的应急意识教育还应从哪些方面开展?
2. 如果在宿舍遇到火灾,你会如何做?(请说出具体措施)

实 训 练 习

1. 模拟情景活动

(1) 求生:如果你坐在泰坦尼克号上,该不该上救生船?

活动名称:泰坦尼克号

活动目的:学生在参与和讨论过程中,对生命价值进行严肃判断。

活动设置:把学生分成13人一组。情景设计了13个人坐在泰坦尼克号上,每个人安排一个角色:孕妇、运动员、船长、导演、演员等。遇上冰山后,只有5个人能坐上救生小船。大家讨论,谁能坐上小船?

(孕妇说:"我怀着宝宝,一命抵两命,救我就是救了两条生命。"

船长说:"我有很好的航行经验,只有我才能把船驶近岸边。"

运动员说:"我有很好的体力,如果途中遇到危险,我可以解决。"

……

讨论变成争执,大家猜拳、抓阄决定。)

(2) 死亡:选择最亲最重要的4个人,假设他们离你而去。

活动名称:我最亲爱的人

活动目的:与此相同,如果是你离开了亲人,家人也会是和你同样心情。

活动设置:让每个学生在4张纸上写出自己最亲最重要的人,折好,相互交换。随意撕掉一张,再还给对方。被撕的那张纸,代表这位亲人已经离你而去。

拿回自己的纸条后,大家开始讨论:你心目中重要的亲人离开你了,你的生活会怎样,你是怎么想的?

2. 大学生应急能力测量量表

您好！这是一份关于大学生应急能力的调查问卷，不涉及任何商业用途，内容仅供学术研究和参考，对外绝对保密。答案没有对错、好坏之分，请您根据您的真实感受填写！诚挚感谢您！

基本信息：

学校：　　　　　　专业：　　　　　　年级：　　　　　　性别：

第一部分（注：本问卷是采用 5 分制，即您的真实情况与事件描述越符合，分数越高。）

序号	事件描述	与您的情况				
		很符合 5	符合 4	一般 3	不符合 2	很不符合 1
1	在面对突发事件时，我能够很快作出判断。					
2	我常常很困，做事情无精打采。					
3	我身体协调性比较好，反应速度比较快。					
4	我的感觉比较灵敏，能够察觉出周围人和事的变化。					
5	我身体很健康，能够迅速地撤离危险地方。					
6	我能够很好地处理和朋友、同学、家人的关系。					
7	我比较争强好胜，不愿意接纳别人的意见。					
8	在紧急的状况下，我常常鲁莽行事或不知所措。					
9	当朋友遇到困难时，我会义不容辞伸出援手。					
10	我容易受到别人的影响，没什么主见。					
11	我做事看心情，心情好，做事就比较积极。					
12	我记忆力较差，常常忘记事情。					
13	我常常会觉得注意力不集中，很难顺利完成一件事。					
14	在遇到困难或干扰时我会不由自主地紧张，感觉压力很大。					
15	应对突发事件的经验对于我应对危急情况有很大帮助。					
16	我认为学校组织的应急培训、演练很重要，并且会积极参加。					
17	我有时会觉得很孤独，不想说话，不想学习。					
18	我常常按照自己的习惯行事，不太考虑大局。					
19	我愿意倾听朋友和同学的心事，并积极帮助解决。					
20	安全问题是学校应该重视的问题，和我关系不大。					
21	在接触可能有危险的事情时，我会事先做好相应的安全措施。					
22	我在平时生活中就比较重视安全知识的积累。					
23	我会时时关注安全出口、安全器材位置。					
24	我一般很少将自己的行程告知家人、朋友。					

续表

序号	事件描述	与您的情况				
		很符合 5	符合 4	一般 3	不符合 2	很不符合 1
25	我知道或能在第一时间内找到校保卫科和校医院电话号码。					
26	遇到困难的事情我会和朋友商量,寻求帮助。					
27	有时偷偷懒,走走捷径也不会造成太大的危险。					
28	我会心肺复苏术、创伤止血包扎等常用的急救技能。					
29	我会使用灭火器材等安全设施。					
30	我认识各种警示标志,并会合理利用警示牌。					
31	我熟知并且严格遵守学校的安全规章制度。					
32	我了解学校针对各种突发事件制定的应急预案。					
33	我认为危险不大的事情,平时就不会多关注。					
34	不幸只是小概率事件,不会降临我身上。					
35	当看到安全隐患时,我会积极将其汇报给学校。					
36	我常常把我的心事和感悟分享给周围的人。					
37	学校规定的一些不允许干的事情只是小题大做,不必当真。					

第二部分(注:本问卷是采用 5 分制,即您的真实情况与事件描述越符合,分数越高。)

序号	事件描述	与您的情况				
		很符合 5	符合 4	一般 3	不符合 2	很不符合 1
1	学校设置了专门应对高校突发事件的组织机构。					
2	学校的应急管理制度比较完善。					
3	如果我严格遵守或违反安全规定,会受到相应的奖惩。					
4	学校进行过应急预案的演练。					
5	学校的应急预案比较完善可行。					
6	学校有进行应急教育的专业老师。					
7	在学校内随处可见安全警示牌。					
8	学校设置了相应的安全基础设施,如灭火器,消火栓等。					
9	学校的安全设施摆放明显,并且容易拿取。					
10	学校管理和工作人员会定时对这些安全设施进行检查、维修。					
11	我认为学校的安全检查比较到位。					
12	如果将安全隐患汇报给学校,学校会给予回应并及时解决。					

续表

序号	事 件 描 述	与您的情况				
		很符合 5	符合 4	一般 3	不符合 2	很不符合 1
13	学校会时常关注学生动态,并会进行答疑。					
14	学校管理和教职人员会及时解决师生、学生之间的矛盾。					
15	学校经常开展应急培训。					
16	学校开展了急救技能、安全器材使用等应急技能的培训。					
17	学校开设了应急知识教育的讲座和课程。					
18	我通过应急培训和课程的学习,增强了应急意识和应急知识。					
19	学校经常组织心理健康教育和讲座。					
20	学校开设了心理健康辅导中心。					
21	学校提供了灾后心理恢复指导。					
22	学校经常组织应急演练。					
23	学校更重视常见的突发事件(地震、火灾等)。					
24	我认为学校应急演练的规模比较大。					
25	我认为学校应急演练的频率比较恰当。					
26	我认为学校应急演练的场景设计比较真实。					
27	我觉得应急演练对于我应急能力的提高非常重要。					
28	学校进行了海报、宣传栏、班会等多种形式的安全信息宣传。					
29	我可以从学校网页中找到安全管理及教育的内容。					
30	应急课程、培训、演练、宣传存在"形式化"的现象。					
31	学校只有在突发事件发生后才会加大对应急工作的重视。					

第三部分(注:本问卷是采用 5 分制,即您的真实情况与事件描述越符合,分数越高。)

序号	事 件 描 述	与您的情况				
		很符合 5	符合 4	一般 3	不符合 2	很不符合 1
1	社会上负面的言论给我造成比较大的压力。					
2	为了适应社会的需要,我会改变自己的原则。					
3	涉及国家安全和尊严的问题,我会表现出不理智的一面。					
4	世事百态,我很难做出正确判断。					
5	我容易受到周围人言论和行动的影响。					

序号	事件描述	与您的情况				
		很符合 5	符合 4	一般 3	不符合 2	很不符合 1
6	我和家人关系比较融洽,家人给我很多关注。					
7	父母关系比较好,对于我性格形成有很大帮助。					
8	家人更看重我的学习,给了我比较大的压力。					
9	从小父母就培养我的安全意识。					
10	父母教给我应对危险的简单方法和技能。					
11	我和家人的沟通比较好,有助于我人际关系的处理。					
12	网络信息良莠不齐,我很难辨别真假。					
13	我的生活离不开网络,为此我付出了比较长的时间。					
14	有时候我无法清晰地将网络和现实区分开。					
15	我喜欢网络游戏中的暴力带给我的快感。					
16	网络是我发泄情绪的重要场所。					

再次感谢您的积极配合,祝您愉快!!

拓 展 阅 读

慢性应激,一把威胁生命的钝刀

长期慢性的压力状态,在医学上称为慢性应激状态。有研究表明,因心理应激所引发的各种相关疾病的发生率越来越高。应激作为人类多种重大致死性疾病的重要病因和诱因已经得到确认。

据媒体报道,2009年11月26日早上,上海研究生杨某被发现在宿舍卫生间内用毛巾上吊自杀。媒体称,其自杀的原因是杨某想让其母亲住研究生宿舍而遭到拒绝,感慨"知识难改命运"而走上了不归路。此前,该女生一直和母亲生活在一起,读本科的时候母亲也住在其宿舍里。

如果单独从事件本身看,杨某的母亲住研究生宿舍遭到拒绝,似乎也算不得什么太大的事。毕竟每个单位都有自己的管理规定,不是随便能更改的。况且,即使在外面租个房子住也可以解决问题,杨某何必要放弃生命呢?杨某的日子似乎并没有到山穷水尽的地步,可是悲剧确实发生了。这就需要从杨某的个性和成长经历进行分析。

木桩腐蚀效应

杨某6岁时丧父,一直和母亲相依为命。大学毕业后,她曾有过两年多的相对固定的工作——在某培训中心任英语教师。此后做过一年的保险员,又打过多份零工,直到后来考上了研究生。从其越来越不稳定的工作经历来看,攻读研究生似乎是在回避适应不良的现实。而在其应该出现爱情和婚姻这些可以支撑其人生、分担其压力的新型亲密人际关系的时候,一切都没有发生。有同学评价说:"她很要强,又有点孤僻,有困难从来不和同学说。"

依据这些信息可以推测,杨某很可能处于一种长期的慢性压力状态之中。而这又和她的个性有关。杨某自小就很懂事,知道照顾弟弟。上大学的时候贷款,以分担母亲的压力。有同学反映说,杨某为人大方,在学校一直是学生干部,大学还入了党。同学中有什么矛盾,她还帮着调解。可见,她一直在扮演一个强者的角色。因此,她需要比常人付出更多的努力,承担更多的艰辛。她责任感过强,宁可苦了自己也要让家人过好,甚至把其他家庭成员的责任都算在自己头上。时间一长,就使其心理储备耗竭、干枯。这时,如果遇到一个强度稍高的刺激,就可以让她感觉走投无路。这如同一根负重的木桩,如果长期受腐蚀而得不到保护,即使再粗壮也会慢慢成为朽木,一个不大的冲击就可以使它折断。

人在社会环境中生活,总会有各种各样的情境变化对人施以影响。这些刺激被人感知或作为信息接收,通过信息加工引发主观的评价,对刺激作出相应的反应,同时产生一系列心理、生理变化。如果刺激需要人们作出较大的努力才能进行适应性反应,或这种反应超出了人们所能承受的适应能力,就会打破心理、生理的平衡状态,即出现紧张反应状态。虽然心理应激可以提高人的警戒水平,以应付各种环境变化的挑战,但长时间的应激状态则会损害心身健康。

提防长期慢性压力

长期慢性的压力状态,在医学上称为慢性应激状态。有研究表明,因心理应激所引发的各种相关疾病的发生率越来越高。应激作为人类多种重大致死性疾病的重要病因和诱因已经得到确认。当应激负荷过强或应激时间过长时,可以导致生理功能紊乱,进而引起精神疾病、心脑血管疾病、消化系统疾病和免疫系统等一系列疾病的发生。

应激的情绪反应包括焦虑、恐惧、抑郁、愤怒等。焦虑指人预期将要发生危险或不良后果时所表现的紧张、恐惧和担心等情绪状态。恐惧是一种企图摆脱已经明确的有特定危险或生命受威胁的情景时的情绪状态。抑郁表现为悲哀、寂寞、孤独、丧失感和厌世感等消极情绪状态,伴有失眠、食欲减退、性欲降低等。愤怒指与挫折和威胁有关的情绪状态。由于实现目标受到阻碍,自尊心受到打击,为排除阻碍或恢复自尊,常可激起愤怒。应激的行为反应包括逃避、回避、退化、敌对与攻击、无助与自怜、物质滥用等。逃避指已经接触到应激源后而采取的远离应激源的行动。回避指事先知道应激源将要出现,在未接触应激源之前就采取行动远离应激源。退化指人受到挫折或遭遇应激时,放弃成年人的应对方式,而使用幼儿时期的方式应付环境变化或满足自己的欲望。退化行为必然会伴随产生依赖心理和行为。敌对与攻击的对象可以是人或物,可以针对别人,也可以针对自己。

切莫温水煮青蛙

慢性应激状态与环境和当事人的应对方式都有关系。比如,有一个经常使用语言暴力、行为暴力或冷暴力的配偶、恋人,或有一个强悍刁蛮的婆婆或儿媳,或与一个习钻、刻薄的领导、老师相处,都可能会让当事人处于这种慢性应激状态。而当事人的应对方式也很重要。如果能找到积极有效的应对方法,或者果断结束这种不良的人际关系,就能减轻或摆脱这种慢性的压力。

人在长期压抑、愤怒的过程中,由于应对方式的不同,可以出现两种结局。如果把愤怒投射到了外界,比如给自己造成愤怒的对象上,则可能会对其产生攻击的冲动。如果在慢性应激中把愤怒投射到了内部,即自我,则会因为过度压抑而降低自己的免疫力,久之则会出现高血压、肿瘤等心身疾病。慢性的压力状态看似简单,不足为奇,其实如同温水煮青蛙一样,虽然水温的增加是缓慢的、不易觉察的,开始青蛙还可以自由地游荡,但在时间累积到一定程度之后,就可以置青蛙于死地。

杨某似乎并没有遇人不淑,但其与母亲过于紧密的关系又让人担忧——是母亲太依赖她,还是她太依赖母亲?是母亲在汲取她的生命力,还是她有一个弱小的自我,需要母亲的呵护?这些我们不得而知。但是我们知道,如果两个生命彼此卷入过多,则彼此的独立性和完整性都会受到削弱。另外,杨某不成熟的应对方式是显而易见的。如果人们采用了一种无效的行为来应对事件,而当事人又一再坚持使用这种无效的方式,那么这种执着本身就构建了问题——路越走越窄,越走越难,直到走进死胡同。

资料来源:宋崇升. 慢性应激,一把威胁生命的钝刀[N]. 健康报,2009-12-18.

深层解析"心理弹性"

契诃夫写过一篇小说《一个官员的死》,故事中小文员伊凡在戏院看戏时,打喷嚏不小心把唾沫星子喷到了前排的一个人身上。伊凡发现那是高出自己很多级别的官员,心里怕极了,赶紧给对方道歉。高官接受了道歉,没责怪他什么,只表示自己要继续看戏。而伊凡的担心却没减轻,反而继续恳求对方的原谅,如是再三。这引起官员的反感,有些不耐烦地说"够了,让我看戏,别没完没了的"。伊凡看到对方面露凶相,内心更加担忧,但是不敢再说什么。翌日,伊凡专程去这位高官家里请罪,对方笑着宽慰他这么做是在"开玩笑"。而伊凡又反复地道歉、乞求原谅,官员受不了了,让他"滚出去"。伊凡沮丧地走回家,躺在床上……死了。

这篇小说在极短的篇幅内,把伊凡极度紧张、恐慌下的言行刻画得无比真切和可信,即使让主人公这么意外地"死了",也显得合情合理(契诃夫真可谓短篇小说的一代宗师)。

这个故事的主旨可以理解为描绘低级官员在夹缝中求生存、卑鄙自贱的丑态;也可以理解为控诉俄国封建文官等级制度,对淳朴人性的摧残;还可以理解感慨命运对小人物的无情捉弄,人生无常等。但是放在精神分析视角下,伊凡这个人物,撇开时代的风气、社会等级等外界因素的影响,他的悲剧又和自身性格中的"致命"弱点分不开。

我们知道,孩子的心灵都是丰富而敏感的。在较为宽松、接纳的成长氛围中,孩子不仅会得到身体、智力上的充分照顾和发展,还会因为喜怒哀乐都被父母所接纳和关注,而充分地体验到自己的感觉、乐于去分享自我的感觉。即使不可避免地在学习知识、师生关系、恋爱问题、身高长相、亲人去世等方面体验到糟糕的感觉,也会因为父母(及其他照顾者)的耐心倾听、悉心照料而得到舒缓,不会任由焦虑、恐惧等消极情绪长期的肆虐内心。慢慢地,孩子也会内化父母调节自己糟糕情绪的方式、学会独立而有效地面对各种不舒服的感觉,有意识地处理自己体验到的焦虑、烦躁等负面感觉。

我们把这种有意无意地避免被外界伤害、避免去感觉情绪上的痛苦的自我保护方式,叫做防御机制。它的作用在于避免过度的焦虑、愤怒、痛苦等糟糕情绪进入我们的意识范围,避免敏感的心灵长时间地暴露在危险的冲击下。

防御机制一旦形成,便非常稳定。在没有意外发生和有意识地改变下,往往会延续终生。常言道"江山易改,禀性难移",一个人如何保护自己的方式——防御机制——就是那最不易改变的性格的基石。

但是，每个人因为成长环境、父母的心理素质、意外事件等的影响，都会存在防御方面的不足，导致某些情绪体验上防御功能的失效。于是他每遇到这些情绪，就会非常焦虑、烦躁，甚至在行动上失去通常的自我约束，做一些出人意料之举。即使他在认知、学习、工作上表现很优秀，但是这种难以处理的情绪却是这个人持续的困扰，有如阿喀琉斯之踵。显然小文员伊凡，无法有效地防御过度的恐惧和担忧的情绪。小说虽然没有提到他的成长背景，但可以推论，他的成长中，始终没有学会如何有效、健康地处理这些情绪，反而总是陷于一种失去弹性的模式——不断用言语来确认、不断向外寻求保证来消除暂时的不安全感。

回到现实生活中，在父母自身情绪不稳定、家庭矛盾较多的环境下长大的人，往往更容易出现情绪方面的困扰，因为他们的某些情绪始终会被漠视或否认，没有得到温和而有效地处理。而他们自然也缺乏如何面对自己情绪、消除过度焦虑的榜样。

最不幸的是，有很多人在成长过程中，带给自己最大焦虑和糟糕体验的人，就是他们的父母：父母自身的焦虑无法防御时，会无意识地把获救的希望寄托于孩子或者试图让孩子来安慰自己，出现了亲子关系中"情绪倒灌"的问题。这导致了很多成年人和父母的关系很不好，可自己在努力发展自己的亲密关系、社会人际时，又痛苦地发现，自己越来越像父母，延续着父母曾经努力抗争过的情绪问题、甚至延续着父母的婚姻和事业上的多舛命运，可是又无力去扭转。这是防御机制功能的不足对于人乃至家庭持续影响的表现。

由于防御的象征化水平、防御后带来的代价以及对认知和现实检验的影响的差异，可以划分出不同水平的防御机制。最高级的防御机制包括升华、利他、压制等，成熟的防御机制有理智化、反向形成、理想化、压抑、隔离等，不成熟乃至病态的有否认、投射、贬低等。差别在于，越是高级的防御机制，有意识地自我调节能力越高，防御的弹性越强，而防御失灵的概率越小，带给我们的损失也越小。反之，越是原始的防御机制，出现防御失败、心理崩溃的情况会很多，而且会因为缺乏必要的弹性，而给现实的人际关系、社会适应带来很大的麻烦。

以伊凡为例，当他打喷嚏，喷到高官身上时。他投射性地认为，对方会对他生气乃至会惩罚自己，所以自己必须道歉。而事实上，高官虽然有不满，但并不放在心上，更没有过多责怪他，反而明确地说，"我要看戏。"但官员的话，并没能打消伊凡内心的不安全感，他无法平静下来，焦虑状态下，灾难性地联想驱使他再次把心中的敌意投射给了高官，幻想高官肯定要惩罚他，自己只有多道几次歉，才能抵消他刚才无意中的冒犯。但这种反复的道歉，事实上没有起到取得谅解的效果，反而因为多次打断高官的注意力、激怒起高官的反感。这时高官真的认同了伊凡投射出来的敌意，越发愤怒了。瞪了伊凡一眼，要求他马上"闭嘴"。伊凡的焦虑彻底爆发了，艰难忍受一晚的焦虑后，出于对于惩罚的恐惧。第二天再次登门致歉。此时伊凡内心依然幻想着高官对自己的惩罚，仿佛只要高官接受了他的道歉，他就彻底解脱了。但是这种强烈的不安感，让他忽略了高官事务的繁忙和接待其他客人的烦躁等现实情况，反而觉得高官是冲着自己发火的、是坚决不原谅他的。在一步步蹭回家时，伊凡已经完全沉浸于焦虑与恐惧的洪流中，猝死了。

可以说，他的"死"是防御机制缺乏弹性、对于焦虑和糟糕体验防卫失效，导致心理崩溃的结果（对于灾难性事件的防御失败会出现身体极度的不适、失眠盗汗、过度换气、心跳过速、血压升高等躯体问题，但是不在本文探讨范围，另文再叙）。伊凡启用了大量病理性的防御机制（如投射、抵消与仪式、投射性认同、攻击性转向自身、外化、失区别、幻觉等），这些防御机制严重地制约了伊凡理性地判断自己行为的影响能力，而且即使对方已经做出澄清，伊凡在高度担忧和恐惧下,也无法信任自己、信任对方。防御的失败导致了其现实检验能力的受损。但是焦虑依然存在,源源不断的糟糕感觉催动着他继续使用"已经证实"无效的防御方式,而无法做出调整。伊凡的心理脆弱和缺乏弹性的防御水平,可谓互为因果、恶性循环。

回到提问,我的理解中,一个人在现实条件允许下、有意识地调节心理感受的能力越强,即使在巨大的现实压力和危险下,也能防御住恶劣的情绪体验,并保持基本的理性,说明他的心理弹性就越好。而越是受制于过去经验的影响,僵化地使用某些早年的防御机制、失去了现实检验和联结的人,越是心理弹性不足的人。

最后谈一下如何提升心理弹性的问题。受制于专业能力和阅读方向,我偏重的是从自我功能中,防御机制的水平来看待心理弹性。我相信,从社会心理的角度谈社会角色、从荣格派的角度谈心理意象的激活等也同样可以解释得通。而我选择这个视角,是因为更容易操作化地看待如何提升的问题。简单说,一个人只要提升自己的防御水平、尽可能使用高级的防御机制,就越有可能提高心理的弹性。原因在于,越是高级的防御,越是能巧妙地解决在满足内心需要和遵守现实要求之间的冲突,而且付出的代价往往又是最小的。

资料来源:冯丹彤. 深层解析"心理弹性"[OL]. 心理圈,http://www.xinli001.com/site/note/40161692/,2015-04-07.

遭遇突发事件如何自救?

2015年,佛山市一厂房发生气体爆燃事故,造成18人死亡、33人受伤;上海外滩发生严重踩踏事故,致36人死亡、49人受伤;哈尔滨一仓库发生火灾,造成5名消防员遇难、14人受伤。短短3天接连发生3起重大公共安全事故,令人悲伤和痛心。统计数据显示,全球只有12%的成年人能在突发事件中采取急救措施。那么,面对突发事件如何自救呢?

踩踏逃生:膝盖前屈侧躺

2014年12月31日夜,上海外滩陈毅广场发生群众拥挤踩踏事件,目前已致36人死亡,49人受伤。一旦遇到踩踏事件如何在其中幸存和自救?医学专家给出了以下几方面的提示。

(1)遇到拥挤人群,不要采取身体前倾的姿势,即使你的鞋子被踩掉,也不要贸然弯腰提鞋或系鞋带。如果有可能,抓住身边一样比较坚固牢靠的东西,比如路边的灯柱子之类,等待人群过去之后再赶快离开现场。

(2)如果你发现拥挤的人群已经在向自己走的方向涌来,应该马上避让到一边,但是记得不要奔跑,以免摔倒。如果路边有商店、咖啡馆等可以暂时躲避的地方,可以暂时避一避。一定记得不要逆着人流前进,那样非常容易被推倒在地。

(3)如果你发现自己已经身不由己陷入混乱的人群当中,一定要稳住双脚,远离店铺的玻璃窗,避免因为玻璃窗破碎而被扎伤。

(4)如果你发现前方有人已经突然摔倒,旁边的人包括你自己也要大声呼喊,尽快让后面的人群知道前方到底发生了什么事,否则后面的人群继续向前拥挤,就非常容易发生踩踏事故。如果这个时候恰好带着孩子,一定要尽量把孩子抱起来,因为孩子身体矮小力气比较小,面对拥挤混乱的人群特别容易发生危险。

(5)发现已经出现了混乱的场面,一定要注意脚下保持稳定,不要被绊倒,避免成为拥挤踩踏事件诱发的因素。

(6) 专家还有一个提示动作：如果你实在不小心倒地，两手食指交叉相扣，保护后脑和后颈部，两肘向前，保护双边太阳穴，双膝前屈，侧躺在地，保护住腹腔和胸腔重要的脏器，这样可以留出一定的空气保证呼吸。

火灾逃生：运用"利用法"

2015年1月2日13时许，哈尔滨市北方南勋陶瓷大市场仓库发生火灾，大火持续燃烧20多个小时，其间发生坍塌共造成5名消防员遇难，14人受伤。武警医学院附属医院烧伤整形科主任刘洪琪说，发生火灾时，盲目大喊大叫、四下逃生、甚至跳楼都是最常见的错误行为。喊叫不仅浪费时间和体力，还会吸入浓烟，导致窒息或呼吸道烧伤。一旦发生火灾，人们应运用"利用法"逃生。

住宅火场逃生自救。

(1) 利用通道逃生。具体方法：把被子、毛毯或褥子用水淋湿裹住身体，用湿毛巾捂住口鼻，保护呼吸道，应避免直立行走，尽量采取较低的姿势逃生。切忌坐电梯逃生，应从消防通道或楼梯逃生。

(2) 利用窗户逃生。有能力的被困人员可将绳索(无绳索可用床单或窗帘撕成布条代替)一端系于窗户横框(或室内其他固定构件)上，另一端系于人体的两腋和腹部，沿绳索滑到安全地点。

(3) 利用阳台逃生。紧闭与阳台相通的门，站在阳台上避难，等待消防人员救援。高层单元住宅建筑上面相邻单元的阳台相互连通，可拆破阳台间的分隔物，从一个单元阳台进入另一个单元阳台，再进入另一个单元的疏散通道逃生。

(4) 利用空间逃生。消除明火对门窗的威胁，然后紧闭与燃烧区相通的门窗，并用淋湿被子、毛毯封堵，防止烟和毒气进入，等待火势熄灭或消防人员的救援。

(5) 利用管道逃生。房间外的墙壁上有落水管道时，有能力的被困人员可以利用管道逃生。逃生时应该注意落水管道的牢固程度。

高层建筑火场逃生自救。

(1) 利用建筑内部设施逃生。如消防电梯、防烟楼梯、封闭楼梯，以及建筑物的阳台、通廊，室内设置的缓降器、救生袋、安全绳等。

(2) 利用消防器材逃生。可使用灭火器或消火栓箱中的水栓，扑救初起的火灾逃生。

(3) 利用避难层(间)逃生。被困在较高楼层一时无法到达地面时，可以暂时躲到避难层(间)，择机逃生或等待救援。

突发事件应对方法

当突发事件发生时，人们往往会手足无措。该如何来应对呢？专家给出了以下8条建议。

(1) 遇到突发事件不要围观，应立即离开。

(2) 如正处在突发事件现场，且无法逃避时，应利用地形、隐蔽物遮掩、躲藏。

(3) 如遇恐怖事件实施者抛洒不明气体或液体，应迅速躲避，且用毛巾、衣物等捂住口鼻。

(4) 切勿激怒恐怖事件实施者，尽量不要惊恐喊叫。

(5) 观察现场状况，时机成熟时迅速撤走，远离现场。

(6) 路过突发事件现场，不要停留，不要拿出手机拍照、发微博等。

(7) 尽量保持情绪稳定,灵活变通。
(8) 确保个人安全情况下,进行报警、呼救和救助他人的行为。

受伤后急救八大要点

当突发事件发生时,现场的急救尤为重要,下面分别从出血控制、骨折固定、烧伤急救、休克急救、心肺复苏、特殊伤急救注意事项、心理支持和救护者自我防护八个方面对恐怖事件现场急救知识进行阐述。

一、出血控制

(1) 用干净的毛巾、衣物等敷料或直接用手,用力按住伤口,以求止血或减缓出血。
(2) 持续用力按住伤口,如血液渗过敷料,在原有敷料上再加一块敷料,不要揭开原有敷料。
(3) 可以将衣物撕成粗布条,用来包扎止血。
(4) 如果确定伤者没有骨折,可将受伤部位抬至高于心脏水平。

二、骨折固定

(1) 鼓励伤者用自己的手承托伤肢,或用衣物、棉垫等固定,避免活动。
(2) 开放性伤口先包扎再固定,不要送回外露的骨折端。
(3) 除非必须,不要移动骨折伤者,特别是怀疑脊椎损伤者。

三、烧伤急救

(1) 用大量洁净的水冲洗伤处降温。
(2) 用干燥、清洁的敷料(如布、保鲜膜等)覆盖伤处。
(3) 不要直接用冰敷在伤处上,不要刺破水泡。

四、休克急救

(1) 避免伤者过冷或过热,可以用衣物、毯子保暖。
(2) 若无骨折,将伤者双腿抬高30厘米左右。
(3) 不要给伤者饮水或进食。
(4) 持续观察伤者的清醒程度。

五、心肺复苏

对无意识、无呼吸的伤者应立即实施心肺复苏。
(1) 使伤者平躺在坚实平面上,头部后仰,判断是否有意识和呼吸。
(2) 如无意识、无呼吸,立即开始胸外心脏按压:将掌根放在伤者胸部正中,双手重叠、十指相扣,垂直向下按压。按压速度大于100次/分,深度大于5厘米。对儿童适当减小按压深度。
(3) 按压30次后,进行2次口对口人工呼吸。如未接受过训练或不愿进行人工呼吸,可只做胸外按压。
(4) 持续快速按压,至救护人员到达。

六、特殊伤急救注意事项

(1) 异物插入:切勿拔出异物(匕首、铁器等),环绕异物进行加压止血包扎后,送医院救治。
(2) 内脏脱出:切勿还纳脱出的脏器,可先用敷料覆盖脏器,再用碗、杯等遮扣保护,尽快送医院救治。

（3）肢体离断：首先对伤肢包扎止血；同时，收集离断肢体，用敷料(如干净的布、塑料袋)包裹后，妥善保存于2~3℃的干燥环境中，随伤者一同送医院救治。

七、心理支持

突发事件受害者除身体受到伤害外，精神上也遭受了过度惊吓，需要心理支持。

（1）陪伴在伤者身边，轻声安慰，并试着与其交流。

（2）平静询问伤者，可以帮忙做些什么，如联系家人。

（3）让伤者感受到你在认真倾听。

八、救护者自我防护

（1）避免直接接触伤者的血液和其他体液。

（2）如有条件，接触伤者时，应使用防护用品(如一次性手套和口罩)。

（3）急救后，应及时更换衣物并用肥皂彻底洗手。

第 11 章

承担生命的责任——大学生生死观

人不能延长生命的长度,但是可以拓展生命的宽度。

——英国哲学家培根

学习目标

(1) 认识和了解生死观的概念,死亡观的本质特点,理解生死智慧。
(2) 了解大学生生死观现状及原因。
(3) 把握生死观影响因素及途径,培养大学生的生命责任。

案例导入

给 予

有个老木匠准备退休,他告诉老板,说要离开建筑行业,回家与妻子儿女享受天伦之乐。老板舍不得他的好工人走,问他是否能帮忙再建一座房子,老木匠说可以。但是大家后来都看得出来,他的心已不在工作上,他用的是软料,出的是粗活。房子建好的时候,老板把大门的钥匙递给他。"这是你的房子,"他说,"我送给你的礼物。"

他震惊得目瞪口呆,羞愧得无地自容。如果他早知道是在给自己建房子,他怎么会这样呢?现在他得住在一幢粗制滥造的房子里!我们又何尝不是这样。我们漫不经心地"建造"自己的生活,不是积极行动,而是消极应付,凡事不肯精益求精,在关键时刻不能尽最大努力。等我们惊觉自己的处境,早已深困在自己建造的"房子"里了。把你当成那个木匠吧,想想你的房子,每天你敲进去一颗钉,加上去一块板,或者竖起一面墙,用你的智慧好好建造吧!你的生活是你一生唯一的创造,不能抹平重建,即使只有一天可活,那一天也要活得优美、高贵,墙上的铭牌上写着:"生活是自己创造的。"

11.1 大学生生死观

11.1.1 生死的基本概念

人类的生命是有限的,但是在有限的生命里,我们要做有意义的事情,使我们的生命更加宽阔更加丰满。为了尽量拓展我们生命的宽度,我们就要了解何为"生",何为"死",做到以死观生。

狭义的生指的是生物学意义上的生命的延绵不断,人从受精卵到生命的降临,成长,衰老。广义的生是指从社会学、心理学、法律学等意义出发,不仅关注生命的存在,更关注生命的存在方式、存在质量及存在意义。死的概念很简单,即生命的停止,是生命不可避免不可逆转的生物学过程和自然规律。

11.1.2 生死本质

有很多人都曾经思考过,"我为什么活着?我活着的意义是什么?"这是一个关于生死的问题,想不出生的原因,找不到生的意义,就会陷入可怕的死亡旋涡,即便生命依然以生物意义存在着,其存在的方式也是消极而颓靡的,更甚者还有可能会结束自己的生命。因此,要认真思考这个富有哲理性的问题。

海德格尔曾说过,只有向死而生、向死而存在,才是人类本真的存在①。在他看来,死亡并不是存在于生存之外的,而是存在于生存之中,没有认识到生存的另一面是死亡,也不能看透生命的本来面貌。只有客观的认识死亡,辩证的思考死亡,向死而生,才能更加珍爱所拥有的生活,才能更有计划地安排自己的生命,努力于当下,真正获得生的价值与意义。②

生死二者是不可分割的,以死观生,由死量生是生死观的本质所在。也正是死亡使人们真正的认识生存的意义,使人们产生生存的强大精神力量。没有死亡的生存是虚妄的,拥有死亡意识可以使人无畏、自由、诗意的生存。认识到死亡乃生存价值的标尺,才会更加珍爱生命,将生命发挥到极致。

11.1.3 生死观概念及内容

所谓生死观(Attitude Toward Life and Death),即是一种态度,是人对待生命和死亡的态度。

1. 生命观内容

生命观是指人对生命的认识及态度,更多的关注对生命价值的看法和态度。而人对生命价值的态度集中体现在对生命的情感之上。"生命情感即个体对自我生命的体会、肯定、接纳、珍爱,对生命意义的自觉、欣悦、沉浸以及对他者生命乃至整个生命世界的同情、关怀与钟爱。"③生命情感隐藏在人们一切的活动之中,指引个体走向生命的深层。当然消极的生命情感则意味着对生命的否定,对生命意义的无望,对自己或他者生命的漠视,以及由此而产生的生命状态的沉沦。

2. 死亡观内容

死亡观是人对待死亡的态度,死亡态度(Death Attitude)是指个体对死亡(有时包括濒死)的认知与情感反应。在心理学界,研究死亡态度心理的有死亡态度量表。量表内容反映出的便是死亡观的内容。死亡态度量表主要分为三种:死亡恐惧(焦虑)量表、死亡接受量表以及死亡恐惧与死亡接受的整合量表。④

心理学界关于死亡观的研究发现,人们对于死亡的态度,主要分为三种:第一种是基于

---

① 海德格尔. 存在与时间[M]. 陈嘉映,王庆节,译. 北京:生活・读书・新知三联书店,1953.
② 赵茵茵. 当代大学生生命教育问题研究[D]. 山东大学,2012.3.
③ 刘铁芳. 走向生活的教育哲学[M]. 长沙:湖南师范大学出版社,2005.
④ 韦庆旺,周雪梅,俞国良. 死亡心理:外部防御还是内在成长[J]. 心理科学进展,2015(23).

对濒死的绝症病人的研究,其结论显示这种态度是把死亡看成可怕的、消极的;第二种是基于对重大创伤事件中的人的研究,其结论显示这种态度主要是表现为接受死亡,并可以从死观生,感受生命的价值意义,重点在于死亡对于成长的意义;第三种是基于对接近死亡的人群的研究,如经历大灾之后的人们,其结论显示,这种死亡态度是超越性的,即不再恐惧死亡,而是完全接受,并认识到生命的价值并开始努力完成"自我实现需要",将死亡看成盛宴,使死亡绽放着片片妖艳。

第一种濒死的绝症病人认为死亡是可怕的,所以研究中对他们的案例分析显示,绝症病人从获知病情到临终时的心理反应大致分为5个阶段:①震惊与否认(Shock and Denial),"不,不是我。"②愤怒(Anger),"为什么是我?"病人表现出生气、愤怒及怨天尤人的情绪。③讨价还价(Bargaining),"假如你给我一年时间,我会每天多做善事。"病人接受自己患绝症的事实,祈求和承诺做某些事情作为延长寿命的交换。④沮丧(Depression),表现出抑郁、体重下降,甚至自杀等症状。⑤接纳(Acceptance),"是,是我,我准备好了。"病人最后变得比较平静,已经无所谓真正的高兴与悲哀,只是接纳将要死亡的事实。

第二种经历极其重大的创伤(包括离婚、HIV感染、性侵犯、癌症、骨髓移植)等在内的各种危机事件之后,人对死亡的态度是能够重新看待死亡事实,平静乐观地接受死亡事件,并能够以死观生,重新看待生命的价值及意义。创伤后成长(Post Traumatic Growth,PTG)重点在成长。这些人关注真实人生事件中的死亡意识对自我成长的影响。个体创伤后的成长主要表现在3个方面:①自我知觉的提升,自主性和自我效能感提高。②人际关系的提升,开始增加与他人的紧密联系、增强同情心、并更愿意给予。③人生观的改变,对生活进行重新规划、感恩生命、重视意义和精神世界的发展。

第三种对经历过死亡事件的人群的研究,如自杀窒息后又活过来的人,在地震、火灾、车祸等灾难中几近死亡被抢救过来的人,这类人再去看待死亡事件时,表现出的是不恐惧,完全接受。这种接近死亡体验的人(Near-Death Experiences,NDE)普遍将追求财富等外在价值看作是虚无的和无意义的。重点在超越,开始关注人生价值。比如很多经历过生死浩劫的人会放弃原来的一切,进行慈善捐款,不索回报地进行社会公益事业等。

对死亡观的研究尽管主要基于某些特殊群体,但研究结果却反映出了大众的死亡心理,揭示了死亡内容,主要是对死亡的焦虑、恐惧、接受并以死观生;超越,达到自我实现,体会"高峰体验"。"高峰体验"是超越自我状态时所感受到的一种非常豁达与极乐的瞬时体验。自我实现作为人的本性的实现,是人与自然的合一。

11.1.4 死亡心理

死亡是每个人都要思考,并都终将面临的事实。因此人们有必要了解死亡心理。死亡心理是人们面对死亡时表现出来的心理活动的规律,正如前边所讲的死亡态度。人们的死亡态度受很多因素的影响,比如生活事件,对自身价值的认可,自我意识的发展程度,对生命意义的理解水平。

有研究显示,让中国老年被试者回忆感恩的生活事件或者争吵的生活事件,然后再测量他们的死亡态度,发现那些拥有感恩体验的被试者有更低的死亡焦虑。那些有着高自我价值、高清晰自我概念、高自我效能感和高自尊的人在面对死亡时表现出更少的否认、恐惧,而会表现出更多的是接受,并且会直面死亡。不同的文化背景熏陶出来的对待死亡的态度也是有所差异的。大量跨文化研究表明,中国人具有他人和社会价值取向(即中国人更顾忌他人的感受),尤其是家庭关系中的重要他人在个人的生活中可能比自己还要重要。这一文化特征在死亡心理反应方面也得到了体现,中国被试者对重要他人的死亡比自己的死亡更恐惧。

研究发现具有明确的人生目的,对人生意义有更高期待的人在面对死亡时也很少表现出焦虑和恐惧。

11.1.5 生死智慧

生死智慧是人们对于生命及其终结的一种思考。"生"与"死"是生命的两个端口,以"生"为起点,以"死"为终点。人类文化发展史中不乏对"生"的思考,对"死"既不愿思,更不愿尝试。但实际上,人们只有对"死"有了透彻的理解,才能彻悟"生"的意义。彻悟了人生意义,才懂得如何珍惜生命。反之亦然,懂得了生命的可贵,方能坦然地面对死亡。"生"与"死"都是生命过程,二者是无法分割的整体。有"生"方有"死",由"死"方能凸显"生"。

中国有着悠久的历史,在渊远流长的中国史上,有无数先哲们对"死"进行了深刻的思考,留下了很多关于"死"的认识和看法。这些思考囊括了死亡本质问题,死亡与生命的价值问题,死亡与家庭、社会、国家和自然宇宙的关系等问题,最终形成了不同的经验和看法,这些经验经过历史的考验和积淀,成为指导人们生活的真理。这些真理就成为具有中华民族独特的生死智慧。我国的传统生死智慧主要分为儒家、道家、道教、佛教四个流派。

1. 儒家生死智慧

儒家所持死亡必至态度,此学派承认死是一种不可否认的事实,认识到死是每个生命体不可躲避的必然归宿。其创始人孔子说:"众生必死,死必归土。"《礼记·祭文》。另一位代表人物荀子说:"死,人之终也。"儒家对"死"有着极其清醒而理性的认识。这种认识使人们理解,既然死不可避免,那么不如安于天命,好好珍惜生时。儒家先哲们深深地理解了人们好生恶死的心理。他们看透了人们乐意追求永生,甚至为追求不死而毁灭生,所以,他们放弃对死后世界的描饰。而是立足于现实世界,把对不死的追求与生命价值统一起来。既然死是必须的,不如在有限的生命里提高自己的生命价值。因此儒家提倡"仁爱",为人生、为社会树立价值目标。以他人和社会价值来衡量人的生命价值,并以此激发人的生命力,鼓舞人的生命意志,监督人的生命活动。儒家这种理性的生死智慧给人们指明了一条杀身成仁、舍生取义的道路。

儒家还重视个人死亡的意义和价值,推崇死而不朽。在认识到死亡是不可避免之后,人们也不可任其自然,无所作为。否则这个生命在历史长河中将会了无痕迹,跟不存在是没有区别的。人们应该在有生之年,努力做事,充分展现自己的生命力。以生时的贡献提升自己的生命价值,为自己的人生描绘出丰富的色彩。这种生死智慧不仅看到了生命的有限性,也看到了物性之欲无法衡量一个人生命价值,只有道德,仁爱能够在人死后被他人认可,达到死而不朽。受儒家生死智慧影响,汉代有忠君爱国,至死不渝的苏武;三国时有鞠躬尽瘁,死而后已的诸葛亮;南宋有杀身成仁的文天祥。

2. 道家生死智慧

道家认为生与死看似是两个对立面,本质上是自然(生命)变化中的阶段。二者都是一种永恒的自然现象，人们无法改变。死相对于个人生命虽然是巨大的变化，但却是无可奈何的事件。由"生"到"死"的过程犹如四季运行那么自然，那么无可撼动。道家这种生死观使人认识到对待生死，不必乐生，惧死。既然生死是自然规律，人就要顺其自然，无须刻意追求长生不老。倘若力图长生不老，做出违背自然规律的行为，不仅不能长生，反而会适得其反导致速死。

道家代表人物庄子认为人生是痛苦的。因为人生来不仅要依据本能的欲望苦苦追求，还要受到外界力量的干扰，承受外界的压力。既然生是痛苦的就不必惧死。死也可以看成是一种解脱。但是这种死亡观并不是鼓励人们去自杀，而是告诫大家，生死既然是自然规律，生的痛苦也是规律。每个人的生命色彩虽然不一样，但是过程和本质是一样痛苦的。告诫人们在人生旅途中遇到不美好的生活时要采取适当的人生态度，以超然的心态看待繁杂的尘世和难料的世事变化。

3. 道教生死智慧

道教的生死观源于中国古代思想，起源于古代人们对生命永恒的渴望，以求道升仙为核心。道教生死观承认人是一定会死的，但是又渴望长生不老，飞升天界。道教警告人们生命只有一次，即死便不能复生。只有仙人可以用仙术复生，但是前提是人在生命结束时肉体要保存完好，不能被毁灭。因此如果要得长生不死，就要积极努力修炼道术，得道成仙，然后可以死而复生。道教生死智慧集中体现在对生命的重视上，其表现形式是对肉身的尊重。相信只要肉身不死，就有机会死而复生。它尊人的生存本能即"恶死悦生"。又引导人们不信天命，不信业果，使人们能够积极发挥主观能动性追求生命价值。

4. 佛教生死智慧

佛教生死观是建立在对人生为何如此痛苦的思考之上的，他把人生假设为都是痛苦的，死亡也是痛苦的。但是佛教还把生死看成是六道轮回的，既然生是痛苦的，就期待下一个生命灵魂可以有一个不这么痛苦的历程。如何使下一个生命历程有所改善呢？那人们就要在这个有生之年积善行德，乐善好施，有所作为。佛教教人们认为，这一生所作所为会报在下一生的生命历程里。佛教这种生死观指导人们在这个有限的生命里要积极，主动提升自己道德修为，以帮助别人，播种善良来换取来生的快乐。尽管佛教生死观是唯心主义，但是佛教生死观在中国文化中占据很重要的地位，并且佛教这种生死轮回，善恶相报的观点在中国广大人民群众当中相当盛行，并隐藏在大众的群体潜意识当中，无形地影响着人们的行为。佛教生死智慧的核心在于给人以心灵慰藉，使人安身立命，听从命运安排的同时积极从善，它有其不可回避的社会文化功能。它不仅具有个人性，而且具有群体性。

概括地讲，佛教生死智慧，通过渲染生命的痛苦，将人们的希望引向来世。为了有一个相对更好的来世，指示人们在现世的生活中，积善行德，多做好事。即使今生今世出身高贵，衣食无忧，如果不积善行德，扬善除恶，在来生就会变得痛苦不堪。这种生死智慧包含了几层观念，第一告知人们既然人生是痛苦不堪，无法改变的就不必害怕死亡，死亡是新一世的开始；第二告知人们为了新的一世能够享荣华富贵，今生就要努力多多地行善。这一点有激励、敦促大家努力发展的作用。这种生死智慧对人们有心理上的威慑作用，以制约和调节个人的行为,从而起到规范社会活动,维护社会道德规范的作用。①

佛教生死智慧更高一层观点是"涅槃"之说,它指出,人们如果想要摆脱生死轮回,就要清心寡欲。将物质利益,人之生死置之度外,把一切看作空,进而达到灭贪欲,灭希望的境界。当人们进入万物皆空状态之后,就可以达到圆满寂静,凤凰涅槃。这种生死智慧本质上是对生命的一种超越,不被纷乱繁杂的世事而左右,完全追求内心清净。它指导人们在生活中要顺其自然,不争不抢,无望无欲,心灵纯净。

从中国四个流派的生死观可以总结出生死智慧内涵主要包含以下几点:第一,都承认生与死虽是两个不同的概念,但绝不是两个完全对立的过程;第二,都承认死亡是不可避免的生命过程,是个无法逃避的事实;第三,都认为死亡并足以畏惧;第四,都有对生命珍惜的观念,引导人们积极主动完成个人的生命旅程,为自己的生命描绘色彩。总之中国先哲们对生死的理解大都持一种"向死而生"的态度。

在中国,对知识分子群体影响最大的生死智慧要数儒家学派。引导人们死要死得其所,要重于泰山,要有利于社会。

资料链接 11-1

<h3 style="text-align:center">豫让刺赵襄子</h3>

《史记》卷八十六《刺客列传》第二十六记载着这样一段故事。

豫让是春秋晋国人,公元前453年,当时晋国有六大家族争夺政权,豫让曾经在范氏、中行氏手下工作,并没有受到重视;后来投靠智伯,智伯非常看重他。

赵襄子与智伯之间有极深的仇怨,赵襄子联合韩、魏二家,消灭智伯,并将他的头骨拿来当酒杯。豫让认为,一个有价值的人,应该为赏识自己的人,不惜牺牲性命,就好像一个女子,应该为喜欢她的人,做最美丽的装扮,豫让下定决心为智伯复仇。

他先是改变姓名,冒充罪犯,混进宫廷,企图借整修厕所的方式,以匕首刺杀赵襄子。可是赵襄子在上厕所时,突然有所警觉,命令手下将豫让搜捕出来。赵襄子的左右随从原想杀他,赵襄子却认为豫让肯为故主报仇,是个有义之人,便将他释放了。

豫让仍不死心,为了改变相貌、声音,不惜在全身涂抹上油漆、口里吞下煤炭,乔装成乞丐,找机会报仇。他的朋友劝他:"以你的才能,假如肯假装投靠赵襄子,赵襄子一定会重用、亲近你,那你岂不就有机会报仇了吗?何必要这样虐待自己呢?"豫让却说:"如果我向赵襄子投诚,我就应该对他忠诚,绝不能够虚情假意,用这种卑鄙的手段。"豫让还是要依照自己的方式完成复仇的使命。

有一次,机会来了,豫让事先埋伏在一座桥下,准备在赵襄子过桥的时候刺杀他。赵襄子的马却突然惊跳起来,使豫让的计划又再次失败。捉了豫让后,赵襄子责备他说:"你以前曾经在范氏和中行氏手下工作,智伯消灭了他们,你不但不为他们报仇,反而投靠了智伯;那么,现在你也可以投靠我呀,为什么一定要为智伯报仇呢?"豫让说:"我在范氏、中行氏手下的时候,他们根本都不重视我,把我当成一般人;而智伯却非常看重我,把我当成最优秀的人才,是我的知己,我非替他报仇不可!"赵襄子听了非常感慨,便说:"你对智伯,也算是仁至义尽了;而我,也放过你好几次。这次,我不能再释放你了,你好自为之吧!"

---

① 张朝霞. 中古传统智慧及其现代意义[D]. 华东师范大学,2002(5).

豫让知道这一次是非死不可,于是就恳求赵襄子:希望你能完成我最后一个心愿,将你的衣服脱下来,让我刺穿;这样,我即使是死了,也不会有遗憾。赵襄子答应这样的要求,豫让拔剑,连刺了衣服三次,然后就自杀了。

豫让身死的那一天,整个赵国的侠士,都为他痛哭流涕。

讨论:结合自身经历,谈谈自己的生死智慧。

11.1.6 大学生生死观概述

大学生作为社会当中年轻的知识分子群体,受过多年的良好教育,又接受最新的科技文化知识的熏陶,他们的生死观延承着中国古代的生死观,又具有中国现代新的生死观。

大学生对生命的认识和态度除了具备常人都有的认识,在对二者的态度上,他们会更加理性地看待"生"与"死"。大学生对生命真谛的理解更透彻,比起没有读过大学的人会更热爱生命,更懂得珍惜自己和他人的生命。当遇到人生的坎坷时,他们能够客观、理性对待。他们不畏惧死亡,也不会轻易地轻生。

大学生的生死心理总体上一致,但是他们对待生命会注重生命的过程,关注生命的质量。因此在学习,工作,生活中更积极主动,豁达乐观。乐意帮助他人,愿意主动地关怀他人,尊重他人的生命。

大学生对生死智慧理解得会更清晰,他们受儒家生死智慧影响更大,因此"仁""爱""礼""智""信"各方面表现都比其他人群更高一层次。并且,大学生的生死智慧更具有多样性创造性。

心理学家弗兰克尔说道:"对于人生的绝大多数时光而言,生命是平淡的,这种平淡往往掩盖了生命意义的真实显现。因此对于一个一帆风顺的人而言,只有当他面临死亡时,才会从内心深处真正领悟生命对自己的意义。所以,启迪人的经验或令人发现生命的意义,常常是在生命受到威胁之时,或者是在经历不平常的事件之时!"

资料链接 11-2

四个老婆

释迦牟尼在一次法会上说:"某地有个富商共讨了四个老婆:第一个老婆伶俐可爱,整天作陪,寸步不离;第二个老婆是抢来的,是个大美人;第三个老婆,沉溺于生活琐事,让他过着安定的生活;第四个老婆工作勤奋,东奔西忙,使丈夫根本忘记了她的存在。有一次,商人要出远门,为免除长途旅行的寂寞,他决定在四个老婆中选一个陪伴自己旅行。商人把自己的想法告诉了四个老婆,第一个老婆说:'你自己去吧,我才不陪你!'第二个老婆说:'我是被你抢来的,本来就不心甘情愿地当你的老婆,我才不去呢?'第三个老婆说:'尽管我是你的老婆,可我不愿受风餐露宿之苦,我最多送你到城郊!'第四个老婆说:'既然我是你的老婆,无论你到哪里我都跟着你。'于是商人带着第四个老婆开始了旅行!"最后,释迦牟尼说:"各位,这个商人是谁呢?就是你们自己。"在这则故事里,第一个老婆是指肉体,死后还是要与自己分开的;第二个老婆是指财产,它生不带来,死不带去;第三个老婆是指自己的妻子,活时两个相依为命,死后还是要分道扬镳;第四个老婆是指自性而言,人们时常忘记它的存在,但它却永远陪伴着自己。

11.2 大学生生死观现状

11.2.1 大学生生死观现状与特点

大学生年龄处于20岁左右,其生死观基本形成,但是还未完全定型,处于不稳定状态。这与大学生所处的年龄段,所受的教育,所受到的社会影响有莫大的关系。

目前,对大学生生命观的研究主要集中在两大方面,第一方面是探讨大学生对生命的意义和价值的理解和追求。第二方面是研究大学生对待死亡态度,即死亡观。研究大学生对生命意义、价值的理解和追求都离不开对大学生死亡观的研究。实际上只有正确地看待死亡,理解死亡的意义才能够理解生命的意义。

1. 大学生生命观

大学生对生命的认知是通过多年的学习、积累获得的。获得途径也是多角度、多层面的。他们能够正确认识生命的独特性、唯一性、珍贵性、有限性和平等性。但是对生命的不同特性的理解上存在一定的不一致性。如女大学生对生命的独特性、有限性的认知得分要比男生高,这说明女大学生对生命本质特征的认知要比男大学生更全面,更深刻。

有研究结论显示大学生对生命的体验主要分为三类:第一类是积极地体验,这类体验是体验到了生命中更多的喜悦、欢笑、幸福、亲情与温暖;第二类是消极的体验,这类更多地体验到了生命的悲伤、迷茫、失落和无奈;第三类是辩证地看到了生命积极消极的两个层面。[1]

2. 大学生死亡观

(1) 大学生对死亡的认知

死亡观是生命观的关键点,对死亡有一个透彻而清晰的认知直接影响到个体的死亡观。对大学生死亡认知的调查不是很多,已有的调查显示如下。

有研究对大学生生死观进行过调查研究,在对大学生死亡观调查中发现,[2]当代大学生对死亡有正确的认知,超半数的学生认为死亡是"很自然的事,是生命的一部分",61%的学生赞同"死亡是生命的自然过程。"受传统文化影响,大部分大学生认为,生命是父母赐予的,为了父母而活,好好生活为父母尽孝思想比较严重。在对大学生关于安乐死合法化问题上,调查结果显示,医学专业学生超过60%的学生赞同合法化,而艺术生和文科生不是很高。但是艺术生不赞成安乐死合法化的人数也很少,只有10.7%。说明很多学生持中立态度,造成这种结果的原因跟对安乐死的理解程度有关。医学专业的学生理解疾病给人们带来的痛苦,也明白很多疾病不是经历了不堪的痛苦之后就能够治愈的。因此他们更多选择赞成。调查显示,在安乐死合法化问题上,城市生源的同学比例高于农村生源的学生。这可能是城市生源的学生接受了更多的信息和新观念有关。

有研究显示大学生对死亡的心理准备不足。这可能与大学生年龄有关,大学生可能认为死亡是生命自然发展到了尽头,但是自己处于生命最青春时期,死亡离自己还远,所以没有心理准备。另外女大学生对死亡后机能的丧失性的认识要比男大学生深刻,女生能够更

---

[1] 林锦秀. 大学生对生命认知与体验的研究[J]. 福州大学学报(哲学社会科学版),2011(1).
[2] 李芳,刘彤,胡正娟,等. 大学生生死观调查研究及生命教育的思考[J]. 大学生研究,2012(11).

准确地认识到个体死亡后,心理和机能都停止运作这一事实[①]。

大学生并不认为死亡是非常恐惧的事情,并且有宗教信仰的同学对死亡更不觉得恐惧。但是大学生认为死亡是令人悲伤的。笔者认为之所有有这样的调查结果,一方面是因为大学生是受到更多知识熏陶的人群,具备较强的科技文化知识,对死亡的生理学理解透彻。另一方面是大学生年纪尚轻觉得死亡离自己很远,所以不感到恐惧。虽然大学生不惧死亡,但是他们也不愿意接受,女生对死亡的拒绝要比男生更强。

(2) 大学生对舍己救人的认知

大学生赞同舍己救人,大多数人认为应该用更安全的方式救人。在舍己救人上,大学生具有更加理性和成熟。

(3) 大学生对自杀的态度

据调查显示多数学生对自杀问题有正确的认知,不会轻言自杀。多数学生认为自杀是不负责任的,过半数学生认为其父母,家人很可怜,自杀的学生这样做很"无知""很傻"。学生认为自杀不是解决问题的方式。但是也有少部分学生认为自杀是一种解脱的方式。

(4) 大学生参加丧礼或危重抢救的差异

从专业上看,医科学生参加亲戚朋友丧礼或危重抢救的比例最高;性别方面,男生参加丧礼或危重抢救的比例高于女生;生源地方面,城市学生参加丧礼或危重抢救的比例低于农村学生;父母受教育程度的高低与学生是否参加丧礼或危重抢救基本上成反比关系。

(5) 大学生探讨死亡问题的差异

对大学生探讨死亡问题的调查显示,58%的学生在家庭中询问或探讨过有关死亡的问题,仍有42%的学生没有询问或探讨过有关死亡的问题。

专业上看,艺术专业探讨死亡问题的比例最高,其次为文科,医科,理工科最低;性别方面,男生探讨死亡问题的比例低于女生;生源地方面,城市学生探讨死亡问题的比例高于农村学生;父母受教育程度高低与学生探讨死亡问题呈正相关,即父母受教育程度越低,学生探讨死亡问题的比例越低。

(6) 大学生对学校开设生命教育课程重要性的认知

调查结果显示93.3%农村学生认为开设生命教育课程更重要,这个比例高于城市学生对开设生命教育课程的认知;母亲受教育程度与学生觉得开设生命教育课程重要程度基本上成反比关系,这可能提示母亲受教育程度越高,对孩子的生命教育越充分,母亲受教育程度越低,对孩子的生命教育越贫乏。

(7) 大学生参加生命教育课程和活动的意愿

农村学生更愿意参加生命教育课程和活动(93.5%),城市学生为88.9%;母亲受教育程度与学生是否愿意参加生命教育课程和活动基本上呈负相关。[②]

11.2.2 大学生生死观特点

1. 正确性

大学生处于人生阶段的最灿烂的年华,刚从高压的高中生活进入憧憬已久的大学生活。

[①] 林锦秀. 大学生对生命认知与体验的研究[J]. 福州大学学报(哲学社会科学版),2011(1).
[②] 李芳,刘彤,胡正娟,等. 大学生生死观调查研究及生命教育的思考[J]. 大学生研究,2012(1).

他们年龄一般在 28~22 岁之间,生理上完全成熟,思维处于辩证思维阶段,心理上处于成熟又不稳定的断乳期,具备较完备的科学文化知识。这些特点使大学生可以更深刻,更全面地理解生命意义。他们受到了良好的教育,对中国传统文化理解较其他人群会更深刻,受到的影响也会更大,因此对生命价值有更新的认识。大学生能够理解生与死之间的辩证关系,能够理解死亡是生命的必然结果,是自然规律。大学生能够领悟到生命的独特性、唯一性、珍贵性、有限性和平等性。他们不惧死亡,能够以死观生。

2. 模糊性

正如上文讲到的,大学生处于最青春的年龄段,生理上成熟,心理上还未完全成熟。他们进入大学后,大学的生活跟以前三点一线的学习生活区别很大,大学实际上就是一个"亚社会"。一起学习的同学来自全国各地,生活习惯,风俗习惯,性格差异较之前的同学区别很大。而且大学生进入大学之后,不再把学习放在最最重要的位置,他们开始进行人生中的其他事情,比如找对象,交朋友,出去做兼职等,开始接触社会。因此,大学生的思想会接收到很多来自社会上的思想。以前他们只关注成绩,现在他们会考虑很多问题,以前他们对"生"与"死"的理解多是根据家庭成员的思想传递,学校老师的经验传授以及书本上的一些信息。现在他们更多的是根据自己所见所闻,结合以前所接收到的知识经验形成自己对"生"与"死"的理解。

此阶段,他们的新旧知识正在融合、更新。他们虽然能够理性地看待二者概念,但是对于生命特性的理解,体验远远不够。对于死亡的本质,死亡的感悟也有所欠缺。对于生死之间的联系,死亡于生命意义的感悟比较模糊。

3. 不稳定性

大学生生死观不稳定性的特点与大学生心理不完全成熟是相对应的。大学生进入大学后,远离自己的父母,不再像以前高中一样一切听父母安排。他们开始自己开拓自己的朋友圈,生活圈。到了寻求自己人生伴侣,人生职业的时期。这时的他们极其渴望脱离父母,急于摆脱家庭的束缚,想一切自己做主,但是他们又涉世不深,思考问题还不够全面。这种心理发展的不平衡性导致大学生思想不够稳定。特别是遇到大的挫折时,容易做出冲动,不客观的抉择。

通常心理学者们把这个阶段的大学生心理特点称为"心理断乳期"。处于"心理断乳期"的大学生心理矛盾较大,他们对待生活学习充满希望,对生活积极乐观,但是他们遇到问题时会出现经验不足,情绪波动大的情况。在遇到人生中的重大挫折时,他们有可能会消极被动,更甚者有可能会伤害自己或他人的生命。

4. 可塑性

由于大学生处于这个特殊的年龄阶段,他们积极地吸取新的社会经验。努力地学习新的更高级的知识,思维处于高的发展水平。虽然他们容易受到来自外界的影响,也正是这些特点使大学生生死观具有极大的可塑性。

11.2.3 大学生生死观偏差现状

大学生接受能力强,又对社会充满好奇,他们处于思想活跃,不稳定的状态,因此他们的人生观还没有完全定型。生死观也容易受到外界思想的影响。随着社会发展,经济进步,我国对外开放的深入化,外来文化的侵入使我国大众的思想受到较大的影响。

近几年,我国大学生的生死观出现了较大的偏差,不爱护生命甚至虐待动物,他杀,自杀的事件经常见诸报端。

卫生部统计报道中国每年要发生 28.7 万宗自杀致死事件和 200 万宗尝试自杀事件。与其他国家的自杀事件相比,中国自杀事件的特点是:农村自杀率是城市的 3 倍,女性自杀率比男性高 25%,30% 的自杀者和 60% 的未遂者在自杀时不伴有精神障碍;在 16~35 岁年龄段的青壮年中,自杀是首位的死因。调查发现近 1/3 的在校大学生曾有过自杀念头。

2004 年 2 月至 5 月,北京、武汉、深圳三地高校已经失去了 14 个年轻的生命,武汉市高校共发生自杀事件 12 起。

2005 年 8 月 20 日,中科院上海有机化学研究所 26 岁的在读博士生孟彭跳楼身亡。

2005 年秋季开学至 9 月 16 日,武汉高等院校共发生 12 起学生自杀事件,其中有两名是刚刚入学两天的大一新生。

2005 年 4 月,北京大学医学部一名大二女生因对人生失望,从学校逸夫苑理科二号楼九层跳下身亡;5 月,该校数学系一名博士生因承受不了压力在同一位置跳楼自杀;7 月,该校心理系一本科男生从所住宿舍 5 楼阳台坠楼,再次结束自己年轻的生命。

2007 年上半年,北师大两名女研究生坠楼身亡,一名同学来自外地农村,由于毕业前夕择业的困惑和家庭生活的压力迫使她无助地选择了自杀;另一名同学成绩良好,人缘极佳,家庭富裕,因论文被导师指出不足伤及自尊心而选择自杀。[①]

2011 年 1 月,华东理工大学商学院一名大二学生坠楼身亡。华东理工宣传部向媒体表示,死者的成绩不好,各门课程及格的比不及格的少很多,有些甚至是零分。

2011 年 4 月,湖北民族学院一名大三学生邹薇在家中死亡,2011 年 2 月,其父母在恩施市政府街道被车撞死,获百万赔偿金,据邹薇同学介绍,父母的离世对她打击很大,使她心理上,生活上失去依靠,导致异常孤独,这可能是她最终选择结束生命的直接原因。

2011 年 5 月,在北方某重点大学就读的男生千里迢迢来广州探望女友,却遭到女友冷落,顿起轻生念头,翌日晚上在广州火东站二楼天幕广场上割腕自杀,未遂。

2013 年 6 月,湖南农业大学,一女生坠楼身亡。

2005 年北京大学 2003 级中文系一本科女生跳楼自杀。她在遗书中这样写道:"我列出一张单子,左边写着活下去的理由,右边写着离开世界的理由。我在右边写了很多很多,却发现左边基本上没有什么可以写的。回想 20 多年的生活,真正快乐的时刻,屈指可数;记不清楚上一次从内心深处感觉到归宿感是什么时候,也许是我自己的错吧,不能够去怪别人,毕竟习惯决定了性格,性格决定了命运。我不明白,为什么小学的时候无比盼望中学,曾经以为中学会更快乐,中学的时候无比盼望大学,曾经以为大学会更快乐,可进入大学以后却不知道什么叫作快乐。"[②]

2004 年马加爵在宿舍连杀四个舍友事件,因为受不了同学的讥讽而杀人,甚至在杀人当中为了排除障碍,杀死跟自己毫无过节的同学。

---

① 梁曼诺. 生存论视角下大学生生死观研究[D]. 2008(5).
② 周德新,叶育新,周双娥. 死亡观教育:大学生思想教育的"软肋"[J]. 湖南文理学院学报(社会科学版),2005(7).

2013年4月上海复旦医学院研究生用投毒方式杀死自己同学。原因是二人关系不和谐。

以上这些大学生自杀与他杀事件,看起来惊心,听起来感觉惨绝人寰。事后分析又令人感到扼腕痛惜。为什么"天之骄子"的大学生能够做出这些令人匪夷所思的事情呢。为什么在花样年华会轻易地选择结束生命,或者伤害他人生命呢?从事后分析或者遗书当中可以看出他杀人、自杀原因都是一些人际关系、情感、学业、就业、生活琐事等引起的思想变异。

对大学生忽视生命产生的事件分析可以看出,他们的生命意识缺失主要表现为以下几大方面:①缺乏目标追求,生存动力不足;②成长压力大,挫折耐受力弱;③心理问题增多,轻视生命现象普遍;④人际适应不良,漠视生命现象增加;⑤家庭教育失衡,生命责任意识淡薄;⑥问题解决能力差,解决问题方式单一。

11.2.4 大学生生死观出现偏差的原因

1. 家庭教育失衡

现在的大学生都是1990年后出生的一代人,大多数是独生子女。当他们上初中、高中时,自己具备独立思考能力时,我国对外开放已经进行到如火如荼,非常成熟的时期,外来思想倾泻一般流入我国思想领域。"90后"极易受到外来思想影响,如西方国家推崇的众生平等,尊重自我的思想。前文可以看到,大学生在家庭中有近一半的人不讨论跟死亡有关的问题。在家中,很多家庭是对死亡问题避而不谈。

2. 学校生命教育缺失

在学校里边,几乎没有开设有关生命教育的课程,即便是大学,也很少有关于生命教育的必修课或选修课。关于生死学科知识的课程更是寥若辰星。很多学校就没有专业的讲授生死科学知识和精神的教师。面对媒体、影视、网络游戏、武侠小说等所显示的各种正常或非正常的死亡现象,学校的教育没有针对这些做出积极的反应。对在现实身边的人中发生自杀、杀人、死亡等事件,学校的教育很少给予正面的应有的解释与引导。

3. 社会文化影响

社会对生死观教育采取漠然的态度,我国传统文化中一直都禁忌谈论死亡。所以国人普遍对生死漠然和冷淡,甚至是惧怕。人们普遍认为死是负面的,是生的终结,因此对死亡采取极力回避与排斥的态度。

4. 大学生自身发展的特殊性

大学生自身所处的年龄段,正好是渴望摆脱父母,但是又没有完全成熟的这种矛盾。而且他们极易受到自身以外的思想影响。使现在的大学生的生死观在形成过程中受到极大的挑战,极易出现生死观偏差现象。能否正确看待生死,是形成良好人生观的关键因素。

当代大学生活在经济发展、物质生活充裕的时代,大多数又是家里的独生子女。他们在家里就是家里的中心,家里人都围着他们转,养成了他们以自我为中心的思想。他们过着衣来伸手,饭来张口的日子,这种被保护过度的环境使内心较脆弱敏感、情绪特别不稳定、对待事物缺乏冷静思考,富有冲动性。由于缺乏社会经验且自我情绪控制力差,极易选择过激行为,对自身和他人造成伤害。甚至有很大一部分就是有心理疾病和心理障碍的。当代大学生作为独生子女一代,他们没有兄弟姐妹,父母又忙于工作,所以他们与人交流的机会相对较少,很多人性格都比较内向、依赖性强、情绪不稳、固执、敏感多疑、心理闭锁等性格特征。这种性格,常会导致当事人对事物产生歪曲的认识以及消极悲观的情绪。缺乏责任感,以自我为中心,又缺乏解决问题的能力的通病最终使这类人易产生轻生自杀或蓄谋害人的念头。

5. 大学生所处的环境

当代大学生多是独生子女,他们的生活模式是被安排、被给予,生命对于他们来说就是不停地从他人和社会去获得;部分家长也总是将自己的人生选择或观念强加给他们。因此,学生的生命里永远闪烁着别人的意愿。由于缺乏自己的判断和思考,在遇到挫折困难时很难会想出解决的方法,便很容易自暴自弃,甚至误入歧途。同时,日益竞争激烈的社会生活带来的紧张感,压抑感,使他们常常无法找到生命的成就感,自然会削弱生活的信心,生存质量下降,心理产生抑郁。大学生所背负的学业压力、经济负担、情感问题和家庭变故则成为自杀行为产生的直接因素。

资料链接 11-3

强大的动力来自你的内心

很久以前,有一位僧人在乡村里过着平静的修行生活。有一天,当这位僧人出门的时候,忽然发现门口躺着一只冻僵的小老鼠,于是就把它抱进屋子里,用双手温暖它。小老鼠渐渐地苏醒过来,恢复了健康,从此和僧人生活在一起,白天到外面晒太阳,玩耍;晚上回到屋子里躺在温暖的羊毛毯子上听这位慈祥的僧人讲故事,生活还算愉快。但是,僧人的家里有一只猫,虽然猫不伤害它,可它每次见到猫时都感到非常害怕。于是,有一天,小老鼠对僧人说:"慈悲的修行者,我和你生活在一起感到非常快乐,但是有一件事情我想请求你的帮助。"僧人微笑着说:"那是什么事情呢?"小老鼠回答说:"当我每次看到您家里的猫的时候,都感到莫名的恐惧。我想请求您,能不能把我变成一只猫呢?"僧人答应了它的要求,把它变成了一只猫。小老鼠变成猫以后,以为万事大吉了,可是刚一出门,就碰到了一条狗,一条很凶猛的狗。它吓得连滚带爬地回到了屋子里。然后对僧人祈求说:"麻烦您能不能把我变成一条狗?"僧人答应了它的要求。这下,变成了狗的小老鼠大摇大摆地走出了家门。突然,有一只老虎经过它的身边,它吓得拼命地跑回家里。小老鼠很沮丧地对僧人说:"请您再把我变成老虎吧。"僧人又答应了它的要求,把它变成了老虎。可当变成了老虎的小老鼠一见到在厨房里的猫,就尖叫了一声,惊恐万状地跑回到僧人的身边。小老鼠百思不解,困惑地对僧人说:"慈悲的僧人啊,为什么我变成了老虎以后,还是害怕猫呢?"僧人哈哈大笑了起来,然后对它说:"重要的不在于你有什么样的身体和外观,重要的在于你的心。你的心还是小老鼠的心,怎么会不害怕猫呢?"

菩提心语:拥有什么样的心,就拥有什么样的想法,而想法又决定了行动。所以,如果内心不强大,就不会有强大的动力。

11.3　大学生确立正确生死观的途径

大学生是初升的太阳,是国家培养的栋梁之材,将来要成为社会主义建设的中坚力量。大学生能否成为优秀的接班人,是受大学生的人生观、价值观直接影响的。因此为了使大学生在未来能够成为优秀的接班人,就要培养大学生的人生观。人生观是生死观的核心内容。要培养大学生正确的人生观,就要使他们了解"生"与"死"的本质,使他们对生与死有一个正确的认知,形成正确的生死观,最终可以更好地由死观生。那么影响生死观因素有哪些?形成正确的生死观的途径有哪些呢?

11.3.1 大学生生死观的影响因素

1. 家庭教育因素

家庭教育对于个人来说是一个重要的阵地,也是很多个人思想的启蒙地。研究表明,6~8岁儿童能够认识到死亡的普遍性和不可逆性。因此,在孩童时期就要开始对儿童进行生死知识的教育。家庭中不能回避讨论这个问题。心理学研究表明,儿童时期思想受到的影响在以后人生行为当中会表现出来。如果在儿童时期父母对生死问题采取回避的态度,那么儿童长大成人后也会对死亡采取回避态度。家庭中父母如果在儿童面前表现出对死亡的恐惧,孩子也会表现出死亡恐惧。家长对生命的热爱,对生命活动的积极态度也会影响到孩童对生命的态度。

2. 学校因素

目前我国大学之前的教育,都是一种应试教育,过度关注学生的学习,缺少了对个人的人文关怀。孩子在家被父母逼着去学习,在学校跟其他学生比成绩。这种状况对个人造成了极大的压力,磨灭了个人对生活的感受。他们对生活的感受最主要的就是学习,甚至有些学生不知道生命过程中除了学习还有许多其他有意义的事情可做。这种只关注学习的生活没有给学生创造去思考人生的机会。进入大学之后,学校又没有开设专门的生命教育课程进行教育,造成学生在人生观,死亡观方面的缺失。

3. 社会文化因素

几千年的文化传统是众生乐生,儒家"未知生,焉知死"的影响,死亡被赋予许多神秘色彩,令人恐惧并尽可能回避的话题。但是随着外来文化的渗透,我国传统文化对年青一代的影响也受到极大的挑战。当代大学生没有系统的关于生死知识的传统文化,但有一些零散的关于传统生死智慧,使他们受到新文化影响之后,自己那点模糊的生死观受到很大的冲击。当前,各种影视,网络游戏等加入很多血腥暴力的内容,使学生本就不稳定的生死观更加不清晰。

4. 个体因素

独生子女一代的大学生在家中过着唯我独尊的生活,一切都被家长安排妥当,他们本就养成了自以为是、自私、冲动的性格,又缺乏独立的解决问题的能力。当遇到挫折时,他们解决问题的方式单一,甚至都不敢面对挫折,这种低的挫折抵抗力使学生生命观,死亡观受到了极大的威胁。

资料链接 11-4

勇于接受逆境,生命才会日渐茁壮

在一座信奉佛教的城市里,应许多教徒的要求,城市里的一个非常著名的雕塑师傅准备塑造一尊佛像让教徒们膜拜。

要雕塑好的佛像，雕塑师傅必须选择一块好的石头，以便雕塑出的佛像栩栩如生。在一番精挑细选后，他看中了其中一块石头，这块石头不论质感还是色泽以及其他条件都非常上乘。挑选完后，雕塑师就拿出了雕塑工具准备开始工作。没有想到的是，当雕塑师刚拿起锉刀开始敲琢几下，这块石头就痛不欲生，不断地哀号："痛死了，痛死了，你不要再刻了，饶了我吧。"雕塑师对它说："只要你忍受住了这点儿疼痛，日后当你成为一尊佛像的时候，会有很多人来膜拜你的。"石头说："我只想好好地做一块石头，对于是否能够成为佛像从来没有想过，你放了我吧，我真的特别痛！"听罢，雕塑师就只好停工，又将其重新放在了地上。接着，雕塑师又开始寻找其他的石头，但一直都没有看见特别合适的。这时，一块质感差一点的石头看见了雕塑师，对他说："听说您正在寻找可以做佛像的石头，您看我怎么样？"雕塑师想了想对它说："这不是那么容易就能够做到的事情，你怕痛吗？""不怕，您试试吧！"石头坚定地说。雕塑师答应了，于是对这块石头重新琢磨。只见这块较差的石头，任凭刀琢棒敲，一概咬紧牙关承受，默然不出一语。因此，雕塑师更加卖力。在精雕细琢下，果然将其雕成了极品，大家都惊讶这件杰作，决定将其放在城市里面最大的庙宇中加以供奉，让善男信女日夜顶礼膜拜。

从此，该庙宇香火鼎盛，远近驰名。不久，无法忍受雕塑之痛的前一块石头，被人们废物利用，铺在了通往庙宇的马路上。在那里，人车频繁经过，又要承受风吹雨打，实在痛苦不堪，内心也觉得不公平，心里总是想着原本自己才应该是受人膜拜的佛像，就愤愤不平地质问庙里的这尊佛像，嫉妒地说道："你资质比我差，条件没我好，却能享尽人间的礼赞和尊崇，我却每天遭受凌辱践踏，日晒雨淋，你凭什么？"佛像只是微笑着说："谁叫你当初受不了苦，没敲几下就哇哇叫呢！"

菩提心语：要想有所成就，就要能忍受不寻常的锤炼。吃不了苦，就做不成事，哪怕资质再好，也不过是表面的装饰。只有能承受艰辛，才能最终有所成就。

11.3.2 确立生死观的途径

1. 从家庭入手普及生死知识，改变大学生传统的思想观念[①]

一个人的思想观念会直接影响其思维方式和个人价值观，这种思想观念的形成是在特定的时代背景和文化传统下长期的沉淀，它具有相对稳定性。我国的传统文化自古以来就是忌谈死亡，回避死亡的，把死亡看成是阴森可怕的事情，把谈论死亡当成不干净、不吉利的话题。这种文化使人内心对死亡的认识是无知和排斥的，并由此引发对死亡的恐惧感和焦虑感。

尤其当儿童问起涉及死亡方面的事情，大人们总是闪烁其词，用敷衍的口气和含糊的答案来回避他们的疑问，有时还会用欺骗的方式来扭曲死亡的事实和本质。

2. 学校开设系统的、完整的、独立的死亡教育课程

大学生对生死知识的了解大多数都是根据他人的经验或者其他学科的零碎知识而形成的，因此大学生的生死观没有形成良好的系统的知识课程，因此大学要开设系统的生命知识。学校要开设生命教育课程。

---

① 葛晓飞.当代大学生死亡教育的现状及对策研究[J].教育研究,2007(4).

在课程设计上,死亡教育的先驱列温顿曾提出课程设计要考虑以下6个因素。

(1) 受教育对象

不同的教育对象,要选择不同的教材,根据学生的年龄特征、文化知识背景设计教材内容,内容要有一定的深度,还要求容易理解。

(2) 教学取向

是情绪取向、认知取向还是活动取向?在生命教育课程上,教材应该注重理论知识清晰,系统。还要遵循理论与实践相结合的原则,并且要加强实践教育。

(3) 学生人数

在课程实施时,要结合教学内容安排学习人数,大班小班相结合的原则。如理论知识讲授可以大班讲,实践课程小班进行。

(4) 开设科系

健康教育、心理学、文学、艺术等,把生命教育课程渗透在心理学、文学、艺术等学科,比如用文学、艺术熏陶学生,让学生通过提高自己的文学素养、艺术情趣来丰富生命情调。激发学生对生命的热爱,挖掘生命意义。

(5) 教学方法

在生命教育的教学上,应该讲授、讨论、实践等多种方法相结合进行教学。

(6) 教学目标

治疗、知识传递等,生命教育中的生死观教育要本着治疗学生不健康的生死观,传授关于生死智慧的知识的原则。

3. 培养大学生生命责任意识

当代大学生是独生子女一代,在家里备受瞩目。在家事无巨细都有家长操办,没有养成良好的责任意识。他们对自己的事情不敢承担责任,对他人的事情不愿承担责任。

大学生对生命的漠视,自杀、他人杀等行为其实就是一种对生命责任感的缺失。大学生由于习惯于被人给予,忽视了对他人反馈,因此他们的生命里大多只是关注自我,很少把父母家人,朋友请进生命里。因此要培养大学生生命责任,使学生意识到自己的活着不单单是为自己,而且还是为别人。

培养大学生生命责任意识要从让学生认识人的社会属性入手,然后再让学生学习生死知识。这样会起到事半功倍的效果。让学生认识到人是社会性动物,生活在复杂的社会关系当中,个人的所作所为不仅会受到其他人的影响,个人的行为结果反过来也会影响到自己周围的人和事。

对大学生生命责任意识的培养,首先要自我肯定,忠实于自己,为生命负责。有研究结果显示,大学生的自我意识水平发展越高,越不惧死亡,对生命的理解越透彻。因此在培养大学生生命责任意识时,要先测量大学生自我意识发展的水平的高低。先培养大学生自我意识,再培养大学生生命责任。

4. 通过实践途径强化生死观教育效果

若要大学生形成良好的生死观,不仅要让他们学习系统的理论知识,而且要给他们实践锻炼的机会。从很多研究结论可以看出,医学专业的学生对死亡的认知比其他专业学生对死亡的认知更理性、更透彻。究其原因,最主要的就是医学专业的学生能有更多的机会切身的经历他人死亡过程。他们从观摩尸体,医救病人的过程中体验死亡,反思人生。

有意识地让大学生参与到认识死亡的过程中来,使他们体验死亡过程。比如,让他们参加亲友的葬礼,感受死亡的凝重,达到震撼心灵的目的;给学生创造机会,去敬老院参加社会实践活动,这样学生不仅可以与老年人交流人生经验,听一些故事,感受生命的多彩,还可以感受生命后期的意义。还可以用写遗言,写墓志铭等方式督促学生直面死亡与人生问题;还能组织学生参观墓园,殡仪馆,参加遗体捐赠仪式,感受死亡的宁静与萧瑟。还可以带领学生参观监狱或临终病房,让学生懂得如何做人,以死观生,可以使学生更能充分地领悟和把握人生的价值,珍惜生命的价值。

当前我国大学生的生死观现状令人担忧,为了帮助大学生形成正确的生死观,必须调动家庭、学校、社会三方力量,形成"家庭—学校—社会"的教育合力是强化大学生生命教育的重要途径。

问题与讨论

1. 讨论学习生死观的意义。
2. 讨论自己最认同哪种生死智慧?

实训练习

自杀态度调查问卷

指导语:本问卷旨在了解国人对自杀的态度,以期为我国的自杀预防工作提供资料与指导,在下列每个问题的后面都标注有 A、B、C、D、E 五个字母供您选择,字母 A~E 分别代表您对问题从完全赞同到完全不赞同的态度,请根据您的选择圈出相应的字母。谢谢合作!

1. 自杀是一种疯狂的行为。　　　　　　　　　　　　　　　A B C D E
2. 自杀死亡者应与自然死亡者享受相同的待遇。　　　　　　A B C D E
3. 一般情况下,我不愿意和有过自杀行为的人深交。　　　　A B C D E
4. 在整个自杀事件中,最痛苦的是自杀者的家属。　　　　　A B C D E
5. 对于身患绝症又极其痛苦的病人,可由医务人员在法律的支持下帮助病人结束生命(主动安乐死)。　　　　　　　　　　　　　　　　　　　　A B C D E
6. 在处理自杀事件的过程中,应该对其家属表示同情和关心并尽可能为他们提供帮助。　　　　　　　　　　　　　　　　　　　　　　　　　　A B C D E
7. 自杀是对人生命尊严的践踏。　　　　　　　　　　　　　A B C D E
8. 不应为自杀者开追悼会。　　　　　　　　　　　　　　　A B C D E
9. 如果我的朋友自杀未遂,我会比以前更关心他。　　　　　A B C D E
10. 如果我的邻居家里有人自杀,我会逐渐疏远和他们的关系。A B C D E
11. 安乐死是对人生命尊严的践踏。　　　　　　　　　　　A B C D E
12. 自杀是对家庭和社会一种不负责任的行为。　　　　　　A B C D E
13. 人们不应该对自杀死亡者评头论足。　　　　　　　　　A B C D E

14. 我对那些反复自杀者很反感,因为他们常常将自杀作为一种控制别人的手段。
　　　　　　　　　　　　　　　　　　　　　　　　　　　　　　A B C D E
15. 对于自杀,自杀者的家属在不同程度上都应负有一定的责任。　　A B C D E
16. 假如我自己身患绝症又处于极度痛苦之中,我希望医务人员能帮助我结束我自己的生命。　　　　　　　　　　　　　　　　　　　　　　　　　A B C D E
17. 个体为某种伟大的、超过人生命价值的目的而自杀是值得赞许的。　A B C D E
18. 一般情况下我不愿去看望自杀未遂者,即使是我的亲人或好朋友也不例外。
　　　　　　　　　　　　　　　　　　　　　　　　　　　　　　A B C D E
19. 自杀只是一种生命现象,无所谓道德上的好和坏。　　　　　　　A B C D E
20. 自杀未遂者不值得同情。　　　　　　　　　　　　　　　　　　A B C D E
21. 对于身患绝症又极度痛苦的病人,可不再为其进行维持生命的治疗(被动安乐死)。
　　　　　　　　　　　　　　　　　　　　　　　　　　　　　　A B C D E
22. 自杀是对亲人、朋友的背叛。　　　　　　　　　　　　　　　　A B C D E
23. 人有时为了尊严和荣誉而不得不自杀。　　　　　　　　　　　　A B C D E
24. 在交友时,我不太介意对方是否有过自杀行为。　　　　　　　　A B C D E
25. 对自杀未遂者应给予更多的关心和帮助。　　　　　　　　　　　A B C D E
26. 当生命已无欢乐可言时,自杀是可以理解的。　　　　　　　　　A B C D E
27. 假如我自己身患绝症又处于极度痛苦之中,我不愿再接受维持生命的治疗。
　　　　　　　　　　　　　　　　　　　　　　　　　　　　　　A B C D E
28. 一般情况下,我不会和家中有自杀者的人结婚。　　　　　　　　A B C D E
29. 人应该有选择自杀的权利。　　　　　　　　　　　　　　　　　A B C D E

计分标准:1、3、7、8、10、11、12、14、15、18、20、22、25 题为反向计分,即选择 A、B、C、D、E 分别记 5、4、3、2、1 分。其余题均正向计分,即选择 A、B、C、D、E 分别记 1、2、3、4、5 分。

结果解释:

2.5 分以下:对自杀持肯定、认可、理解和宽容的态度。

2.6～3.4 分:对自杀持矛盾或中立态度。

3.5 分以上:对自杀持反对、否定、排斥和歧视态度。

拓 展 阅 读

认识自我的潜能

一个农民看到儿子开的那辆轻型卡车突然间翻到了水沟里。他大为惊慌,急忙跑到出事地点。当他看到水沟里有水,儿子被压在车下面,只有头露出水面。他毫不犹豫地跳进水沟,双手伸到车下,把车抬了起来。另一位跑来救助的工人帮他把失去知觉的儿子从下面拽了出来。当地医生很快赶来了,经检查,发现农民的儿子只划破一点皮,没有其他损伤。此时,这个农民觉得奇怪了。刚才抬车时根本没想自己是否能抬得动,由于好奇,他又去试了一下,这次却根本抬不动那辆车了。

生命能够承受多大的重量,生命有着怎样的韧性,我们想过吗?生命是坚强的,它坚强地能够在死神面前毫无惧色,依然灿烂;但它又是脆弱的,脆弱得在一瞬间就消失了。生命或者说命运,对每个人都是公平的,关键看你如何面对。善待别人,善待自己,珍爱所拥有的一切——这或许就是我们对逝去的人最好的哀思。珍爱我们的生命,生命是脆弱的,而生命又是顽强的。这脆弱与顽强取决于我们心中的安全之钟是否常响。遵守社会的规则,紧握宝贵的生命之花,让短暂的生命绽放光彩。

生存还是死亡,这不是什么问题

现在,一位记者正坐在一个小酒吧里等待着那位大名鼎鼎的作家。他知道,这一天将是他终生难忘的一天。他接到一个重要的任务,要去采访刚刚上演的新剧《哈姆雷特》的作者——威廉·莎士比亚。为了这次采访,他做了精心的准备,他请教过伦敦所有的文学专家。这时,一个身材矮小、有些秃顶的老头儿走了进来,径直坐在了他的对面。

老头儿相貌平平,衣着寒酸,两只手上沾满了墨水。"年轻人,"老头儿开始和记者攀谈,"你好像是在等什么人吧?"记者的脸上马上露出一丝得意的神情:"是的。不过,这一位可不是随便一个什么人,他是威廉·莎士比亚,英国最伟大的作家。"老头儿的眼中闪过一丝狡黠的光,脸上掠过一抹促狭的笑容。"你以前见过莎士比亚先生吗?"老头儿问道,他脸上的笑容开始灿烂起来。记者更加得意了:"还没有见过。不过,今天我要对他进行专访。他的新剧《哈姆雷特》首演成功。我刚刚从环球剧院回来。""哦,我也是刚打那儿过来的。那出戏还真是不错。"老头儿停了停,轻声笑了笑,"不过,这出戏有的地方还是让人感觉乏味。为什么大家都认为那个叫莎士比亚的人就那么伟大呢?"面对这个"无知"的老头儿,记者当然乐意把他刚刚塞来的知识卖弄一番。"大多数人都不会理解莎士比亚的才华,更无法弄明白那些反复出现在他剧中的微妙而又难以描述的意象。比方说吧,莎士比亚在他的新剧中反复提到了耳朵和听觉。语言是用来交流思想的,但也可以被用来歪曲真相、左右他人,或者沦为追逐权势的卑鄙工具。在《哈姆雷特》一剧中,耳朵一词就被谋杀者使用过,哈姆雷特也反复提到过耳朵。"记者只顾滔滔不绝地发表着自己的宏论,根本不去理会面前的这个老头儿。

老头儿的身体不由自主地开始晃动起来,他在竭力去控制自己,不要笑出声来。"是不是应该这样理解,莎士比亚就喜欢写一些'耳朵'什么的,而这种东西,其实并没有什么深奥的意思?"老人问道。"这绝对是不可能的,"记者大声叫道,"你根本理解不了!莎士比亚是一个天才!他对人性的理解可以说是入木三分!你想想哈姆雷特的那句台词:'是生存还是死亡?'"老人微微一笑:"这句话有什么深刻含义吗?""嗯……"记者语塞,又好像在深思。老人已经控制不住了,身体朝后一仰,哈哈大笑起来:"每当我看到这样的反应,都忍不住要哈哈大笑!'是生存还是死亡',这不是什么问题!"记者有些疑惑:"先生,你在说什么!我对这个新剧的理解是相当深刻的,他提出的问题让我感到震撼。""妙极了!他的思考正是他逃避思考别的问题的一个手段。"老人缓缓说道,"一个伟大的作家,其标志就是能用繁复而华丽的辞藻写出一些晦涩难懂的东西。如果作家能自己编造出一些闻所未闻的新词,那他就更加了不起了。为什么?因为没有人会承认自己的无知,他们会认为那些荒谬无稽的词句,一定隐含着什么深奥的东西。"老人摇摇头:"人们在追寻其意义的过程中,往往对眼前的东西视而不见!"老人叹息一声,"当我们离画太近的时候,反而难以窥其全貌。有时,真理就直面着我们,而我们却丝毫没有觉察。"记者的眼睛瞪大了。老人继续说:"本来不在的东西,无须去寻找它。"记者无奈地笑了笑,摇摇头。"你永远也不会理解像莎士比亚这样的文学巨匠的作品。"老人轻轻一笑,又叹息了几声。他在账单上签上了他的名字,交给了酒吧的服务员。看到老人的签字,服务员的脸上充满了敬重。老人离开了酒吧。那位记者还坐在那里,等待那个已经离开了的人。

资料来源:网易新闻中心热点新闻,http://news.163.com,2007-07-14.

参 考 文 献

[1] 赵志毅.论大学生友情教育——兼议大学生正确人际交往观的形成[J].南京师大学报(社会科学版),2004.

[2] 金盛华.社会心理学[M].北京:高等教育出版社,2005.

[3] 唐海珍,李国强.当代大学生亲情观调查研究[J].长沙民政职业技术学院学报,2006(03):31-33.

[4] 常秀芳.当代大学生爱情观教育研究[D].辽宁师范大学,2012.

[5] 刘一达."90后"大学生爱情观现状分析及对策研究[D].渤海大学,2013.

[6] 林王荣.关于新时期大学生情感问题的探析[J].中国劳动关系学院学报,2006(03):123-125.

[7] 袁艳红.大学生亲情教育:本义、困境与优化策略[J].山东省青年管理干部学院学报,2010(02):61-63.

[8] 王玉.当代我国大学生人际交往伦理问题研究[D].南华大学,2014.

[9] 海德格尔.存在与时间[M].陈嘉映,王庆节,译.北京:生活·读书·新知三联书店,1953.

[10] 赵茵茵.当代大学生生命教育问题研究[D].山东大学,2012.

[11] 刘铁芳.走向生活的教育哲学[M].长沙:湖南师范大学出版社,2005.

[12] 韦庆旺,周雪梅,俞国良.死亡心理:外部防御还是内在成长?[J].心理科学进展,2015,23(2):338-348.

[13] 张朝霞.中古传统智慧及其现代意义[D].华东师范大学,2002.

[14] 林锦秀.大学生对生命认知与体验的研究[J].福州大学学报(哲学社会科学版),2011(1).

[15] 李芳,刘彤,胡正娟,等.大学生生死观调查研究及生命教育的思考[J].大学生研究,2012.

[16] 自杀统计及分析.北京市自杀干预中心,http://www.crisis.org.cn.

[17] 梁曼诺.生存论视角下大学生生死观研究[D].北京师范大学,2008.

[18] 北大一女生跳楼[N].四川在线-华西都市报,http://news.sohu.com,2005.

[19] 葛晓飞.当代大学生死亡教育的现状及对策研究[J].世界教育信息,2007.

[20] 宋勇.浅论大学生突发事件应急教育[J].黔南民族师范学院学报,2008.

[21] 刘济良,等.生命教育论[M].北京:中国社会科学出版社,2004.

[22] 刘雅丛.生命教育视角下的大学生应急训练研究[J].科技信息,2012.

[23] 刘志军,等.生命的律动——生命教育实践探索[M].北京:中国社会科学出版社,2004.

[24] 陈文斌,刘经纬.大学生生命教育探析[J].中国高教研究,2006.

[25] 梁祝平.论大学生生命教育及其实践[J].广西大学学报(哲学社会科学版),2007.

[26] 徐志远,等.论当代大学生生命教育的途径与方法[J].探索,2012.

[27] 褚惠萍.从大学生自杀现象看高校的生命教育[J].江苏高教,2007.

[28] 陈毕晟,周瑶瑶.大学生生命教育的理念与原则浅议[J].中国高等教育,2011.

[29] 王辉,张玉红.大学生"应急"能力现状及对策研究[J].吉林体育学院学报,2011.

[30] 孙斌.学校突发事件应急管理[M].北京:气象出版社,2008.

[31] 杨红霞.大学生突发事件应急处理能力培育机制研究[J].兰州教育学院学报,2014.

[32] 尹达斐.大学生生命教育探究[D].北京:首都师范大学,2012.

[33] 约翰·格雷.人类幸福论[M].北京:商务印书馆,2009.

[34] 刘春雷.当代大学生幸福观教育的途径与对策探析[J].福州大学学报(哲学社会科学版),2015.

[35] 李艳艳.幸福与快乐界限的探讨及其当代意义——基于马克思恩格斯的幸福观探究[J].学习论坛,2011.

[36] 王晓明.马克思幸福观的思想内涵及其实现途径[D].沈阳师范大学,2014.

[37] 刘立格.马克思幸福观及其当代价值研究[D].河北大学,2015.
[38] 于丽.大学生幸福观教育探究[J].渭南师范学院学报,2015.
[39] 路来玉.当代大学生生命价值观教育现状的分析与思考[D].山东师范大学,2014.
[40] 顾岑.高校大学生生命价值观教育研究[D].江南大学,2015.
[41] 盖丽那.大学生生命价值观的现状与教育引导[D].山东师范大学,2008.
[42] 李长虹.大学生生命价值教育探析[D].山东师范大学,2008.